本书为浙江省哲学社会科学规划后期资助课题"明朝海上外贸管理法制的变迁"（16HQZZ16）研究成果

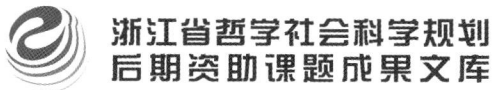

浙江省哲学社会科学规划
后期资助课题成果文库

明朝海上外贸管理法制的变迁

Mingchao Haishang Waimao Guanli Fazhi De Bianqian

杨晓波　著

中国社会科学出版社

图书在版编目(CIP)数据

明朝海上外贸管理法制的变迁／杨晓波著.—北京：中国社会科学
出版社，2017.6

（浙江省哲学社会科学规划后期资助课题成果文库）

ISBN 978 – 7 – 5203 – 0680 – 5

Ⅰ.①明⋯ Ⅱ.①杨⋯ Ⅲ.①对外贸易法 – 法制史 – 研究 – 中国 –
明代 Ⅳ.①D922.295.2

中国版本图书馆 CIP 数据核字（2017）第 152133 号

出 版 人	赵剑英	
责任编辑	宫京蕾	
责任校对	赵雪姣	
责任印制	李寡寡	

出 版	中国社会科学出版社	
社 址	北京鼓楼西大街甲 158 号	
邮 编	100720	
网 址	http：//www.csspw.cn	
发 行 部	010 – 84083685	
门 市 部	010 – 84029450	
经 销	新华书店及其他书店	

印刷装订	北京君升印刷有限公司	
版 次	2017 年 6 月第 1 版	
印 次	2017 年 6 月第 1 次印刷	

开 本	710×1000 1/16	
印 张	20	
插 页	2	
字 数	328 千字	
定 价	85.00 元	

序

　　本书的作者杨晓波同志是我的 2015 届博士生。在博士研究生学习期间，她在完成学业的同时，还对明朝海上对外贸易管理法制的变迁进行了系统梳理，作了一些新的研究和探索，提出了自己的论点和见解，完成了她的博士学位论文。现在此论文以著作形式正式出版，与大家见面，是件值得庆幸的事。

　　自 20 世纪以来，明朝的对外贸易，尤其是海上对外贸易，一直是中外专家、学者的关注点。但是，目前已有的研究成果大多集中于外交关系、经济学、政治学和历史学等领域，经济、史学、政治、外交类的研究占了绝大部分，法律史角度的研究相对较少，而且研究得不够深入。在已有的法律史研究成果中，更多的是针对明朝海上外贸管理法制中一个时间段、一个地区或者一个方面的探索，缺乏对明朝海上外贸管理法制的系统、全面地研究。大部分成果是在研究明朝其他问题时涉及明朝海上对外贸易法律制度，而非专门进行针对性的研究。因此，在系统梳理、整体研究明朝海上外贸管理法制变迁方面，本书具有较高的学术价值。本书系统地梳理了明朝海上外贸管理法律制度的相关规定，全面研究了明朝海上外贸管理法制的整个变迁过程，弥补了以往研究中的不足。作者不仅致力于明朝这一法制的研究，还深刻分析了法制变迁的政治、经济和社会原因等一系列问题，把明朝海上对外贸易管理法制的研究推到一个新的高度。

　　关于明朝前期的海上对外贸易管理法制，作者主要关注于海上朝贡贸易法律体系的建立。明朝的海上对外贸易被政府赋予了浓厚的政治使命，立法者精心设计了唯一合法的朝贡贸易体系。明政府在开展官方朝贡贸易的同时，基于政治等因素的考虑，颁布了严厉的"海禁"法令，我国外贸商人的贸易合法权利因此被剥夺了。与此同时，不少朝贡国则利用"朝贡"的机会，充当了中介商的角色，贩卖朝贡"赏赐"物以图利，比如当时的琉球和朝鲜。由此，作者认为，明前期的海上对外贸易与政治、外交紧密结合在一起，政治功能在一定时期甚至超越了经济功能，传统的皇权专制主义在经济立法中的权威发挥到了极致，出现了有的学者所认为的制度性"变态"。

接着，作者将明朝中叶的相关研究落脚在中央和地方政府的法制调整中。当时的国内外形势发生重大变化，在欧洲商人东来、"嘉靖倭患"等情况下，尖锐的社会矛盾一再爆发，此时的中央政府与地方政府在对海上对外贸易的态度上开始出现分歧并重视弥合这一分歧，进行了法制上的调整与改革。弘治年间（1488—1505年），中央政府在维护朝贡贸易的同时开始注重经济效益，通过"弘治新例"，对洪武、永乐年间制定的海上朝贡法律规定作了较大的调整。对于地方政府来说，朝贡贸易的管理成本让他们不堪重负，被视为非法的商舶贸易却能让他们通过抽分收获滚滚财源。嘉靖九年（1530年），广东首先开始立法改革，并最终获得了中央政府的认可。经济利益在经济立法中所占的核心地位，在这个阶段更加凸显了。

最后，关于明后期的相关研究，本书主要集中在福建和广州的法制改革。明政府迫于形势，于隆庆元年（1567年），在福建漳州海澄月港部分"开禁"，福建准贩东西二洋。之后，广州又允许中外商人交易。从此，商舶贸易的合法地位确立。同时，葡萄牙人叩关求市，广州制定禁例，允准其在澳门范围内自治。由地方政府主导的海上外贸管理法制改革，后来上升为国家制度，尽管其最终没能像欧洲那样，成为引导社会变迁的主导因素。那时在与世界接轨过程中，明朝的立法者总是处于消极和被动地位，但也不是毫无进展，作者为此提出了一些新的观点并进行了相应论证。

当然，贯穿全书的还有一条主线，即明朝海上对外贸易管理执法机构的变迁。市舶司制度到了明朝，发生了明显的变化，主要职责转变为朝贡贸易的负责机构。永乐年间（1403—1424年），作为地方行政机构的市舶司和宦官把持的提督市舶衙门共存，贡舶之利的争夺，造成市舶司制度形同虚设。嘉靖年间（1522—1566年），撤罢市舶宦官，主管海防的海道副使与地方政府共同管理海上对外贸易。隆庆革新之后，明政府设置了商舶贸易的管理机构"督饷馆"，制定了各种饷税的征收办法。万历年间（1573—1620年），社会中介机构"三十六行"出现，开始参与贸易管理。作者指出，明朝的海上对外贸易管理机构，从市舶司向海关发展的路径是一种与时俱进的变化，值得关注。

全书通过系统梳理，将明朝海上外贸管理法制的整个变迁较为系统、完整地展现在我们眼前。同时，在每一个历史时期，作者又力图从相关时期的政治、经济和社会变革过程中，深层次地分析明朝海上对外贸易管理法制的形成原因。本书的结尾部分，在对比唐、宋、元时期的海外贸易管理法制之后，揭示了明朝海上外贸管理法制的特征。在分析了明朝海上对外贸易管理法制变迁中的经验和教训后，提出了对现今对外贸易法制建设的参考价值和借鉴意义。这些都是对明朝对外贸易管理法制乃至明朝法律史研究领域有力的补充。

值得一提的是，当前我国正在推进"一带一路"建设，大量的内容涉及对外贸易管理及其法治建设。明朝的对外贸易管理法制是服务于那时"丝绸之路"的法制，而且还形成了较为丰富的经验，可以为今天的"一带一路"建设所借鉴。比如，要重视"一带一路"运行中的法治建设；这种法治也要与时俱进；设立负责"一带一路"建设的法治机构；正确处理中央政府与地方政府在"一带一路"建设中的关系并在法治中的固化；等等。总之，要使"一带一路"建设法治化。如今，"一带一路"建设中的法治问题已很突出，包括与相关国家法治的协调等，都需得到合法、合理解决，明朝对外贸易管理法制可以为其助一臂之力。

此著作的结构较为合理，思路也很清晰，史料运用恰当，论证也比较充分，史论能有机结合在一起，是一篇论述我国明朝对外贸易管理法制的力作，也是一篇优秀的法律史博士学位论文。论文答辩后，答辩委员会给予的成绩就是"优秀"。这一成绩名副其实。

学无止境，学术研究更是如此。希望作者再接再厉，不骄不躁，在学术天地里不懈耕耘，不断创新，为中国法律史学科建设添砖加瓦。

王立民

2016 年 6 月于华东政法大学

目　　录

绪　　论

第一节　研究背景

明朝（1368—1644 年）时处两个大一统的少数民族王朝之间，是中国古代社会的晚期。它在中国历史上"貌似"一个"平庸"的朝代，国势前不如汉唐，后不及清朝。然而，明王朝并非无事值得一书。明成祖时期，郑和下西洋震惊中外，综合国力达到强盛。明中叶以后，生产力迅速发展：农业方面，随着经济作物的广泛种植，农业商品化的程度有了较大提高；手工业方面，出现了新的技术和新的产品；商业方面，城乡商业日趋繁荣，商品流通增强。这些变化，都冲击着传统的自然经济向商品经济的方向发展。在这个历史时期，中国的生产力和经济水平得以恢复并超越了宋元时代。同时，中央集权的官僚政治也被推到了新的高度，社会开始酝酿新旧交替的冲动。

同时代的欧洲已然发生了革命性的变革，开始向资本主义转变，并逐步对外扩张。从此以后，中国的历史进程与世界历史发展相互交融。16世纪初，葡萄牙人、西班牙人相继东来，早期欧洲殖民主义势力侵入东南亚。与此同时，伴随着明中期商品经济的发展，中国商人试图突破传统经济格局和官方朝贡贸易的限制，投身海上对外贸易。内外因素的交互影响，造就了明朝独特的历史景观。隆庆年间，广东、福建部分开放海上对外贸易，允许商人出海贸易。一时间，如杨国帧先生所说，当时的南中国一股"海洋商业文化的气派"[1]。我国海上对外贸易完成了从传统的朝贡贸易到商舶贸易的实质性转变。然而，万历末年，商舶贸易急遽衰落，且逐渐被东来的西欧商人压倒。隆庆革新所带来的新气象并没有因此给中国

---

[1] 傅衣凌主编，杨国帧、陈支平著：《明史新编》，人民出版社 1993 年版，第 4 页。

社会带来结构性的变迁，明中叶之后的历史呈现了不同于欧洲的发展轨迹。

在明朝丰富多变的时代风貌中，政府对海上对外贸易管理的法律制度的演变过程显得尤为引人注目。它的海上对外贸易管理继承和发展了宋元两代的海上外贸政策和法律制度，之后又被清朝所因袭延续，成为中国海上对外贸易史上的一个重要时期。中国古代海上对外贸易自汉朝开始，当时政府对此采取的是开放态度，并未制定法律法规来规范市场。唐末，政府开始进行海上对外贸易管理。宋元时期更是制定了通行全国的海上对外贸易管理法律规范，专门管理进出口贸易。虽然元朝也几次"禁商下海"，但宋元时期法律制度的基本原则依然是鼓励开展海上对外贸易。而在明朝海上对外贸易发展的过程中，明政府海上外贸管理的法律制度一直表现出稳定性差的特点。"海禁"与"开禁"之间的反复过程，体现出来的是众多社会矛盾调和后的结果。市舶司制度的终结和近代海关制度的渊源都在这一时期交织展开。之后，清朝政府在明朝制度的基础上，海上外贸管理执法机构完成了从市舶司体制走向近代海关制度的转变。

目前国内外学者对明朝海上对外贸易的研究大多集中在外交关系、经济学和历史学方向，在法制史方面的研究显得不够深入和系统。虽然从表面上看，明朝海上外贸管理的法律内容零散且不稳定，却并不能因此否认其存在和重要作用。对明朝海上对外贸易发展过程中，中央立法与地方现实的矛盾、海禁法令的执行情况、管理机构从市舶司向督饷馆转变等问题的探讨，将有利于我们系统研究明朝海上外贸管理法律制度的整个变迁过程；而对当中丰富的案件、人物、法律文书等史料的分析，则能帮助我们更透彻地理解法律制度变迁的政治、经济和社会原因。综上，明朝海上外贸管理法制的研究，对弥补和完善我国明朝法律史学的研究有着重要的意义。

第二节　研究现状综述

自 20 世纪以来，明朝的对外贸易，尤其是海上对外贸易，一直是中外学者的研究重点，成果可观。但研究大多集中在外交关系、经济学和历史学方向，在法律史方面的研究并不深入。目前，中外学者关于明朝海上对外贸易管理法制的研究主要集中在以下几个方面。

一　相关立法背景研究

海外贸易被纳入国家管理轨道的起始点是唐朝市舶司的设立，经过宋、元时期的发展，明朝时期的海上对外贸易管理体制已然成型。中外学者通过史学、经济学、政治学等多种切入角度，对明朝海上对外贸易的变迁过程、贸易主体、贸易商品、贸易港口等诸多方面的内容进行了研究，取得了丰富的成果，论证比较成熟。

（一）明朝海上对外贸易发展史

当前，中外学者已对明朝海上对外贸易发展的历史进行了详细的考证。例如李剑农的《宋元明经济史稿》（三联书店1957年版）、韩大成的《明代社会经济初探》（人民出版社1986年版）等著作详细分析了明朝的社会、经济发展背景，是学者们进一步研究明朝对外贸易的基础。侯厚培的《五口通商以前我国国际贸易之概况》（《清华学报》1927年第1期）则全面概括了中外通商的起源、历朝的商业政策、市舶司及清代的公行等内容，系统梳理了自汉唐到清末我国古代海外贸易发展的整体过程。而张维华的《明代海外贸易简论》（上海人民出版社1956年版）更是从宏观角度厘清了明代海上对外贸易发展的基本线索。

（二）明朝民间海上对外贸易

大部分学者将明代海上对外贸易分为官方朝贡贸易和民间私人贸易两种形式，其中民间私人的海上贸易涵盖了非法走私的情形。例如林仁川的《明末清初私人海上贸易》（华东师范大学出版社1987年版）就阐述了明朝私人海上贸易商人反对海禁的过程、私人海上贸易集团的形成、私人海上贸易管理的法令等内容。而晁中辰的《论明代的私人海外贸易》（《东岳论丛》1991年第3期）则将明朝的私人海外贸易分为洪武至弘治、正德至嘉靖和隆庆至明末三个阶段进行考察，简单梳理了明朝私人海外贸易的演变过程。更有学者对明朝私人海外贸易发展的原因进行了深层次的分析，例如廖大珂的《朱纨事件与东亚海上贸易体系的形成》（《文史哲》2009年第2期）提出，明朝的东亚海域已被纳入了国际化进程，而朱纨事件背后的推动力量正是私人贸易势力。

不过也有少数学者对此持不同意见，万明的《商品、商人与秩序——晚明海上世界的重新解读》（《古代文明》2011年第3期）中就提出应从整体上分析晚明时期中国的海上力量及其在世界上的地位，而不应该将官方和民间私人的海上力量进行绝对的分割。根据整体研究的方法，她认为晚明时期政治变迁的情况下，海商集团登上政治舞台，正是官、商、民整体的海上力量超过西方，战胜了荷兰。

（三）明朝东南沿海港口外贸史

部分学者从区域经济的角度研究明朝各港口与周边地区发展对外贸易的情况，涉及的港口一般为浙江、福建和广州三个区域。尤其是针对浙、闽沿海的贸易情况，由于明朝中日关系的复杂性，一直是学者们关注的焦点。其中，日本学者松浦章的《明代末期的海外贸易》（《求是学刊》2001 年第 2 期）对 17 世纪初在浙江与福建沿海地区的中国与日本、东南亚国家的海外贸易情况进行了系统的研究，同时公布的一些史料为首次公开，非常珍贵。

不少学者对福建月港在明中后期独特的海外贸易地位进行了分析。郑有国、苏文菁《明代中后期中国东南沿海与世界贸易体系——兼论月港"准贩东西洋"的意义》[《福州大学学报》（哲学社会科学版）2009 年第1 期]通过对隆庆过后月港开海的分析，提出了我国东南沿海的港口自 16 世纪以后便被纳入了世界海上贸易体系。

针对广州在明中后期海外贸易领域的独特发展，学者们也进行了相关的研究。例如黄启臣《明代广州的海外贸易》（《中国经济史研究》1990年第 4 期）中特别研究了明朝以广州为起点的三条航线，同时分析了伴随着三条航线的海外贸易的商品结构和经营方式。我国台湾学者郑俊彬也在《明代广东沿海经济发展之研究》（花木兰文化出版社 2012 年版）中针对明代广东地区的外夷商人、对外贸易情况、海禁的影响等做出了评述。

二　明朝海上朝贡贸易法律制度研究

始终处于明朝海上对外贸易管理合法地位的朝贡贸易法律制度，一直是研究外交关系的中外学者所关注的焦点。从外交关系角度切入的学者，主要探索的是朝贡贸易制度中的政治目的。此外，也有不少研究明朝经济史的学者从经济学的角度，对明朝海上朝贡贸易的具体内容和作用进行了深入的分析。

（一）立法目的

国外对明朝对外贸易的研究，最早就集中在朝贡体制的确立目标上。主要代表理论有费正清的《中国的世界秩序：传统中国的对外关系》（中国社会科学出版社 2010 年版）的"中国的世界秩序"论，滨下武志的《近代中国的国际契机——朝贡体系与近代亚洲经济圈》（中国社会科学出版社 1999 年版）的"朝贡贸易体系"论等。费正清指出了古代以中国为中心的世界秩序，将等级制度运用于外交关系，朝贡和贸易不可分离。滨下武志则认为亚洲历史体系的特征是以中国为中心的地域圈的朝贡贸易关系，是国内统治秩序的扩张。两者的理论在朝贡体系的构成和思想理念上达成了共识，即朝贡体系是以中国为中心的同心圆结构，其基本理念是华裔宗藩理念，运行基础是经济贸易。

在这两种经典学说之外，还有不少学者提出了其他朝贡法制确立的原因。例如中国台湾学者高明士的《天下秩序与文化圈的探索：以东亚古代的政治和教育为中心》（上海古籍出版社 2008 年版）提出了"中国的天下秩序"论，中国澳门学者黄枝连的《天朝礼治体系研究》（中国人民大学出版社 1992、1994、1995 年版）提出了"天朝礼治体系"论。而侯欣一在《中国封建社会对外贸易法制初探》（《法商研究》1998 年第 3 期）中则认为，明朝统治者确立海外朝贡法律制度的主要目的是维护专制主义中央集权的统治需要。在这个指导思想的影响下，明朝对外贸易法制的内在精神发生了重大转变，着眼点从前朝的互通有无、增加财政收入的经济目标，转变为"崇本抑末"、宣传皇朝声威的政治目标。

（二）法律内容

关于朝贡贸易法律制度中法律内容的研究，在目前国内外学者的研究中已经比较详尽。如李云泉的《朝贡制度史论——中国古代对外关系体制研究》（新华出版社 2004 年版）在涉及明朝的朝贡贸易时，详细论述了明朝朝贡贸易的朝贡国、贡道、贡品、管理机构等。付百臣的《中朝历代朝贡制度研究》（吉林人民出版社 2008 年版）则专门分析了隋唐至清朝中国和朝鲜之间的朝贡贸易历史，包括朝贡使节、册封制度、礼仪制度、管理机构、中朝朝贡体制的瓦解等，并将中朝朝贡与日本、越南、琉球等东南亚诸国的朝贡作了比较研究。

但总体来说，学者们的研究还存在两个问题：一是大多从政治史和经济史的角度出发，缺乏法律史角度的专门梳理；二是缺乏专门针对海上朝贡贸易的相关法律研究。

（三）实施效果

史学界对于明朝朝贡贸易的看法，一般认为是"政治重于经济"，根

本不计价值。但李金明的《明代海外贸易史》（中国社会科学出版社 1990
年版）提出了不同的观点，认为明朝海上朝贡贸易必然存在一定的经济价
值，对于中外诸国都是有利可图的。他指出，明政府在朝贡贸易法律体系
中以"赏赉"的方式向前来中国朝贡的国家购买"贡品"，分为进贡方
物、附进物和自进物三类。其中，明政府基于政治因素的考虑，返还给朝
贡国的赏赐物的价格往往远超过进贡方物，存在一定的亏损。另两种自进
物和附进物在贡品中所占的比例很大，明政府对其采用给价收买的方式。
由于国际贸易远距离贩运的原因，它们具有不等价交换、贱买贵卖的特
点。因此，除掉赏赐物所带来的亏损，朝贡依然可以给明政府和朝贡国带
来高额的利润。而对于朝贡国来说，既可以把海外商品当作奢侈品运来中
国交易，又能把中国的一般商品运回本国当成奢侈品贸易，如此便能从中
获取双重高额利润。李金明认为，正是基于这种双方有利可图的局面，明
朝政府实行的朝贡贸易才能维持长达 200 年之久。

张群的《明清外贸立法的正当性研究——以海上贸易为中心》（《北
方法学》2011 年第 5 期）则认为，虽然朝贡作为明朝的基本外贸制度一
直颇受非议，海禁更被视为因小失大的饮鸩之举；但从实际上来说，海禁
并非明朝外贸立法的全部，即使在海禁期间也是禁而不止，其消极作用并
不如想象中的巨大；与宋元时期相比，明清外贸立法的多数内容都属于一
个主权国家实施外贸管理的正常范围；近代中国闭关锁国的根本原因在于
封建统治者对海外贸易的放任自流和财富掠夺政策。

三　明朝"海禁"法令研究

为了保证海外朝贡贸易体系能有效地实施，明政府还配合实施了海禁
法令。海禁法令一方面作为国防安全的法律规定，同时也是海上对外贸易
的重要法律制度。

（一）立法目的

明朝的"海禁"法令一直是中外学者研究明朝海上对外贸易的热点。
"海禁"并非明朝发明创造，早在元朝就曾有过四次禁商下海，明之后的
清朝前期也曾存在。正如万明在《中国融入世界的步履——明与清前期海
外政策比较研究》（社会科学文献出版社 2000 年版）中所述，明朝与清
朝前期在海上对外贸易法制中并没有实质性的差异。当然，不少学者对此
持有异议，比如陈尚胜的《明与清前期海外贸易政策比较——从万明

〈中国融入世界的步履〉一书谈起》(《历史研究》2003 年第 6 期)在评述时提出，明清朝贡贸易在实质上是不一样的，前者倾向于经济价值，而后者更注重于政治作用。

在明朝海外贸易发展的过程中，明政府对外贸易管理的法律制度一直表现出稳定性差的特点，尤为突出的表现就是海禁法令的反复。"海禁"与"开禁"之间的反复过程，体现的是众多社会矛盾调和后的结果。不同朝代的海禁政策来自不同的政治、经济、社会背景，有其自身的特点。明朝的"海禁"由始至终都面临一个矛盾：中央政府决策的政治需求和区域经济发展的利益需求之间的矛盾。关于"禁海"和"开海"孰利孰弊的争论，其实早在明朝当局决策之初就如火如荼。当时明朝朝堂上关于海禁法令是否应该存在分为"主禁派"与"通海论"，两方长期争论的主张大多集中在开放海上互市是否违背祖宗之法、海上通商与海防安全孰轻孰重、开海是否能够开通财路等问题上。毛佩琦的《明代的通海思潮》(《河北大学学报》1985 年第 2 期)、王守稼的《明代海外贸易政策研究——兼评海禁与弛禁之争》(《史林》1986 年第 3 期)等文都具体论述了这两派的代表人物及主要论点。

(二) 法律内容

日本学者檀上宽的《明初的海禁与朝贡——加深对明朝专制统治的认识》《"国初不许寸板下海"考》等（[日]伍跃：《日本明史研究情况概述》；中国社会科学院历史研究所明史研究室编：《明史研究论丛》第八辑，紫禁城出版社 2010 年版）就详细研究了明朝初期的海禁法令。除此以外，不少学者还对明朝不同时期的海禁法令进行了分别研究，张立娜的《明朝海禁法令初探》（中国社会科学院研究生院硕士学位论文，2002 年）特别对明朝海上对外贸易管理法律中的核心内容——海禁法令进行研究，阐述了从洪武开始，到隆庆开始松动的海禁法令的变迁过程。凌文峰的《明前期外贸经营管理法的变迁》（南昌大学硕士学位论文，2006 年）则将视角放在了明前期（隆庆元年之前）对外贸易管理法律制度的发展过程，总结了这个历史时期明朝在陆地和海上对外贸易法制中的特点，分析了其变化的经济与社会原因、历史影响及现实意义。

此外，还有学者是在研究明朝其他经济法律制度时顺便涉及明朝海上对外贸易法律制度。雷雨波在《我国古代边境贸易管理法律制度》[《福建论坛》(文史哲版) 1990 年第 3 期]从管理机构及官吏的设置、出入境许可制度、出入境货物税收制度、进出口物品检验制度四个方面阐述了我国自西周到清朝的边境贸易管理法律制度，其中涉及明朝对外贸易管理法律制度的论述基本都是海上对外贸易方面。郭婕的《明代商事法研究》（中国政法大学博士学位论文，2002 年）用一章的篇幅介绍了明朝的外贸法，内容涉及朝贡制度、市舶司制度、海禁政策和明后期的饷税制度。李运通的《明朝涉外法律研究》（山东师范大学硕士学位论文，2010 年）涉及了明朝的朝贡制度和海禁政策；与此同时，他还对宋、明的对外贸易政策进行了比较研究。

（三）实施效果

学者们在对待明朝"海禁"法令的态度上，主要分为三种观点。

第一种是无害论，认为明朝的海禁法令虽然在一定程度上阻碍了海外贸易的发展，但也存在不小的积极作用。如李金明在《明代海外贸易史》（中国社会科学出版社 1990 年版）中认为，明初的海禁法令虽然禁止民间私人下海经商，但并不禁止官方贸易，正是海禁法令排除了民间贸易的竞争，使当时的官方朝贡贸易广泛开展。因此，海禁法令不仅没有对明朝中国的海外贸易造成大的负面影响，反而对当时中国的社会经济发展起着积极的推动作用。他还从明朝"海禁"政策的阶段性、严禁程度和差异性出发，对"禁"和"开"起伏不定的政策摇摆状态、官方贸易与民间贸易不同的发展趋势进行分析，提出明朝的海禁法令并非一味地消极闭关，其目的也不是扼杀当时的资本主义萌芽。

第二种是时弊时利论，认为明朝的"海禁"法令在禁海时有弊、开海时有利。如王日根在《元明清政府海洋政策与东南沿海港市的兴衰嬗变片论》（《中国社会经济史研究》2000 年第 2 期）中指出，一个政府对于海洋的政策完全可以主导沿海港口城市的兴衰，所以在明政府对海防与海洋重视时沿海港口城市相对兴盛，而在明政府政治力量微弱状态的禁海措施则引起了沿海地区的社会动荡。可以说，在其看来，政治力量的强弱是海禁法令有效与否的关键，因而有利有弊。

第三种是有害论，认为无论明朝的"海禁"法令是"禁"还是"开禁"，都极大地阻碍了民间海外贸易的发展。如范金民的《明清海洋政策对民间海洋事业的阻碍》（《学术月刊》2006 年第 3 期）、乐承耀的《论行政权力对明代宁波海外贸易的影响》[《宁波大学学报》（人文科学版）2003 年第 1 期] 等。不少学者更是针对明朝"海禁"法令的不稳定性，反思了在明政府反复"开""禁"之下的海外贸易局势，认为正是有害的"海禁"法令造成了明朝海外贸易受挫的情形，从而形成了地方政府与不法商贩进行权钱交易的混乱局面。王慕民的《明代宁波在中日经济交往中的地位——兼论官、民贸易方式的转变与嘉靖"大倭乱"的起因》（《宁波大学学报》2004 年第 5 期）就提出，正是明政府海禁法令的失败，造成了朝贡海上贸易与民间海上贸易在宁波海外贸易中的复杂形势，最终引发了嘉靖"大倭乱"。

三种观点的不同主要有两个原因：其一是各位学者针对明朝海上对外贸易的研究范畴并不统一，有些研究官方贸易，有些研究私人贸易，有些则两者兼而有之，得出的结论自然不同；其二是各自依赖的史料记载有所差异。

四　明中后期海外贸易管理法制改革分析

明中后期，国内外局势的影响促使明政府开始了海上外贸管理法制改革。其中涉及中国东南沿海两个重要的地区，福建的月港和广州的澳门。传统研究中，对月港的隆庆开海研究比较丰富，但落脚点主要集中在港口贸易史方面，而非海外贸易管理法制方面。比如张亨道的《明代后期督饷馆税制》（林凤萍、赵毅编：《第七届明史国际学术讨论会文集》，东北师范大学出版社 1999 年版）主要梳理了福建月港开海后，督饷馆的海外贸易税收制度。

16 世纪中叶，葡萄牙人开始建立广阔的亚洲殖民地，并成功地在中国获得澳门的居留权，澳门开始成为葡萄牙人对华贸易的基地。国外学者对澳门口岸的研究在 19 世纪已经开始，著述颇丰。到 20 世纪初，学者们利用档案资料，对 16 世纪以来澳门与东西方贸易作了比较系统的研究，出版了一批有价值的专著。如荷兰学者张天泽的《中葡早期通商史》（姚楠、钱江译，香港中华书局 1988 年版），对早期澳门与东方贸易做出了相应的研究。日本学者藤田丰八也曾发表长篇论文《葡萄牙人占据澳门考》（载《中国南海古代交通史论丛》，何健民译，商务印书馆 1936 年版），对葡萄牙人居留澳门的过程进行了考证。

近期的国内研究中，学者们也逐渐开始重视广州与澳门的海外贸易管理法律制度的创新和意义，例如张廷茂的《16—18 世纪中期澳门海上贸易研究》（暨南大学硕士学位论文，1997 年）等。学者们都认识到了明中后期澳门在世界贸易市场中独一无二的地位，万明在《明代澳门与海上丝绸之路》（《世界历史》1999 年第 6 期）中就提出了正是澳门作为一个辐射地，将丝绸等中国商品推向世界市场。李庆新的《从颜俊彦〈盟水斋存牍〉看明末广州、澳门贸易制度若干变动》（《学术月刊》2011 年第 1 期）更是从明末广州在海外贸易方面的存世案牍出发，分析了明末广州与澳门在海外贸易法律制度中的实施效果。

五　明朝海上对外贸易管理执法机构研究

明朝海上对外贸易管理执法机构的研究，主要涉及会同馆、市舶司和督饷馆等机构，其中尤以对市舶提举司的相关研究最为突出。

（一）会同馆

首先是中央机构会同馆的设置。会同馆作为明朝官方朝贡贸易的主管机构，学者们主要研究其行政隶属关系、执掌官员的设定和任命，如魏华仙的《论明代会同馆与对外朝贡贸易》[《四川师范学院学报》（哲学社会科学版）2000 年第 3 期]、王建锋的《明代会同馆管理人员及其掌述》[《烟台大学学报》（哲学社会科学版）2005 年第 2 期] 等。此外，会同馆与明朝其他海外贸易管理机构之间的关系也是学者研究的内容，例如李云泉的《明代中央外事机构论考》（《东岳论丛》2006 年第 9 期）就关注了明朝以礼部为中心、会同馆和四夷馆相伴而生的官方朝贡贸易管理机构的格局。而王丹的《明代对外贸易管理机构的变迁及影响》（南昌大学硕士学位论文，2008 年）则较全面地研究了明朝海外贸易发展过程中，会同馆与市舶司、督饷馆之间的变迁历史和相互关系。

（二）市舶制度

1. 市舶提举司的设置

广东、福建、浙江是我国传统的海上对外贸易重点地区，中国古代的市舶制度和海上对外贸易基本都出现在这些地区。由于嘉靖《福建市舶提举司志》和张燮的《东西洋考》的传世，明中后期福建地区对外贸易的资料比较充分，学界对福建市舶司与月港体制的研究尤有建树。张德昌的《明代广东之海舶贸易》（《清华学报》1932 年第 2 期），论述了明代广州贡船贸易与商舶贸易的发展过程以及广东市舶司的演变。郑有国的《中国市舶制度研究》（福建教育出版社 2004 年版）则全面分析了自唐末到明朝的市舶制度的沿革。

2. 市舶提举司的职能

关于市舶司的职能，陈尚胜在《论明代市舶司制度的演变》（《海交史研究》1986 年第 3 期）中把明代海外贸易制度划分为前后两个时期，认为随着贸易制度的变化，市舶司的经济职能增强，而政治职能相应减弱。同时，市舶司机构及其职能的分解与转化，保留了检验进出口船舶与征收关税的职能，奠定了清代海关的制度基础；而"平交易"的市场管理职能，则由市场中说合交易的牙人担当，官府组织了具有半官方色彩的垄断性商业组织牙行，经过明后期及清初的发展，终于演变成行商制度。李金明的《明代海外贸易史》（中国社会科学出版社 1990 年版）则认为市舶司从前朝管理市舶的机构变成了管理朝贡的机构，充当了政府对海外贸易进行控制和垄断的工具，其主要职责也限于朝贡贸易中贡使的接待和贡品的接收。而明成祖开始下派中官提督市舶，也更证实了明朝的市舶司已然沦为政府实施海禁、扼杀私人海外贸易的工具。正是市舶司这一职能上的重大转变，使其在明后期部分开放海禁时无法管理私人民间海外贸易，最终必须被废罢或者进行职能转变。

3. 市舶体制下的官员

关于市舶司的官员，荷兰学者包乐史的《巴达维亚华人与中荷贸易》（庄国土等译，广西人民出版社 1997 年版）在研究雅加达华人与中荷贸易时，曾对明末福建市舶太监与荷兰商人的相互勾结有所揭示，他认为荷兰人之所以避开福建地方政府直接与市舶太监联系的原因，是"皇帝和太监存在着某一种直接的联系"，便于通过太监取得更大的利益。王川的《市舶太监与南海贸易——明代广东市舶太监研究》（天马图书 2001 年版）是第一部系统探讨明代市舶宦官的专著。在明朝海路大通时朝贡贸易与私人海上贸易的兴替的背景下，市舶司的建制中出现了拥有特权的市舶中官一职，该职务一般由宦官担任。市舶中官的监临为明朝皇帝和中央政府敛收了大量的地方财物，同时常常出现弄权不法的行为。

（三）牙行

牙行作为一种社会中介机构，是明朝海外贸易管理中独特的执法机构，它直接影响了清朝相关机构的存在，例如韩大成的《明代牙行浅析》（《社会科学战线》1986 年第 2 期）、杨其民的《买卖中间商"牙人"、"牙行"的历史演变——兼释新发现的〈嘉靖牙帖〉》（《史林》1994 年第 4 期）等都阐述了明朝牙行的兴衰历程，以及它的类型、功能和作用。刘巧莉的《明清时期牙人牙行的积极影响》（吉林大学硕士学位论文，2006年）则针对部分学者主张的明代牙行消极影响，分析了明朝牙行和牙人对社会经济发展所起的积极和推动作用。

针对明朝中后期广东地区出现的"三十六行"，学者们观点并不统一。一些学者认为其与清朝时期的"十三行"有着历史承续的关系，如梁嘉彬的《广东十三行考》（上海商务印书馆1937年版；广东人民出版社1999年再版）就从制度史的角度追溯了明后期广东三十六行与清代广东十三行的关系。也有一些学者否认了两者之间的历史关联，例如李金明在《明代海外贸易史》（中国社会科学出版社1990年版）中先从浙江、福建和广东三地当时的海上对外贸易情况分析得出，《径林续记》中所记述的"三十六行"仅仅是广东官方指定的专门经营进出口贸易的36个商铺，它们所经营的货物是政府指定的，凭借官府发给的"澳票"随同抽分官员去澳门进行贸易。因此，在李金明看来，广东"三十六行"的性质等同于一般海商，只起到市场交换作用，而无市场管理职责，完全无法与代替官方进行海外贸易管理的清朝广东"十三行"相提并论。

六　明朝海外贸易管理法律体系研究

对于明朝海外贸易管理法制的法律体系，学者们大多认为它没有形成统一体系，呈现出稳定性差的特点。例如侯欣一在《中国封建社会对外贸易法制初探》（《法商研究》1998年第3期）中总结，明朝在全国范围内并没能制定出统一的对外贸易法规，仅有一些零散的法条，内容也较为单一，主要集中于海禁、朝贡、税收等几个方面。洪佳期在《试论明代海外贸易立法活动及其特点》（《法商研究》2002年第5期）中针对明朝海上对外贸易的立法情况作了简单的论述，指出明代海外贸易立法包括中央立法与地方立法两大部分，未成独立的体系。其法律内容主要采取严禁出海贸易、限制外商来华贸易以及迫不得已开放个别港口的政策，呈现出内容单一且零散，创新少、稳定性差，过于注重海禁律法等特点。

综上所述，当前中外学者对明朝海上外贸管理法律制度方面的研究有以下几个特点：第一，在明朝的海上朝贡贸易法制、海上对外贸易执法机构等领域的研究中，经济、史学、政治、外交类的研究占了绝大多数，法律史角度的研究相对较少；第二，在明朝的海上朝贡贸易法制等领域的研究中，更多的是针对朝贡贸易法制整体的分析，缺乏单独就海上朝贡贸易的独特研究；第三，在海禁法令等领域的研究中，更多的是针对明朝海上外贸管理法制中一个时间段、一个地区或者是一个方面，缺乏完整系统的明朝海上外贸管理法制的研究；第四，在法律史角度的研究中，大部分学者是在研究明朝其他经济法律制度时顺便涉及明朝海上对外贸易法律制度，而非专门进行针对性的研究。因此，笔者认为，在系统梳理明朝海上外贸管理法律制度的相关规定、完整研究明朝海上外贸管理法制整个变迁过程等方面，仍然具有深入探索和研究的较大空间。

第三节　研究内容与思路

一　研究对象的界定

对外贸易是指不同国家或地区间商品和劳务的交换活动，包括进口贸易和出口贸易两个方面，它的前提是商品生产、交换和消费。当贸易发展到一定程度，市场开始跨越国境的时候，对外贸易就产生了。

中国古代的对外贸易，从贸易通道的角度分可以分为陆地对外贸易和海上对外贸易两大类。先秦时期，陆地对外贸易已经有了一定的发展。到了西汉中期以后，随着政治上的稳定和经济上的发展，陆地对外贸易达到鼎盛。中外商品交换的增多和人员往来的频繁，促使汉朝开始萌芽陆地对外贸易管理的法律制度。当时的法律规定，边境或对外贸易时，禁止武器、良马等物的出口，"胡市、吏民不得持兵器及铁出关"①。其内容虽然简单，但影响不容忽视，确定了中国日后对外贸易管理法制的方向。

到了隋唐时期，政府在外交上推行对外开放政策，加上造船技术的不断进步和航海知识的日益丰富，海上对外贸易迅速发展。唐朝政府为了规范东南沿海日渐活跃的海上对外贸易，制定了"市舶法"，一改之前只有"互市法"调整西北陆地对外贸易的情况。从此，中国有了海上对外贸易管理法律制度。宋朝的海上外贸管理法制不仅承袭了唐朝的基本内容，还首次于神宗元丰三年（1080年）制定了专门的海上外贸管理法规《广州市舶条例》，适用于全国。元朝在宋朝《市舶条例》的基础上，于至元三十年（1293年）制定了专门的海上外贸管理法规，即共计22条的《市舶

---

① 程树德：《九朝律考》卷一"汉律考三"，中华书局2006年版，第74页。

法则》。它的内容涉及外贸管理机构的名称和职责、通商的口岸、商船的管理、进出口货物的种类、税收、走私行为的处罚、对外商的优待等多方面内容。与前朝相比，元朝《市舶法则》的内容更加丰富，体例也更加严密和规范。虽然元朝也曾几次"禁商下海"，但宋元时期的基本政策仍在于鼓励发展海上对外贸易。

到了明朝，生产力的发展不断刺激着海上对外贸易的需求，但政治、军事等因素又持续制约着海上的对外交往。明朝作为中国海上对外贸易史上一个重要的朝代，经历了海上对外贸易由盛转衰的主要过程。以隆庆改元（1567年）为界，明朝的海上对外贸易前半程以朝贡贸易为主，后半程则以私人海上贸易为主。而这一时期的海上外贸管理法制，较之宋元时期也有着很大的不同。全国没能制定出一个统一的海上对外贸易法规，主要依靠零散的法律规定进行管理，内容主要集中于海禁、朝贡、税收等几个方面。

本书所研究的海上外贸管理法律制度，是指政府所制定的用以调整、规范一国海上对外贸易关系方面的法律制度的总称。[①] 它一般包含以下几个方面的法律内容：一、对外贸易商船管理的法律制度，如对出海商船的尺寸大小、式样的规定，商船出海目的地的限制等；二、进出口商品管理法律制度，如对兵器、牲畜、货币等物品的禁止或限制出口等；三、海上对外贸易方式的管理，如朝贡贸易的当事人限制、交易程序的规定等；四、出入境货物税收制度，各色"抽分""收市"的规定等；五、管理机构及官员的设置，如"市舶司""督饷馆"等；六、出入境许可制度，如"公据""公验""公凭"等；七、严惩走私犯罪。

一国的海上外贸管理法律制度涉及国家的根本利益和安全，反映一国对它所处的国际环境的认识及国家目标的决定，也反映了其对外关系的实质。从内容上看，这种法律制度不仅限于国家的安全保障和政治外交，还涉及广阔的经济、文化领域。从表面上看，国家海上外贸管理法律制度以政治关系为主，国家和地区间的各种贸易关系都集中反映为政治关系，体现了各国政治上的不同利益要求。但究其实质，推动和制约海上外贸管理

---

① 学术界对"海上对外贸易""海外贸易""海上国际贸易""海上进出口贸易"等概念，都有约定俗成的认识，有时会互相置换。因其所包含的概念不尽相同，并不会因此产生歧义或影响理解，本书遣词并不强求一致。除非特别申明，不管使用哪个名词，都指"海上对外贸易"。

法律制度的根本原因，则是各国的经济利益和经济关系。当然，地理、民族、文化、宗教等众多因素，都起着不同程度的作用。

所以，一国在制定它的海上外贸管理法律制度时，一般都会考虑三个方面的目标设置：第一，安全利益。对统治者来说，维护国家或王朝统治区域的完整和安全，使自身生存不受外来势力的侵略，是首要也是最根本的利益。第二，政治利益。从维护自身地位出发，统治者一般力求建立并巩固有利于统治的社会秩序，同时力图将这种国家内部秩序延伸到国际关系上，从而塑造国家在国际或区域内的良好形象，扩大国家的影响力。第三，经济利益。其目标不仅限于国家的经济繁荣，而且随着国力的增长，国家的安全和政治制度都可以得到更充分的保障。因而，本书之后在考量明朝海上外贸管理法律制度的起起伏伏时，都会充分参考这三方面目标设定在每一阶段给统治者所带来的影响。

当然，研究明朝的海上外贸管理法制，还应明确当时海上贸易活动的范围，从地理上给出一个比较清晰的概念。明朝海上外贸的范围是极为广阔的，在欧洲人东来之前，主要有：中南半岛的安南（越南）、占城（缅甸）、暹罗（印度）等，印度半岛沿海的满加剌（孟加拉）、葛兰（印度南部港口城市）、狮子国（斯里兰卡）等，南洋的婆罗洲（加里曼丹岛，马来群岛中部）、苏门答剌（苏门答腊）、爪哇（印度尼西亚）等，东亚的日本与琉球。到明中后期，欧洲商人东来以后，明代海上对外贸易的范围又扩大到西班牙、荷兰、英国等国家。

二　研究内容

在明朝，我国海上对外贸易在宋元时期的基础上又有了新的发展，经历了由盛转衰的主要过程。按明人王圻所说，明朝海上对外贸易分为贡舶贸易与商舶贸易两种形式。明朝的"市舶"不同于前朝，披着朝贡的外衣，"为王法所许，司于市舶，贸易之公也"；而与之对应的私人海上对外贸易被称为"商舶"，缺乏合法地位，"为王法所不许，不司于市舶，贸易之私也"[①]。明前期，只有朝贡贸易是合法的，商舶贸易属于非法。明中叶起情势开始变化，朝贡贸易衰退，商舶贸易几经周折，逐渐取得合法地位。然而，商舶贸易的繁荣却并没有因此延续很久，万历末年亦走向

---

① （明）王圻：《续文献通考》卷三十一"市籴考"，齐鲁书社1995年版，第477页。

衰落，逐渐被东来的欧洲商人压倒。

本书力图系统梳理明朝海上外贸管理法律制度的相关规定，完整研究明朝海上外贸管理法制的整个变迁过程，深刻分析法制变迁的政治、经济和社会原因，从而完善明朝海上对外贸易管理法制的研究。主要内容如下。

第一，明前期的相关研究主要关注海上朝贡贸易法律体系的设置。当时，国内商品经济的发展，使我国东南沿海迫切要求发展海上对外贸易。而此时，东南亚各国的手工业生产水平相对落后，对我国的手工业产品需求量很大。针对这种有利可图的局面，海上对外贸易被政府赋予了浓厚的政治使命，立法者精心设计了唯一合法的朝贡贸易体系。在朝贡贸易法律体系中，明政府以"赏赍"的方式向前来中国朝贡的国家购买"贡品"，分为进贡方物、附进物和自进物三类。其中，自进物和附进物所占比例很大，它具有不等价交换、贱买贵卖的特点。因此，除掉赏赐物所带来的亏损，朝贡依然可以给明政府和朝贡国带来高额的利润。但这种对海外贸易的控制和垄断，并没有给明朝的社会经济带来积极的影响，反而带来了许多弊端。

明政府在开展官方朝贡贸易的同时，基于政治等因素的考虑，颁布了严厉的"海禁"法令，规定"片板不许下海"，要求把尖头船改成平头船、二桅以上的大船一概拆除。若有违反，则属"犯禁通蕃"。如此，我国外贸商人的贸易合法地位被剥夺。与此同时，不少朝贡国则利用"朝贡"的机会，充当了中介商的角色，贩卖朝贡"赏赐"物以图利，比如当时的琉球和朝鲜。由此，明前期的海上对外贸易与政治、外交紧密结合在一起，政治功能在一定时期甚至超越了经济功能，出现了李剑农先生所说的制度性"变态"。传统的皇权专制主义在经济立法中的权威发挥到了极致，值得我们深入探讨和思考。

第二，明中叶的相关研究主要关注中央和地方政府的法制调整。当时，国内外形势发生重大变化，在欧洲商人东来、"嘉靖倭患"等情况下，尖锐的社会矛盾一再爆发。此时，中央政府与地方政府在对海上对外贸易的态度上开始出现分歧。弘治年间，中央政府在维护朝贡贸易的同时开始注重经济效益，通过"弘治新例"对洪武、永乐年间制定的海上朝贡法律规定作了较大的调整。而对于地方政府来说，朝贡贸易的管理成本让它们不堪重负，被视为非法的商舶贸易却能让它们通过抽分收获滚滚财源。嘉靖九年（1530 年），广东首先开始立法改革，并最终获得了中央政府的认可。经济利益在经济立法中所占的核心地位，在这个历史阶段凸显。

第三，明后期的相关研究主要关注福建和广州的法制改革。明政府迫于形势，于隆庆元年，在福建漳州海澄月港部分"开禁"，福建准贩东西二洋。之后，广州又允许中外商人交易。从此，商舶贸易的合法地位确立。同时，葡萄牙人叩关求市，广州制定禁例，允准其在澳门范围内自治。由地方政府主导的海上外贸管理法制改革，后来上升为国家制度，但最终并没有像欧洲那样，成为引导社会变迁的主导因素。虽然在与世界接轨过程中，明朝的立法者是消极和被动的，但也不是毫无进展的，其中仍有许多值得我们重新梳理和考辨的空间。

第四，贯穿全书的还有一条主线，即明朝海上对外贸易管理执法机构的变迁。市舶司制度到了明朝，发生了明显的变化，主要职责转变为朝贡贸易的负责机构。永乐年间，作为地方行政机构的市舶司和宦官把持的提督市舶衙门共存，贡舶之利的争夺，形成了市舶司制度的形同虚设。嘉靖年间，撤罢市舶宦官，主管海防的海道副使与地方政府共同管理海上对外贸易。隆庆革新之后，明政府设置了商舶贸易的管理机构"督饷馆"，制定了各种饷税的征收办法。万历年间，社会中介机构"三十六行"出现，开始参与贸易管理。海上对外贸易管理机构在明朝从市舶司向海关发展的路径，值得我们关注。

三　研究方法

（一）文献研究法

明朝海上对外贸易管理法制作为一段重要的历史活动，文献研究法是一种主要的方法。中国古代法律文献非常丰富，但由于诸多原因，不少记载未必完全准确。这就要求我们从众多法律文献中选取合适的记载，进行鉴别、考证和辨异，以求在关键点和重大问题上接近历史真相。

关于明朝海上外贸管理法律规定最直接的历史文献当然是明朝官方制定的法典，例如《大明令》《大明律》《大明会典》等。但其中相关内容的记载却并不丰富，还需要寻找其他历史文献予以充实和印证，其中比较重要的有：《明史》中关于海外贸易重要历史事件的描述；《明实录》中关于海外贸易法制情况的各种君臣奏议；《盟水斋存牍》中地方司法官的实践判例；葡萄牙、荷兰等国历史文献中，关于明后期中国东南沿海海上对外贸易管理法制的实施情况等。这些侧面历史文献中关于明朝海上外贸管理法制的记载虽然零散，却能帮助我们更加全面地理解当时的立法现状和实施效果。

（二）历史考察法

法学范畴作为理论思维的成果和工具，其形成经历了一个历史过程，是一种历史的产物。历代法律法规的颁布和实行，无一不受当时社会的政治、经济、军事和文化等诸多因素的影响。因此，要深刻、准确地揭示某个法学范畴，就应该结合当时的社会现状和政治局势，运用历史考察的方法加以探讨。

本书从明朝的社会现象的基本历史联系出发，以国内外学者在明朝海上对外贸易领域已有的经济学、史学研究成果为借鉴，以这一历史时期的相关案例、事件、人物等为突破口，探究海上对外贸易管理法制产生、发展的过程及历史沿革，揭示其本质、内容和时代特征。对于明朝海上外贸管理法制的产生、发展和改革过程的历史考察，不仅能揭示其历史继承性，而且可以避免理论构建上的主观随意性。

（三）比较研究法

比较研究法是法学研究的一种重要方法，对不同的法律制度进行比较，可以了解每一种制度生成的文化底蕴、道德伦理基础及其历史合理性，对于认识事物的概念、本质和特征等具有重要作用。明朝海上对外贸易管理的法律制度与唐、宋、元时期的海上外贸管理法制有着深刻的联系，并影响着清朝海上外贸管理法制的制定和发展进程。同时，各朝政府对海上外贸管理法制有着不同的理论定位、发展历史和立法实例。本书在研究中将会对唐、宋、元、清时期的海上外贸管理法制与明朝的海上外贸管理法制进行全方位的比较，研究它们的不同之处，分析各自的特点。通过比较研究，有助于进一步加深对明朝海上外贸管理法制形成的原因剖析，为研究16世纪前后中国商品经济发展过程中海上外贸管理法律制度的影响提供有价值的参考与借鉴。

（四）新制度经济学研究法

新制度经济学是近年来研究贸易体制的一种重要方法，用其来解释明朝海上对外贸易管理法制的历史轨迹，将为我们提供一个独特的分析视角。20世纪60年代以诺斯为代表的"新制度经济学"理论，强调完善的制度对社会经济发展的作用，认为良好的制度能为经济提供高效率的空间，它能帮助我们深刻分析明朝海上对外贸易管理法制的特点和作用。同时，新制度经济理论中的路径依赖思想，强调政府在经济立法时会产生的隐形经济成本因素，也会有利于我们深刻理解明政府在海上对外贸易管理立法过程中的诸多选择。解释经济法律制度，仅仅通过法律的角度是不够的，还应该利用经济学的方法，这样才能将问题研究得更为透彻。

第一章

明朝海上外贸管理的立法背景

第一节　明朝政府的外交环境

一个国家的国际政治、军事环境会极大地影响它的对外交往政策，而外交政策又将决定一国的对外贸易政策。横跨欧亚大陆的元帝国崩塌后，国际格局出现了巨大变化。明朝建国者朱元璋在对外交往方面所面临的首要问题，便是如何肃清元朝的海外影响，同时取得海外诸国对其国际地位的承认。于是，明朝的海上外贸管理法制的重心又从经济立场恢复到政治立场，立法宗旨开始了重大转变。明朝政府从维护中央集团的需要出发，放弃了互通有无的海外贸易精神，唐、宋、元三朝累积起来的海洋创新气质逐渐丧失。

一　守备为上，不征诸夷

明初，蒙古人被逐出中原后，势力并未完全退出中国西部，一直虎视眈眈，觊觎中原。同时，北方游牧民族始终控制着中国西北陆路边境的贸易通道，陆地对外贸易随之梗塞。而海上各邻国除了日本之外，大多与中国友好往来，基本不存在敌对和威胁。基于此，明初的统治者致力于在东西洋和西域全方位外交，采取了"守备为上，不征诸夷国"的外交政策，从而构建一种"共享升平之治"的全新国际秩序：

> 海外蛮夷之国，有为患于中国者不可不讨；不为中国患者，不可辄自与兵。古人有言，地广非久安之计，民劳乃暴乱之源。……海外诸蛮夷小国阻山越海，僻在一隅，不为中国患者，朕决不伐之。惟西北胡戎世为中国患，不可不谨备之耳。[①]

---

① （明）陈仁锡：《皇明世法录》卷六"太祖高皇帝宝训"，北京出版社1997年版，第566页。

朱元璋还根据中国周边邻国的地理位置，将朝鲜、安南、真腊、占城、暹罗、苏门答剌、日本、琉球等15个国家列为"不征诸夷国"①。而蒙古则是明朝和平外交政策的例外，因为如果不彻底解决蒙古问题，明朝取代元朝的合法性问题将无法解决，所以对北元必须始终坚持防范和打击。

在文化思想领域，自从出生大漠的元朝统治中国后，胡人的习俗对中原地区影响很大，无论是服饰、语言甚至姓名，都大范围地被蒙古风俗同化。推翻元朝的朱明王朝，为了显示其正统性与合法性，选择了对儒家思想的回归，极力推崇宋朝的程朱理学，执着于夷夏之辨：

> 自古帝王临御天下，中国居内以制夷狄，夷狄居外以奉中国，未闻以夷狄居中国治天下者也。自宋祚倾移，元以北狄入主中国，四海内外罔不臣服，此岂人力，实乃天授……当此之时，天运循环，中原气胜，亿兆之中，当降生圣人，驱逐胡虏，恢复中华，立纲陈纪，救济斯民……子恭天成命，罔敢自安，方欲遣兵北逐群虏，拯生民于涂炭，复汉官之威仪。②

朱元璋推行专制主义，将废除胡元习俗作为重要任务，"其辫发椎髻，胡服、胡语、胡姓，一切禁止，斟酌损益，皆断自。圣心于是百有余年胡俗悉复中国之旧矣"③。在明政府的大力推动下，"夷夏之防""内外有别"的观念直接影响对外政策的制定和实践，逐步成为大明帝国朝贡体系的理论基础：

> 夫驭夷狄之道，守备为先，征伐次之，开边衅，贪小利，斯为下矣。故曰天子有道，守在四夷，言以德怀之，以威服之，使四夷之臣，各守其地，此为最上者。若汉武之穷兵黩武，徒耗中国而无益。隋炀之伐高丽，而中国蠢起。以唐太宗之明智，后亦悔伐高丽之非。

---

① （明）李东阳等撰，申时行等重修：《明会典·万历朝重修本》卷一〇五"朝贡一"，中华书局2007年版，第571页。

② 《明太祖实录》卷二六，吴元年冬十月丙寅，（台北）"中研院"历史语言研究所1962年版，第401—403页。

③ 《明太祖实录》卷三十，洪武元年二月壬子，（台北）"中研院"历史语言研究所1962年版，第525页。

是皆可以为鉴，非守在四夷之道也。今海内皆平，车书混一，蛮夷朝贡，间有未顺，当修文德以来之，遣使以喻之，彼将畏威怀德，莫不率服矣，何劳勤兵于远哉！北狄遗烬，尚烦升虑，当选将练兵，分屯镇守，谨其防御，俟其衅隙，一举而荡平之，未晚也。①

明成祖朱棣以藩王身份上位后，为巩固自身政治地位，对内武力镇压，对外主动出击，外交政策较之洪武时期更加主动且强势。其间，他派遣郑和等人多次出使西洋、西域，开辟海道，招徕海外各国遣使来华交往，力图树立当朝在国际上的威望；同时还派兵出征安南，占领后设立交州布政使司进行统治。但永乐时期这种积极主动的外交政策是以经济上的庞大开支作为代价的，有着致命的弱点，不可能长期为之，即使在当时也饱受争议。仁宗一即位，就改变了永乐年间的外交政策，重新回缩到洪武时期"守备为上"的做法：

　　下西洋诸番国宝船悉皆停止。如已在福建、太仓等处安泊者，俱回南京，将带去货物，仍于内府该库交收。诸番国有进贡使臣当回去者，只量拨人船护送前去。原差去内外官员皆速回京。民梢人等，各发宁家。……但是买办下蕃一应物件，并铸造铜钱，买办麝香、生铜、荒丝等物，除见已买在官者，于所在官交收，其未买者，悉皆停止。各处买办诸色纻丝、沙罗、段匹、宝石等项，及一应物料、颜料等，并苏杭等处续造段匹，各处抄造纸札、磁器，采办梨木板造、诸品海味果子等项，悉皆停罢。其差去官员人等即起程回京，不许指此为由科敛害民。②

宣宗即位后，继续因循仁宗的收缩政策。他在宣德三年（1428年）写成的《帝训》中的《驭夷篇》里，集中表达了自己的外交理念：

　　然（夷狄）非我族类，故其心叛服不常，防闲之道不可不

①　（明）陈子龙等撰：《明经世文编》卷七"上太平治要十二条"，中华书局1962年版，第50页。

②　《明仁宗实录》卷一上，（台北）"中研院"历史语言研究所1962年版，第15—17页。

谨。……驭夷之道，守备为上。春秋之法，来者不拒，去者不追。盖来则怀之以恩，衅而去者不穷追之，诚虑耗弊中国者大也。[①]

更直接反映这种收缩外交政策的是明政府对于安南问题的处理。明成祖占领安南后，当地屡屡叛乱，明军一直疲于应战。宣德初年，宣宗与大学士杨士奇、杨荣商议后，认为出兵征讨耗费众多，于是决定放弃交趾，主动从安南撤兵，"罢兵，岁省军兴巨万"[②]。

所以，明朝的外交政策传承了主流的理学思想，除了永乐年间偶然的主动出击外，大部分时间都采用了强调夷夏之分的保守政策。明朝政府的外交缺乏开拓进取精神，体现了体制性政治外交的内敛。在这种外交政策的影响下，中国古代社会的海上对外贸易在经历了宋元大发展之后，并没有生生不息，而是转向稳定、内向甚至沉滞僵化。

二 笼络四夷，怀柔远人

对于新统治者来说，将元朝建立的广泛且开放的对外关系网络纳入以大明帝国为中心的国际秩序并非易事。明初，元朝在海外诸国的影响仍然存在，爪哇、占城等国使臣及来朝贡元朝的贡物尚在途中。[③] 为了肃清元朝的海外影响，朱元璋效仿前朝，刻意追寻古贤帝王，派遣使者访问海外，宣扬恩德，怀柔远人：

海外诸番与中国往来，使臣不绝，商贾便之，近者安南、占城、真腊、暹罗、爪哇、大琉球、三佛齐、渤尼、彭亨、百花、苏门答剌、西洋、邦哈剌等，凡三十国。[④]

---

① 《明宣宗实录》卷三八，宣德三年二月，（台北）"中研院"历史语言研究所1962年版，第951—952页。

② （清）张廷玉等撰：《明史》卷一百四十八"杨士奇传"，中华书局1974年版，第4135页。

③ 爪哇使者捏只某丁在元末仍奉使于元；占城使臣虎都蛮于洪武二年二月四日到达南京，明太祖派去诏谕即位的使者并未到达占城，可见占城国王当时根本不知明朝建立。参见《明太祖实录》卷三九，洪武二年二月辛未，（台北）"中研院"历史语言研究所1962年版，第785—787页。

④ 《明太祖实录》卷二五四，洪武三十年八月丙午，（台北）"中研院"历史语言研究所1962年版，第3671页。

即使针对常有倭寇来犯的日本，朱元璋也采取了示好的外交政策。明朝与日本的外交关系因为倭寇问题，显得非常复杂。洪武二年（1369年），朱元璋派杨载出使日本，希望与日本互不侵犯：

> ……间者山东来奏，倭兵数寇海边，生离人妻子，损伤物命。故修书特报正统之事，兼谕倭兵越海之由。诏书到日，如臣，奉表来庭；不臣，则修兵自固，永安境土，以应天休。①

然而当时恰逢日本南北战争时期，南朝怀良亲王不仅没有接受明朝的和解书，还杀了5个使臣，并扣留杨载、吴文华二人数月才放回。② 朱元璋不了解日本国情，将怀良错当为日本国王，之后又于洪武三年、四年连续遣使，态度诚恳耐心，对怀良的不恭敬也极力克制，以蒙古为鉴，终不加兵。③ 之后，朱元璋通过在华的日本僧人了解日本另有朝廷和天皇，遂拒绝日本天皇之外一切日本政权的朝贡。

由于经济和倭寇的因素，明太祖的外交政策效果并不明显。到永乐年间，明成祖推行"四海一家""广示无外"的积极外交政策，"诸国有输诚来贡者听"④。他在位期间，开始大规模向海外派遣使者。洪武三十五年，成祖刚夺取政权，便以颁即位诏遣使安南、暹罗、占城、日本、西洋诸国。根据《明实录》等不完全统计，自洪武三十五年至永乐十年间，明朝仅向南洋地区派遣的使团就有35个之多。当时使团的出使地区和次数，都是空前的，出现了郑和下西洋的盛举。除了自己派遣使臣出国，成祖还招徕各国使臣来华，形成了"四夷率土归王命，都来仰大明。万邦千国皆归正，现帝庭，朝仁圣"⑤ 的繁荣景象。永乐二十一年（1423年），甚至出现了16国派遣使节1200多

---

① 《明太祖实录》卷三九，洪武二年二月辛未，（台北）"中研院"历史语言研究所1962年版，第787页。

② 参见汪向荣、夏应元编《中日关系史资料汇编》，中华书局1984年版，第270页。

③ （清）张廷玉等撰：《明史》卷三百二十二"日本传"，中华书局1974年版，第8342—8343页。

④ 《明太宗实录》卷十二上，洪武三十五年九月丁亥，（台北）"中研院"历史语言研究所1962年版，第205页。

⑤ （清）张廷玉等撰：《明史》卷六十三"乐志三"，中华书局1974年版，第1569页。

人来北京朝贡的盛况。①

　　为了吸引各国与中国进行交往，明政府奉行"厚往薄来"的原则，在派遣使臣、招徕朝贡的同时，还对各国在经济上给予丰厚的赏赐，以求怀柔远人。明太祖经常告诫各国进贡不用太丰富，朝贡不过是表达诚意的方式，以免给各国百姓增加负担。洪武三年（1370 年），渤泥国王以该国遭遇兵灾、无以为献为由，要求推迟朝贡时间，明使者张敬之就说："皇帝富有四海，岂有所求。"② 当时中国的物质文化水平较高，许多商品在国际市场上有着良好的声誉，丝织品、瓷器等都是各国的紧俏商品。不仅使团出使时都携带大批织金文绮、纱罗瓷器、铁器钱币等用于赏赐各国国王，对来华访问的君主和使臣的封赏数量更是惊人。其中尤以永乐年间为甚，可以说是不惜一切经济利益为代价，去追求建立与海外诸国的友好外交关系。而对各国使臣附带来华贸易的货物，明政府往往免税，并不计较经济得失，"谕福建行省，占城海舶货物，皆免其征，以示怀柔之意"③。

　　同时，为了保证国际新秩序的形成，明朝建国之初就制定了一系列措施来笼络四夷。

　　首先，赐夷王以官爵。数量最多的是永乐年间。其中有赐王号的，如哈密忠顺王，赐予王号的同时还允许其筑城池，赐金印，设长史，俨然亲王。还有赐三公者，如永乐年间归顺的也先；有授官号的，如归顺的安南士人；有赐谥号的，如日本王道源谥恭献；有封爵位的，如安南黎利；有赐功名的，如洪武辛亥赐外国人进士。④

　　其次，对外国贡使特别优待，礼遇有加。各国使节登岸后，先由市舶司宴请接待，然后安排官员陪同往返京师，沿途驿站负责运递贡物和安排食宿，到达京师后下榻会同馆。外国使臣在华期间，明政府负责所有粮料、车马、住宿、医疗等服务。明成祖考虑各国使节来华路途远、风险

----

① 《明太宗实录》卷二六三，永乐二十一年九月戊戌，（台北）"中研院"历史语言研究所 1962 年版，第 2403 页。

② （明）严从简：《殊域周咨录》卷八"渤泥"，中华书局 1993 年版，第 302 页。

③ 《明太祖实录》卷六七，洪武四年七月乙亥，（台北）"中研院"历史语言研究所 1962 年版，第 1261 页。

④ 参见李庆新《明代海外贸易制度》，社会科学文献出版社 2007 年版，第 39—40 页。

高、耗资大，甚至还赞助其路费。① 除了对各国使臣迎来送往外，明政府还曾出资代为修复外国因海难损坏的贡船。永乐二年（1404 年）九月，福建布政司上奏称有暹罗去琉球的使者遇风漂流至福建。成祖认为：

> 两国通好，是番邦美事，其舟为风所漂，正宜矜恤，岂可利其物而籍之？……舟坏者为之修理，人乏食者给之粟，俟便风，其人欲归，或往琉球，导之去。②

今人还在福建福州河口地区发现琉球国通事王兆棠所立的一块石碑，上云"漂流难夷，凡在闽病故，……买山地，葬埋标识"，可见当时明朝政府还负责料理在华病故朝贡人员的身后事。③

最后，吸收外国留学生，允许其参加科举。洪武初年，南京国子监招收外国官派留学生，同时科举条格中明文允许外国学者参加科举。永乐八年（1410 年）十一月癸未，明成祖赏赐外国留学生以后说："远方慕中国礼义，故遣子入学，必足于衣食，然后乐学。我太祖高皇帝命资给之，著为令典。所谓曲成万物而不遗者，朕安得违之。"④ 万历《大明会典》云："凡日本、琉球、暹罗诸国官生，洪武、永乐、宣德间俱入监读书，赐冬夏衣、钞、被、靴袜及从人衣服。"⑤ 嘉靖《福建市舶提举司志》中就称洪武二十二年琉球国王令子侄入太学学习，"礼待不亦厚乎"⑥。

怀柔和笼络的外交方式，不仅能帮助明朝在新的国际秩序中确立国家形象，还能助力海防。正如明人郑晓所说："洪武时倭寇近海州县。以高皇帝威灵，兼谋臣宿将，筑城练兵，经略数年，犹未义安。乃招渔丁、岛人、盐徒、疍户籍

---

① 《明太宗实录》卷二二，永乐元年八月癸丑，（台北）"中研院"历史语言研究所 1962 年版，第 408 页。

② （明）陈仁锡：《皇明世法录》卷十一"成祖文皇帝宝训"，北京出版社 1997 年版，第 692 页。

③ 傅衣凌：《福州琉球通商史迹调查记》，载《傅衣凌治史五十年文编》，厦门大学出版社 1989 年版，第 240 页。

④ （明）陈仁锡：《皇明世法录》卷十一"成祖文皇帝宝训"，北京出版社 1997 年版，第 693 页。

⑤ （明）李东阳等撰，申时行等重修：《明会典·万历朝重修本》卷二百二十"国子监"，中华书局 2007 年版，第 1096 页。

⑥ （明）高岐：《福建市舶提举司志》"考异"条，民国二十八年铅印本，第 33 页。

为水军至数万人，又遣使出海宣布威德，久之，倭始不为患。"① 可见，明朝当时友好亲和的外交方式，对于配合东南沿海的安全防务有着至关重要的作用。

三 抵御外敌，加强海防

宋元以来，随着经济中心的南移，东南沿海成为中国经济中心的同时，东南沿海的海防也成为国防的一个重要方面：

> 沿海之地，自广东乐会接安南界，五千里抵闽，又二千里抵浙，又二千里抵南直隶，又千八百里抵山东，又千二百里踰宝坻、卢龙抵辽东，又千三百余里抵鸭绿江。岛寇倭夷，在在出没。故海防亦重。②

元末，朱元璋相继平定张士诚、陈友谅等割据势力后，明政府对东南沿海的统治也并非稳固。一方面，倭寇势力始终觊觎中国，由北到南，从山东到广东，一直骚扰中国的沿海地区，焚民居、劫财物。洪武二年（1369 年），倭寇袭击苏州、广州等地，"时天下初定，海内安定，倭夷窃发，滨海一带皆被骚扰"③。另一方面，一部分中国百姓或商或盗，勾结倭寇，盘居于近海海岛，游弋于东南沿海广大海域，共同威胁着明王朝的统治。洪武三十五年，"使臣有还自东南夷者，言诸蕃夷多遁居海岛，中国军民无赖者潜与相结为寇"④。由此，加强海防保障东南沿海的安全，是保障中国政治、经济中心的基础，也是确保明朝统治的前提。于是，明政府在开展海外外交的同时，加强海防建设，抵御外敌。

明初强调海防，史学家往往还与胡惟庸案联系起来。⑤ 洪武十三年

---

① （清）张廷玉等撰：《明史》卷一百九十九 "郑晓传"，中华书局 1974 年版，第 5273 页。

② （清）张廷玉等撰：《明史》卷九十一 "兵志三"，中华书局 1974 年版，第 2243 页。

③ （明）郭棐撰，黄国声等点校：《粤大记》卷三十二 "政事类"，广东人民出版社 2014 年版，第 912 页。

④ 《明太宗实录》卷十二上，洪武三十五年九月戊子，（台北）"中研院"历史语言研究所 1962 年版，第 209 页。

⑤ 胡惟庸案作为明初一大悬案，中外学者看法不一。有学者认为明朝的海防就是由此案引发，也有学者认为是朱元璋排除异己的手段。参见吴晗《胡惟庸党案考》，《燕京学报》1934 年第 15 期；汪向荣、夏应元编《中日关系史资料汇编》，中华书局 1984 年版，第 276 页；［日］木宫泰彦《日中文化交流史》，胡锡年译，商务印书馆 1980 年版，第 516 页；陈致宽《胡惟庸与中日关系》，《中日文化与交流》第二辑，中国展望出版社 1985 年版，第 216 页。

（1380 年），胡惟庸被揭发勾结日本、蒙古，以谋逆罪处以死刑。一直到洪武三十年（1397 年）八月，明太祖提及三佛齐国时仍与胡惟庸案联系，"乃生间谍，给我信使"①。无论胡兰党狱案的真正原因如何，不可否认明朝海防兴起的众多原因中，也有明太祖防止官员勾结外敌、阴谋叛乱之意。洪武十六年，明政府曾发勘合给占城、暹罗、真腊三国，"凡中国使至，必验勘合相同，否则为伪者，许擒之以闻"②。可见，朱元璋并不信任外臣，唯恐有人谎称是朝廷使臣趁机出境而勾结外夷。

明朝的海防包含两层含义，一是通过在沿海地区建立卫所，加强军事力量，从而抵御外来侵略势力的侵扰。"倭海上来，则海上御之耳。请量地远近，置卫所，陆聚步兵，水具战舰，则倭不得入，入亦不得傅岸。"③洪武十年以后，东南沿海地区开始建置卫所，打造海船，训练士兵。洪武十八年，信国公汤和受命主持海防，从山东到福建沿海全部开展大规模的"筑城"运动，修建城池哨所，严防倭寇海盗。并于军事要害处设备倭水寨和巡检司，专门安排弓箭手，加强盘诘和联防。江夏侯周德兴负责福建地区的海防，为配合卫、所和城池，共设立 45 处巡检司。④ 设置卫所的同时，还配备相应的官员负责海防。单单洪武年间，明政府在中国沿海各大小口岸、岛屿的要塞上，就设置了 57 个卫、89 个千户所⑤，连绵构成了明朝的海防线。一旦倭寇进犯，烽墩报警，卫所围追堵截，巡检司盘查，构成了相对完善的海陆防御体系。

除此之外，为了防止沿海居民勾结倭寇、海盗，明政府还在浙江、福建、广东等地的海岛迁民，断绝海盗、倭寇与陆地百姓的联系。《靖海岛以绝衅端议》中云：

> 宁波之金塘、大榭，台州之玉环、高丕，温州之南麂、东洛等
> 山，俱称沃壤，外逼岛夷。元末逋逃之徒蕃聚其中，卒之方国珍乘

① 《明太祖实录》卷二五四，洪武三十年八月丙午，（台北）"中研院"历史语言研究所 1962 年版，第 3671 页。

② 《明太祖实录》卷一五三，洪武十六年三月，（台北）"中研院"历史语言研究所 1962 年版，第 2399 页。

③ （清）张廷玉等撰：《明史》卷一百二十六"汤和传"，中华书局 1974 年版，第 3754 页。

④ 参见王日根《明清海疆政策与中国社会发展》，福建人民出版社 2006 年版，第 54 页。

⑤ 同上书，第 42 页。

之，以据浙东。洪武间汤国信经略此地，迁徙其民，一洗而空之。勒石厉禁，迄二百余年，莽无伏戎，岛无遗寇，则靖海之效也。①

　　史书中关于明初迁海岛居民的记载很零星，而在浙江、福建一带的地方志中却频繁出现相关记载。例如，浙江宁波昌国卫的南田四面悬海，方圆一百余里，土地肥沃，自然资源丰富，岛上有高山，日本贡船常以此为导引进入宁波。到了洪武海禁时期，南田居民都被迁往内地。还有宁波定海县秀山、福建同安县古浪屿和广东南澳的隆澳、云澳、青澳、深奥等地，皆在洪武时期被"迁其民""墟其地"②。洪武之后的各个时期，政府仍继续加强对海防的关注，投入力度也很大。虽然效果时好时坏，但海防建设一直是明廷对外关系的重心，战船、军队、哨所的管理始终不曾放松。

　　"海防"的第二层含义是严禁沿海人民下海通番，即"海禁"③。"海禁"不仅明令禁止百姓进行海上对外贸易，甚至不允许国内市场上销售外国商品，以求从进货渠道和销售渠道上彻底断绝私人海上商品交易。从洪武四年（1371 年）开始，明政府开始实施严厉的海禁政策，违者将受到严厉的处罚。此后，洪武年间又六次重申海禁命令。一时间海防大备，国境壁垒森严，民间海上对外贸易发展停滞。即使是在外交政策积极主动的永乐年间，民间海上对外贸易也是不被允许的。

　　正统年间开始，明王朝统治集团政治黑暗、吏治败坏，边防废弛，边患日益严重。虽有朱纨、胡宗宪、戚继光等一些得力官员，明政府政治上的腐败还是导致了海防体系的慢慢荒废，沿海卫所纷纷内撤，给了海盗、走私团伙甚至西方殖民势力以可乘之机。嘉靖年间，宁波"争贡之役"直接导致明政府试图依靠日本官方控制倭寇的愿望成为泡影，明政府开始采取更加明确、更为严苛的海禁措施。然而，实际上，自明朝中后期开始，朝贡贸易逐渐衰落，私人海外贸易需求升温，百姓纷纷铤而走险，涉足海上贸易。于是，海禁政策并没有得到完全的实施，海盗、倭寇、海商合流，纵横海上，而潮州南澳等地也成了私人海外贸易的聚集地。隆庆年

---

①　（明）陈仁锡：《皇明世法录》卷七十五"各省海防"，北京出版社 1997 年版，第 2280 页。

②　参见（清）徐兆昺著，桂心仪等点注《四明谈助》卷四十四"东四明外户下·南田"，宁波出版社 2000 年版，第 1499—1500 页；（明）郑若曾《筹海图编》卷三"广东沿海总图"，中华书局 2007 年版，第 218—219 页。

③　"海禁"的相关规定是明朝海外贸易管理法制的核心内容，本书将在之后的论述中详细阐明。

间，明政府在福建漳州月港开海，月港成为合法的海外贸易港口。隆庆开海后培养的一大批海商集团，亦商亦盗，也引起了明政府的不安。为了达到海防的目的，明政府采取了消极的海禁政策，即对出海商船的大小、航行时间、航行地点和所带货物作了相应限制。

总体来说，沿海地区在明朝的战略地位与日俱增。在海防政策方面，虽然明政府也能主动或被动地适应时代提出的新要求，但体制的原因往往并没有使其良好的愿望达到预期的目的。

第二节　明朝的经济与社会

明朝是中国封建社会的晚期，它在社会经济方面的发展是全方位的，经济结构、社会结构、生产关系呈现出一种变革的态势。其中，农业的商品化发展引起了农业社会的结构性变异，民营手工业的发展带来了手工业的历史性变革，贸易的繁荣和商人势力的壮大形成了全国性的市场网络，而早期城镇化的进程则推动了各种商业中心的形成。可以说，在当时的世界上，明朝的社会经济发展水平和综合国力，并不亚于同时期的西欧国家。这些都为明朝海上对外贸易的发展提供了坚实的物质基础。

一　农业商品化

（一）人均耕地数大幅增加

明初，社会和经济经过元末农民大起义二十多年的战争，早已残破不堪，人口减少、土地荒芜、商业凋敝。全国各地"兵革连年，道路皆榛塞，人烟断绝"[1]，即便是像扬州这样的繁华都市，"城中居民仅余十八家"[2]。面对困境，朱元璋和他的新政权采取了一系列"休养生息"的措施，来恢复社会、发展经济，其中的首要任务便是恢复农业。"复汉官之威仪"[3]，这个朱元璋在北伐檄文中提出的口号所包含的意义是广泛的，

---

① 《明太祖实录》卷三三，洪武元年闰七月乙亥，（台北）"中研院"历史语言研究所1962年版，第579页。

② 《明太祖实录》卷五，洪武丁酉岁十月甲申，（台北）"中研院"历史语言研究所1962年版，第58页。

③ 《明太祖实录》卷二六，吴元年冬十月丙寅，（台北）"中研院"历史语言研究所1962年版，第403页。

既包括了政治经济，也涵盖了思想文化。所以，"重农抑商"是朱元璋一贯的经济理念。

朱元璋奖励开荒、兴修水利、种植桑棉，大力恢复农业生产。明政府专设"司农司"掌管开垦荒地事宜，还用移民垦荒、计丁授田、减免赋税等奖励政策和措施来增加耕地面积。洪武三年（1370年），朱元璋号召百姓耕种北方近城的荒地，每人分给耕地15亩、菜地2亩，免租三年。[①]还特别制定了专门的法令来规范开荒行为，保证各方对土地的权益。[②] 积极的农业政策使明初的耕地数猛增，从洪武元年的770余顷[③]迅速增长到洪武十四年（1381年）的366万余顷[④]，到洪武二十四年增长为387万余顷[⑤]，而洪武二十六年更是有约850万顷之多[⑥]。据学者估算，洪武一朝光开垦荒地就达1.8亿多亩。[⑦] 明中期，耕地面积虽然继续增加，但由于富豪欺隐、册文讹误、法度废弛等因素，记录在册的田地数额基本仍然保持在400万顷左右。直到万历时期，张居正开始了全国土地的全面清丈，万历六年（1578年）全国田地数达到701万余顷；到万历十年清丈结束，全国共有耕地883万余顷[⑧]；而万历三十年，则达到了1160万余顷[⑨]，为明朝耕地面积的顶峰，是宋代的2倍多[⑩]。

---

① 参见（清）张廷玉等撰《明史》卷七十七"食货一"，中华书局1974年版，第1882页。

② （明）王圻：《续文献通考》卷二"田赋二"，上海古籍出版社1995年版，第35—37页。

③ 《明太祖实录》卷三七，洪武元年十二月甲午，（台北）"中研院"历史语言研究所1962年版，第753页。

④ 《明太祖实录》卷一四〇，洪武十四年十二月庚辰，（台北）"中研院"历史语言研究所1962年版，第2218页。

⑤ 《明太祖实录》卷二一四，洪武二十四年十二月壬午，（台北）"中研院"历史语言研究所1962年版，第3166页。

⑥ 参见（清）张廷玉等撰《明史》卷七十七"食货一"，中华书局1974年版，第1882页。学者对洪武二十六年的数据有不同解释，认为该数据不仅包含耕地面积，更包含了未耕荒地，大部分学者认为明初最高耕地数应为400万顷左右。参见张显清《明代后期社会转型研究》，中国社会科学出版社2008年版，第33页。

⑦ 梁方仲：《中国历代户口、田地、田赋统计》，上海人民出版社1980年版，第331页。

⑧ 《明神宗实录》卷一三一，万历十年十二月丁未，（台北）"中研院"历史语言研究所1962年版，第2449页。

⑨ 《明神宗实录》卷三七九，万历三十年十二月丙辰，（台北）"中研院"历史语言研究所1962年版，第7149页。

⑩ 参见梁方仲《中国历代户口、田地、田赋统计》，上海人民出版社1980年版，甲表1续。

随着耕地数量的增加，全国的人口数也大幅度地增长，政府征收的税粮也明显增多。洪武十四年全国户约1000万，口约5900万，岁征约2600万石①；洪武二十六年（1393年）增加到户约1900万，口约6000万，岁征约3200万石。② 经过将近两个世纪的休养生息后，明朝后期全国的人口总数达到了大约1.4亿，其中南直隶、浙江、江西三个行政区的人口密度最高。③ 由此，从明初的人均5亩到明中后期的人均9亩，明朝的人均耕地增长了约一倍。④ 土地作为中国古代社会最重要的生产资料，其中耕地的增长率大于人口的增长率，因而保障了社会经济的全面增长。

（二）农业生产水平提升

中国古代的传统农业经过长期的发展，形成了精耕细作的农业技术体系。明朝的农业生产工具随着冶铁业的发展，犁、耙、锄等铁质农具的数量增多、质量提高。百姓还根据不同的自然环境和畜力条件，因地制宜，创新了许多人耕农具。比如，成化年间陕西"一日可耕田三四亩"的"木牛"⑤，还有明后期在江南地区出现的专门用来耘水田的"耘爪"⑥等。人们已经充分认识到施肥在农业生产中的重要作用，在积肥方法、施肥技巧和新肥的研制上都有了新的进步，达到了传统农业的顶峰。在施肥方法上更注意针对性，讲求不同时节、不同土壤、不同作物，施肥不同。许多农副产品都成了优质的肥料，豆饼、棉饼的使用都始于明朝。宋应星与徐光启都推荐的骨灰蘸秧根法，利用了磷肥在酸性土壤中的作用，远早于欧洲用兽骨施肥的历史。⑦

---

① 《明太祖实录》卷一四〇，洪武十四年十二月庚辰，（台北）"中研院"历史语言研究所1962年版，第2216页。

② 《明太祖实录》卷二三〇，洪武二十六年十二月庚子，（台北）"中研院"历史语言研究所1962年版，第3370页。

③ 虽然（万历）《大明会典》卷一九《户口总数》中记载万历初年人口仍为6000余万，但古今学者对此都有异议，推算后得出明后期人口至少应有1.4亿。参见张显清《明代后期社会转型研究》，中国社会科学出版社2008年版，第31页。

④ 以明前期耕地400万顷、人口6000万左右计算，人均耕地5—6亩；到了万历三十年以耕地1225万顷、人口1.4亿左右计算，人均耕地约9亩。

⑤ （明）谈迁：《枣林杂俎》中集"木牛·器用"，中华书局2006年版，第423页。

⑥ （明）徐光启：《农政全书》卷二十二"农器"，上海古籍出版社2011年版，第453页。

⑦ 参见（明）宋应星《天工开物》卷上"乃粒第一"，浙江人民美术出版社2013年版，第11页。

作为世界粮食和蔬果栽培植物起源中心之一，明朝的作物栽培和管理技术都较前朝有了较大提高。我们从当时著名农学家的著作中，可以看见许多领先于世界的栽培技术。比如，王象晋《群芳谱》中关于作物特征的研究和记述，《沈氏农书》中对水稻密植技术的实践，徐光启《农政全书》中总结的植棉技术，等等。在太湖流域等平原水网地区，人们还综合利用渔业、种植业、水利等自然资源，多种经营，形成循环农业。

针对农业至关重要的水利建设，明政府也投入了大量人力、财力，规模远超前朝，从而保证了农业生产和水陆交通。明太祖视水利为农业根本，给予了高度重视。仅以洪武二十八年（1395 年）一年为例，全国各地就修筑塘堰 4 万余处。工部非常重视水利工程的修建，组织百姓乘农隙修治塘堰、疏通河道、陂渠堤岸。一是加强南北大运河的疏通；二是对黄河、淮河等北方河流进行治理；三是对江南水利进行修复。即使到了明朝后期，也兴办了一些较大的治河工程。其中潘季驯几经起废，四次奉命治理河道，提出了许多科学的治水方法。明朝全方位的水利工程，不仅促进了经济不发达地区的农业开发，更保障了南北漕运的畅通，减少了自然灾害的发生。

（三）经济作物广泛种植

明太祖朱元璋非常鼓励种植桑、棉、粟等经济作物。他首先要求有 5 亩到 10 亩田地的百姓必须栽种桑、麻、木棉各半亩，有田 10 亩以上的百姓如果不种桑树的必须上缴绢 1 匹，不种麻和木棉的必须上交麻布、棉布各 1 匹。其次，对于栽种经济作物的百姓减轻税赋，种植桑树的前 4 年免税，种植麻的每亩交 8 两，木棉每亩交 4 两。[①] 如此刺激下，经济作物增长飞快，到洪武二十八年全国已种植 10 亿株以上。[②]

到了明后期，粮食生产能力提高，更是为耕地总量中经济作物种植数量的增加提供了可能。棉花、桑蚕、染料、甘蔗、油料、茶叶、水果、花卉、蔬菜等经济作物的种植数量大大增加，种植地域遍及大江南北。利玛窦在他的《中华帝国的富饶及其产物》中对当时中国的经济作物和农副产品的丰富赞美之至：

①　《明太祖实录》卷十七，乙巳年六月乙卯，（台北）"中研院"历史语言研究所 1962 年版，第 231 页。

②　吴晗：《明初社会生产力的发展》，《历史研究》1955 年第 3 期。

可以放心地断言：世界上没有别的地方在单独一个国家的范围内可以发现有这么多品种的动植物……凡是人们为了维持生存和幸福所需要的东西，无论是衣食甚至是奇巧与奢侈，在这个王国的境内都有丰富的出产，无须由外国进口。我甚至愿意冒昧说，实际上凡在欧洲生长的一切都照样可以在中国找到。否则的话，所缺的东西也有大量其他为欧洲人闻所未闻的各种各样的产品来代替。①

明朝经济作物的广泛种植，为农业商业化提供了依托，为手工业提供了原料，为商业提供了商品。这种农业作物结构的重大调整，大大提高了农业经济商品化的程度，冲击、瓦解着中国传统的自然经济。进而促进了手工业、商业和城镇的发展，推动了商品经济的发展，引起了中国古代社会传统经济结构性的变异。

二 手工业民营化

（一）官营向民营的转变

明朝的手工业分为官营和民营两种。明前期，市场交换规模较小，朝廷所需的生活用品主要通过官营手工业来供应。于是，官营手工业在明初占据了手工业中的主要地位，范围覆盖丝织、矿冶、瓷器、纸张、船舶、铸钱、兵器等诸多行业，同时还对盐、茶实行专营。官营手工业由工部、户部、内府等政府部门分工管理，原材料采用无偿征用的方式取得，手工业劳动者则是劳役性质的征派。

工匠制是官营手工业得以存在的基础，在官府中服役的工匠分为"轮班匠"和"住坐匠"两种。其中的轮班匠每三年进京服役一次，每次三个月，服役外的时间可以自由支配，制成的产品也可以在市场上自由销售；住坐匠户籍在北京和南京，每月服役十天，剩余时间自谋营生。相比元朝，工匠的人身自由增加，部分劳动力有限度地得到了解放，在一定程度上刺激了手工业工匠的生产积极性和创造性，也促进了明初手工业的发展。

但随着商品经济的发展，工匠制度的弊端日益突出，对工匠的人身束缚极大地压抑了他们的生产积极性。到明后期，官营手工业开始向商品化

---

① ［意］利玛窦：《利玛窦中国札记》，何高济等译，中华书局1983年版，第10页。

和民营化转变。成化二十一年（1485年），工部奏准："轮班工匠有愿出银价者，每名每月南匠出银九钱，免赴京，所司类赍勘合，赴部批工；北匠出银六钱，到部随即批放。不愿者，仍旧当班。"① 改革后，工匠可以在"出银免役"和"仍旧当班"中自由选择。到了嘉靖四十一年（1562年），改革进一步深入：

> 自本年春季开始，将该年班匠通行征价类解，不许私自赴部投当。仍备将各司府人匠总数查出，某州县额设若干名，以旧四年一班，每班征银一两八钱，分为四年，每名每年征银四钱五分。②

至此，全国手工业废除轮班赴京制度，实施"通行征价"，工匠制由人身劳役转为货币劳役。如此一来，朝廷用所得银两雇佣工匠，使手工业从官营走向民营，商品市场和雇佣关系因此得到发展。

（二）手工业产品市场扩大

明朝的丝织生产从养蚕、缫丝、织绸到染色，工具和技术较前朝都有了改进，生产效率提高，丝织业进一步发展。纺车、织机等纺织所用的工具较之宋元都有所改进，出现了适应各种织品的各色织机。《天工开物》中曾记载的小花楼机，在清代发展成斜身式大花楼机，被认为是中国古代丝织机具的最高水平。生产工具和生产技术的改进，带来了丝织品种的不断创新，繁盛的纺织业使纺织品成为明朝海上对外贸易中的重要出口产品。明后期，丝织产品更加丰富，丝织品市场进一步扩大，丝织产品经销全国各地，即便是在西南川滇之地。各式各样的丝织品还被中国海商、葡萄牙商人和西班牙商人远销到亚洲、欧洲和美洲。更值得一提的是棉纺织业在明朝的发展。棉布的大量生产引起了中国服饰原料的革命，从此取代丝、麻等成为百姓日常的衣料，棉纺织业也因此成为新兴的主导手工业。

明初的瓷器制造主要依靠官窑。这些官窑生产的瓷器除了专供宫廷使用外，还有大量被用作朝贡贸易。例如，洪武七年出使琉球所带瓷器多达

---

① （明）李东阳等撰，申时行等重修：《明会典·万历朝重修本》卷一百八十九"工匠二"，中华书局2007年版，第957页。

② 同上书，第951页。

7 万余件，[①] 洪武十六年遣使占城、暹罗、真腊所带的瓷器有 19000 件之多。[②] 如此庞大的数量，足可见当时瓷器制造业的发达。中国瓷器以其精美的品质和巨大的产量，赢得了巨大的市场。尤其是明后期民窑的规模性发展，更加使产品不仅远销国内四面八方，而且出口到海外诸国，深受各国人民的喜爱。仅仅在万历三十年（1602 年）之后的三四十年里，荷兰东印度公司贩运到东南亚的中国瓷器多达 420 万件以上，贩运到荷兰的则有 300 万件以上。[③]

以钢铁冶炼为主的矿冶业，在明朝处于世界领先水平。当时明朝钢铁产量据世界第一位，大量铁器输往国外。在冶炼技术上，明朝的炼钢技术也在世界上遥遥领先，灌钢冶炼原理被广泛运用到工具和兵器的打造上，使得锋刃锐利、耐用。而这种熟铁和生铁混杂冶炼的技术，欧洲直到 18 世纪中叶才开始运用。明朝的煤炭不仅用于民众日常生活，而且作为能源燃料广泛应用于冶炼业，从而促进了冶炼业的发展。除此之外，铜、银、铅、锡等矿产的开采和冶炼规模也很大。

而明朝航海技术的再一次提高，更是极大地推动了手工业商品市场的国际化。明朝的造船工匠继承和改进了前朝的造船技术，达到了一个新的高度。以郑和第三次下西洋的船队来看，明人马欢的《瀛涯胜览》中记述了当时的船舶规模："宝舡六十三号，大者长四十四丈四尺，阔一十八丈，中者长三十七丈，阔一十五丈。"[④] 而当时私人海上贸易的船队更是雄伟，王直海上集团的船舰可容 2000 人。[⑤] 明朝的船舶不仅体积大、载重多，品种有福船、宝船、封舟、白艚船等多种。当时的造船工艺更是精良，用料讲究，桅杆和船舵严格按照比例制作，设计符合科学原理，船上设置齐全，船身稳固，遥遥领先于其他国家。明朝福建的造船场遍及福州、兴化、泉州、漳州等地，官私造船业都很发达。除此之外，海图、指南针、阿拉伯星图导航等航海技术的熟练运用，更是为海上对外贸易的发

---

① 《明太祖实录》卷九五，洪武七年十二月乙卯，（台北）"中研院"历史语言研究所 1962 年版，第 1645—1646 页。

② 《明太祖实录》卷一五六，洪武十六年八月乙未，（台北）"中研院"历史语言研究所 1962 年版，第 2426—2427 页。

③ 参见王毓铨主编《中国经济通史·明代经济卷》，经济日报出版社 2007 年版，第 428 页。

④ （明）马欢著，万明校注：《明钞本〈瀛涯胜览〉校注》卷首，海洋出版社 2005 年版。

⑤ （明）郑若曾：《筹海图编》卷九，中华书局 2007 年版，第 619 页。

展提供了雄厚的技术支持。

（三）手工业中心形成

明朝的手工业不断发展，生产规模扩大、生产技术提高、商品化程度加深，从而形成了苏杭丝织业、松江棉纺织业、景德镇瓷器业、芜湖浆染业、南京印刷业、佛山矿冶业、石门榨油业等多个著名的手工业中心。

纺织业中，苏杭地区以盛产蚕丝和丝绸著称，浙江湖州府和嘉兴府的养蚕、缫丝、织绸都很发达。南京虽然丝产不如苏杭，但丝织技术高超，有"机工为天下最"的美誉，云锦更是丝织上品。宋元时期，江南的丝织业只有在苏州这样的大城市才有从业者。但在明朝，从业人员开始向县、乡、村扩展。到了嘉靖之后，更是涌现了一大批新兴的纺织业专业城市，比如苏州的盛泽镇和震泽镇、杭州的塘栖镇和临平镇、湖州的南浔镇和菱湖镇等。元朝末期出现的棉纺织业，在明朝有了大规模的发展，棉纺织业遍布全国各地。江南地区的松江、苏州、常州、嘉兴、杭州、镇江等府皆为主要棉布产区，其中的松江府更是享有"衣被天下"的美誉。而松江府下的华亭县、朱泾县、枫泾县、上海县、青浦县和金山卫，无一不是著名的棉布生产和贸易专业城市。除了南直隶、浙江外，其他地区也都有棉布生产，其中以北直隶和山东为中心。

明朝的铁矿开采和钢铁冶炼遍布全国各地。为开采铁矿，明初建立了15个官营冶铁所。明中叶以后民营冶铁业蓬勃发展，以广东、福建、陕西等地规模最大，其中又以广州府南海县佛山镇最为著名。佛山镇的冶铸行业开始于明初宣德年间，到成化、弘治年间，镇上开始以冶铸为主业。明后期，镇上的炉户、铁行、铸工大量增加，已有锅行、铁灶行、炒铁行、铁线行、铁锁行、农具杂品行、钉行"炒铸七行"，成为铸铁业的中心。

明朝的瓷器生产遍布南北各地，其中以江西饶州府浮梁县景德镇为中心，其制瓷中心地位就是在明朝确立的。洪武二十年（1387年），明王朝在景德镇的珠山建立了专门烧制御用瓷器的御器场，共设窑20多座。官窑生产御器，不计成本，精益求精。于是，景德镇逐渐取代汝窑、龙泉窑、钧窑、哥窑等，成为当时瓷器的巅峰之作。

由此，手工业的新发展有力地推动了商业的繁荣、市场的扩张和城镇的城市化进程。明朝的社会经济结构因而进一步变化，中国社会开始向近代社会转型。

三　商业规模化

(一)　商品流通的规模化

随着农业和手工业的发展，明朝商品种类越来越多。景泰年间，京师大兴、宛平二县的"收税则例"中所载的商品数就已达 230 多种。这些商品除了少数奢侈品外，大多为民众日常生产和生活的所需品。正如吴承明先生评述："大约从明后期起，民生用品代替奢侈品和土特产品，成为长距离贸易的主要内容。我国国内市场也从这时起，有了真正的扩大。"[①]

因为先进的手工业技术所带来的精湛工艺，明朝的商品成本低、质量高，在国际市场上也富有竞争力，畅销海内外。如前文所述，唐、宋、元时期的海外贸易商品大多以奢侈品为主。到了明朝，五花八门的各类商品出口到海外各国，以纺织品、瓷器、书籍、药材和蔗糖等日常生活用品为主，是真正意义上的大宗商品海上贸易的开端。其中，丝绸和瓷器作为明朝海外贸易的主要出口商品，对外贸易的数量更是惊人，体现了无与伦比的国际竞争力。

中国瓷器传入欧洲之初，被当成财富和身份的象征而珍藏和展示，并不被真正使用。随着向欧洲输出数量的增加，中国瓷器才逐渐成为餐具和茶具等日常用品。16 世纪从中国大量收购瓷器的欧洲人主要是葡萄牙人和西班牙人。1573 年"马尼拉大帆船贸易"拉开序幕时，两艘西班牙帆船上载有中国瓷器 2 万余件。单以每年两艘船、每年航行一次、每次每艘带 1 万件的粗略估计，16 世纪运往欧洲的中国瓷器超过 200 万件。[②] 直到 18 世纪晚期，欧洲自己开始大量生产瓷器后，对中国瓷器的大量进口方才结束。

海外诸国输入中国的货物也不再单纯以奇珍异宝等奢侈品为主，也涉及许多百姓的日常用品。进口商品主要有珠宝、香料、象牙、犀角、水晶、玛瑙、沉香、西洋铁、胡椒、苏木、乌木、硫黄、西洋细布、杂色缦、乳香等，其中还包括日本刀、佛郎机、鸟铳、红夷炮等兵器。当然，从进出口商品的数量上来看，当时中国对国外商品的需求量并不大，而外

---

①　吴承明：《论清代前期我国国内市场》，《历史研究》1983 年第 1 期。

②　参见何芳川《澳门与葡萄牙大商帆：葡萄牙与近代早期太平洋贸易网的形成》，北京大学出版社 1996 年版，第 64 页。

国市场对某些中国商品的需求量却很大，有些中国商品的出口量一直稳居世界首位。于是，在商业并不受重视的中国，却取得了重商主义所追求的贸易顺差，更导致了贵金属白银的大量流入。

（二）商业管理的制度化

中国封建社会政体的经济政策始终贯彻"重农轻商"的总原则，明朝也不例外。究其目的而言，明中期之前是主要为了维护国家安全和保护自然经济，而中期之后更多的是为了垄断商业贸易和限制私人自由贸易。终明一代，政府的商业管理逐步制度化、体系化，与海外贸易相关的主要体现在以下几个方面。

1. 商税

《明史》对于明朝的商税是这样评价的："关市之征，宋、元颇繁琐。明初务简约，其后增置渐多，行赍居鬻，所过所止各有税。"① 基于休养生息的政策，洪武初年政府对商业采取的是轻税政策，且征税手续趋向简约。法律规定商税的比例为"三十而取一，过者以违令论"②。洪武十三年（1380年），朱元璋又下令"军民嫁娶丧祭之物，舟车丝布之类，皆免税"③，同时裁去了征收不及课额米五百石的364处税司局。永乐二十一年（1423年），明政府根据巡按山东监察御史陈济的上书，为了防止欺诈，在淮安、济宁、东昌、临清、德州等地重新实施定额制。④

随着商业的复兴，宣德至嘉靖年间，明政府于顺天、应天、苏州、松江、镇江、淮安、常州、扬州、仪真、杭州、嘉兴、湖州、福州、建宁、武昌、荆州、南昌、吉安、临江、清江、广州、开封、济南、济宁、德州、临清、桂林、太原、平阳、蒲州、成都、重庆、泸州等三十三府、州、县的"商贾所集之处"，设立新的税收机构"钞关"，征收商税。⑤ 明政府初时规定，钞关征收的情况与官员的考核密切相关，许多地方官因此巧立名目、多方搜刮。比如杭州北新关在嘉隆年间，官员不仅随意增加征

① （清）张廷玉等撰：《明史》卷八十一"食货五"，中华书局1974年版，第1974页。

② 同上书，第1975页。

③ 同上。

④ 《明太宗实录》卷二五五，永乐二十一年正月庚寅，（台北）"中研院"历史语言研究所1962年版，第2365页。

⑤ 《明宣宗实录》卷五〇，宣德四年正月乙丑，（台北）"中研院"历史语言研究所1962年版，第1203—1204页。

课"色目"，还提高税率，即便是法律上没有规定的项目，也牵强附会地计算，无一遗漏。① 到弘治年间，户部下属各钞关的征课早已超过定额，多有盈余，给了官吏中饱私囊以可乘之机。于是，嘉靖四十一年（1562年）户部规定："岁额定数外，各将余饶悉入公帑"②，但实施效果并不明显。弘治年间，丘濬等人多述制度之弊端，明政府终于取消征课与考核的关系，采纳调整定额的标准。之后，又因时势对定额屡作调整。

2. 路引

明政府为了防止农业人口逃避税役，随意外出经商，建立了严格的路引制度。法律规定，凡是出远门的人，必须持有官府发给的路引才能通行。"若军民出百里之外，不给引者，军以逃军论，民以私渡关津论。"③所以，在当时的记载中可以发现，商人外出必须先告讨路引。要取得路引，应事先向官府提出申请，说明理由和去向，再由官府酌情予以审批。官府审查同意后，发给路引，其上注明外出者姓名、籍贯、去向、外出原因、日期和体貌特征。沿途关卡和旅店，都会核对路引，进行盘查。如果违反法律规定，将受到严厉的处罚：

> 凡无文引私度关津者，杖八十。若关不由门津、不由渡而越度者，杖九十。若越度缘边关塞者，杖一百，徒三年。因而出外境者，绞。守把之人，知而故纵者，同罪；失于盘诘者，各减三等，罪止杖一百。军兵又减一等。……若有文引冒名度关津者，杖八十。家人相冒者，罪坐家长。守把之人知情，与同罪，不知者，不坐。其将马骡私度、冒度关津者，杖六十；越度，杖七十。④

由于路引告讨不易且盘验苛刻，时有官吏借此生财、勒索百姓。政府

---

① （清）顾炎武：《天下郡国利病书》第十一册"浙江上"，上海古籍出版社1996年版，第26页。

② （明）李东阳等撰，申时行等重修：《明会典·万历朝重修本》卷三十五"课程四"，中华书局2007年版，第246页。

③ 怀效锋点校：《大明律》卷第十五《兵律三·关津》"诈冒给路引"条，法律出版社1999年版，第118页。

④ 怀效锋点校：《大明律》卷第十五《兵律三·关津》"私越冒度关津"条，法律出版社1999年版，第117页。

对此类不法行为也制定了一系列法律规定予以制止：

> 凡不应给路引之人而给引，及军诈为民，民诈为军，若冒名告给
> 及以所给引转与他人者，并杖八十。若于经过官司停止去处，倒给路
> 引，及官豪势要之人，嘱托军民衙门，擅给批贴，影射出入者，各杖
> 一百。当该官吏所从及知情给与者，并同罪。若不从，及不知者，不
> 坐。若巡检司越分给引者，罪亦如之。其不立文案，空押路引，私填
> 与人者，杖一百，徒三年。受财者，计赃，以枉法，及有所规避者，
> 各从重论。①

3. 牙行

为了保障商品交换的顺利进行，买卖双方都希望有良好的市场环境，以防受骗、赔损和滞塞，牙商②在此就发挥了重要的作用。牙行作为一种为买卖双方说和成交而赚取佣金的中介机构，尤其针对经营规模较大或是长途贩运的商品贸易，是买卖双方之间不可缺少的桥梁，商品和银钱的价格、质量、分量、真伪等都需要牙商来作评估。因此明朝中后期，随着商业的繁荣和市场的扩大，牙行迅速发展起来，地位也愈益突出。

当时的牙商有官牙和私牙之分。官牙由官府设立，负责市场管理和税收等。私牙由私人开办，除充当买卖中介外，还需协助官府进行市场管理。设立私牙必须经官府批准并由其管理，需要缴纳帖价，取得牙帖后方能执业。牙帖的有效期一般为一年，期满后还想继续执业的，必须重新缴纳帖价、申请牙帖，称之换帖。针对没有牙帖而私自从事牙行者，明政府规定了严格法律责任："私充者，杖六十，所得牙钱入官。官牙、埠头容忍者，笞五十，革去。"③ 牙人与牙行的多少，由政府根据当地的贸易状况决定。同时，政府还对市场交易秩序进行严格的管理，打击不法商贩。"命在京兵马指挥领市司，每三日一校勘街市度量权衡，稽牙侩物价；在

---

① 怀效锋点校：《大明律》卷第十五《兵律三·关津》"诈冒给路引"条，法律出版社1999 年版，第 118 页。

② 又称经纪、牙人、牙侩、驵侩等。

③ 怀效锋点校：《大明律》卷第十《户律七·市廛》"私充牙行埠头"条，法律出版社1999 年版，第 84 页。

外，城门兵马，亦令兼领市司。"①

牙行的日常功能主要有五种：第一，报告客商情况及货物书目。牙行需要在官府颁发的文簿上，如实填写商户的籍贯、姓名、路引、货物等情况，"每月赴官查照"，以便征收商税和维持秩序。第二，代替客商买卖。通过代客买卖赚取佣金，是牙行最基本的活动。通过牙行的中介，商品质量、价格、度量衡、银色都能得到一定的保证，对买卖双方都有利。第三，雇请车船人丁。对于长途贩运的商人来说，承运商品的车船、骡马、人丁至关重要，需要雇佣及时、价格合理、运输安全可靠。于是，专门代办运输的牙行、埠头、脚头便应运而生了。第四，居停货物。如果客商不能把货物马上出手，就需要有仓库存放，以便等待合适的价格和时机。因此，一些牙行便代为居停货物，兼营塌房。第五，安歇客商。为了更多地招揽顾客，许多牙行提供食宿，方便客商。

自明中叶以后，在广州、福建、浙江等地的各市舶司中还设有专门负责海上对外贸易的牙商，例如浙江市舶司的"行人"。嘉靖年间，广东海道副使汪柏设立了牙商性质的"客纲""纲首""客纪"，由广州、徽州、泉州等地的商人担任。每"纲"设一个"纲首"，即牙商头领，对海外贸易进行管理和征税；下设若干"客纪"，即牙商。万历年间，广州又设立了"三十六行"，到明末又有了"十三行"之说。②

4. 海禁

对于海上对外贸易，明政府更是严格管理，颁布了诸多法令，设置了专业主管部门。这部分内容在本书后续论述中将详细展开。

（三）早期城镇化的发展

城市化过程伴随着商品化、市场化的过程产生，是商品经济发展和社会进步程度的综合体现。明朝的城镇，无论是居民规模还是商业繁荣程度都远超以往，城市贸易中心的经济功能明显上升。一批新兴商业城

---

① （清）张廷玉等撰：《明史》卷八十一"食货五"，中华书局1974年版，第1975页。

② 对于广州"三十六行"与"十三行"之间的关系，学术界有着不同意见。有学者认为，"三十六行"是一种由官牙转化而来的承揽对外贸易的商业团体，明末改称为"十三行"，是清朝经营对外贸易的洋行"十三行"的前身。也有学者认为，"三十六行"只因有36种手工业而得名，其头领在市舶提举司的庇护下，为在澳门的外商提供手工业商品，从中获利，并不具有牙行的性质，与清朝的"十三行"并无联系。参见吴仁安《明代广东三十六行初探》，《学术研究》1980年第2期；李龙潜编《明清广东社会经济研究》，上海古籍出版社2006年版，第435页。

镇的出现，将全国各地的市场层层相连，形成了全国性的商业贸易网络。

南直隶的苏州府、松江府、常州府以及浙江的嘉兴府、湖州府、杭州府等地是明朝商品经济发达的地区。从弘治年间开始，这些地区的"集市"增多，嘉靖之后增加速度更是加快。除了这些地区，江西、福建、广东、湖广等地的集市亦有发展，北方地区的集市更是有力地推动了当地商业化程度的提高。其中，不少集市的规模发展迅速，上升为镇、市。"市镇"相比"集市"，规模大、人口多、交通便利，其中手工业和商业发达，政府对其进行有效的管理。这些工商业的市镇，不同于以政治、军事功能为主的传统市镇，其经济和社会机能更显突出。

弘治以后，工商业市镇的数量增加，特别是嘉靖、隆庆、万历年间，出现了勃兴之势。比如，常熟县在正德年间有市镇 14 个，嘉靖年间增加到 22 个；嘉定县在正德年间有市镇 15 个，万历年间增加到 26 个。又如，苏州府从明初的 30 个市镇，发展到正德年间的 45 个；杭州府从成化年间的 21 个，发展到万历年间的 44 个；嘉兴府从嘉靖年间的 17 个，发展到万历年间的 28 个。[①] 同时，以人口聚集密度而言，到了明后期，单单江南地区千户以上的市镇就有二三十个之多。[②] 有意思的是，在新的工商市镇形成的同时，传统市镇的工商业机能也在增强，开始发生功能性的转变。九边重镇是明朝的一大特色，明政府在北部、东北、西北的辽东、大同、宣府、宁夏、兰州等地设置"九边"，屯驻重兵。这里的"镇"与前面讲到的"市镇"概念不同，是军事编制和地理名称。但到了明后期，它们的工商业有了很大的发展，九边的繁华富庶不下江南，在边境贸易中发挥了重要作用。

除了南北大运河外，明朝国内 200 余条水陆交通干线将各地市场编织成商业网络。城镇化的发展和交通的便利，使国内城市相继形成了许多商业中心：有以南京、杭州、苏州、扬州等地为代表的纺织业交易中心；有以济南、开封、松江、常州、南昌等地位代表的粮食交易中心；有以徽州、湖州、徐州等地为代表的印刷业中心；还有大同、开元、大理等边境

---

① 参见刘石吉《明清时代江南市镇研究》，中国社会科学出版社 1987 年版，第 130—149 页。

② 同上。

茶马交易中心；以及宁波、广州、漳州、福州、泉州等沿海对外贸易港口城市。

海外贸易型城镇中，广州作为我国最早的对外贸易港口，海上对外贸易的历史始于西汉，经过唐宋元时期的发展，已然成为全国海外贸易的重要城市。尤其是南濠一带，番商大贾云集，商业尤为繁盛。洪武三年（1370年），广州设立市舶提举司后，"以上凡十二国，皆尝来往广东者"①，自此持久不衰。然而，值得注意的是，明中期广州的地位曾一度被福建漳州的海澄月港所超越。明朝中后期，葡萄牙殖民者占领了澳门，进而对广州的海外贸易进行垄断和控制。正德十六年（1521年），广州当地政府因葡萄牙人在屯门岛"狂悍不道"而将其驱逐出境，同时禁止外国商人前往通商。于是，各国番舶只能私自前往福建漳州海面行商，形成了福建海外贸易兴盛、广州市井萧条的局面。而海澄月港的真正繁盛则始于隆庆开海。隆庆元年（1567年），明政府局部开放海禁，于月港设立县治并开设"洋市"，准贩东西洋。自此，月港的海外贸易港口地位合法化，逐渐发展成为新兴的外贸城市。直至天启年间走向衰落，崇祯六年（1633年）关闭"洋市"。

明州（宁波）于永乐元年（1403年）置市舶司，之后主要进行与日本的朝贡贸易，但当中始终倭害不断。嘉靖倭乱后，宁波罢市舶，中外商贾一度聚集舟山双屿，走私贸易兴盛。一时间，倭寇、海盗、西方殖民者勾结海商，盘踞于闽浙沿海。②朱纨任浙江巡抚后，带兵攻打双屿，浙江海外贸易停顿。无论是葡萄牙等外国商人，还是浙江海商，都纷纷转至漳州月港私自进行海外贸易。直到万历二十七年（1599年），宁波恢复市舶，但往日盛况不复。泉州于永乐元年置市舶司，负责与琉球的朝贡贸易。成化十年（1474年），明政府为加强对中琉关系的管理，将市舶司移至闽省中心福州。

明朝早期城镇化方面的显著进展，不仅奠定了中国近代城镇的基本布局。这些密布全国的初级、中级和高级市场，还像人体的血脉网络，源源

---

① （清）屈大均：《广东新语》卷一五"货语·诸蕃货物"，中华书局1985年版，第431页。

② 胡宗宪在《筹海图编》卷五里曾记载："嘉靖十九年，贼首李光头、许栋引倭聚双屿港为巢。"后经日本学者藤田丰八考证，此处所指倭寇应为葡萄牙人。参见〔日〕藤田丰八《中国南海古代交通史考》，何建民译，商务印书馆1936年版，第381—385页。

不断地输送、吸收和消化明朝市场的商品。

（四）商人势力的壮大

明初，朱元璋建立了严密的黄册里甲制度，军、民、匠、灶各有所籍，籍不准乱。其中不设商籍，商人没有户籍，被排除在国家的编户齐民之外。根据明朝的法律，只有国家的编户齐民，也就是被编入黄册的正式有户籍的人，才能参加科举考试。所以，如果商户家的子弟想参加科举，只能先回原籍。这无疑是对商人地位的极大轻视。随着明朝中后期商品流通的发展，中国商品不再局限于地方市场、区域市场和全国市场，更扩张到国际市场。实现商品贩运的各地商人，所承担的商品流通的媒介作用越显突出，其地位也逐渐有了提升。

明朝的富商巨贾主要来自官绅富人、小手工业者和小商贩的发财致富者两个方面。这些富商巨贾都拥有巨额的财富，明中叶以后这些财富更是相当惊人，以海上对外贸易为例：

> 在昔州全盛时，蕃舶衔尾而至，其大笼江，望之如蜃楼屃赑，殊蛮穷岛之珍异，……岁不下十余船，豪商大贾，各以其土所宜相贸，得利不赀，故曰金山珠海，天子南库。①

这些富商巨贾的活动范围极为广泛，从城市到乡村，从内地到边疆，从陆地到海岛。伴随着商品流通范围的扩大，明朝商人的势力也逐步增强，出现了地域性的"商帮"。"商帮"是以地域为中心，以血缘、乡谊和同业为纽带，以互帮互助为目的，在会馆进行联络的自发性商人团体。从明朝到清朝，中国形成了徽州、山西、洞庭、江西、广东、福建、龙游、宁波、山东等"十大商帮"。"十大商帮"中资本最雄厚、商人最多、活动范围最广的是徽州商帮。它形成于明成化、弘治年间，由南直隶徽州府所辖的歙县、休宁、婺源、祁门、黟县、绩溪六县的商人组成，于嘉靖以后走向鼎盛。

在众多商帮中，福建和广东两大商帮的主要特点是大力经营海上对外贸易。福建商帮始于宋元时期，从明朝开始走向全盛；广州商帮则由广州商人和潮州商人组成。自唐朝开始到明初，海上对外贸易一直以政府控制

---

① （清）屈大均：《广东新语》卷一五"货语·黔货"，中华书局1985年版，第432页。

的"朝贡贸易"为主。明政府基于国家安全，更是颁布了海禁法令，禁止商民出海。但是，在巨大经济利益的驱动下，一些沿海商民还是不顾禁令从事走私贸易。隆庆开海之后，民间海上对外贸易的通道正式开启，以福建商帮与广州商帮为主的闽商和粤商，不断推动着明朝私人海外贸易的发展。他们将全国各地的商品贩至广州等地与外商交易，然后又将外国商品贩往全国各地。

明朝建立于14世纪中叶，正值欧洲中世纪末期。随着欧洲资本主义原始积累的推进，早期殖民者跨越大海来到亚洲。16世纪初，葡萄牙人、西班牙人相继东来，刺激了中国东南沿海的海上对外贸易活动。许多中国商人亲自出海，远赴日本、琉球、暹罗等世界各地从事贸易，尤以日本、吕宋、暹罗、满剌加等地为转口贸易的据点。欧洲商人与中国商人在东南亚各国的海外贸易活动，无疑是一场贸易权的竞争。明后期，中国海商积极进取地应对"东西方碰撞交融"的姿态，促进了全世界经济的发展。

由此可见，明朝后期，中国古代商业高度发达的同时，近代商业的发展因素也悄然而生。虽然明朝商人阶层依然带有它的历史局限性，但其推动社会转型的积极作用是不容小觑的。明朝商人势力的逐步壮大和商人团体的形成，预示着商人已经成为明朝社会的一个重要阶层，商业业已成为社会经济的重要部门。

第三节　明朝的海上对外贸易思潮

明朝之前的传统对外贸易思想大多以代表政治目的的朝贡思想为主，明初的贸易思想对此因循延续，海禁成为主流。然而，现实有它自己的发展轨迹，随着商品经济的日趋活跃，私人海上对外贸易在困难重重中屡禁不鲜，朝野上下皆有呼吁政府改变海上对外贸易政策的声音。这些思想从各个角度出发进行论述，更有有识之士已然认识到当中经济规律的作用，一种反映民间资本扩张需求和代表商人利益的外贸思想出现，强调应站在富国强兵的高度开放海上对外贸易。于是，中国古代对外贸易思想发展到明朝，产生了质的变化。与之对应的另一方，也一直以重农轻商、倭患不绝等为理由不断与开放贸易思想争论。明中后期，社会经济进一步发展，明政府局部开放海禁，私人海上对外贸易合法化，商人地位逐渐提高，海上对外贸易思潮也进一步扩大。

终明一代，海禁时紧时松，海外贸易思想却一直不断向前发展。明前期人们对于海上对外贸易的思考主要基于政治现实的思考。但可能正是因为清楚认识到海外贸易背后的政治含义，反而使他们忽视了其中真正的经济价值。而明中后期一些知识分子的开放性思考虽然并未能到达现代意义上的"经济学"标准，但对于当时的海洋实践来说也是难能可贵的。当时的中国知识分子不仅思考海洋所带来的问题，也不断尝试在实践中去解决矛盾。尤其是嘉靖之后，官员尝试的努力几乎每朝都有。这些努力虽然在当时的历史局限中力量微弱，但也无法轻视其对明政府海外贸易管理立法的影响，以及它对中国海上对外贸易乃至社会经济潜移默化的推动力。[①]

一 明前期朝贡思想主导下的异议

明初，朱元璋在经历了短暂的开海后，基于政治、外交和军事的考虑，规定"片板不许下海"，同时在法律中规定海禁，并不许后世改变。于是乎，朝贡贸易成为当时唯一合法的海上对外贸易方式。然而，经济发展有它自己的规律。

一方面，朝贡贸易对交易对象、交易方式和交易内容等种种严苛的限制，贸易双方无法完全实现互通有无的贸易目的。而且朝贡活动本身"怀柔远人""厚往薄来"的思想内涵，导致其根本不是真正具有经济意义的商品交换行为，非常消耗国家财力，国家财政的经济负担因此加重。

另一方面，国内社会经济的发展一再要求扩大商品交换的市场范围，民间要求开放海外贸易的需求愈加强烈。私人海上贸易就在国家法律明令禁止的情况下畸形发展，屡屡存在且日渐扩大。洪武二十七年，"缘海之

---

① 万历年间的意大利神父利玛窦认为中国人不愿向海洋进取是因为害怕海盗的侵犯。后有学者黄仁宇以此为基础，认为中国人在治国技术上的贫乏和保守导致了对海洋的恐惧。学者樊铧则认为这种观点未能正确理解当时的境况，他认为明人对海运非常重视，这从顾炎武的《天下郡国利病书》中可以明显地觉察到，只是他们对海运的思考更多的是政治性和经世的，轻视了技术上的问题，所以行动力稍差。参见樊铧《论明人对海运的思考与认识——以海运图为主要线索的考察》，载中国社会科学院历史研究所学刊编委会编《中国社会科学院历史研究所学刊》第6集，商务印书馆2010年版，第503—537页。

人往往私下诸蕃贸易香货"①；成弘年间，更有"豪门巨室间有乘巨舰贸易海外者"②。与此相呼应，一些学者和官员也开始质疑和批判朝贡贸易的利弊，其中丘濬的"民自为市"思想是其中的典范。

丘濬③毕生关心现实中的政治、经济问题，主要思想体现在以补充南宋《大学衍义》条目不足所著的《大学衍义补》中。他在这本"补以治国平天下之要"的经世致用之书中，提出对商业应该秉承"民自为市"的思想，反对政府经营或控制。丘濬认为从商获利应该是老百姓自己的事情，如果政府与商贾争利是非常丑恶的，因此市场应该由民间自己调节，政府不应过多干预。"民自为市，则物之良恶，钱之多少，易于通融，准折取舍……其价自然不致甚贵"④。

丘濬"民自为市"的观点体现在海上对外贸易方面，则是从增加政府财政收入的角度入手，认为开放私人海上对外贸易不仅对百姓有利，同时还可以为国家广辟财源。他认为，中国因其物产丰富可以不用进口，但外国对中国商品的需求很强烈，即便不开放海禁，也不可能杜绝中国商品的流出。所以，简单的海禁法令只会让中国百姓陷于两难境地，毫无益处，还不如同前朝一般开设民间互市。这样对政府而言，可以通过征税增加收入，好过对本国百姓增加苛捐杂税。"不扰中国之民，而得外邦之助，是亦足国用之一端也。"⑤

接着，丘濬通过对明朝之前市舶制度的一番考证后，得出"市"指的是交易，而"舶"指的是利用海船来运输和交易货物，市舶司的设置目的应该是互通有无。因此，他认为相比之下，明初设立的市舶司只是单纯用来处理外交事务的机构，只有政治意义却无经济价值，徒有其表、名不副实。所以在功能上，明初的市舶司远远不及宋朝的市舶制度，应当恢复它管理商舶、收买舶货和征收舶税的经济功能。在丘濬的理论中，政府对民间开展海上对外贸易的管理应该是非常宽松的。百姓出海，只要事先

---

① 《明太祖实录》卷二三一，洪武二十七年正月甲寅，（台北）"中研院"历史语言研究所1962年版，第3374页。

② （明）张燮：《东西洋考》卷七"饷税考"，中华书局1981年版，第131页。

③ 丘濬（1421—1495），字仲琛，琼山（海南）人。历任礼部侍郎、文渊阁大学士等。

④ （明）丘濬：《大学衍义补》卷二五"市籴之令"，台湾商务印书馆1984年版，第352页。

⑤ 同上书，第346页。

禀告市舶司船舶大小、所带商品、目的地和返期等相关情况，并保证不携带违禁物品即可。这种思想哪怕在今天看来，也是非常先进的，很接近后世的"自由贸易理论"。

最后，丘濬考察前朝历史，驳斥了民间海上对外贸易"恐招边患"的说法。他认为海上各国例如暹罗、爪哇等，与中国远隔从洋，从古至今大都未曾侵犯中国边境，并不构成威胁。虽然日本常有倭寇侵犯中国沿海，但若因其一国之故而断绝与其他所有国家往来的做法，显然并不明智。

丘濬的海外贸易思想能从经济学的观点，客观地分析明初中国的海上对外贸易情况，并意识到了经济规律在当中的重要作用。虽然其中一些想法未免比较幼稚，但在当时"重农抑商"为主流的思想领域中却实属难能可贵。然则，终明一代，丘濬的理想都未能实现，即便是在隆庆开海之后，政府对海上对外贸易的管理都是比较严格的。

二 明中期开海与海禁之间的争论

正德至嘉靖年间，倭寇屡犯中国沿海地区，更有葡萄牙和西班牙商人试图通过武力打开海上通商大门。明政府重申海禁法令，较之洪武时期更为严格。然而，现实中此时的海上对外贸易早已成为许多沿海百姓的生活来源：

> 顾海濒一带田尽斥卤，耕者无所望岁，只有视渊若陵，久成习惯，富家征货，故得捆载归来；贫者为佣，亦博升米自给。一旦戒严，不得下水，断其生活，若辈悉健有力，势不肯拱手困穷，于是所在连结为乱，溃裂以出。①

由此可见，当时中国沿海地区的各个阶层，无论穷富和职业，皆与海上对外贸易利益相关。在此情况下，不少沿海商民只有公然违抗法令，私自出海贸易，有些甚至不惜勾结"夷人"和"倭寇"，并诉诸武力，从而给国家安全带来了极大的危害，引发了著名的"嘉靖倭乱"。嘉靖二十六年（1547年），副都御史朱纨巡抚浙江时，兼管福州、漳州、泉州、建宁

① （明）张燮：《东西洋考》卷七"饷税考"，中华书局1981年版，第131页。

等地的军事，采取果断措施严格执行明政府的海禁政策，严厉镇压违令者。然而，手执"祖训"的朱纨，却遭到当地各阶层的一致反对：

> 闽人资衣食于海，骤失重利，虽士大夫家亦不便也，欲沮坏之。……纨执法既坚，势家皆惧。贡使周良安插已定，闽人林懋和为主客司，宣言宜发回其使。……且曰："去外国盗易，去中国盗难；去中国濒海之盗尤易，去中国衣冠之盗尤难。"闽、浙人益恨之，竟勒周良还泊海屿，以俟贡期。①

最后，没有认清海上对外贸易趋势、死忠于明朝海禁法令的朱纨，以饮恨自杀而告终。正如明人徐光启所评价：

> 朱秋厓纨，清正刚果，专以禁绝为事，击断无避，当时哗然，率被论劾，愤懑以死，至今人士皆为称冤。冤则冤矣，海上实情实事，果未得其要领，当时处置果未尽合事宜也。②

对于嘉靖年间这场战争的性质史学界看法不一，但其中包含的民间反对海禁、希望获得自由贸易权利的意愿却是不容怀疑的。事件本身与当时是否应该开放私人海上对外贸易问题密切相关：海外贸易与国家安全之间的关系如何处理？"寸板不许下海"的祖宗之法是否应该改变？当时的人们就这些问题产生了争论，分为开海和禁海两派。但主张开海的人中，有主张开关纳贡的，也有主张直接开放民间海上对外贸易的；在主张禁海的人中，有主张闭关的，也有不同意闭关的。

（一）禁通番，严剿杀

当时持"禁通番，严剿杀"观点的代表人物主要有万表、归有光、冯璋、胡宗宪等。他们首先认为私人下海通番就是"嘉靖倭寇"的罪魁祸首。"弛禁导寇"是他们的主要观点，作为一个贤明的皇帝就不应该被物质利益

---

① （清）张廷玉等撰：《明史》卷二百五"朱纨传"，中华书局1974年版，第5404—5405页。

② （明）陈子龙等撰：《明经世文编》卷四九一"海防迂说"，中华书局1962年版，第5437页。

所诱惑，而一旦开放私人海上对外贸易，后果将不堪设想。在他们看来，朝廷在海外贸易与国家安全之间毫无疑问应选择国家安全，因此"寸板不许下海"的祖宗之法是绝对不能改变的。都督万表①也指出，松弛海禁直接导致了海寇的出现：

> 向来海上渔船出近洋打渔樵柴，无敢过海通番。近因海禁渐弛，勾引番船，纷然往来海上，各认其主，承揽货物装载，或五十艘或百余艘，或群各党分泊各港，又各用三板草撒脚船，不可胜计。在于沿海兼行劫掠，乱斯生矣。②

胡宗宪等人则从海防的角度入手，主张以海禁御倭。所以，持"禁通番、严剿杀"观点者极力推崇明政府死守祖宗之法，必须进行严苛的海禁，严厉禁止民间海上对外贸易，同时还建议通过对沿海地区居民实施保甲和连坐、对通番海商进行严酷的剿杀等方式，来保障国家利益。

（二）复市舶，改朝贡

持"复市舶、改朝贡"观点的代表人物有唐顺之、钱薇、郑若曾等。与"禁通番、严剿杀"观点相似的是，他们也坚守"寸板不许下海"的祖宗之法是不可违背的。所以，郑若曾③坚持朝贡是当时唯一合法的海上对外贸易途径，而私人海外贸易的"商舶"是应该被严令禁止的，否则就是"絜祖宗典章"④。

但与前者不同的是，他们认为嘉靖倭患主要来源于日本方面，关键原因就是日本来中国的"贡路不通"，只要中国向日本提供商品交换的渠道，日本倭寇就不会侵犯中国沿海。唐顺之⑤指出，嘉靖二年（1523 年）

---

① 万表（1498—1556），字民望，号鹿园，鄞县人。历任宁波卫指挥佥事、浙江掌印都指挥、南京锦衣卫佥书、漕运总兵等，曾佥书南京中军都督府。

② （明）郑若曾：《筹海图编》卷十一上"经略一"，中华书局 2007 年版，第 674—675 页。

③ 郑若曾（1503—1570），字伯鲁，号开阳，昆山人。曾任胡宗宪军中幕僚，明朝著名军事家。

④ （明）郑若曾：《开丘市辩》，载（清）陈梦雷编撰，蒋廷锡校订《钦定古今图书集成》，《食货典·杂税部》卷二三一，广西大学古籍所古今图书集成网站：www. gjtsjc. gxu. edu. cn。

⑤ 唐顺之（1507—1560），字应德，号荆川，武进（江苏常州）人。历任翰林编修、兵部主事、兵部郎中督师浙江、右佥都御史巡抚凤阳等。

的宁波"争贡事件"正是因为明政府关闭市舶司，日本商人无法顺利交易后迫于生计才会"为寇不止"，所谓"绝市导寇"。他认为应该恢复市舶制度，"收其权利而自操之"：

> 今海贼据浯屿南澳诸岛，公然擅番舶之利，而中土之民交通接济，杀之而不能止，则利权之在也。宜备查国初设立市舶之意，毋泻利孔，使奸人得乘其便。此一事与臣所谓图海外者相关，旧制之当复者四也……若能复之，则经久之策也。[①]

对于改变当时倭患不绝的局面，持"复市舶、改朝贡"观点者提出应该改革朝贡贸易制度。他们提出，明政府必须重视市舶司的经济职能，市舶司职能应该并不仅限于以政治目的为主的朝贡工具。钱薇[②]认为，市舶制度不仅仅是让外国人获得中国商品，外国商品同样也为中国百姓所需要，"夷物亦中国所需"。因此，明政府完全可以从市舶交易中获取经济利益，应该把这种权力牢牢掌握在自己手里加以利用。[③]

这里还有一个值得注意的人物是朱纨[④]，不少学者把他列入禁海派的代表人物。而实际上，朱纨在处理日本朝贡使臣的事宜中就曾明确表示，通舶和海防不是一回事。朱纨的禁海，正是为了维护朝贡作为明王朝的合法海外贸易的地位，因此他不同于归有光之类的单纯海禁派。从根本上来说，他是开海派。朱纨的海禁主要打击的是私通倭寇的沿海豪门大户，从而保证开关纳贡的顺利进行。[⑤]

虽然持"复市舶、改朝贡"观点者依然主张严厉打击私人海上对外贸易，死守祖宗之法不放，但他们意识到了海上对外贸易的经济价值，主

---

① （明）陈子龙等撰：《明经世文编》卷二六〇"条陈海防经略事宜"，中华书局1962年版，第2714—2715页。

② 钱薇（1502—1554），字懋薇，号海若，海盐人。历任礼科给事中、太常少卿等。

③ （明）陈子龙等撰：《明经世文编》卷二一四"与当道处倭议"，中华书局1962年版，第2234—2238页。

④ 朱纨（1494—1550），字子纯，长洲（苏州）人。历任提督浙、闽海防军务、巡抚浙江等。

⑤ （明）陈子龙等撰：《明经世文编》卷二〇五"阅视海防事"，中华书局1962年版，第2157—2159页。

张改革朝贡贸易和市舶司制度，较之"禁通番、严剿杀"观点者还是有进步的。

（三）开海禁，通有无

正德中期，两广地区海外贸易局面混乱："先是两广奸民，私通蕃货，勾引外夷，与进贡者混以图利，招诱亡命，罢买子女，出没纵横，民受其害……禁治之，其应供蕃夷，不依年分，亦行阻回。"① 到正德十二年五月，时任广东右布政使吴廷举等官员先行私自改革朝贡贸易，一方面杜绝私贩，另一方面对前来贸易的番船不看年份、一律允许贸易，同时征税以弥补地方财政不足。

到嘉靖初，明政府一再与葡萄牙商人在广东沿海发生武装冲突。时任广东巡抚的林富②也提出，"粤中公私诸费，多资商税，蕃舶不至，则公私皆窘"，要求中央政府允许"通番舶"。他认为，允许民间海上对外贸易对于明政府和百姓而言都是好事，"因民所利而利之者，非所得开利孔而为民罪梯也"③。林富还对改革的原因进行论证，提出了"四利说"④：第一，对来中国贸易的番舶进行征税可以增加国家的中央财政收入，"足供御用"；第二，除了征税外，还可以利用进口的番货充当军饷，"以备不虞"；第三，两广地区中广西一直财政匮乏，如果广东因此增加收入，则可以支援广西，"临时调剂"；第四，开通对外贸易可以让广东百姓自给自足、衣食无忧，"可以自肥"。当然，在林富的"四利说"的背后，还有一个非常重要的原因没有讲明。对于广东的文武官员来说，当时的工资大多以番货替代。这样，广东官员作为海上对外贸易的既得利益者，海禁会给他们带来巨大的利益损失，当然不愿意看到全面且彻底的海禁。

林富的"四利说"主要是从增加国家的财政收入、扩大军费来源等方面，来论述开放海上对外贸易的必要性。不过，无论是直接进行改革的吴廷

① 《明武宗实录》卷一四九，正德十二年五月辛丑，（台北）"中研院"历史语言研究所1962年版，第2911—2912页。

② 林富（1475—1540），字守仁，莆田人。历任宁波知府、广西参政、广东右布政使、四川左布政使、都察院右副都御史、兵部右侍郎兼右金都御史等。

③ （清）张廷玉等撰：《明史》卷三百二十五"佛郎机传"，中华书局1974年版，第8431页。

④ 同上。

举，还是对此进行理论论证的林富，其要求远不及之前的丘濬"民自为市"中的自由贸易思想。林富等人只是希望中央政府能允许外商到沿海地区进行贸易就够了。而他们的愿望在隆庆开海之后便得到了实现，海澄月港的局部开禁和督饷馆的成立，给福建带来了可观的兵饷收入。

王忬①也曾提出了允许民间百姓出海谋生，政府适当征收税款以助军饷的建议：

> 国初立法，寸板片帆不许下海，百八十年以来，海滨之民，生齿蕃息，全靠渔樵为活。每遇捕黄鱼之月，巨艘数千，俱属犯禁，议者每欲绝之，而势有难行，情亦不忍也。与其绝之为难，孰若资之为用。合无容臣行两省守巡、海道等官，将前项船只，尽数查报，除小者不税外，其余酌量丈尺，编立字号，量议收税，民自乐从，既可稽考出入，亦得少助军饷。②

作为持"开海禁，通有无"观点的代表人物，唐枢③从嘉靖年间倭寇禁而不绝的现象分析入手，认为嘉靖倭寇的主要原因是海禁，而处理海寇问题应该尽快开放海禁。于是他写下了《复胡梅林论处王直》④来论证解决问题的方法。在他看来，所谓海寇都是由原本从事私人海上对外贸易的海商转化而来，而其转化的直接原因就是明政府严苛的海禁法令，海禁逼使"商人失其生理，于是转而为寇"。针对这样的局面，他认为"寸板不许下海"的祖宗之法必须因势而改。同时，他进一步论证指出，私人海上对外贸易对一国经济非常有利。一方面，它可以保证"开市必有常税"，通过征税来保证国家的军饷问题；另一方面，开海可以保证原有广大私人海外贸易的既得利益者的权益，从而维护社会秩序的稳定。

---

① 王忬（1507—1560），字民应，号思质，江苏太仓人，王世贞之父。历任右金都御史、右副都御史、兵部右侍郎、蓟辽总督等。

② （明）陈子龙等撰：《明经世文编》卷二八三"王司马奏疏"，中华书局1962年版，第2993页。

③ 唐枢（1497—1574），字惟中，号子一，归安（湖州）人。历任刑部主事等。

④ （明）陈子龙等撰：《明经世文编》卷二七〇"复胡梅林论处王直"，中华书局1962年版，第2850—2853页。

时任福建巡抚的谭纶①在执法过程中也曾有感而发："闽人滨海而居，非往来海中则不得食。自通番禁严，而附近海洋鱼贩一切不通，故民贫而盗愈起，宜稍宽其法。"② 因此，持"开海禁，通有无"观点者强烈呼吁明政府开放私人海上对外贸易，认为开放海禁远比镇压海商来的重要和迫切。可以说，唐枢等人清楚认识到了嘉靖倭患的深层次原因，认清了私人海上对外贸易不可逆转的历史发展趋势，找到了解决问题的根本方法。

三　明后期积极应对的开放贸易思潮

明朝后期，随着商品市场经济的发展，士大夫阶层出现了许多进步的思想家，他们肯定人对物质的欲望，提倡人的个性。其中，以李贽、张居正、黄宗羲等人为代表兴起了农商并重的新思潮，反映了社会经济激烈变动下工商业群体的诉求对当时社会产生了积极的影响。同时，随着世界地理大发现，西方思想文化和科学技术向外传播，以欧洲耶稣会士为代表的西方知识分子与中国士大夫阶层产生了众多交流。

与此同时，隆庆开海后准贩东西二洋，虽然开放力度有限，但私人海上对外贸易的合法化还是带来了经济的繁荣局面。"于是五方之贾，熙熙水国，刳艅艎，分市东西路。其捆载珍奇，故异物不足述，而所贸金钱，岁无虑数十万。"③ 海上对外贸易的不断发展，促使当时的海外贸易思想进一步发展，出现了一大批从各个角度论证开海有益的观点，形成了一股积极应对的开放贸易思潮。针对海上对外贸易主要有以下四种观点。

（一）通海以安海防

嘉靖中期，海寇王直设计杀死广东海贼陈四盼，以此向明政府示好，以求开市。王世懋④等人从中看清了倭寇、海寇和海禁法令之间的复杂联系，从平息海盗、安定海防的角度出发，请求开放私人海上对外贸易：

---

①　谭纶（1520—1577），字子理，号二华，宜黄人。历任台州知府、福建巡抚、蓟辽保定总督、兵部尚书等。

②　《明世宗实录》卷五三八，嘉靖四十三年九月丁未，（台北）"中研院"历史语言研究所1962年版，第8719页。

③　（明）张燮：《东西洋考》"周元起序"，中华书局1981年版，第17页。

④　王世懋（1536—1588），字敬美，别号麟州，江苏太仓人，其父为王忬，其兄为王世贞。历任南京礼部仪制司主事、祠祭司、尚宝县丞、江西参议、陕西学政、福建提学、南京太常少卿等。

商货之不通者，海寇之所以不息也……设若攻破之，旧寇既破，新寇必生。海中之利无涯，诸蕃奇货一本万利，谁肯顿息哉？……修复旧制。沿海凡可湾泊船处，及造船出海处，各立市舶司。凡舡出海，官给批引。有货税货，无货税船，不许为寇。若是则国利其用，民乐其宜，皆嗜利而不复敢为寇矣。①

同时，明政府的一些地方官员努力在执法过程中将这种想法付诸实施。万历二十一年（1593年），当福建民商借买谷捕鱼的路引违法出海贸易时，时任福建巡抚的许孚远②并没有采用简单的围剿，而是"移檄诏谕。凡留贩人船，不论从前有引无引，日远日近，俱许驾回诣官输饷如故事。凡私通及压冬情罪，一切宥免"③。正是因为许孚远的政策，海商胡台等人的24条商船闻讯返港，同时带来了大量的饷税。

与此同时，许孚远还对自己的做法进行了理论分析④：首先，他通过隆庆开海前后沿海百姓的生活比较，得出了通海可以"安反侧，杜乱萌"的结论，认为海禁法令就是嘉靖倭患的原因，而开放私人海上对外贸易是保证国家海防安全的有效手段。是为"市通则寇转而为商，市禁则商转而为寇"。其次，他驳斥了开禁导寇的观点。认为通海既可以让中国军队通过商民掌握情报，又可以提供商船供紧急时调遣，对安稳海防大有益处。最后，他提出由于中国沿海地区的客观地理原因，沿海百姓"非市舶无以助衣食"，所以必须开放私人海上对外贸易以帮助百姓安居乐业，从而进一步保证国家财政。综上，许孚远建议明政府在民间海上对外贸易问题上应该因势利导，不要采取"堵禁"，而要采取"疏通"的方式来解决，"于通之之中申禁之之法"。

在明人李廷机的记载中，我们也可以看到这种方法的确有利于安定海防："弟生长海陬，少时尝见海禁甚严，及倭讧后始弛禁，民得明往，而

---

① （明）王世懋：《枢策》卷一，载谢国桢主编《明代社会经济史料选编》中册，福建人民出版社2004年版，第131页。

② 许孚远（1535—1604），字孟中，号敬庵，德清县人。历任兵部郎中、陕西提学副使、南京工部主事和吏部主事等。

③ （明）张燮：《东西洋考》卷七"饷税考"，中华书局1981年版，第133页。

④ （明）陈子龙等撰：《明经世文编》卷四〇〇"疏通海禁疏"，中华书局1962年版，第4333—4341页。

稍收其税以饷兵。自是波恬，或言弛禁之便。"① 所以，虽然持"通海以安海防"者并没有从经济学的角度出发，其主要目的也只是消除海盗、安定海防，但此观点客观上依然的确保证了私人海上对外贸易的合法性。即便其中对饷税的过分关注在一定程度上抑制了海外贸易的发展，它还是推动了当时社会经济的发展。

（二）通海以藏富于民

出生于工商阶层的万历初年史部尚书张瀚②，是一个真正意识到经济规律而要求开放私人海上外贸的有识之士。他将陆路互市与海上对外贸易进行对比后，认为"筹国者知互市之利而不知海市之利"③ 是很愚蠢的。他在所著的《松窗梦语》一书中提出了为"藏富于民"而通海的观点：

> 若夫东南诸夷，利我中国之货，犹中国利彼夷人之货，以所有易所无，即中国交易之意也。……而又可以藏富于民，何惮而不为也！若曰夷数入寇，势不可通，岂知夷人不可无中国之利，犹中国不可无夷人之利，禁之使不得通，安能免其不为寇哉！④

张瀚因出身于纺织商户，观点中带有明显的工商阶层意识，言论中更多地替从事海上对外贸易的商人争取利益。他与丘濬一样意识到了自由贸易的好处，"以所有易所无"，认为民间海上对外贸易远胜于死板的朝贡贸易。同时，他的观点较之前人更有进步：与丘濬的"外夷所用不可无中国"相比，他不仅认识到了"夷人不可无中国之利"，还认识到了"中国不可无夷人之利"；与林富等人专注于通海所带来的饷税相比，他更多地关注"藏富于民"，代表了百姓的利益。

（三）通海以富国

随着明后期商品经济的发展，海外贸易所带来的中外交流逐渐增多。

---

① （明）陈子龙等撰：《明经世文编》卷四六"李文节公文集"，中华书局1962年版，第236页。

② 张瀚（1510—1593），字子文，谥恭懿，仁和（杭州）人。历任南京工部主事、庐州知府、陕西左布政使、右副都御使巡视陕西、大理寺卿、刑部右侍郎、兵部总督漕运、两广督抚等。

③ （明）张瀚：《松窗梦语》卷四"商贾纪"，上海古籍出版社1986年版，第77页。

④ 同上。

与明中后期"东西方碰撞交融"中商人的积极应对相对应,知识分子阶层对外来事物也都呈现开放与包容的态势。

对世界更多的认识让当时一些有识之士深刻体会到了经济规律的作用,开始从更高的层次思考中国海上对外贸易问题,其中的代表人物就是大科学家徐光启①。在徐光启看来,海上对外贸易是一个国家交换有无的正常经济行为,它不仅仅是用来消除海盗、增加饷税的权宜之计,本质上更是一种不可阻挡的经济规律:

> 有无相易,邦国之常。……交易一事,六十六洲所同欲也。市同利,不市同害。……通货既多,我之丝帛诸物愈有所泄。往者既众,彼中之价亦平,故曰两利之道耳。……官市不开,私市不止,自然之势也。又从而严禁之,则商转而为盗,盗而后得商矣。……譬有积水于此,不得不通,决之使由正道,久而不溢;若塞其正道,必有旁出之窦,又塞其旁出之窦,则必溃而四出。贡舶、市舶正道也,私市旁出之窦也。②

与之对应的国家安全和倭寇问题,徐光启认为只有主动积极地开放私人海上对外贸易,才能保证中国沿海地区的安全。他不仅指出海上对外贸易和倭寇是两回事,更论证了只有与日本通事才能"制倭"的观点:

> 除盗不除商,禁私贩而通官市。……来市则予之,来寇则歼之。……愚尝有四言于此,惟市而后可以靖倭,惟市而后可以知倭,惟市而后可以制倭,惟市而后可以谋倭。③

在徐光启的观点中,最可贵在于他已然认识到了客观经济规律。他从经济根源的角度分析明朝当时的海上对外贸易情形,提出了以海外贸易富

---

① 徐光启(1562—1633),字子先,号玄扈,天主教圣名保禄,松江人。历任礼部尚书兼文渊阁大学士、内阁次辅等,在数学、天文、历法、农学等方面颇多建树,是上海地区最早的天主教徒。

② (明)陈子龙等撰:《明经世文编》卷四九一"海防迂说",中华书局1962年版,第5436—5445页。

③ 同上。

国强国的思路。他的这些观点既是当时社会经济发展后的产物，又适应了明朝海外贸易发展的需要，走在了时代的前列。明朝后期的开放潮流是全民性的，不仅以徐光启为代表的先进知识分子打开眼界接受世界，自朝廷①到百姓，无论是思想还是行为都已经开始突破传统束缚、走向世界。

---

① 这里值得我们注意的是，崇祯皇帝对当时引进的西方科学技术的态度非常开明，在海上对外贸易领域的观点也十分开放，这些都影响了明末海上对外贸易管理立法的发展轨迹。

第二章

明朝海上外贸管理的法律渊源①

第一节　明朝海上外贸管理的立法主体

明政府对海上外贸管理并没有形成独立的法律体系，除了分布在《大明令》《大明律》《问刑条例》《大明会典》等综合性法典中的相关法律规定外，还有许多临时性的法令法规作为补充（见表 2 - 1）。这些补充性的法律法规既有适用于全国的中央政府立法，也有适用于单个地区的地方政府立法。

表 2 - 1　　　　　　　　明朝海上对外贸易管理的立法体系

立法主体	性质	名称
中央政府	综合性法典	《大明令》
		《明大诰》
		《大明律》
		《问刑条例》
		《大明会典》
	单行法规	诏令、榜例、敕令、例
地方政府	单行法规	立法题奏、文告与禁约、外贸协定

这些法律规定有中央立法和地方立法两个方面，前者注重海禁，主要用于保证海外朝贡贸易、限制民间海外贸易，而后者一般是对海上进出口贸易的流程管理和具体措施，针对性强。

---

① 本章仅作法律体系上的概括论述，具体法律条文详见第三章至第五章。

一　中央立法主体

在中国古代，皇帝作为一国的最高统治者，是中央政府最主要的立法主体。一方面，皇帝在建国之初会组织领导群臣进行法典的编纂，而之后的历任皇帝还会不断组织官员对一朝之法进行修订。另一方面，皇帝在处理政务时，面对变化着的国家政治、经济、社会等形势，常常颁布各类令、例等来立法。在取代蒙元王朝统治的明王朝中，汉族的重新统治带有强烈的复兴传统文化的特征，这一特色也体现在了明朝海上外贸管理的立法主体上。300 年里，历任明朝皇帝针对海上外贸的管理，颁布了律、令、会典、条例、诏令和榜例等形式多样的法律渊源，是明朝海上外贸管理最主要的立法主体。

鉴于各中央政府部门在明朝海上对外贸易管理中的职能，礼部、兵部、户部等部门的官员时常向皇帝提出相关的立法建议。与此同时，礼部、都察院等中央各部门还奉皇帝的圣旨颁行榜例等法律形式，比如洪武三十五年十一月初二的礼部榜例、宣德六年夏四月丙辰的都察院榜例。因此，礼部、兵部、户部、都察院，可以说是明朝海上外贸管理中央立法的辅助主体。

二　地方立法主体

针对区域内的海上外贸管理，地方长官会按照皇帝的圣旨颁行榜例，例如嘉靖四年的浙江和福建两省的禁约等。除此以外，明朝地方官员如发现中央立法有需要更新或调整的情况，会以题奏的方式提出自己的立法建议，听候中央政府的定夺，例如"广中事例"和"月港体制"。同时，沿海各地的地方政府还会根据各自的实际情况发布一些具有法律效力的文告和禁约，内容大概是外贸税收、外商与港口的具体实施细则。所以，沿海地方官府是明朝海上外贸管理地方性法律法规的立法主体。

第二节　明朝海上外贸管理的中央立法

明朝海上外贸管理中央立法的法律形式主要有律、令、会典、条例、诏令和榜例等，模式多种多样。其中，律、令、会典、条例等法律典章类的立法时间较早，一般都在明前期；而诏令、榜例等临时性的法律规定的立法则贯穿整个明朝。

一 综合性法典

明朝中央政府的海上外贸管理法律规定，主要体现在《大明律》《问刑条例》《大明令》《大明会典》等法律典章中，制定时间大多在明前期。而且《大明律》《大明会典》《问刑条例》等所涉及的海上对外贸易管理的法律规定，自确定之日起一直到明末，并未产生大幅修改，具有高度的稳定性。

（一）《大明令》

洪武元年（1368 年）正月，以"法贵简当，使人易晓"为原则制定的《大明令》正式颁行。相比《大明律》，《大明令》中记载了诸司制度，并没有规定具体的刑罚，主要用来申明法意。《大明令》共 145 条，其中包含一切赋税、朝仪、盐茶等律令，但并未特别制定有关海外贸易的法律规定。① 不过，对于官方海外朝贡贸易中使臣的行李多少，《大明令》倒是作出了详细规定，不许超重和违法夹带。② 在《大明律》出现之后，明政府不再颁布补充的《大明令》，许多规定也不再适合现实的需要，但这并不意味着"令"这一法律形式的终结。相反，大量的皇帝诏令和敕谕、榜文等法律形式的存在，说明"令"只是转变了形式和名称而已。③

（二）《明大诰》

明太祖在洪武十八年至二十年（1385—1387 年），发布了《御制大诰》《御制大诰续编》《御制大诰三编》三篇文告。洪武二十年十二月，又颁行了《大诰武臣》。四编《大诰》皆为朱元璋亲自编纂或口述记录而成，为的是对臣民起到"明刑弼教"的教育作用。《明大诰》作为明朝特殊的法律规定，具有律外用刑的鲜明特色。体现在海外贸易管理方面，便是《续编·牙行第八十二》中的法律规定：

> ·天下府州县镇店去处，不许有官牙、私牙。一切商客应有货物，

---

① （清）陈梦雷编撰，蒋廷锡校订：《钦定古今图书集成》，《经济汇编·祥刑典》卷二十七，广西大学古籍所古今图书集成网站：www.gjtsjc.gxu.edu.cn。

② 怀效锋点校：《大明律》附录，《大明令·兵令》，法律出版社 1999 年版，第 257 页。

③ 参见万明《明令新探——以诏令为中心》，载杨一凡主编《中国古代法律形式研究》，社会科学文献出版社 2011 年版，第 420—421 页。

照例投税之后，听从发卖。敢有称系官牙、私牙，许邻里坊厢拿获赴京，以凭迁徙化外。若系官牙，其该吏全家迁徙。敢有为官牙、私牙，两邻不首，罪同。巡阑敢有刁蹬多取客货者，许客商拿赴京来。不应税而税者，且如海南民有取新妇者，其县官将下礼牲口并新妇俱要税钱，已行拿赴京师，治以死罪。①

类似的法律规定还出现在《三编·私牙骗民第二十六》中。② 这些规定都使用了"治以死罪"等命令性的法律用词，要求臣民必须严格遵守，属于当时的重要法律渊源。而《大诰》中对于私称官牙、私牙的法律责任为"迁徙化外"，要重于当时明律中"私充牙行埠头"杖六十的刑罚。这一律外用刑，既表明了朱元璋重典治吏的用心，也显示了《大诰》以君主好恶为量刑标准的特色。

洪武年间，朱元璋一直不遗余力地推行《大诰》。他在洪武三十年（1397 年）《大明律》颁行时，将《大诰》的重要内容节选成《律诰》36 条，附于律后。永乐之后，《大诰》逐渐被搁置不用，其法律地位也逐渐消失。

（三）《大明律》

作为明朝最根本和最重要的立法，洪武《大明律》通行有明一代：

> 盖太祖之于律令也，草创于吴元年，更定于洪武六年，整齐于二十二年，至三十年始颁示天下。日久而虑精，一代法始定。中外决狱，一准三十年所颁。③

洪武三十年（1397 年）的《大明律》历经数次修改，朱元璋非常重视其稳定性，告诫子孙不得更改。自其颁行开始直至明亡，除万历年间合刻《大明律附例》时改动了 55 个字，基本没有变更。④ 即便是嘉靖年间

---

① 杨一凡主编：《历代法制考·明代法制考》，《中国法制史考证》甲编第六卷，中国社会科学出版社 2003 年版，第 101 页。

② 同上书，第 105 页。

③ （清）张廷玉等撰：《明史》卷九十三"刑法一"，中华书局 1974 年版，第 2284 页。

④ 杨一凡主编：《历代法制考·明代法制考》，《中国法制史考证》甲编第六卷，中国社会科学出版社 2003 年版，第 14 页。

与《问刑条例》合编，也不曾动摇其基本法的地位。

在明律修订的过程中，海外贸易管理立法逐步严苛。洪武二十三年（1390 年）八月对《大明律》的修订，着重强调了不许私通外境及市易。① 洪武三十年（1397 年）五月正式颁行的《大明律》中，增加"私将人口军器出外境及下海"条和"私越冒渡关津出外境"条，明确禁止民间开展私人海外贸易；增加"舶商匿货"条，要求对海客商舶的货物进行报官抽分。②

至此，《大明律》中的规范民间海外贸易的法律规定主要包含四个方面：第一，严格禁止民间私自海外贸易，根据违法贩卖商品品种的不同、法律主体身份不同等处以杖、绞等不同的刑罚；第二，细化禁止进出口商品的范围，主要涉及牲畜、丝织品、金属、军需等；第三，以没收违法物资奖励举报者，鼓励老百姓告发不法行为；第四，对官方朝贡贸易的商品进行抽分。除此以外，《大明律》还对官方海外朝贡贸易作出了相应的规范，详细规定了朝贡贸易中使臣所带行李的多少，一经发现有违法夹带私物的，将被处以杖刑。③ 从刑罚的力度来看，在海上对外贸易管理方面的明律与唐律各有轻重，但比宋律要重些，正如《明史》"刑法志"中所描述的一样，"宽厚不如宋"④。

（四）《问刑条例》

明中后期，当《大明律》不再完全适应当时社会的政治、经济发展后，各朝开始制定大量的"事例"作为法律的补充。在条例繁杂、立法混乱的局面下，《问刑条例》应运而生了。《问刑条例》的修订始于弘治年间，于嘉靖二十九年（1550 年）完成，并于万历十三年（1585 年）第三次修订。《问刑条例》附于律后，形成律例合编体例，较好地解决了律例之间的关系。

在海上对外贸易管理的立法方面，嘉靖时期的《重修问刑条例》更显突出，作出了比较大的修改。与之前的法典规定相比较（见表 2 - 2），嘉靖《重修问刑条例》对私人海上对外贸易限制的法律规定甚为严重，

---

① （清）陈梦雷编撰，蒋廷锡校订：《钦定古今图书集成》，《经济汇编·祥刑典》卷二十八，广西大学古籍所古今图书集成网站：www. gjtsjc. gxu. edu. cn。

② 怀效锋点校：《大明律》卷八 "户律五·课程"，法律出版社 1999 年版，第 80—81 页。

③ 怀效锋点校：《大明律》卷十七 "兵律五·邮驿"，法律出版社 1999 年版，第 130 页。

④ （清）张廷玉等撰：《明史》卷九十三 "刑法一"，中华书局 1974 年版，第 2285 页。

处罚力度远远超过《大明律》，实为重典。

表2-2　《大明律》与嘉靖《重修问刑条例》法律责任之比较①

违法情形	大明律	问刑条例
携带一般违禁物品下海	杖一百	发边卫充军
携带重要违禁物品下海	绞刑	斩刑，并枭首示众
官吏通同犯罪	除死罪外，罪止杖一百，但不连累子孙	除死罪外，问发边卫永远充军，并且取消子孙承袭

同时，嘉靖《重修问刑条例》还增加了三项立法内容，严禁打造违式海船、严禁私自收买番货和严禁为夷人收买违禁物。如此立法范围的增加，不仅在明初的《大明律》中不曾看见，在弘治时期的《问刑条例》中也不曾有过。弘治《问刑条例》中关于"违禁下海"的法律规定只有一条，内容就是嘉靖《重修问刑条例》中"违禁下海"的第二条。因而，明中期倭患四起的局面，导致嘉靖时期的海上外贸管理立法异常严厉。如果说，在嘉靖《重修问刑条例》出台以前，对于"违禁下海"的法律依据主要来自于明朝各代皇帝的相关诏令和嘉靖三年四月刑部的新条例的话；那么嘉靖二十九年以后，相关问题的处理则有了更为明确而严厉的法律依据，即嘉靖《重修问刑条例》的规定。明朝统治者通过这一规定，将铁货、缎匹、绸绢、丝绵等国际市场需求大、利润高的商品，全都列入禁止买卖的范畴，从而在立法角度实质上断绝了私人海外贸易的可能性。

同时，《重修问刑条例》不仅严禁私人海上对外贸易，还严格管理官方海外朝贡贸易，其中的"充军罪"中更是明确了朝贡贸易中的不法行为将承担"充军"的法律责任。

当律、例在同一个法律问题上的量刑规定轻重不一时，司法实践中又应以哪个为准呢？自弘治十三年（1500年）"律例并行"以后，嘉靖《重修问刑条例》在颁行时申明《问刑条例》及嘉靖元年后钦定事例永为遵守。所以，嘉靖《重修问刑条例》作为明中期司法审判时的重要法律依据，与《大明律》有着同等的法律效力。另外，自明初制定《大明律》到嘉靖时期，一百多年间的社会经济状况发生了很大变化，需要立法作出

---

① （明）雷梦麟撰，怀效锋点校：《读律琐言》，法律出版社2000年版，第274—276页。

相应的调整。所以，嘉靖《重修问刑条例》不仅将嘉靖之前的法律规定进行了糅合与完善，更是根据当时的实际情况作出了相应的修改，以适应明政府"以例辅律"的现实司法需求。尤其是涉及海上外贸管理的法律规定，嘉靖《重修问刑条例》的内容相比《大明律》的相关律文，更加细腻、具体和准确，兼有补充律文规定和制定实施细则的性质。因此，在司法实践中，嘉靖《重修问刑条例》就变成了最主要的法律依据，具有相对优先的法律效力。

明朝海上外贸管理法律规定中，"以例辅律"发展成为"以例破律"的情况，表现出了海禁法令在当时无与伦比的地位；同时，也恰恰说明了明朝海外贸易管理立法中政治目的高于一切的主导思想。

（五）《大明会典》

明前期的法律形式相对杂乱，有律、令、格、诰、例、榜文等多种。弘治年间以后，形成了以《会典》为纲，以律、例为主要法律渊源的法律体系。经历了正德、嘉靖、万历年间的数次修订，《大明会典》记载了明朝的基本法律制度，是为典章之大全。

在《大明会典》中，海上对外贸易管理法律法规也一再被强化。正德年间颁行的《大明会典》就进一步加大了违禁出海的惩罚力度。《大明会典》中规定了"私越冒渡关津出外境"和"私将人口军器出外境及下海"为真犯死罪。[①] 它明确民商出海必须有官方出具的"票号文引"，如若违法法律规定，将比照"谋叛罪"处以死刑并枭首示众，家人发配边疆充军，处罚可谓极其严酷。

而《大明会典》关于海上外贸管理法律规定中最为重要的，还是细致地规定了官方朝贡贸易的法律要求：第一，明确规定了勘合的发放国家和适用方式，确定朝贡资格；第二，细化会同馆中朝贡附随物品的交易方式和时间；第三，严格控制使臣在华期间的行为，例如"交通朝贡番人禁令"，禁止军民与贡使私下非法交易；第四，明确给予各个外国使团的回赐额度、"附进货物"的估价和收买价格；第五，详细地规定了日本使团来华朝贡贸易的贡期、使团规模。

---

① ·（明）李东阳等撰，申时行等重修：《明会典·万历朝重修本》卷一七四"刑部·罪名二"，中华书局 2007 年版，第 888 页。

二　单行法规

除了类似《大明律》之类的"常经之律"外，明朝中央政府更倾向于制定"一时权宜之法"，具体形式包括诏令、敕令、榜文律令，等等。这些"权宜之法"中的重要部分，在明中后期嘉靖至万历年间修订《大明律》和《大明会典》时，都被收入其中，校勘增补后"永为常法"。

（一）诏令

在将海上对外贸易管理列入法典之前，明朝统治者就已经开始利用诏令对此进行规范。自洪武四年（1371 年），明朝各代皇帝就开始发布海上外贸管理的相关诏令。洪武朝的相关诏令主要集中于三个方面，禁止私人下海经商、禁止私自出口违禁物品和禁止民间私自收买进口商品。相比洪武时期的三令五申，永乐年间的诏令显得稀少得多，仅仅只在即位之初的五年内重申海禁，之后就未再见到强调海禁的诏令了。不过永乐朝的诏令中增加了关于海船大小的法律限制，"禁民间海船，原有海船者悉改为平头船"①。到了嘉靖年间，诏令的内容就更细致具体了，主要针对海船的规模、违禁物品的范围等一再强调禁令。同时，明政府对官方海外贸易中朝贡贸易资格授予，贡期、贡道和使团规模，朝贡贸易流程等内容，更热衷于用诏令方式予以颁行，以方便其日后根据实际情况予以变化和修改。

这些随时颁布的峻令，往往在刑罚上要重于明律。例如洪武二十二年（1389 年）颁行的诏令中规定："边塞官军交通外境及私市者，坐罪全家。"② 这比当时明律规定的刑罚"杖一百"要重得多。

（二）榜例

"榜例"作为法律形式的专门类型出现于明初，是明朝统治者在前朝的榜文、告示的基础上确立的重要法律形式。在古代信息传播方式不发达的情况下，榜文和告示在很长的一段时间内，成为政府向民众公布法律法规和上情下达的重要手段。明朝的榜文和告示，根据颁布主体的级别不同分为两类：以皇帝名义发布的称为榜文，以地方政府名义发布的称为告

---

① 《明太宗实录》卷二十七，永乐二年正月春辛酉，（台北）"中研院"历史语言研究所 1962 年版，第 498 页。

② 杨一凡主编：《历代法制考·明代法制考》，《中国法制史考证》甲编第六卷，中国社会科学出版社 2003 年版，第 123 页。

示。现存的榜例中多为皇帝或中央政府奉旨颁发的。①

利用榜文来宣传政府关于海上外贸管理律文的现象，始于宣德年间。宣德六年（1431 年）四月和八年（1433 年）七月，明朝中央政府两次通过都察院下发榜文，内容都是严禁沿海居民私自出海通番贸易。② 嘉靖四年（1525 年），颁行榜文严禁百姓制造双桅大船，并将违禁物品范围扩张到木材，违者将被发配。③ 嘉靖八年（1529 年）十二月，世宗颁行榜文严禁私充牙行、囤积番货、制造违禁大船。④

（三）敕令

除了榜文之外，敕令也是重申海禁的方法之一。宣宗于宣德八年（1433 年）八月颁布敕令，严禁通番。⑤ 宣德十年（1435 年）七月，宣宗甚至颁敕严禁浙江沿海居民出海捕鱼，提高了海禁的程度。⑥

（四）例

嘉靖三年（1524 年）四月，在《问刑条例》颁行之前，明朝中央政府颁行了禁止交接番夷贸易、制造违式大船和出口违禁物品的例。此例文还明确了朝贡贸易中会同馆内外官民不得私自贸易的法律要求。而针对朝贡贸易税收制度的相关例文，例如景泰年间的"收税则例"、弘治年间的"弘治新例"等，最终都被《大明会典》吸收采纳，成为常法。

第三节　明朝海上外贸管理的地方立法

明中叶之后，在海上对外贸易管理法制基本框架确定的情况下，新的立法更多地诞生于沿海各地方政府。地方政府在饱受朝贡贸易之苦后，抑

---

① 参见杨一凡《明代榜例考》，载杨一凡主编《中国古代法律形式研究》，社会科学文献出版社 2011 年版，第 447 页。

② 同上书，第 459—466 页。

③ （明）李东阳等撰，申时行等重修：《明会典·万历朝重修本》卷一三二"兵部·镇戍"，中华书局 2007 年版，第 678 页。

④ 《明世宗实录》卷一〇八，嘉靖八年十二月戊寅，（台北）"中研院"历史语言研究所 1962 年版，第 2551 页。

⑤ 《明宣宗实录》卷一〇四，宣德八年八月丁未，（台北）"中研院"历史语言研究所 1962 年版，第 2335 页。

⑥ 《明英宗实录》卷七，宣德十年七月己丑，（台北）"中研院"历史语言研究所 1962 年版，第 141 页。

或向中央政府力争要求改革，抑或私下进行小范围的地方性立法。其中的不少法律规定，最终都获得了中央政府的许可或者默认，成为具有法律效力的条规。不过由于这些法律规定制定主体和过程的限制，会存在两个方面的问题：第一，律文适用范围有限，一般都在浙闽粤当地；第二，律文适用时效短，往往会因为统治者意志而存废无常。

一　立法题奏

明朝地方官员在处理海上对外贸易相关事务时，如发现中央立法有需要更新或调整的情况，会以题奏的方式提出自己的立法建议，听候中央政府的定夺。典型的例子便是明中期的"广中事例"和明后期的"月港体制"。面对正统之后广东地方财政日趋紧张的局面，正德四年（1509年）起，都御史陈金等人开始正式向朝廷提请，要求允许地方政府对番舶抽分十分之三，获得中央政府的支持，商舶抽分制度自此公开确立。之后的广东官员又多次题奏中央要求调整海外贸易税收的税率。① 隆庆元年（1567年），中央政府同意了福建巡抚徐泽民的上奏，允许福建漳州、泉州百姓"准贩东西二洋"②。到了万历三十八年（1610年），吕继梗针对福建月港的海上外贸管理法制改革提出的"饷事十议"，更是得到了中央政府的认可，成为具有法律效力的文件。

二　文告与禁约

针对区域内的海上外贸管理，沿海各地的地方政府会根据各自的实际情况发布一些具有法律效力的文告和禁约。这些文告和禁约或者是海禁法令具体化与严格化的实施细则，或者为外贸税收、外商与港口的具体管理办法。例如隆庆六年（1572年），漳州郡守罗青霄以官府开支浩大为由请求开征商税，题议得到了福建政府同意后予以公告，形成了新的《商税则例》。③ 又如万历三年（1575年），福建巡抚刘尧诲请求对商船征税以充兵饷，同知沈植因此条陈《海禁便宜》十七事，著为令。另有万历四十

---

① （明）郭棐：《广东通志》卷六十九"外志四·番夷"，齐鲁书社1996年版，第700—701页。

② （明）张燮：《东西洋考》卷七《饷税考》，中华书局1981年版，第131页。

③ （明）罗青霄：《漳州府志》卷五《赋役志》，转引自李庆新《明代海外贸易制度》，社会科学文献出版社2007年版，第317—318页。

二年（1614 年），广东海道副使俞安性针对澳门走私和蓄倭情况日益严重的现象，又制定了《海道禁约》，广东地方政府将上述法令进行统一、完善后，铭刻立石于澳门议事堂。

三　外贸协定

到了明后期，广东地方政府官员面对西人东来的状况，私下和葡萄牙人订立了海上对外贸易的协定，从而确立了葡萄牙人居留澳门的权利。嘉靖时期，广东海道副使汪柏私下与葡萄牙人签订了"和平协议"，其中包含了葡萄牙人居留澳门的租金、澳门海外贸易的关税税率等内容，其后一直在广州、澳门地区予以实施。①

---

① 相关内容第六章将详细论述。

第三章

明前期海上外贸管理法制的确立
（洪武—宣德）

第一节 明朝海禁法令初现

海禁法令，即禁止商民下海的法律规定，作为明朝海上对外贸易管理法制的核心内容，贯穿明朝始终且一直引人注目。海禁法令并非明朝仅有，早在宋元时期政府就曾经颁布、实施过，却从未如在明朝这般影响巨大。尤其是，它还影响了之后的清朝海上对外贸易法律制度，从而直接影响了中国近代历史车轮的前进方向。为何同处一个历史时空的西欧各国纷纷努力发展本国的海上对外贸易，而明朝中央政府却一再强调"片板不许下海""寸货不许入番"的海禁法令？究竟是中央政府统治能力保守、落后，还是统治者基于客观政治环境下的被迫选择，抑或是中国被传统文化影响了的无奈历史结局？这个被认为是导致中华民族在几百年时间内由盛到衰的主要法律规定，原因何在，值得我们求证。

本书根据史学界的普遍划分方法，参考明朝海上对外贸易发展时期的各个重要转折点，对明朝历史的作如下分段：将洪武至宣德列入明前期，正统至嘉靖列入明中期，隆庆至崇祯列入明后期。笔者将以明朝各道海禁法令的颁布为主要脉络，探求每道法令出台的前因后果，寻找明朝海禁存变的历史规律，在特定历史情境中来窥视明朝海上外贸管理法制的历史真实。其中，明前期海禁法令的确定，是首先需要关注的问题。

一 洪武海禁法令

朱元璋于建国之初，在海上对外贸易领域还是继承和沿用了前朝的做法，显示出了比较积极的态度，并没有禁止私人海外贸易。在其称帝前一年的吴元年（1367 年）十二月①，朱元璋在太仓设置市舶提举司，以浙东按察使陈宁等为提举，继承了太仓作为吴国对外贸易城市的做法。② 始成于吴元年十二月的《大明律》中赫然规定着：

> 凡泛海客商，泊船到岸，即将货物尽实报官抽分。若停塌沿港土商牙侩之家不报者，杖一百；虽供报而不尽者，罪亦如之，货物并入官。停藏之人同罪。告获者，官给赏银二十两。③

可见，当时民间海外贸易行为的确是合法的。洪武二年（1369 年）设置福建行省时，明太祖对福建参政的诏书也说明当时福建存在广泛的私人海上对外贸。"福建地濒大海，民物庶富，番舶往来，私交者众，往时官吏多为利诱，陷于罪戾，今命卿往，必坚所守，毋蹈其过。"④ 朱元璋还礼遇海贸商人，召见了当时以朱道山为首的海商群体，多加笼络。由此，明初的海上对外贸易并未受到政权更替的影响，广东、福建等地的民间海上对外贸易亦是如常，"蕃商私赍货物，入为易市者，舟至水次，悉封籍之，抽其十二，乃听贸易"⑤。

然而，情况在洪武四年（1371 年）前后发生了变化，明朝自此开始出现前所未见的长期海禁，对明朝乃至东南亚的局势产生了深远的影响。

（一）立法背景

元末中国时局混乱，日本正处南北朝动乱，南朝的北九州海贼武士、武装商人等为了抢夺物资，趁乱将活动范围扩展到中国东南沿海地区。直到明朝设立之初，倭寇依然趁着局势未定，时常侵犯沿海百姓。另外，方国珍、张士诚余党逃至近洋海岛、占为据点，时常与倭寇势力勾结，陆地上又有江南地区一些地主自称元臣、与之勾结。从《明实录》的记载中

---

① 三个月前，太仓还在吴国张士诚控制之下。

② 《明太祖实录》卷二十八下，吴元年十二月庚午，（台北）"中研院" 历史语言研究所1962 年版，第 474 页。

③ 怀效锋点校：《大明律》卷八 "户律五·课程"，法律出版社 1999 年版，第 80—81 页。

④ 《明太祖实录》卷四十二，洪武二年五月癸丑，（台北）"中研院" 历史语言研究所 1962年版，第 832 页。

⑤ （明）郭棐：《广东通志》卷六十九 "外志四·番夷"，齐鲁书社 1996 年版，第 701 页。

我们发现，朱元璋在位期间几乎年年都有倭寇的记录，可以认为元末明初的倭患其实还是比较严重的。

鉴于东南沿海地区一直存在严重的国家安全隐患，明政府自洪武三年（1370 年）便开始将其确立为国家防务的重点地区。不仅设立了水军二十四卫，更是在东南沿海地区普遍建立备倭卫所、巡检司等。① 在此情势下，东南地区商人出海贸易的海上通道因为"可通外邦"②，又易被敌对势力控制，被关闭实属保护国家安全而不得已为之的权宜之计。朱元璋于洪武四年（1371 年）十二月下诏令禁海：

> 诏吴王左相，靖海侯吴祯籍方国珍所部温、台、庆元三府军士，及兰秀山无田粮之民尝充船户者，凡十一万一千七百三十人，隶各卫为军，仍禁濒海民不得私出海。③

到洪武十三年（1380 年），中书省左丞相胡惟庸被告擅权枉法，以谋逆罪被杀，死后又被揭发勾结通倭、企图反叛朝廷。在他被诛后的第二年，即洪武十四年（1381 年），朱元璋为了防止其党外逃，再次重申"禁濒海民私通海外诸国"④。与此同时，他还派遣信国公汤和与江夏侯周德兴巡视浙江、福建等地，修筑城池、整饬要塞、加强海防。

胡惟庸被杀后，以胡案为契机的政治清洗并未结束。洪武二十三年（1390 年），与胡往来的开国功臣韩国公李善长被诛，朱元璋怒而肃清逆党，株连蔓引，牵连三万余人。⑤ 同年，明太祖下诏：

---

① 《明太祖实录》卷五十四，洪武三年七月辛卯，（台北）"中研院"历史语言研究所 1962 年版，第 1060 页。

② 《明太祖实录》卷七十，洪武四年十二月乙未，（台北）"中研院"历史语言研究所 1962 年版，第 1307 页。

③ 《明太祖实录》卷七十，洪武四年十二月丙戌，（台北）"中研院"历史语言研究所 1962 年版，第 1300 页。

④ 《明太祖实录》卷一三九，洪武十四年十月己巳，（台北）"中研院"历史语言研究所 1962 年版，第 2197 页。

⑤ 当时朱元璋作成《昭示奸党录》布告天下，胡惟庸案牵连甚广，数年后都未清除干净。参见（清）张廷玉等撰《明史》卷三百八《胡惟庸传》，中华书局 1974 年版，第 7906—7908 页。

诏户部申严交通外番之禁。上以金银、铜钱、缎匹、兵器等物，自前代以来，不许通番。今两广、浙江、福建愚民无知，往往交通外番，私易货物，故严禁之。沿海军民官司，纵令私相交易者，悉治以罪。①

政府根据形势对出口商品品种进行限制是合理的，明朝之前各代也都有限制出口的商品。比如，宋朝政府禁止出入境的物品主要是铜钱，而元朝政府则又在此基础上增加了金银、铁货和男妇人口等。所以，明太祖的诏令在限制出口的商品品种上只增加了"缎匹"，这部分内容并无大碍。但问题是，他将商民"交通外番"依然作为非法行为，因而继续在法律上明确禁止了私人海上对外贸易。

洪武二十五年（1392 年）太子朱标病逝，明太祖无奈立朱允炆为皇太孙。洪武二十六年（1393 年）蓝玉案发，诛杀无数，不少受牵连者逃至海外。洪武二十七年（1394 年），明太祖继续下令：

禁民间用番香、番货。先是……命礼部严禁绝之。敢有私下诸番互市者，必置之重法。凡番香番货皆不许贩鬻，其见有者限以三月销尽。民间祷祀止用松柏枫桃诸香，违者罪之。其两广所产香木，听土人自用，亦不许越岭货卖。②

建文三年（1401 年），明惠帝重申禁夹带番香货卖：

沿海军民私自下番，诱引蛮夷为盗，有伤良民。不问官员军民之家，但系番货、番香等物，不许存留贩卖，其见有者，限三个月销尽，三个月外仍存留贩卖者，处以重罪。③

洪武三十年（1397 年）四月，明太祖最后一次强调海禁，"申禁人民

①《明太祖实录》卷二〇五，洪武二十三年十月乙酉，（台北）"中研院"历史语言研究所 1962 年版，第 3067 页。

②《明太祖实录》卷二三一，洪武二十七年正月甲寅，（台北）"中研院"历史语言研究所 1962 年版，第 3373—3374 页。

③（明）郭棐：《广东通志》卷六"藩省志·事纪五"，齐鲁书社 1996 年版，第 127 页。

无得擅出海与外国互市"①。同样的法律规定也出现在了这一年正式颁行的《大明律》中，成为朱元璋留给后世的祖训圣言。

（二）法律内容

洪武时期的海禁法令主要包含四个方面的内容。

1. 严禁民间下海通番贸易

洪武时期，包含严禁民间下海通番贸易的法律规定的主要条文见表 3 - 1。

表 3 - 1　　　　　　洪武时期严禁民间下海通番律文

颁布时间	法律内容	法律渊源
未知	禁濒海民不得私出海。	未知
洪武四年（1371 年）十二月丙戌	仍禁濒海民不得私出海。	诏（《明实录》②）
洪武十四年（1381 年）十月乙巳	禁濒海民私通海外诸国。	诏（《明实录》③）
洪武十七年（1384 年）正月壬戌	禁民入海捕鱼，以防倭故也。	诏（《明实录》④）
洪武二十七年（1394 年）正月甲寅	缘海之人往往私下诸番贸易番货，因诱蛮夷为盗，令礼部严禁绝之，敢有私下诸番互市者，必置之重法。	诏（《明实录》⑤）
洪武三十年（1397 年）四月乙酉	申禁人民无得擅出海与外国互市。	诏（《明实录》⑥）

---

① 《明太祖实录》卷二五二，洪武三十年四月乙酉，（台北）"中研院"历史语言研究所1962 年版，第 3640 页。

② 《明太祖实录》卷七十，洪武四年十二月丙戌，（台北）"中研院"历史语言研究所 1962年版，第 1300 页。

③ 《明太祖实录》卷一三九，洪武十四年十月己巳，（台北）"中研院"历史语言研究所1962 年版，第 2197 页。

④ 《明太祖实录》卷一五九，洪武十七年正月壬戌，（台北）"中研院"历史语言研究所1962 年版，第 2460 页。

⑤ 《明太祖实录》卷二三一，洪武二十七年正月甲寅，（台北）"中研院"历史语言研究所1962 年版，第 3374 页。

⑥ 《明洪武实录》卷二五二，洪武三十年四月乙酉，（台北）"中研院"历史语言研究所1962 年版，第 3640 页。

颁布时间	法律内容	法律渊源
洪武三十年（1397年）五月	"私出外禁及违禁下海"条：凡将马牛、军需、铁货、铜钱、缎匹、䌷绢、丝绵私自出外境货卖，及下海者，杖一百。挑担驮载之人，减一等，物货船车，并入官。于内以十分为率，三分付告人充赏。若将人口、军器出境及下海者，绞。因而走泄事情者，斩。其拘该官司及守把之人，通同夹带，或知而故纵者，与犯人同罪。失觉察者，减三等，罪止杖一百，军兵又减一等。	律（《大明律》)①

洪武四年的法令是目前为止史料中发现的明太祖所颁布的最早的海禁法令。但法律内容"仍禁濒海民不得私出海"中的"仍"字说明在此之前应该已有类似的法律规定，虽然在目前的史料中尚未发现相关令文，但我们从字面上来推测应该是有相关法律规定的。之后，严禁民商私自出海贸易一直是洪武时期海外贸易管理法律的核心内容。

而洪武三十年正式颁行的《大明律》中的规定则更为细化，根据违法贩卖商品品种的不同、法律主体身份不同等处以杖、绞等不同的刑罚。并且其中还用罚没的财产奖赏举报者，用以鼓励老百姓告发不法行为。

2. 禁止私自出口违禁物品

洪武时期，包含禁止私自出口违禁物品的法律规定的主要条文见表3－2。

表3－2　　　　　　　　洪武时期禁止私自出口违禁物品律文

颁布时间	法律内容	法律渊源
洪武二十三年（1390年）十月乙酉	上以金银、铜钱、缎匹、兵器等物，自前代以来，不许下番。今两广、浙江、福建愚民无知，往往交通外番，私易货物，故严禁之。沿海军民官司，纵令私相交易者，悉治以罪。	诏（《明实录》)②
洪武三十年（1397年）五月	"私出外禁及违禁下海"条：凡将马牛、军需、铁货、铜钱、缎匹、绢、丝绵私自出外境货卖，……若将人口、军器出境及下海者，绞。	律（《大明律》)③

---

① 怀效锋点校：《大明律》卷十五"兵律三·关津"，法律出版社1999年版，第119—120页。

② 《明太祖实录》卷二〇五，洪武二十三年十月乙酉，（台北）"中研院"历史语言研究所1962年版，第3067页。

③ 怀效锋点校：《大明律》卷十五"兵律三·关津"，法律出版社1999年版，第119—120页。

续表

颁布时间	法律内容	法律渊源
洪武三十一年（1398年）四月	如今有广东近海的百姓，内有等不畏公法，专一为非，将带违禁物货，私自下海，前往外国买卖。那沿海卫所巡守官军，不行用心，设法巡拿，以致诱贼，不时出没，劫掠良民。该府便出榜文，着沿海卫所，今后不问军民，但私自下海的人，问他往何外国买卖，通透消息，若拿有实迹可验的，就全家解来，赏原拿人大银两个，钞一百锭。若把守官军不肯用心巡拿，与犯人同罪。有能告首者，一体给赏。	诏（《广东通志》①）

秉承着"中国利用之物，不可有资于外国者也"的态度，洪武时期对于出口商品限制严格。被列入禁止出口的商品的有马、牛、缎、绢、丝绵、金银、铜钱、铁货、军器、人口等，主要涉及牲畜、丝织品、金属、军需等范围。违法后果也很严重，将被判处没收财物、充军、斩、绞等刑罚。同样会奖赏举报者以鼓励老百姓告发不法行为。

3. 禁止民间收买进口商品

洪武时期，包含禁止私自出口违禁物品的法律规定主要有两个条文：一是洪武二十七年（1394 年）正月甲寅的诏书中规定，"禁民间用番香、番货……凡番香番货皆不许贩鬻，其见有者限以三月销尽。民间祷祀止用松柏枫桃诸香，违者罪之。其两广所产香木，听上人自用，亦不许越岭货卖"。② 二是建文三年（1401 年）十一月的诏书中规定："沿海军民私自下番，诱引蛮夷为盗，有伤良民。不问官员军民之家，但系番货、番香等物，不许存留贩卖，其见有者，限三个月销尽，三个月外仍存留贩卖者，处以重罪。"③ 如此一来，将海外贸易市场"供求关系"中的"需求"定义为非法，试图从根本上断绝通海贸易的可能。

（三）立法目的

对于朱元璋颁布海禁法令的原因，众说纷纭。有学者认为明太祖实施海禁源于其"重农抑商"的传统思想，笔者对此并不认同。虽然史料中的确记载太祖仿效刘邦禁止富商们穿着丝绸，对商人有着一定的歧视。

---

① （明）郭棐：《广东通志》卷六"藩省志·事纪五"，齐鲁书社 1996 年版，第 127 页。

② 《明太祖实录》卷二三一，洪武二十七年正月甲寅，（台北）"中研院"历史语言研究所 1962 年版，第 3373—3374 页。

③ （明）郭棐：《广东通志》卷六"藩省志·事纪五"，齐鲁书社 1996 年版，第 127 页。

"十四年令农衣绸、纱、绢、布，商贾只衣绢、布。农家有一人为商贾者，亦不得衣绸、纱。"① 但另一方面来看，明太祖还用低商税等多种刺激手段来恢复商业发展。因此朱元璋对待商业的态度，并非一味地"抑商"，而是持着如陈东有先生所说的，"伦理范畴的歧视商人与经济范畴的重视商业集于一身"② 的矛盾心态。所以，将海禁法令的制定归结于"重农抑商"并不妥当。

还有学者认为，明太祖一手海禁、一手朝贡，海禁法令的立法目的就是保证朝贡贸易的顺利进行，以便中央政府独占海外贸易之利。这种解释也有失偏颇。海禁法令作为明朝海上对外贸易管理立法的重要组成部分，与朝贡贸易并行不悖，客观上也的确保证了朝贡贸易的顺利进行。但明太祖制定朝贡制度的初衷不在经济利益，而在于政治目的，讲求"厚往薄来"，从而达到"怀柔远人"的效果。正因为如此优厚的贸易条件，海外各国频繁入贡，以致后期明太祖不得不控制朝贡的数量和规模。所以，将洪武时期海禁法令的立法目的归结于朝贡贸易也不符合历史事实。

其实，从洪武一朝海禁法令的发展变化过程中，我们可以看到，随着政治形势的紧张和复杂化，明太祖朱元璋越到后期戒心越重，海禁法令也越来越严苛，私人海上对外贸易到后来几乎没有存在空间。如果我们把洪武四年的海禁法令解释为统治者面对政治艰难时期的无奈选择的话，洪武十四年的海禁法令则完全是政治清洗中的防御手段，体现了朱元璋对于政治局势掌控的担忧③，是君主专制④的集中体现。所以，论及洪武海禁的必要性，洪武十四年之前的海禁法令作为保护国家安全的权宜之计无可厚非，而其后更多地被用来作为政治手段则有失理性，也对洪武之后明朝的海上对外贸易管理法制产生了不可挽回的负面影响。

---

① （清）张廷玉等撰：《明史》卷六十七"舆服三"，中华书局 1974 年版，第 1649 页。

② 参见陈东有《明清"抑商"二分说》，《南昌大学学报》（社会科学版）1996 年第 27 卷第 2 期。

③ 洪武十六年，朝贡贸易中的勘合制度也许更能说明这个问题，其实质更多是为了"验朝臣出使者"，防止官员内外勾结。

④ 洪武十四年，经行达千年之久的丞相制度与存在长达七百余年的三省制度被废除，君主专权空前强化。

二　永乐海禁法令

靖难之役后，明成祖朱棣从侄子朱允炆手中夺过帝位，年号"永乐"。由于洪武十三年胡惟庸案以后，朱元璋对外来朝贡多加限制，初登皇位的明成祖可谓"门前冷落车马稀"。明成祖即位三个月后便诏谕各国，表白了他"广示无外"的友好态度，希望恢复与各国的朝贡关系。为了这个目的，他还多次遣郑和下西洋，主动与亚非各国建立友好关系，形成了世界航海史上的空前壮举。随着朝贡贸易关系的回复，明初官方海外贸易得以顺利发展。随之而来的，洪武时期的海禁政策潜移默化中受到一定的冲击。永乐年间，明成祖虽无明令开放私人海上对外贸易，却在实际操作中大大放松了海禁法令的实施。

（一）立法背景

永乐年间，官方海外贸易的恢复和发展，有其独特的政治原因。其一，明朝自始至终在国家安全上存在"南倭北虏"的忧患，这种压力无时无刻地影响着明政府的内外政策。明初，南方倭寇的危害尚不及来自北方的元朝残余势力。[①] 朱棣还是燕王的时候就与元朝残余势力多次交锋，登基后更是曾经五次亲征漠北，之后又迁都北京以为"天子守边"。因此，成祖非常清醒地认识到北方陆路边境的紧张局势。如此情势之下，他需要一个相对安定的东南沿海边境。北方边境的一次次远征，南方边境的一次次远航，施威于北方，加恩于南方，正是成祖战略意图的集中体现。通过郑和不辱使命的几下西洋，以及随之繁盛的朝贡贸易，明朝在永乐年间建立了与海上邻国的友好关系，除安南外几乎无战事。

其二，明成祖之所以对"遣使四出招徕"格外热情，与其即位的政治合法性缺失有着密切关系。朱棣以手握兵权的北方藩王身份通过武力登基，行为本身既不合乎封建正统观念，也违反了《大明律》中的法律规定，基本属于"十恶不赦"的犯上作乱。因此，他亟须提高个人声望以建立政治权威。于是，郑和多次出使以表明成祖的正统地位，广施赏赐，

---

① 公元 1392 年，高丽将军李成桂推翻高丽王国、建立朝鲜王国后，对倭寇采取怀柔政策，倭患趋于缓解。永乐十七年（公元 1419 年）六月，中朝两国合力取得"望海埚大捷"和"己亥东征"的胜利，倭寇因此大减。之后直至弘治年间，倭寇虽偶有来犯，但大多规模较小、不成气候。

收买人心，是一种必然的政治需要。同时，对于前来朝贡贸易的各国使团，成祖不仅解除了朱元璋当时设置的诸多限制，更是通过各种法律规定给予优待。一时间，万邦臣服，皆来朝贡。

更何况，朱棣虽经靖难之役夺取皇位，但政治对手建文帝在战争中下落不明。当时有传言说其逃亡至海外，成祖对此异常忧虑："成祖疑惠帝亡海外，欲踪迹之，且欲耀兵异域，示中国富强。永乐三年六月命（郑）和及其侪王景宏等通使西洋。"① 这是后来《明史》作者的一种猜测，认为郑和下西洋的目的是为明成祖寻找失踪的建文帝。当然，如果说郑和耗费巨资的数次出海都是为此一个目的，显然是不合情理的，但不可否认这很可能是他下西洋的一个附带政治任务。

永乐年间的中外经济交流，极大地推动了官方海外贸易的发展。郑和下西洋期间，通过各种形式开展海外贸易，也在一定程度上松弛了海禁法令的实施，客观上为商舶贸易提供了一定的发展机遇和空间。同时，伴随官方交往的增多，中外民间交往也有所增加。其间，许多沿海商民趁机违反法律规定，私自出海贸易。到宣德年间郑和七下西洋归来时，这种情况已经非常严重，"往往私造海舟，假朝廷干办为名，擅自下番"②。同时，不少外国商人也假冒贡使来中国贸易。但无论如何，私人海上对外贸易在永乐年间依然是被明文禁止的，属于非法贸易行为。

（二）法律内容

1. 严禁私自下海通番贸易

永乐时期，包含严禁私自下海通番贸易的法律规定的主要条文见表3－3。

表3－3　　　　　　　永乐时期严禁私自下海通番贸易律文

颁布时间	法律内容	法律渊源
永乐元年（1403年）	缘海军民人等，近年来往往私自下番，交通外国，今后不许，所司一遵洪武事例禁治。	诏（《明实录》③）

---

① （清）张廷玉等撰：《明史》卷三百四"郑和传"，中华书局1974年版，第7766—7767页。

② 《明宣宗实录》卷一〇三，宣德八年七月乙未，（台北）"中研院"历史语言研究所1962年版，第2308页。

③ 《明太宗实录》卷十上，洪武三十五年七月壬午，（台北）"中研院"历史语言研究所1962年版，第149页。

续表

颁布时间	法律内容	法律渊源
永乐二年（1404 年）正月辛酉	禁民下海。	诏（《明实录》①）
永乐五年（1407 年）六月癸未	不许军民人等私通外境、私自下海贩鬻番货，违者依律治罪。	诏（《明实录》②）

永乐五年之前，严禁民间私自出海贸易依然是明政府进行海外贸易管理时不断强调的内容。

2. 严格控制民间海船规模

永乐二年（1404 年）正月辛酉的诏书，严格控制了民间海船的规模："时福建濒塘海居民，私藏海船，交通外国，因而为寇，郡县以闻。遂下令禁民间海船，原有海船者悉改为平头船，所在有司防其出入。"③ 可见，在民间允许使用的海船规模上，永乐年间的规定比洪武时期更进一步，要求全部改成平头船，彻底杜绝远洋航行的可能。

（三）实施效果

明成祖上位时宣称："建文以来，祖宗成法有更改者，仍复旧制。"④ 如此打着"恢复旧制"的旗号，以严守"祖制"来证明自己的正统地位，明成祖对于朱元璋三令五申的海禁法令自然不敢有所改变。正是因为这种对待"祖制"的心态，成祖在海外贸易领域的态度"犹抱琵琶半遮面"，欲放不放，缺乏他一直具备的果敢与胆略，可以算是他自身不可逾越的历史局限。

然而，相比洪武时期海禁法令三番五次地重申，永乐年间的海禁法令在实施过程中显得宽容得多。明成祖只在即位之初的五年内重申继承"祖

① 《明太宗实录》卷二十七，永乐二年正月辛酉，（台北）"中研院"历史语言研究所 1962 年版，第 498 页。

② 《明太宗实录》卷六十八，永乐五年六月癸未，（台北）"中研院"历史语言研究所 1962 年版，第 946 页。

③ 《明太宗实录》卷二十七，永乐二年正月辛酉，（台北）"中研院"历史语言研究所 1962 年版，第 498 页。

④ 《明太宗实录》卷十上，洪武三十五年七月壬午，（台北）"中研院"历史语言研究所 1962 年版，第 143 页。

训"的海禁法令，而其后的史料中未再见到其强调海禁的诏令。在永乐五年之后，随着明成祖海外策略的实施和轰轰烈烈的郑和下西洋，海禁法令虽未被明令放松或废除，但也再无法令将其强化。永乐后期实际执法中的弛禁，给私人海上对外贸易的发展留有了余地。另一方面，朝贡贸易的大力扩展极大地刺激了国际市场对中国商品的市场需求，从而加速了商业和手工业的市场化与规模化，实质上也给私人海上贸易的发展提供了难得的机遇。

三　洪熙至宣德的海禁法令

明成祖去世后，明王朝对外贸易政策又开始回缩，海外交往趋向保守。随着国力的下降，明政府已然承受不起郑和下西洋般规模的海外交往，朝贡贸易开始萎缩。与此同时，海禁法令又一再被重申，恢复严苛，私人海外贸易发展的机遇又被灭除。

（一）立法背景

明成祖在世期间，郑和下西洋因其耗费巨大，就已遭到不少大臣的反对。只是因为成祖强硬的态度和永乐年间强盛的国势，郑和才能连续出海。明成祖死后，仁宗的即位诏书中便停止了一切下西洋的活动，郑和等下西洋的官员也被派去南京戍守。仁宗在位一年后去世，宣宗继位。虽然宣德时期，郑和第七次下西洋，但这也只能算是永乐时大规模出使的余波。与其说是一种政策上的继承，倒不如说是宣宗调整成祖对外政策的一种过渡性策略。宣宗以守备防御为主的思想，导致其在海上对外贸易方面态度保守，正如其所写《帝训·驭夷篇》中所说的"来者不拒，去者不追"①。至此，官方朝贡海外贸易日渐衰退。

然而，私人民间海上对外贸易却并没有因为朝贡贸易地位的下降而被明政府官方所承认。恰恰相反，洪熙至成化年间，海禁法令一再被重申。宣德六年（1431 年）九月，宁波知府郑珞上奏，希望弛禁以允许沿海百姓下海捕鱼谋生，宣宗认为这完全是贪图眼前利益而罔顾长远考虑，断然拒绝：

---

① 《明宣宗实录》卷三八，宣德三年二月，（台北）"中研院"历史语言研究所 1962 年版，第 952 页。

尔知利民，而不知为民患。往者倭寇频肆劫掠，皆由奸民捕鱼者导引。海滨之民，屡遭劫掠。皇祖深思远虑，故下令禁止。明皇之心，岂不念利民，诚如利少而害多也。故自是海滨宁静，民得安居。尔为守令，固当顺民之请，亦当思其患而预防之。若贪目前小利，而无久远之计，岂智者所为？宜遵旧禁，毋启民患。①

到了宣德八年（1433 年）八月，郑和第七次下西洋刚刚结束不久，宣宗就命令都察院"严私通番国之禁"②。此后，《明实录》中类似的申谕时有所见。私人海上对外贸易的境地愈加艰难，地位依然非法。

（二）法律内容

洪熙至宣德年间海禁法令的内容与之前大致相同，主要是强调严禁民间违法建造海船、私自出海通番贸易（见表 3-4）。

表 3-4　　　　　　　　洪熙至宣德时期海禁法令律文

颁布时间	法律内容	法律渊源
宣德六年（1431 年）四月	上闻并海居民有私下番贸易及出境与夷人交通者，命行在都察院揭榜禁戢。	榜文（《明实录》③）
宣德八年（1433 年）七月己未	命行在都察院严私通番国之禁……私通外夷，已有禁例。近岁官员军民不知遵守，往往私造海舟，假朝廷干办为名，擅自下番，扰害外夷，或引诱为寇④。比者已有擒获，各置重罪。尔宜申明前禁，榜谕缘海军民，有犯者许诸人首告，得实者给犯人家赀之半，知而不告及军卫有司纵之弗禁者，一体治罪。	榜文（《明实录》⑤）
宣德八年（1433 年）八月丁未	敕漳州卫指挥同知石宣等，严通番之禁。	敕（《明实录》⑥）

① 《明宣宗实录》卷八十三，宣德六年九月壬申，（台北）"中研院"历史语言研究所 1962 年版，第 1916 页。

② 《明宣宗实录》卷一〇三，宣德八年七月己未，（台北）"中研院"历史语言研究所 1962 年版，第 2308 页。

③ 《明宣宗实录》卷七十八，宣德六年四月丙辰，（台北）"中研院"历史语言研究所 1962 年版，第 1813 页。

④ 这里的"诱引为寇"，其实指的就是私自与外国海商贸易。

⑤ 《明宣宗实录》卷一〇三，宣德八年七月己未，（台北）"中研院"历史语言研究所 1962 年版，第 2308 页。

⑥ 《明宣宗实录》卷一〇四，宣德八年八月丁未，（台北）"中研院"历史语言研究所 1962 年版，第 2335 页。

续表

颁布时间	法律内容	法律渊源
宣德十年（1435 年）七月己丑	严私下海捕鱼禁。时有奏豪顽之徒，私造船下船捕鱼者。恐引倭寇登岸。……宣敕浙江三司谕沿海卫所，严为禁约。敢有私捕及故容者，悉治其罪之。	敕（《明实录》①）

其中，值得我们注意的是，宣德时期给予告发者的奖赏已然高达犯人家产的一半。如此赏罚结合的管理体系，对于私人海上贸易的打击力度很大。

（三）实施效果

随着仁宗和宣宗对外策略的回缩，朝贡贸易开始趋于衰落。从理论上来说，海外诸国既然难以利用朝贡贸易渠道交换中国商品，国内市场对番货也有着一定的需求，民间海上贸易通道自然而然应该成为唯一的替代方式而进一步发展。从经济规律来说，私人海上对外贸易似乎可以在这一时期迎来历史性的转机。然而，成祖之后的明朝皇帝并没有延续其在海外贸易领域的"宽容"，他们更多考虑的是政治上的因素，希望利用海禁法令简单处理东南沿海的边疆安全问题。于是，明朝中央政府重新僵守太祖旧制，在法律规定中明文否定了民间海商的合法地位。

与理想目标恰恰相反的是，洪熙之后海禁法令的重申，并没有给明政府带来期望中的边疆安定。经济活动有着自身发展不可扭转的规律，国内外市场对于中国海外贸易的需求一直存在，而朝贡贸易的限制使海外贸易的利润更加惊人。于是，在严苛的海禁法令之下，巨大经济利益的诱惑使沿海商民不顾法律规定铤而走险，走私贸易的发展极具生命力。

在明政府重申海禁法令时，宣德年间福建漳州和泉州沿海的私人海上对外贸易已然发展壮大起来，参与人数众多，让明政府不得不再次要求地方官严通番之禁。在违禁下海的人员当中，除了普通的沿海商民，更有守卫边防的官军利用手中督管职权纵容海船走私而牟取暴利。例如，宣德五年（1430 年）八月，漳州巡海指挥杨全受贿后，纵容他人私自前往琉球

---

① 《明英宗实录》卷七，宣德十年七月己丑，（台北）"中研院"历史语言研究所 1962 年版，第 141 页。

贸易。① 更有，宣德九年（1434 年），漳州卫指挥覃庸不仅私自去海外贸易，还用走私而来的货物贿赂其上级官员。② 这种现象发展至明朝中期更是愈演愈烈，出现了政府海禁法令不断重申、民间走私贸易禁而不绝的怪圈。对峙之中，明政府屡次用军队武力对沿海商民进行残酷地打压，以保证法律的有效实施。

以海外贸易交换商品、获取利润，是正常的经济活动。千方百计与中国进行朝贡贸易的琉球、朝鲜等国，将所得货物运往东南亚各国贩卖，获取了高额的利润，在国际市场中充当了中国商品的中介商。而明政府的"海禁"法令却在不知不觉中强迫中国海商拱手让出中国商品的海外市场。因此，洪熙、宣德年间海禁法令的再次重申，是违反经济规律的，必然无法取得良好的效果。自此，中国东南沿海的海禁法令一直无法彻底实施，走私贸易从未真正禁绝。更关键的是，这些海上走私团体为了与律法相对抗，演变成缠绕明朝社会的一大恶果——倭患。

第二节　明前期的朝贡贸易法律制度

海禁法令一旦颁布，必然意味着切断本国的海上对外贸易通道。而一个国家是不可能没有海外贸易的，即便是为了满足皇家对于海外奢侈性商品的需求，也要求有相应的海外交往通道。因此，明初颁布的海禁法令其实并不意味明政府全面禁止海上对外贸易活动。相反，海禁法令禁止的仅仅是民间私自的海外贸易活动，并不禁止明政府进行的官方海外贸易活动。明初，附随着朝贡活动而来的海外贸易行为是被中央政府允许的。正如明人王圻所述：

> 贡舶与市舶一事也。凡外夷贡者，皆设市舶司领之，许带他物，官设牙行，与民贸易，谓之互市，是有贡舶即有互市，非入贡即不许其互市矣。……市舶与商舶二事也，贡舶为王法所许，司于市舶，贸

① 《明宣宗实录》卷六十九，宣德五年八月癸巳，（台北）"中研院"历史语言研究所 1962 年版，第 1627 页。

② 《明宣宗实录》卷一〇九，宣德九年三月辛卯，（台北）"中研院"历史语言研究所 1962 年版，第 2448 页。当时御史黄振认为其即为地方军事重臣，还贪赃枉法，应该严格按律法处置。但宣宗当时并没有按律对其严格处罚，仅仅输官并停俸三年。

易之公也。海商为王法所不许，不司于市舶，贸易之私也。①

这里的"贡舶"便是各国以朝贡名义前来贸易的外国船只。显而易见，在明前期，只有朝贡贸易才是合法的，商舶贸易（民间私人海上对外贸易）则属非法。然而，"朝贡贸易"作为明初唯一合法的海外贸易行为，其主要功能是实现以"怀柔远人"为核心的政治目标，讲求"厚往薄来"。因而，在这种海外贸易管理法律制度中，"市舶"即"贡舶"，政治外交功能要远大于其经济价值，性质上根本不同于宋元时期的"市舶"贸易。如李剑农先生所说，明朝的海上对外贸易已然是一种"变态"②的商业关系。

明朝的朝贡贸易法律制度确立于洪武年间，于永乐朝到达鼎盛。明中叶以后，随着政治形势的变化和社会经济的发展，朝贡贸易逐渐衰落。明后期，随着私人海外贸易的局部合法化，朝贡贸易制度功能萎缩、形同虚设，但制度本身依然一直存在，直至被清朝所沿用。

一　朝贡贸易合法地位的确立

明朝之前的大多数时期，中国都有着相对正常的对外贸易渠道，比如西北边境的"茶马贸易"和东南沿海的市舶贸易等。当时的绝大多数对外贸易联系都是自发性的，形式较为松散，多出于物品互补性的需要。因此，朝贡在历代对外贸易中所占的份额十分有限。到了明朝，为了配合海禁法令的实施，明太祖对海外贸易的方式进行了"结构性"③的改造。他将海外贸易活动与朝贡活动合二为一，仅允许中外官方通过朝贡过程进行海上对外贸易，排斥中外商人的民间海外贸易交往，从而建立起了"贡舶"贸易体制。在海禁法令的实施下，海外诸国想要来华进行合法贸易，只能通过"朝贡"这一种方式。因而，海禁法令加上朝贡贸易制度，使明朝的朝贡形式大不同于前朝，政治功能虚化、经济功能加强，海外贸易成为朝贡的常态。日本学者田中健夫将明朝的朝贡贸易和海禁法令称为

---

① （明）王圻：《续文献通考》卷三十一"市籴考"，齐鲁书社 1995 年版，第 477 页。

② 李剑农：《宋元明经济史稿》，三联书店 1957 年版，第 160—173 页。

③ 陈尚胜：《"怀夷"与"抑商"——明代海洋力量兴衰研究》，山东人民出版社 1997 年版，第 35 页。

"明朝对外政策的两大支柱"，是恰如其分的。[①]

（一）洪武初立

洪武初年，明政府以《周礼》为指导，在"厚往薄来"的原则下，明确了朝贡各环节中的贡期、贡道、勘合、宴赏等内容，初步建立了朝贡贸易法律制度。同时，先后于太仓黄渡、浙江、福建、广东等地设置市舶司，以主管朝贡贸易。洪武三年（1370年），太祖罢太仓黄渡市舶司，改设市舶司于宁波、泉州、广州三地。与此同时，规定宁波负责日本所来贡舶，泉州负责琉球所来贡舶，而其他海外诸国的贸易往来则统一由广州市舶司负责。

当时，前来明朝朝贡的国家络绎不绝。据学者统计，洪武年间由海路而来的各国朝贡有116次，其中琉球、暹罗、高丽、占城较多，其他还有日本、真腊、爪哇等国。[②] 外国商使以"进贡"之名，远渡重洋，在设置市舶司的港口城市上岸，"贡物"验收后运往京城，其余所带私物在进行收购或抽分后即可交易。当时各国所贡的方物，大多为本国特产的珠宝、织物、布料、香料、药材、珍禽异兽等。而明政府回赐的多为丝织品、玉器、铜钱、金银、书籍等。从《明会典》的记载中可以看到，洪武时期明政府的赐赠还是比较节制的，一般是《大统历》和少量的丝织品等。[③]

洪武七年（1374年），三个市舶司被废除，但明朝与各国的朝贡贸易并没有因此停止。洪武十六年（1383年），太祖创造了勘合制度，颁发勘合给海外各国以作贸易凭证。到了洪武后期，政治局势的变化使海禁法令愈加严苛，明太祖大大缩减了朝贡国的名额，仅允许安南、暹罗、占城、真腊、琉球等国前来朝贡。一时间，朝贡贸易规模急剧缩小，"使臣商旅阻绝，诸国王之意遂尔不通"[④]。

（二）永乐鼎盛

明成祖登基时，经过明初几十年的休养生息，国力日益强盛。他一改

---

① ［日］田中健夫：《东亚国际交往关系格局的形成和发展》，载中外关系史学会编《中外关系史译丛》第2辑，上海译文出版社1985年版，第153页。

② 李庆新：《明代海外贸易制度》，社会科学文献出版社2007年版，第56—58页。

③ （明）李东阳等撰，申时行等重修：《明会典·万历朝重修本》卷一百十"给赐二、三"，中华书局2007年版，第592—597页。

④ 《明太祖实录》卷二五四，洪武三十年八月丙午，（台北）"中研院"历史语言研究所1962年版，第3671页。

洪武朝"守备为上"的对外策略，派遣使团多次出使海外，招徕海外诸国前来朝贡。郑和作为明成祖对外政策坚定的拥护者和执行者，永乐年间六下西洋，规模庞大，明初的朝贡贸易因而到达鼎盛。① 郑和船队远达东南亚、印度洋、波斯湾、非洲东海岸等诸国，所涉及的国家和地区有 56 处之多。② 船队所到之处，以丝绸、瓷器等中国商品市易香料等海外商品，扩大了中国商品的国际市场，大力推动了朝贡贸易的发展。同时，郑和恩威并施，流落为寇的海外华人在其招抚政策下自愿加入明朝的朝贡体系。③ 在郑和下西洋的影响下，海外诸国不仅派使臣前来朝贡，更有渤泥、满刺加、苏禄等多个国家的国王亲自来华朝贡。附载而来的诸多宝物、香料数以千万计，带来了高额的经济利润。"自永乐改元，遣使四出，诏谕海番，贡献毕至。奇货重宝，前代所希，充溢库市。贫民承令博买，或多致富，而国用亦羡裕矣。"④

成祖对于外来的贡使，无论国家大小，都给予极高的礼遇，很多时候都亲自接见海外诸国的使臣。永乐年间明政府对贡使的赐赠非常大方，对于亲自来朝的外国国王，成祖的赏赐尤其丰厚，从黄金、铜钱到精美的丝织品，数额甚大。⑤ 他认为："朝廷驭四夷，当怀之以恩，今后朝贡者，悉依品给赐赉，虽加厚不为过也。"⑥ 他还打破了洪武时期与日本的僵持局面，建立了友好往来关系。永乐时期，各国来华朝贡多达 239 次，其中琉球次数最多，有 55 次。⑦ 永乐二十一年（1423 年），更是出现了 16 国

---

① 郑和总共七次下西洋，分别是永乐三年（1405 年）、永乐五年（1407 年）、永乐七年（1409 年）、永乐十年（1412 年）、永乐十四年（1416 年）、永乐十九年（1421 年）和宣德五年（1430 年）。

② 朱偰：《郑和七次下西洋所历地名考》，《东方杂志》1946 年第 42 卷第 12 号；转引自李庆新《明代海外贸易制度》，社会科学文献出版社 2007 年版，第 61—62 页。

③ 郑和七下西洋共使用三次武力，一是战胜三佛齐首领陈祖义，二是助苏门答刺国王剿灭伪王，三是击败袭击使团的锡兰山国王。参见（清）张廷玉等撰《明史》卷三百四《郑和传》，中华书局 1974 年版，第 7766—7769 页。

④ （明）严从简：《殊域周咨录》卷九"佛郎机"，中华书局 1993 年版，第 324 页。

⑤ 《明太宗实录》卷一一九，永乐九年九月癸酉，（台北）"中研院"历史语言研究所 1962 年版，第 1506—1508 页。

⑥ 《明太宗实录》卷二三三，永乐十九年正月丙子，（台北）"中研院"历史语言研究所 1962 年版，第 2249 页。

⑦ 李庆新：《明代海外贸易制度》，社会科学文献出版社 2007 年版，第 56—58 页。

派遣 1200 多使臣来华朝贡的盛况。①

永乐元年（1403 年），明成祖恢复了浙江、福建、广东的市舶提举司，各自命名为"安远""来远""怀远"，朝贡贸易法律制度重上正轨。② 永乐三年（1405 年）又在以上三个市舶司设驿馆，专门接待贡使与随行人员。永乐四年（1406 年）平定交趾后，增设云屯市舶司，进而正式完善了朝贡贸易法律体系。明成祖在推动朝贡贸易方面可谓不遗余力，不仅放宽了各种洪武时期设置的朝贡法律规定，但凡"愿入中国者听"，不依贡期和贡道朝贡的也没关系。他还对贡使违反朝贡法律规定的行为不予追究，极大地鼓励了各国前来中国朝贡的积极性。

（三）宣德回落

永乐年间大规模开展的朝贡贸易，依靠的是洪武朝积聚的雄厚国力，以及明成祖个人的极大热情。永乐二十二年（1424 年），成祖去世，仁宗一经即位便下诏停止经略西洋。仁、宣二朝的外交政策回归"守备为上"，对待朝贡贸易的态度也非常消极。作为永乐年外交策略的过渡，郑和仅于宣德五年（1430 年）六月最后一次出使占城、爪哇、满剌加、苏门答剌等 17 国。洪熙、宣德年间，各国前来朝贡的次数只有 49 次，主要集中于占城、暹罗、琉球等国。③

虽然宣宗认为对于前来朝贡的贡使依然给予优待，回赐应该沿袭旧制；但是降低了海外诸国使臣的接待规格，"自今四夷朝贡之使在京者，止朝朔望光禄赐酒馔。先是每五日一朝，至是乃简其礼"④。不仅如此，宣德年间明政府有意缩短了贡使在华逗留的时间。宣德五年（1430 年），宣宗命礼部及时缩短贡使到达后的等待时间：

> 闻西南诸番进贡，海舟初到，有司封识，遣人入奏，俟有命，然后开封起运，使人留彼。动经数月，供给皆出于民，所费多矣。其令

---

① 《明太宗实录》卷二六三，永乐二十一年九月甲午，（台北）"中研院"历史语言研究所 1962 年版，第 2403 页。

② （清）张廷玉等撰：《明史》卷八十一"食货五·市舶"，中华书局 1974 年版，第 1980 页。

③ 李庆新：《明代海外贸易制度》，社会科学文献出版社 2007 年版，第 56—58 页。

④ 《明宣宗实录》卷一〇一，宣德八年四月戊申，（台北）"中研院"历史语言研究所 1962 年版，第 2275 页。

广东、福建、浙江三司，今后番舡至，有司遣人驰奏，不必待报，三司官即同市舶司秤盘，明注文籍，遣官同使人运送至京，庶有省民间供馈。①

二　明前期朝贡贸易法律制度的内容

为了有效管理海外贸易，明政府对于朝贡贸易的相关内容予以了详细的法律规定，主要包含以下几个方面。

（一）朝贡资格的授予

1. 表文

朝贡贸易作为官方主持的对外贸易方式，明王朝需要剔除那些完全因为经济利益前来朝贡的国家。于是，明政府用表文来授予其朝贡的资格。所谓"表文"是外国贡使向明政府呈递的官方文书，象征着外交关系上的臣服，体现了政治上的隶属关系。四夷入贡中国时必奉表文，表明了只有在政治上臣服于明朝，明政府才会在经济上给予海外诸国贸易的资格。所以，奉上表文以示恭敬，是取得与明朝朝贡贸易资格的前提条件。洪武年间，占城、爪哇、三佛齐等国入贡，皆携带金字表文以示身份。②

如果没有表文贸然前来朝贡，则会被明政府拒绝。洪武七年（1374年）三月，暹罗人沙里拔自称是国王派来的使臣前来朝贡，船到乌诸洋的时候遭风损坏，漂流到海南，以所剩苏木、降香等物品试图朝贡，太祖因其没有表文而却之。③ 同年，日本国怀良亲王遣僧朝贡被却贡，也是因为没有表文。④ 所以，明前期时，如果官方海外贸易没有了"朝贡"这件政治"外衣"，明政府会明确拒绝，更不用提各种以商人个人名义的进贡了。比如，日本商人藤八郎在洪武九年（1376年）以个人名义向朱元璋

---

① 《明宣宗实录》卷六七，宣德五年六月庚午，（台北）"中研院"历史语言研究所1962年版，第1571页。

② （明）黄省曾著，谢方校注：《西洋朝贡典录校注》，中华书局2000年版，第12、29、35页。

③ 《明太祖实录》卷八八，洪武七年三月癸巳，（台北）"中研院"历史语言研究所1962年版，第1564—1565页。

④ （明）李东阳等撰，申时行等重修：《明会典·万历朝重修本》卷一百五"朝贡一·东南夷上"，中华书局2007年版，第572页。

进贡时，就被干脆地拒绝了。① 正如明人王圻所说：

> 夫贡者，夷王之所遣，有定期，有金叶勘合表文为验。使其来也以时，其验也无伪，我国家未尝不许也。贡未尝不许，则市舶未尝不通。②

2. 勘合③

在贡使往来过程中，明朝政府则发放勘合作为身份证明，以辨真伪，防止欺诈。洪武十六年（1383 年）开始，明政府最早发勘合给占城、暹罗和真腊，后来又陆续发放给日本、爪哇、满剌加等 15 个国家和地区。配发给每个国家二百道勘合和四扇号簿，其中一百道勘合和两扇号簿由内府保管，一百道勘合和一扇号簿由本国收存，另一扇号簿交给口岸所在地的布政司收存。每改元，则更造换给。④

当然，并不是所有国家前来朝贡的使臣都需要使用勘合，像朝鲜、琉球这样关系亲密国家的使臣就可以享受不用勘合的待遇。朝贡的勘合由礼部⑤发放，由明朝内府、布政司和各国分别持有。朝贡时，需要在勘合上详细列明朝贡国的国主、使臣姓名、日期、方物等内容，使用方法与西北陆路边境茶马贸易中所用的"金牌信符"类似：

> 比遇朝贡，填写国主、使臣姓名、年月、方物，令使者赍至布政司，先验有无表文，次验簿，比号相同，方许护送至京。每纪元，则更换给。时暹罗、占城、爪哇、真腊、满剌加、锡兰山、苏门答剌，

---

① 《明太祖实录》卷一〇六，洪武九年五月壬午，（台北）"中研院"历史语言研究所 1962 年版，第 1767 页。

② （明）王圻：《续文献通考》卷三十一"市籴考"，齐鲁书社 1995 年版，第 478 页。

③ 明代勘合是官府公差往来的一种重要凭证，又称符簿、符券，种类繁多，以兵部勘合最为重要。洪武五年（1372 年），陆地对外贸易的西北茶马交易使用"金牌信符"，是为勘合的一种。

④ （明）李东阳等撰，申时行等重修：《明会典·万历朝重修本》卷一百八"朝贡四·朝贡通例"，中华书局 2007 年版，第 585 页。

⑤ 主持朝贡贸易的是礼部而非户部，足见明政府视朝贡贸易为政治行为多过经济行为。

皆以次给付，使回，俱广东布政司管待。①

可见，朝贡贸易的第一步便是确认是否具有朝贡资格，由布政司查验表文和勘合，然后再安排在驿站等待皇帝的召见，如果勘合和表文不符合要求则会被拒之门外。

（二）限制贡期、规模与贡道

1. 贡期

海外诸国的朝贡往往是"慕利"而来，每一次朝贡实质上就是一次大宗的海外贸易行为。于是，明初，明政府就开始对各国前来朝贡的时间间隔作出了明确的法律规定，原则上为三年一贡。由于朝贡贸易有利可图，海外诸国经常频繁来朝。更有甚者，如琉球等国基本上将朝贡作为其国家财政收入的主要来源。这些国家经常不顾明政府的法律规定，一年数贡，往来不止。如此，明政府劳费甚多、不堪其扰，明太祖因此多次告谕严格限制贡期。洪武五年（1372 年）九月，高丽使臣朝贡频繁，太祖告谕："宜令遵三年一聘之礼，或比年一来，所贡方物止以所产之布十匹足矣。"② 洪武七年（1374 年），太祖诏中书礼部，将同样的意思表达给南洋新近来朝贡的国家：

> 古者中国诸侯于天子，比年一小聘，三年一大聘。九州之外，番邦远国，则每世一朝，其所贡方物，不过表诚敬而已。高丽稍近中国，颇有文物礼乐，与他番异，是以命依三年一聘之礼。彼若欲每世一见，亦从其意。其他元国，如占城、安南、西洋琐里、爪哇、渤尼、三佛齐、暹罗、真腊等处新附国土，入贡即频，烦劳太甚，朕不欲也。令遵古典而行，不必频烦，其移文使诸国知之。③

洪武九年（1376 年），安南频繁来朝，太祖觉得劳费太甚，谓中书省臣谕之以"古礼"："番夷外国，当守常制，三年一贡，无更烦数来朝，

---

① （明）郭棐：《广东通志》卷六十九"外志四·番夷"，齐鲁书社 1996 年版，第 700 页。

② 《明太祖实录》卷七六，洪武五年九月甲午，（台北）"中研院"历史语言研究所 1962 年版，第 1401 页。

③ 《明太祖实录》卷八八，洪武七年三月癸巳，（台北）"中研院"历史语言研究所 1962 年版，第 1565 页。

使臣亦惟三五人而止。奉贡之物，不必过厚，存其诚敬可也。"① 洪武二十三年（1390 年）四月，安南又屡次不按照规定反复朝贡，太祖只能"却其贡"，并且将使臣遣还。

根据国家关系的亲疏，明政府允许来朝贡的贡期也有所区别：像琉球那样关系较好的，可以两年一贡；② 而对于国家关系比较紧张的日本而言，即便在永乐朝这么宽松的环境中，也只能十年一贡。③ 综上，各国的贡期法律规定见表 3 - 5。

表 3 - 5　　　　　　明前期海上朝贡的贡期法律规定

国　　家	确定时间	贡期
高丽	洪武五年（1372 年）	3 年
占城、安南、西洋琐里、爪哇、渤泥、三佛齐、暹罗、真腊等国	洪武七年（1374 年）	3 年
日本	永乐二年（1404 年）	10 年
琉球	永乐年间	2 年

2. 规模

明初，政府对朝贡使团的待遇非常优厚，一入国境便吃、住、行全部提供。这样一来，如果海外各国的使团人数太多、规模太大的话，明政府显然无法承担如此巨大的经济压力，会消耗大量不必要的人力、物力和财力。因此，明政府开始加强对朝贡使团的规模限制。

对于不同国家，明政府在不同时期允许其入境的贡使人数是不同的，例如琉球朝贡一般为每次 100—150 人。④ 相对而言，日本入贡规模的法律

---

① 《明太祖实录》卷一〇六，洪武九年五月甲寅，（台北）"中研院"历史语言研究所 1962 年版，第 1763 页。

② （明）李东阳等撰，申时行等重修：《明会典·万历朝重修本》卷一百五"朝贡一·东南夷上"，中华书局 2007 年版，第 572 页。

③ 《明史》中记载关于日本的贡期法律规定始于永乐初年。有学者推论，基于明成祖对朝贡贸易的积极性，以及永乐间日本使团不按贡期入贡还受成祖亲自接待的实际情况，该法律规定很可能是景泰年间中日就贡品价格争议后作出的。参见（清）张廷玉等撰《明史》卷三百二十二"日本传"，中华书局 1974 年版，第 8341—8358 页；陈尚胜《论宣德至弘治时期明朝对外政策的收缩》，《山东大学学报》（哲学社会版）1994 年第 2 期。

④ （明）李东阳等撰，申时行等重修：《明会典·万历朝重修本》卷一百五"朝贡一·东南夷上"，中华书局 2007 年版，第 572 页。

限制就更加严格。永乐二年（1404 年），日本擒献明政府犯边倭贼，成祖大喜，赠与勘合百道，规定 10 年一贡，每次限贡船 2 艘，使臣不得超过 200 人，违者以倭寇论处。宣德七年（1432 年），日本遣使中国的人数和船舶数都大大超过了法律限制，还运来了过多的刀剑。明政府只能重新对其贡使规模的法律规定进行了调整，规定每次限贡船 3 艘，使臣不得超过 300 人，所带刀剑不得超过 3000。①

3. 贡道

海外诸国来华朝贡，必须遵循指定的贡道，在设有市舶司的相关口岸上岸，之后依照明政府指定的路线进京献贡。明政府设定了三个法定的城市作为各国来华靠岸的港口：日本国来贡停靠宁波，琉球国来贡停靠泉州，而广州则负责接待占城、暹罗、西洋诸国的来贡。②

根据航海的规律，日本来中国的船舶一般走从五岛到浙江普陀山的路线，顺风时只需五个昼夜。因此日本贡船通常在台州或者定海停泊，验明勘合后，到宁波等候朝廷的命令。贡品自宁波上岸后，沿甬江到钱塘江抵达杭州，再经运河一路送达北京。琉球的贡船大多自那霸港开船，来到中国后一般停泊于浙江定海或福建长乐，之后沿闽江到达浙江后，一样自运河抵达北京。广州自汉唐以来一直是东南亚各国来华停泊的港口，按照传统习惯，真腊、暹罗、占城、满剌加等南洋国家的贡船停靠广州沿海各"澳"。上岸后，自怀远乘船到佛山，经韶关、江西一路由水路抵京。

而对朝鲜的贡道安排，明政府则出于战略安全的考虑，规定其由鸭绿江经过辽阳、广宁，由山海关到京师。安南的贡道同样要求走陆路从广西入境，经南宁等地抵京。此类贡道安排完全从战略要求出发，弃水路而走陆路，费时费力。因此，朝鲜和安南经常违反法律规定，自海路而来。对此情况，明政府一般以绝贡等严厉手段惩罚。

（三）贸易流程的控制

1. 限制贸易地点

海外贡使到达后，先由布政司验收表文和勘合，然后由主客司或市舶

---

① （明）郑若曾：《筹海图编》卷二上"倭奴朝贡事略"，中华书局 2007 年版，第 171 页。

② （清）张廷玉等撰：《明史》卷八十一"食货五·市舶"，中华书局 1974 年版，第 1980 页。

司派人进京奏报，等中央政府下达命令后，由市舶司派人护送贡使、贡物至京。没有被挑选上的商品，可以自行贸易。除了各市舶司外，根据明前期的法律规定，朝贡贸易的主要交易场所在京师的会同馆。会同馆是明政府设立用于接待外国使者的中央客馆，同时也是对外贸易活动的主要场所。① 作为朝贡贸易中最具实质性内容的部分，市舶司的和会同馆的交易才是真正吸引海外诸国前来朝贡的因素。会同馆开市的三天或五天时间里，使团可以将自己所带除方物之外的私货与中国商人进行贸易。而朝鲜与琉球由于其一直以来的恭顺态度，得以在朝贡贸易上获许不受时间限制的优惠。②

2. 禁止交易违禁品

除了国家律法明令禁止交易的货物，还有一些物品属于不能海外交易的违禁物品："禁戢收买史书及玄黄、紫皂、大花西番莲段匹，并一应违禁器物。"③ 此外，劳动力作为古代重要的生产力来源，人口也是禁止贡使交易的。"诸外夷使回，不准挟带中国之人及买中国童幼出境。"④

3. 严禁私下交易

同时，明政府坚决排除私人染指朝贡贸易，大多数附贡都会由明政府统一收购后，再根据具体需求或留存、或俸赏、或转售民间。无论如何，严禁私下交易：

> 各铺行人等将物入馆，两平交易。染作布绢等项，立限交还。如赊买及故意拖延，骗勒夷人久候不得启程，并私相交易者，问罪，仍与馆前枷号一个月。……各夷故违，潜入人家交易者，私货入官，未给赏者，量为递减。通行守边官员，不许将曾经违犯夷人起送赴京。……在京在外军民人等与朝贡夷人私通往来，投托管顾，拨置害人，因而走漏事情者，俱问，发边卫充军。军职有犯，调边卫带俸差

---

① （明）李东阳等撰，申时行等重修：《明会典·万历朝重修本》卷一百九"宾客·会同馆"，中华书局 2007 年版，第 587 页。

② （明）李东阳等撰，申时行等重修：《明会典·万历朝重修本》卷一百八"朝贡四朝·贡通例"，中华书局 2007 年版，第 587 页。

③ 同上书，第 586 页。

④ 《明宣宗实录》卷一一二，宣德九年八月丙寅，（台北）"中研院"历史语言研究所 1962年版，第 2521 页。

操；通事并送还人等，系军职者，照军职例，系文职有赃者，革职为民。……夷人贡船未曾报官检验，先行接买番货者，比照私自下海收买番货五十斤以上事例，边卫充军；其结交夷人，诓骗惹衅及教诱为乱者，比照川、广、云、贵、陕西等处事例，边卫永远充军；一应代替夷人收买违禁货物者，比照会同馆内外军民事例发遣。①

朝贡结束后，由通事护送使臣沿贡道返回口岸，途中不得违法停留。即便是中国出使的官员，洪武元年的《大明令》就针对其行李作了详细规定，不能超重，防止违法夹带。"凡出使人员……正官一名，许带行李一百斤；从人一名，许带行李五十斤……多余夹带者，俱以'不应'论罪。"②《大明律》中对此也有规定："凡出使人员应乘驿马，除随身衣仗外，赍带私物者，十斤杖六十，每十斤加一等，罪止杖一百……私物入官。"③

由此，关于贡使的出使、接待、赏赐、贸易、送还各个环节的法律规定，构成了完整的朝贡贸易法律制度，而这一过程完全是在明政府的掌控下完成的。

（四）贡物与回赐的法律性质

1. 贡物

明初的朝贡贸易，是在"朝贡"名义下的官方海外贸易。它是指明政府颁赐勘合等证明文件给海外诸国邀其入贡，对前来朝贡的国家给予回赐，贡使所附带的其他货物由官方收买或抽分后自行出售的制度。所以，海外诸国带来的朝贡物品一般包含进贡方物、使臣自带物和国王附搭物三种。其中，进贡方物是给明朝皇室的"正贡"，与明朝的回赐一起称为"贡赐"贸易，但其商品交换性质不强；而使臣自带物和国王附搭物属于"附贡"，是更具有典型商品交换性质的海外贸易商品。

2. 回赐

针对海外各国朝贡时带来的正贡，明政府会根据具体情况予以回赐。据学者统计，海外各国的贡品一般以当地土特产为主，而明朝的回赐大多

---

① （明）李东阳等撰，申时行等重修：《明会典·万历朝重修本》卷一百八"朝贡四朝·贡通例"，中华书局 2007 年版，第 587 页。

② 怀效锋点校：《大明律》附录，《大明令·兵令》，法律出版社 1999 年版，第 257 页。

③ 怀效锋点校：《大明律》卷第十七"兵律五·邮驿"，法律出版社 1999 年版，第 130 页。

以丝绸为大宗。① 永乐十九年（1421 年）正月，礼部尚书吕震上《蛮夷来朝赏例》：

> 三品、四品，人钞百五十锭，锦一段，纻丝三表里。五品，钞百二十锭，纻丝三表里。六品、七品，钞九锭，纻丝二表里。八品、九品，钞八十锭，纻丝一表里。未入流，钞六十锭，纻丝一表里。②

如果朝贡时遇到节日，外国贡使还能和明朝大臣一样受到额外的赏赐，例如永乐二十二年（1424 年）正月十四日，贡使就接到了元宵节钞等赏赐。③ 而且这类赏赐往往名目繁多，全凭皇帝的一时兴起。

（五）抽分与收买的税收法律规定

1. 抽分

《大明律》中明确规定，如果泊货到岸，必须如实报官抽分，否则将受到法律制裁：

> 凡泛海客商，泊船到岸，即将货物尽实报官抽分。若停塌沿港土商牙侩之家不报者，杖一百；虽供报而不尽者，罪亦如之，货物并入官。停藏之人同罪。告获者，官给赏银二十两。④

2. 收买

针对外国国王、使臣所携带的"附进货物"，明政府一般会进行估价和收买，"照依官例具奏，关给钞锭，酬其价值"⑤。当然，不同朝贡国的

---

① 万明：《15 世纪中国与东亚贸易关系的建构》，载中国明史学会主编《明史研究》第八辑，黄山书社 2003 年版，第 165 页。

② 《明太宗实录》卷二三三，永乐十九年正月丙子，（台北）"中研院"历史语言研究所 1962 年版，第 2249 页。

③ 《明太宗实录》卷二六七，永乐二十二年正月壬辰，（台北）"中研院"历史语言研究所 1962 年版，第 2425 页。

④ 怀效锋点校：《大明律》卷第八"户律五·课程"，法律出版社 1999 年版，第 80—81 页。

⑤ （明）李东阳等撰，申时行等重修：《明会典·万历朝重修本》卷一百一十三"给赐番夷通例"，中华书局 2007 年版，第 598 页。

待遇是不同的（见表 3 - 6）。

表 3 - 6　　　　　　　　　　　明前期海上朝贡各国的收买价格

国家	待遇
日本	正贡外，使臣自进并官收买附来货物，俱给价，不堪者令自贸易。
琉球	附来货物，官抽五分，买五分。
暹罗	使臣等进到货物，例不抽分，给与价钞。
爪哇	贡物给价。
渤泥	正贡外，附带货物俱给价。
苏门答剌	正贡外，使臣人等自进物俱给价。
苏禄	货物例给价，免抽分。
西洋琐里	附载胡椒等物皆免税。
满剌加	正贡外，附带货物皆给价，其余货物，许令贸易。
锡兰山	使臣人等自进物俱给价。

资料来源：（明）李东阳等撰，申时行等重修：《明会典·万历朝重修本》卷一百十一“给赐二·外夷上”，中华书局 2007 年版，第 594 页。

可见，明初，除了对琉球的附带货物要抽五分之外，其余国家的进口商品基本都是全部“给价收买”。

三　明前期朝贡贸易法律制度的实施

明前期朝贡贸易法律制度的实施，带来了与海外诸国频繁的贸易往来。而且这些海上对外贸易已经不仅仅局限于奢侈品的交换，更多的是生活用品的交易。根据《西洋朝贡典录》等史籍记载，海外诸国向中国进贡的物品中，胡椒、苏木、金刚子、大枫子、降香、木香等香料占了极大的比重，其中又以胡椒、苏木的数量最为巨大。[1] 自永乐郑和下西洋后，类似胡椒、苏木等海外商品被大量充当赏赐物和官员的俸禄替代品，赏及平民，香料在中国迅速由奢侈品转化为日常用品。海外贸易规模的扩大不仅表明了各国密切的经济往来，更说明了明前期朝贡贸易所具有的重要经济意义。[2]

---

[1]　（明）黄省曾著，谢方校注：《西洋朝贡典录校注》，中华书局 2000 年版，第 212 页。

[2]　一直以来不少学者认为明朝的朝贡贸易“不计价值”“政治重于经济”，但近年来不断有学者从贡品和回赐的具体情况分析，得出明前期朝贡贸易获利颇丰，否则一个仅从政治上考虑的制度如何能维持 200 年之久。参见李金明《明代海外贸易史》，中国社会科学出版社 1990 年版，第 28—34 页；万明《15 世纪中国与东亚贸易关系的建构》，载中国明史学会主编《明史研究》第八辑，黄山书社 2003 年版，第 165 页。

然而，正如冯尔康先生所说，如同"郑和下西洋"般辉煌的明朝朝贡贸易的发展，并不是明初社会经济自我发展要求的结果，而是皇权至上的政治产物。[①] 明前期，朝贡贸易法律制度无论在设置还是实施过程中，都充斥着明王朝统治者妄自尊大的虚骄心理。相关法律制度不仅没有被遵守，反而因为帝王个人的意愿被一再突破，成为一纸具文。明初的朝贡贸易法律制度的实施，因而显现出以下几个特点。

（一）贡期和朝贡规模等法律规定形同虚设

按明朝法律规定，如果外国贡使不是在法定贡期内到来，是不能与其进行贸易的。而这一规定在实际的朝贡贸易过程中，基本没有得到认真地执行，海外诸国基本都不遵守贡期。类似事件在史书记载中不胜枚举，比如暹罗常常"一年两贡"，琉球中山王更是"一岁常再贡、三贡"。更有日本，仅自永乐二年到永乐十七年间，就来华贸易六七次，比之其十年一贡的要求，差之甚远。[②]

究其原因，主要是两个因素。一方面，朝贡贸易收益巨大，像琉球之类资源匮乏的小国在经济上高度依赖对华朝贡，一直以"欲贸中国之货以专外夷之利"[③] 为朝贡的目的。因此，两年一贡根本无法满足其贸易的需求，一岁多贡成为常态。明朝面对海外诸国如此厚脸皮、低姿态的做法，疲于应付、非常烦恼，却因为朝贡贸易本身冠冕堂皇的"政治外衣"，也不好意思断然拒绝。所以即便一再重申关于贡期的法律规定，也收效甚微。

另一方面，更关键的是，明初的帝王常常依据自己的喜好擅自变更贡期，置礼部的建议于不顾。洪武五年，琐里国国王遣使入贡时，朱元璋表示："西洋诸国素称远蕃，涉海而来，难计岁月。其朝贡无论疏数，厚往薄来可也。"[④] 明成祖更是直接忽视洪武年间关于贡期的法律规定，明确表示海外诸国只要愿意来华的都可以朝贡：

①　参见冯尔康《"郑和下西洋"的再认识——兼论"下西洋"与封建专制政治的关系》，《南开史学》1980 年第 2 期，第 1—14 页。

②　参见李庆新《明代海外贸易制度》，社会科学文献出版社 2007 年版，第 75 页。

③　《明宪宗实录》卷一七七，成化十四年四月己酉，（台北）"中研院"历史语言研究所 1962 年版，第 3198 页。

④　（清）张廷玉等撰：《明史》卷三百二十五"琐里传"，中华书局 1974 年版，第 8424 页。

太祖高皇帝时，诸番国遣使来朝，一皆遇之以诚。其以土物来市易者，悉听其便。或有不知避忌而误干宪条，皆宽宥之，以怀远人。今四海一家，正当广示无外，诸国有输诚来贡者听，尔其谕之，使明之朕意。[1]

如此一来，贡期的法律规定基本形同虚设。不光贡期，朝贡规模的限制性法律规定的实施亦是如此。以日本为例，即便永乐年间明政府对其使团规模有着严格的人数要求，但实际情况往往大大超过这个数字，造成明政府在宣德年间不得不被动增加了使团人数。

综上，明政府本身对朝贡贸易法律制度的态度非常矛盾，一边不断完善制度，另一边却又不断宽宥违反规定的国家。如此一来，给了海外诸国一个明确的信号，即明朝的贡期和朝贡规模等法律规定是可以破例的。于是，各国纷纷肆无忌惮地频繁来朝，虽然满足了明朝皇帝心目中关于天朝上国风范的政治理想，却形成了一个无法打破的怪圈。

（二）对海外商品征税的抽分法律制度名不副实

根据《大明律》规定，明政府对海外贡使携带的附贡类商品是需要征收进口税的，即"抽分"。然而，弘治时期的丘濬却曾经对此评价："明虽沿前代市舶司之名，而无抽分之法。"[2] 此后，这句言论又被许多学者引用来证明明前期实质上并没有抽分制度。但梁廷枏在《粤海关志》中提出异议："今考《实录》，则明初即定抽分，其后又有抽十分之五，有抽十二者，丘濬考之未审也。"[3]

从《明实录》的记载中，我们可以发现，一些恭顺的国家进贡时，贡使所带私物进行交易的，往往能得到免税的优惠。洪武三年（1370 年）十月，高丽使臣入贡时多带了私物进行交易，中书省大臣请求征税。太祖却认为，夷人不远万里前来，就算有偶然的贸易行为，也是和商人不一样

① 《明太宗实录》卷十二上，洪武三十五年九月丁亥，（台北）"中研院"历史语言研究所1962 年版，第 205 页。

② （明）丘濬：《大学衍义补》卷二五"市籴之令"，台湾商务印书馆 1984 年版，第345 页。

③ （清）梁廷枏：《粤海关志》卷四"前代事实三"，广东人民出版社 2014 年版，第50 页。

的，最终决定任其交易，并免除了高丽使臣的纳税义务。① 第二年太祖又诏谕福建行省："占城海舶货物皆免其征，以示怀柔之意。"② 到洪武十七年（1384 年）正月，朱元璋干脆免除了所有朝贡贸易的税："凡海外诸国入贡，有附私物者，悉蠲其税。"③ 永乐元年（1403 年）十月甲戌，西洋刺泥国回回哈只等人来朝贡，顺带了胡椒私自民间交易，官员请求向其征税。明成祖认为，商税本就是国家抑制逐利的手段，并不是为了获取经济利益，海外诸国慕名而来，如果还要向其征税的话简直是"亏大体"，没有同意。④

可见，皇帝颁布的诏令中的确有大量免除海外诸国附贡关税的记载。然而在明初的实际操作中，又确有类似"抽分"的事例：

> 我朝互市，立市舶提举司以主诸番入贡。旧制：……若国王、王妃、陪臣等附至货物，抽其十分之五入官，其余给之直。暹罗、爪哇二国免抽。⑤
>
> 其番商私赍货物，入为易市者，舟至水次，悉封籍之，抽其十二，乃听贸易。⑥

结合《明实录》中洪武二年的规定和《广东通志初稿》、《广东通志》中的记载，明初单纯的抽分税收制度并没有得到实施，取而代之的是官方征取实物税后再行购买的"抽买"制度。这样，所谓抽分的海外贸易税收法律规定与前朝的"抽分"完全不同，而是一种专卖性质的"博买"⑦

---

① 《明太祖实录》卷五七，洪武三年十月丁巳，（台北）"中研院"历史语言研究所 1962 年版，第 1116 页。

② 《明太祖实录》卷六七，洪武四年七月乙亥，（台北）"中研院"历史语言研究所 1962 年版，第 1261 页。

③ 《明太祖实录》卷一五九，洪武十七年正月丁巳，（台北）"中研院"历史语言研究所 1962 年版，第 2459—2460 页。

④ 《明太宗实录》卷二四，永乐元年十月甲戌，（台北）"中研院"历史语言研究所 1962 年版，第 447—448 页。

⑤ （明）戴璟：《广东通志初稿》卷三十"番舶"，齐鲁书社 1996 年版，第 511—512 页。

⑥ （明）郭棐：《广东通志》卷六十九"外志四·番夷"，齐鲁书社 1996 年版，第 701 页。

⑦ "永乐改元……贫民承令博买……"参见（明）严从简《殊域周咨录》卷九"佛郎机"，中华书局 1993 年版，第 324 页。

制度。由官方出面全部收购海外商品后，再转售于民间，海外商品因此大多被牢牢掌控于明政府手中。

（三）海外贡使可享受违法不究等超国民待遇

为了达到朝贡贸易的政治目标，明初的统治者对待贡使往往恩礼兼施、以诚相待。在政治上，明朝赐外国国王以官爵，吸收外国官宦子弟进入国子监学习，允许留学生参加科举。在经济上，明政府厚待使臣，对前来朝贡的外国贡使不仅提供各种沿途服务，还会资助修复因海难而损坏的贡船。有些时候一些漂流船即便不是贡船，也能得到官府的资助，并放回本国。永乐二年（1404年）九月，福建布政司上奏，暹罗与琉球通好，暹罗使臣的船因风漂流至福建海岸，地方政府暂扣了船上货物，等待朝廷处置。成祖诏谕礼部尚书李至刚和福建市舶司：

> 两国通好，是番邦美事，其舟为风所漂，正宜矜恤，岂可利其物而籍之？……舟坏者为之修理，人乏食者给之粟，俟便风，其人欲归，或往琉球，导之去。①

一些外国使臣屡屡违反朝贡法律规定，或超额夹带私物，或走私违禁物品。对于这些不遵"祖训"、不按贡例来贡的国家，明初的统治者大多网开一面，常常宽大处理、从轻发落，有的干脆免于处罚。洪武二十一年（1388年），暹罗使臣朝贡途中路经温州永嘉，私自将沉香等物卖给当地百姓，按察司论当以"通番"罪弃市。太祖认为，永嘉是暹罗进贡的必经之地，贸易乃人之常情，不能等同于"交通外夷"，赦免了他们。②

这种现象在永乐朝尤为显著。永乐元年（1403年）九月己亥，礼部尚书李至刚奏请成祖，认为日本贡使刚到宁波府，应派官员前去稽查，防止他们运载违禁兵器或私自民间交易。成祖却认为给远道而来的夷人一点好处也是可以的，不必拘泥于法令，甚是大方。③更有意思的是，当李至

---

① （明）陈仁锡：《皇明世法录》卷十一"成祖文皇帝宝训"，北京出版社1997年版，第692页。

② 《明太祖实录》卷一八八，洪武二十一年春正月甲午，（台北）"中研院"历史语言研究所1962年版，第2815页。

③ 《明太宗实录》卷三一，永乐二年五月甲辰，（台北）"中研院"历史语言研究所1962年版，第556页。

刚复奏，民间按法律规定是不得私藏、买卖兵器的，违者将籍封送官。[①]
成祖又更加明确地表示，任何事都及不上"怀柔远人"，即便是法律规
定。[②] 永乐二年（1404 年）五月甲辰，礼部尚书李至刚等上奏，琉球国山
东王使者在朝贡途中私自在处州购买瓷器，法当逮问。成祖回复："远方
之人，知求利而已，安知禁令？朝廷于远人当怀之，此不足罪。"[③] 同是
永乐年间，更有日本使臣违法私自携带兵器祸害百姓，一样被赦免。[④]

　　所以，在明前期，因为明朝统治者招徕朝贡的心态，海外诸国的贡使
们往往可以享受到违法不究的超国民待遇。明初朝贡贸易相关的法律制
度，在某些特定主体身上，形同虚设。

第三节　明前期海上外贸管理执法机构的设置

　　唐朝，海外贸易兴盛，中央政府开始在广东设立市舶使，以掌管中
国东南海路的对外贸易。开元前的市舶使多由中央派专人充任，或由岭
南地方长官兼任；而开元之后的市舶使则多由宦官出任，或由监军兼
任。宋承唐制，海外贸易管理执法机构日益成熟，由临时性的市舶使官
职转变为专门性的常设机构市舶司。元丰《广州市舶条》颁布后，市舶
司长官逐渐演变成中央直属机构，其职能也日渐完善，包含了进出口商
品检验、税收、船舶许可证管理等职责。元朝至元《市舶抽分则例》的
颁布和实施，则使中央海外贸易管理的制度进一步完善，市舶司职权得
到加强。

　　明朝开国后，沿袭元朝体制，在多地设置市舶提举司。但因为明朝
中央政府在海外贸易管理法制方面的基本理念大不同于前朝，明朝市舶
司及其他相关海外贸易管理执法机构的发展，呈现出了不同于以往的
轨迹。

---

　　① 怀效锋点校：《大明律》卷十四"兵律二·军政"，"私卖军器""私藏应禁军器"条，
法律出版社 1999 年版，第 111—112 页。

　　② 《明太宗实录》卷二三，永乐元年九月己亥，（台北）"中研院"历史语言研究所 1962 年
版，第 426—427 页。

　　③ 《明太宗实录》卷三一，永乐二年五月甲辰，（台北）"中研院"历史语言研究所 1962 年
版，第 556 页。

　　④ （清）张廷玉等撰：《明史》卷三百二十二"日本传"，中华书局 1974 年版，第 8345 页。

一　中央执法机构

朝贡贸易作为明前期唯一合法的海外贸易方式，同时也是国家政治外交的重要组成部分，因而受到许多国家机构的参与或协助。在中央政府方面，礼部、兵部、户部等部门中都有相关机构涉及管理朝贡贸易。

（一）朝贡审核机构——礼部

明朝的礼部作为中枢六部之一，隶属于中书省，外事工作是其重要职责，"尚书掌天下礼仪、祭祀、宴飨、贡举之政令。侍郎佐之"①。明初诸蕃前来朝贡，必见皇太子和亲王，皇帝亲自设宴款待。洪武二年（1369年）定"蕃王来朝仪"，改为在朝堂觐见，在会同馆赐宴，命礼部待之。②洪武十八年（1385年），定"蕃使朝贡仪"："蕃国初附，遣使奉表进贡方物，先于会同馆安歇。礼部以表副本奏知，仪礼司引蕃使习仪，择日朝见。"③此外，还有"圣节正旦、冬至蕃国圣阙庆祝礼"、"蕃国迎诏仪"等礼仪。

而礼部负责朝贡事务的部门是主客清吏司和行人司。

1. 主客清吏司

《明史》中详细记载了礼部主客清吏司的职权：

> 主客分掌诸蕃朝贡接待给赐之事。诸蕃朝贡，辨其贡道、贡使、贡物远近多寡封约之数，以定王若使迎送、宴劳、庐帐、食料之等，赏赉之差。凡贡必省阅之，然后登内府，有附载物货，则给值。若蕃国请嗣封，则遣颁册于其国。使还，上其风土、方物之宜，赠遣礼文之节。诸蕃有保塞功，则授敕印封之。各国使人往来，有诰敕则验诰敕，有勘籍则验勘籍，毋令阑人。土官朝贡，亦验勘籍。其返，则以镂金敕谕行之，必与铜符相比。凡审言语，译文字，迎送馆伴，考稽四夷馆译字生、通事之能否，而禁饬其交通漏泄。凡朝廷赐赉之典，各省土物之贡，咸掌之。④

① （清）张廷玉等撰：《明史》卷七十二"职官一"，中华书局1974年版，第1746页。

② （明）李东阳等撰，申时行等重修：《明会典·万历朝重修本》卷五十八"蕃国礼"，中华书局2007年版，第360页。

③ 同上书，第361页。

④ （清）张廷玉等撰：《明史》卷七十二"职官一"，中华书局1974年版，第1749页。

据此，主客清吏司在官方朝贡贸易中主要负责以下职责：第一，考核外国使者朝贡的贡期、贡物、贡途、贡使等是否符合法律规定；第二，验证其信符、勘合是否真实，以确定合法的贸易主体资格；第三，确定对贡使的接待等级，以明确其住宿、膳食等；第四，清点、登记贡物，移交内府估价。其中需要注意的是，从《明史》中的规定看，主客清吏司负责朝贡表文的翻译，但实际上这项工作是由四夷馆负责的。由于四夷馆并非主客清吏司的下属部门，所以翻译表文其实并不是主客司的工作。不过四夷馆翻译完毕后，必须经过主客司的审核，以防官员私通外夷。

司内置郎中 1 名、员郎外 1 名、主事 2 名。郎中、员郎外和主事分别执掌朝贡、接待、给赐的相关事务，"简其译件，明其禁令"①。其中一名主事提督四夷馆和会同馆。同时，主客清吏司还拥有直房 3 间，用来收归各国的进贡、赏赐物品。

2. 行人司②

行人司是明朝管理奉使的专门机构，始设于洪武十三年（1380 年）。司内设行人，秩正九品；设行人官 40 名，要求进士。后改行人为司正，设左右行人司副，增加行人至 345 名。洪武二十七年（1394 年），改行人为正七品，定行人 36 名。建文年间，曾将行人司并入鸿胪寺，靖难后恢复。

（二）贡使接待机构——兵部

中书省统辖下的兵部各司也兼有一定的涉外职能，其中与朝贡贸易相关的主要是会同馆。会同馆分南、北馆，是专门接待外国使节的驿馆。明初改南京公馆为会同馆，永乐初于北京设会同馆。永乐三年（1405 年），并乌蛮驿入本馆。正统六年（1441 年），确定为南、北 2 馆，北馆有 6 所，南馆有 3 所。设置大使 1 名、副使 2 名，其中一名副使分管南馆。③

会同馆的南北两馆在接待贡使时各有分工，北馆负责吐鲁番、撒马尔罕、回回、哈密等地使臣的接待，而由海路前来朝贡的贡使及陪同人员俱

① （明）李东阳等撰，申时行等重修：《明会典·万历朝重修本》卷一百五十"主客清吏司"，中华书局 2007 年版，第 571 页。

② （清）张廷玉等撰：《明史》卷七十四"职官三"，中华书局 1974 年版，第 1809—1810 页。

③ （明）李东阳等撰，申时行等重修：《明会典·万历朝重修本》卷一百四十五"驿传一"，中华书局 2007 年版，第 735—736 页。

于南馆安顿。凡接待四夷朝贡使臣的铺陈什物、馆夫、马驴等俱有定额，兵部会派遣官员予以提督点视。会同馆常设医生、馆夫、马匹、米粮等以备接待之用，其中馆夫总共400人，南馆100人、北馆300人。①

（三）外贸课税机构——户部

六部之一的户部，由于执掌天下户口、田赋之政令，籍岁会、赋役实征之数，因而掌管了朝贡贸易相关的"关权"。② 同时，户部下属的广盈库，"收抄没违禁物，及礼部开送外国进来罗纻绫绸"。③

（四）事务性机构——鸿胪寺

鸿胪寺是明朝朝会、宾客、凶吉、礼仪的事务机构。明制下，鸿胪寺不仅参与国家大典礼、郊庙、祭祀、朝会、宴飨、经筵、册封等事务，还负责引进朝贡觐见的使臣：

> 四夷朝贡人员，进番字文书，俱本寺官接至西陛，授内官捧进。……凡外夷进贡方物，本寺官引至御前，俟礼部官奏过，赞叩头，毕，举案至东陛，授内官捧进。凡赏赐外夷人员衣服綵段等件，本寺官举案，引至御前，俟礼部官奏过，赞叩头，毕，仍举案引出给散。④

可见，相比礼部官员主要负责主持朝贡仪式的功能，鸿胪寺主要负责朝堂之上朝贡的具体实施过程。

另外，鸿胪寺中的通事在朝贡过程中也承担了重要的作用，是中外交往中的翻译官员。明朝的通事有"大""小"之分，大通事隶属于中央，主要负责御前的翻译工作。而小通事则隶属于沿边各都督、都指挥等官员，共18处，负责当地四夷朝贡来往时的翻译工作和夷情译奏。明政府设置的各国通事总共60名，其中对应海路朝贡各国的通事共9处22名：

---

① （明）李东阳等撰，申时行等重修：《明会典·万历朝重修本》卷一百四十五"驿传一"，中华书局2007年版，第735—736页。

② 参见（清）张廷玉等撰《明史》卷七十二"职官一"，中华书局1974年版，第1741页。

③ （明）李东阳等撰，申时行等重修：《明会典·万历朝重修本》卷三十"库藏一"，中华书局2007年版，第220页。

④ （明）李东阳等撰，申时行等重修：《明会典·万历朝重修本》卷二百十九"鸿胪寺"，中华书局2007年版，第1090页。

朝鲜 5 人，日本 4 人，暹罗和占城各 3 人，爪哇和琉球各 2 人，真腊、苏门答剌和满剌加各 1 人。[①]

（五）文化交流机构——太常寺

针对朝贡过程中产生的中外文化交流，主管国家礼乐的太常寺对此进行统管，"提督四夷馆。少卿一人，掌译书之事"[②]。明前期，四夷馆归属于翰林院。朱元璋在洪武十五年（1382 年）正月，命令翰林官员编辑《华夷译语》，以便使臣往返各国时通晓夷情。永乐五年（1407 年），由于四夷来朝时言语文字不通，于是设置四夷馆，礼部选了 38 名国子生入翰林院研习翻译，考试合格后入馆。四夷馆位于长安右门之外，分鞑靼、女直、西番、西天、回回、百夷、高昌、缅甸八个馆。宣德元年（1426年）开始，四夷馆在官民子弟中选择官员，委任教师教习，经过翰林院学士考核后上任。

二　地方执法机构

（一）地方各级官府

明朝继承元朝行中书省的制度，除南北两京外，改行省为十三承宣布政使司，作为省一级最高行政长官，下设府、县。各省设置按察使司，负责省内刑名按核。各地又设都指挥使司，负责省内军务。布政使司、按察使司和都指挥使司三司分立，相互监督制衡。建文、永乐后，中央政府又向各省派遣监察御史或总督、巡抚、巡按，凌驾于三司之上，总管一方，逐渐成为地方最高长官。

在这些地方各级政府中，无论是沿海地方还是内地各省，只要是贡道所经区域，都必须承担一定的海外贸易管理执法职能。例如，高岐在《福建市舶提举司志》的《琉球国进贡应行事宜》[③] 中，就详细描述了琉球国使臣从进入福建境内到一路北上朝贡，再从福建回国的全过程。其中，上至福建都司、布政司、按察司，下至卫所、府、县，都在管理和接待中负有不同方面的职责。再比如广东，两广总督、广东都指挥、巡视海道副

---

① （明）李东阳等撰，申时行等重修：《明会典·万历朝重修本》卷一百九 "各国通事"，中华书局 2007 年版，第 588 页。

② （清）张廷玉等撰：《明史》卷七十四 "职官三"，中华书局 1974 年版，第 1797 页。

③ （明）高岐：《福建市舶提举司志》"宝贡" 条，民国二十八年铅印本，第 28 页。

使、广东布政司、广州府等，都在海外官方朝贡贸易中负有管理任务与职能，或是主管市舶司，或是在诸番进贡时代表官方主持礼仪。

（二）市舶提举司

朱元璋建立明朝后，中央政府沿袭元朝体制，设置市舶司作为海外贸易管理的地方执法机构。但较之前朝，明朝市舶司的地位并不突出，职权有限，并且几经起复，命运多舛。

1. 明前期市舶司的设立

明前期，沿海地区先后设立了 5 个市舶司，其中以浙江、福建和广东为主。

（1）太仓黄渡市舶提举司

明朝最早的市舶司，是在吴元年（1367 年）设立的太仓黄渡市舶司："吴元年十二月，置市舶提举司，以浙东按察使陈宁等为提举。"①《明实录》中的这段记载，是明朝关于市舶司的最早记录。太仓古称娄东，位于娄江的入海口。元朝时期，宣慰朱清、张宣在此开创海道漕运，海外贸易自此繁荣。明朝建立之后，朱元璋承袭元朝的做法，在太仓设立了市舶司，管理前来浙江贸易的海外商人。"凡蕃舶至太仓者，令军卫有司同封籍其数，送赴京师。"② 洪武二年（1369 年）二月，因为市舶司过于靠近南京，存在安全隐患，于是罢之。"市舶提举司，元初设驻黄渡镇，辖蕃夷、闽粤海舶。明洪武时，以番夷不宜入内地，诏改设于定海。"③ 太仓市舶司虽然设置时间不长，但它作为明朝最早的海外贸易专门管理机构，确立了市舶司的基本制度，在明朝海外贸易管理法制中具有特别的意义。

（2）浙江市舶提举司

浙江作为对日贸易的传统口岸，宋淳化年间就在定海设立了市舶司。洪武七年（1374 年）一月，明政府在浙江、福建和广东三地重新恢复市舶司。浙江市舶提举司位于元朝方国珍所建的元帅府花厅，即今天宁波市中山公园九曲廊一带。浙江市舶司下设魏家巷、小梁巷、大池头、盐仓门

① 《明太祖实录》卷二八下，吴元年十二月庚午，（台北）"中研院"历史语言研究所 1962 年版，第 474 页。

② 《明太祖实录》卷四九，洪武三年二月甲戌，（台北）"中研院"历史语言研究所 1962 年版，第 968 页。

③ （清）章树福：《黄渡镇志》卷一"职官"，上海社会科学出版社 2004 年版，第 6 页。

四个衙门，分理海外贸易事务。① 同年九月，沿海地区频繁出现倭乱，三个市舶司遂被罢。到永乐年间，成祖复置浙江、福建和广东三个市舶司，隶属于布政司，从此形成制度。永乐三年（1405 年）九月，来华朝贡的使臣数量增多，明政府在三个市舶司管辖内设置驿馆，广东为"怀远驿"，福建为"柔远驿"，浙江为"安远驿"。安远驿置驿丞一名，吏员 1 名，马房 10 间，馆夫 20 名。同时，浙江市舶司以灵桥门内的元朝市舶库为市舶司库，用来存放舶货，俗称"东库"。

（3）福建市舶提举司

福建作为东南沿海的贸易要地，宋朝元祐年间于泉州设置市舶司，元朝也因袭之。洪武七年（1374 年）一月，明政府在泉州府治南水仙门内设置市舶司。同年九月，泉州市舶司被罢；永乐元年（1403 年）复置；永乐三年（1405 年）九月于泉州府城南设市舶驿馆——"柔远驿"。

（4）广东市舶提举司

自唐始，广州作为南海贸易大港，便设有市舶使。宋元时期，临时性的市舶使改为常态的市舶司。洪武七年（1374 年）一月，明政府在广州城归德门外西南处设置市舶司。同年九月，广州市舶司被罢；永乐元年（1403 年）复置。永乐四年（1406 年）八月，广州城外西关蚬子步（现十八甫怀远街）设市舶驿馆——"怀远驿"，有各类房舍 120 间，规模居三市舶驿馆之最。

依照明朝海外贸易管理律文，外国使臣来华朝贡，除正使外，其余使臣只有在设宴的时候才能入城，其余时间皆不得入城。由此，无论是浙江安远驿、福建柔远驿，还是广东怀远驿，其设置的主要目的就是安置那些人数众多且无法入城的一般使臣。宣德九年（1434 年），广东怀远驿因为年久失修，导致来往使臣无处栖身，于是明政府对此进行了修缮。②

（5）交阯市舶提举司

明政府于永乐四年（1406 年）讨伐安南胜利后，在永乐六年（1408 年）十月设置交阯市舶提举司，任命提举、副提举各 1 名。③ 交阯市舶提

---

① （明）张时彻等撰修：《宁波府志》，（台北）成文出版社 1983 年版，第 828—833 页。

② 参见《明宣宗实录》卷一一二，宣德九年九月丁丑，（台北）"中研院"历史语言研究所 1962 年版，第 2529—2530 页。

③ 参见《明太宗实录》卷八四，永乐六年冬十月庚子，（台北）"中研院"历史语言研究所 1962 年版，第 1125 页。

举司设于云屯，即现在的芒街，是自南宋以来就很繁荣的国际海上贸易港口。不过虽然明朝在安南置司设官，但统治并不稳定，叛乱频繁。到了宣德二年（1427 年），明政府放弃交阯，云屯的市舶司也随之废止。

2. 明前期市舶司的职权

浙、闽、粤三地的市舶司各有管辖范围，各司其职："宁波通日本，泉州通琉球，广州通暹罗、占城、西洋诸国。"① 对应各国朝贡贸易，市舶司的主要职责就是管理海外朝贡贸易和协助海防。

（1）管理海外朝贡贸易

明前期市舶司的职权主要是管理海路朝贡贸易相关事务：

> 市舶提举司……掌海外诸番朝贡市易之事，辨其使人表文勘合之真伪，禁通番，征私货，闲其出入而慎馆谷之。②

所以，相比中央政府机构和地方官府，市舶司是港口城市直接对海外朝贡贸易进行管理的执法机构：

> 国初设有衙门、印信、符验、字号。凡遇进贡，则有本册起关。每年拜进则有表文，上司公檄则有承行，拨参则有吏役供使，令则有吏徒，掌印提举之任可少之哉。③

综上，明初市舶司在海外朝贡贸易方面的执法功能主要有三个：第一，辨别朝贡勘合和表文的真实性；第二，护送朝贡使臣上京；第三，进行走私稽查，严防民间私下海外贸易。

（2）协助海防

除了海外贸易之外，明朝海禁法令还赋予了市舶司协助海防的功能：

> 明初，东有马市，西有茶市，皆以驭边省戍守费。海外诸国入贡，许附载方物与中国贸易。因设市舶司，置提举官以领之，所以通

---

① （清）张廷玉等撰：《明史》卷八十一"食货五"，中华书局 1974 年版，第 1980 页。
② （清）张廷玉等撰：《明史》卷七十五"职官四"，中华书局 1974 年版，第 1848 页。
③ （明）高岐：《福建市舶提举司志》"官职"条，民国二十八年铅印本，第 6 页。

夷情，抑奸商，俾法禁有所施，因以消其衅隙也。①

将海防作为市舶司的职责范围，是前朝所没有的。如此看来，市舶司的职能较之唐宋时期似乎有所扩张，但实际上这只是表面现象。由于明朝长期实行海禁法令，民间海上贸易受到压制，海外贸易仅仅局限在朝贡贸易的狭小空间内，主管相关事务的市舶司的发挥余地很小。而作为职权之一的海防，也只是协助军务而已，并没有真正的实权。同时，市舶司隶属于布政司，即受地方政府管制，权力空间更为局限。综上，较之前朝，市舶司在海外贸易管理执法权限上，不仅没有扩大，反而大大缩小。

3. 明前期的市舶司官员

（1）官职设置

市舶司隶属于各地布政司。根据明朝律法规定，市舶提举司仿宋元体制，设提举1名，从五品；副提举2名，从六品；下属有从九品吏目1名，和驿丞2名。② 这个规定始于永乐元年（1403年）明成祖恢复三个市舶提举司时，当时每个市舶司便是设五品提举1个、六品副提举2个、九品吏目1个。所以，作为布政司下属的五品衙门，明朝市舶司的地位远不如唐宋。

但实际上，各市舶司在具体官员设置上却不尽相同。其中，福建市舶司因为仅负责琉球一国朝贡事宜，工作量不大，所以官员设置也就相对简单，仅设1名副提举：

> 我朝司署初设于泉，正取泉府之意焉。建官三员，以海市开舶，欲分治之。兹惟理贡船，不复开海市，副提举遂未铨授矣。吏目闲来任亦虚设耳。虽有正提举，贡至经理之，此外他无事事。③

广州市舶司的设置如常制，当时的提督市舶太监为齐喜，市舶提举为潘定复，其他两名副提举不详：

① （清）张廷玉等撰：《明史》卷八十一"食货五"，中华书局1974年版，第1980页。
② （清）张廷玉等撰：《明史》卷七十五"职官四"，中华书局1974年版，第1848页。
③ （明）高岐：《福建市舶提举司志》"官职"条，民国二十八年铅印本，第6页。

　　命内臣齐喜提督广东市舶，置市舶提举司。命吏部依洪武初制，置提举一员、副提举二员。上以海外番国朝贡之使附带货物前来交易者，有官以主之。此置市舶提举之始。①

　　而三市舶司中官员设置最多的是浙江市舶提举司，副提举多达5人，"市舶司设提举一员，副提举五员"②。究其原因，大概是浙江市舶司下设有魏家巷、小梁巷、大池头、盐仓门四处市舶衙门以及一个市舶库，需要有专员分理舶务。③

　　除了提举和副提举，各个市舶司下有吏役若干以供差遣，名目各不相同：广东市舶司有直堂门子、轿伞夫、探事马夫、弓兵、库子等；浙江市舶司有司吏、典吏、祗禁弓兵、工脚、库子、秤子、合干人、行人之目等；福建市舶司有祗候、弓兵、门子、轿伞夫、探事马夫等。④

　　（2）官员选任

　　市舶官员的选任纳入明朝正规的选官体系，一般三年一任。目前可考的明前期出任浙、闽、粤三地的市舶提举和副提举的共6人⑤，选任并无太大的规律。但以官员的出身来看，最高不过是"浙东按察使"。对应市舶司地位下降，市舶司的选官也远不及前朝，有卑微化趋势。永乐年间，成祖积极推广海外贸易，朝贡贸易因此繁盛，作为主管机关的市舶司地位有所上升，与盐科提举司、茶马司等成为重要职位。即便如此，也并没有改变市舶司地位不高的格局。

三　明前期的市舶宦官

　　自汉以来，宦官就在中国古代海外贸易管理中占据了一席之地。汉武帝时，派遣由宦官组成的"黄门"出海为皇家从事海外贸易，开创了委派宦官管理海外贸易的先河。中唐以后，宦官更是常常以"监军使"身份兼任市舶使，形成了中央主导型海外贸易管理体制。明朝，自永乐年间

<hr />

①　（明）郭棐：《广东通志》卷六"蕃省志·事纪五"，齐鲁书社1996年版，第128页。

②　（清）徐兆昺著，桂心怡等点注：《四明谈助》卷十一"北城诸迹（三上）·市舶提举司"，宁波出版社2000年版，第328—329页。

③　马伯煌主编：《中国经济政策思想史》，云南人民出版社1993年版，第800页。

④　参见李庆新《明代海外贸易制度》，社会科学文献出版社2007年版，第101页。

⑤　同上书，第119页。

起，中央政府开始向沿海各地方下派市舶宦官，以达到控制海外贸易的目的。

（一）派遣市舶宦官

明初，鉴于宦官乱政的教训，朱元璋严格禁止宦官干政。朱棣上位时，宦官起了重要作用，因此永乐以后，宦官势力不断增大。而宦官涉足海外贸易亦始于永乐，郑和下西洋更使宦官势力在海外贸易中发展壮大。永乐元年，成祖命内臣齐喜提督广东市舶后，又往福建派遣中使提督市舶衙门，形成了市舶提举司之外的又一重管理机构。根据学者考证，明前期出任闽、粤等地的市舶提督的宦官共4人。①

在明前期的海外贸易执法体系中，隶属于地方的市舶司负责海外朝贡贸易的具体事宜，属于地方性质的主管机关。永乐之后中央政府派遣到各地的市舶宦官，凌驾于市舶提举司之上，改变了洪武时期的海上对外贸易管理执法体系。市舶宦官的存在，体现了中央政府意图加强对海外贸易的控制。随着宦官势力的不断增强，提督市舶衙门逐渐成为市舶司真正的领导。同时，随着市舶宦官的出现，市舶司之上形成了市舶太监与巡抚、三司等官员的多头领导，"永乐元年，始置市舶提举司于泉，设官掌之，又主以中贵一人"②。

（二）设置提督市舶衙门

中央政府下派的市舶宦官来到地方，也设置了自己的办事机构——提督市舶衙门③。它们与地方政府并无隶属关系，而是直接隶属于内府。明前期的提督市舶衙门只有一个，便是广东市舶公馆。它最初设在广州城南的江边，后来迁址到城西的仙湖。④ 由此可知，明朝的市舶提举司与提督市舶衙门并不是一个机构，后者为中央直属机构，而前者为地方行政机构，同时后者为前者的上司单位。

四　社会中介机构

牙人是中国古代社会商品交易中居间说合的中介者，唐朝时期就已开

---

① 参见李庆新《明代海外贸易制度》，社会科学文献出版社2007年版，第130页。

② （明）高岐：《福建市舶提举司志》"艺文"条，民国二十八年铅印本，第37页。

③ 类似机构在各地名称不尽相同，有"市舶府""市舶公馆""市舶中官衙门""提督市舶衙门""市舶中官公馆"等，为了方便称呼，本文统称其为提督市舶衙门。

④ （明）郭棐：《广东通志》卷七"藩省志·公署"，齐鲁书社1996年版，第156页。

始介入海外贸易。鉴于朱元璋本人非常憎恨奸商，所以牙人在明初是不允许存在的，商业活动中一旦出现牙行，全家都将受到"迁徙化外"的法律处罚。洪武二年（1369年），政府曾经明令禁止牙行：

> 令天下府州县镇店去处，不许有官牙、私牙。一切客商应有货物，照例投税之后，听从发卖。敢有称系官牙私牙，许邻里坊厢拿获赴京，以凭迁徙化外。若系官牙，其该吏全家迁徙。敢有为官牙私牙，两邻不首，罪同。巡栏敢有刁蹬，多取客货者，许客商拿赴京来。①

但海外朝贡贸易过程相当复杂，而经过常规科举考试出身的市舶官员并不具备太多的商业交易知识，也不精通外国语言文化。因此，通事、牙人等相关居间行业在海外贸易中就显得非常重要。明政府不得不面对现实，复设官牙，"在城市乡村买卖去处则有牙行，在聚泊客舶处则有埠头"②。此后，明政府虽然允许牙行的存在，但仅仅限于官牙，且管理严格。到洪武二十六年（1393年），定罪名"私充牙行"③，违者充军。

如前所述，牙行在海上对外贸易管理执法中的作用主要有以下几项：第一，向政府报告海商所带的品种及数量；第二，对海外贸易商品进行估价，代替买卖双方买进卖出；第三，代为雇佣车船和人丁；第四，开设塌房，为商人寄存海外贸易商品。④

---

① （明）李东阳等撰，申时行等重修：《明会典·万历朝重修本》卷三十五"课程四"，中华书局2007年版，第255页。

② （明）李东阳等撰，申时行等重修：《明会典·万历朝重修本》卷一六四"律例五·市廛"，中华书局2007年版，第846页。

③ （明）李东阳等撰，申时行等重修：《明会典·万历朝重修本》卷一百七十五"罪名三"，中华书局2007年版，第891页。

④ 参见韩大成《明代牙行浅论》，载《社会科学战线》1986年第2期。

第四章

明中叶海上外贸管理法制的调整
（正统—嘉靖）

第一节　海禁法令的高度加强

明中叶，社会商品经济进一步发展，海上对外贸易在国民经济中的地位日显重要，而中国沿海商民想要出海贸易的愿望也愈加强烈。嘉靖年间，由于中日朝贡贸易失误而造成的"宁波争贡事件"，又让明政府的海禁法令进一步加强。中央政府关于海禁的律法条文不断完善，地方政府官员的执行力度不断加大，而地方利益团体的反抗也日渐高涨。海禁与反海禁两派势力的不断斗争，最终演变成一场旷日持久的抗倭大战。而此时，"倭寇"的组成已然与明前期不同，加入了西方因素后的倭患情况异常复杂。

一　立法背景：走私贸易与"嘉靖倭乱"

正统年间，北方陆地边境情势告急，明政府对东南海防更是小心谨慎，试图通过加强海禁法令的实施来减轻海防压力。然而，严苛的海禁并没有给明政府带来预期的效果。海禁法令之下，民间海上对外贸易的发展极具生命力，一时间海上走私贸易成为普遍现象。

（一）海上走私贸易蔚然成风

早在宣德八年（1433 年）重申海禁法令之时，福建沿海的民间海上对外贸易已经发展起来了。到了成化、弘治年间，在海上对外贸易巨额利益的吸引下，浙江、广东、福建沿海，无论平民百姓、豪门巨室甚至政府官员，私通番船已然成为常态。"成、弘之际，豪门巨室间有乘巨舰贸易海外者。"①

弘治、正德年间，朝贡贸易开始改革，对附贡广泛实施抽分制度，海外诸国朝贡热情减退。另外，广东等地区的一些地方官员私下改革，只要愿意抽分即可来贡，许多海商假冒贡使来贡。于是，海禁法令一度弛废。正德时期，崇明地区的沿海百姓甚至敢于使用违法的双桅大船出海贸易。除此之外，更有沿海守卫的官军执法犯法，利用职权走私贸易。正统三年（1438 年），浙江备倭都指挥朱兴指使下属越境贸易②；又有正统五年（1440 年），福建永宁卫指挥佥事高璹利用自己督查的海船走私，导致军士溺水死亡③。类似事件，不胜枚举。

到了嘉靖年间，明朝国内社会经济结构发生了根本性的变化。嘉靖之前，经济作物的普遍种植使农业产品商品化，民间手工业在官营手工业衰落的同时迅速发展，商品的种类与数量大幅增加，为海上对外贸易的发展提供了物质基础。同时，生产力水平的提高加速了社会分工，专业性的商业城镇如雨后春笋般地出现，商人集团的壮大为私人海上对外贸易提供了雄厚的资金保障。明朝的造船业也在这一时期达到了新的高度，船舶设计合理、技术先进、结构坚固、设备齐全、种类繁多，处于世界领先水平。海上对外贸易驱动条件的日益成熟，加上令人眼红的巨额利润，嘉靖时期的海上走私贸易以不可遏制的趋势兴盛起来。一面是民间自发的牟利行为，另一面是明政府强硬的海上管制，冲突成为必然。

（二）嘉靖倭乱

"嘉靖倭乱"以明嘉靖年间为中心，持续至隆庆、万历时期大约 40 年的时间。如果说元末明初时候的倭患主要是日本海盗劫掠中国沿海的话，那明中叶之后的"倭寇"则为中国走私海商和日本人的混合部队，甚至连初次在东南亚海域现身的葡萄牙人都被当成了倭寇的同类。当然，其中最主要的是两股势力，一是以汪直等人为首的武装海寇商人集

---

① （明）张燮：《东西洋考》卷七"饷税考"，中华书局 1981 年版，第 131 页。

② 《明英宗实录》卷四十一，正统三年四月丁卯，（台北）"中研院"历史语言研究所 1962 年版，第 802 页。

③ 《明英宗实录》卷七十四，正统五年十二月癸酉，（台北）"中研院"历史语言研究所 1962 年版，第 1433—1434 页。

团，一是日本破产农民与武士组成的日本海盗团伙。① 因此，明中期的倭寇，已然不是单纯的日本海盗作乱了。无论当时的中国人在"倭寇"中所占比重到底有多大，都不可否认海禁法令加强之后，"倭乱"破坏力的增大。而这一点，就连明朝当时也已有许多有识之士清楚地认识到了：

> 始之禁禁商，后之禁禁寇，禁愈严而寇愈盛……向之互市，今则向导；向之交通，今则勾引。于是海滨人人皆贼，有诛之不可胜诛者……推原其故，皆缘当事重臣意见各殊，更张无渐，但知执法，而不能通于法之外；但知导利，而不察乎利之弊。……已夫，由海商之事观之，若病于海禁之过严。②

嘉靖倭乱的导火索是嘉靖二年（1523 年）的"宁波争贡"事件。成化四年（1468 年），由幕府、细川氏、大内氏组成的日本勘合船队在回国途中遭遇大内氏袭击，新勘合被劫走。此后，大内氏逐步主宰勘合贸易。嘉靖初年，日本国王原义值年幼，无力控制朝政，大内氏与细川氏因为朝贡权势同水火。于是，当大内氏派遣宗设谦道为正使赴明朝贡时，细川氏亦强迫幕府交出已过期的弘治勘合，派遣鸾冈瑞佐为正使、明人宋素卿为副使的船队赴明朝贡。两队人马到达宁波后，宋素卿私下贿赂市舶太监赖恩。赖恩因此徇私违反法律法规，让后到的细川船队优先验货，还让瑞佐等人坐于宗设的上座。宗设非常不满，当场争斗起来。冲突之下，赖恩有意偏袒，暗中资助宋素卿兵器，械斗一发不可收拾。宗设不仅烧毁了市舶司的嘉宾堂，洗劫了宁波守军的兵器库，还一路追杀对手，沿途殃及众多明朝守军和无辜百姓。

这起日本贡使为争夺合法地位而发生的大祸乱后果极其恶劣，不仅严重影响了中日朝贡贸易的进行，还给了明政府力主严厉实施海禁法令的一

---

① 有学者认为，明朝中叶的倭乱实质上是"内乱"而非"外犯"，大多数为中国人。但也有学者持反对意见，认为已有史料并不能确定中国人在倭寇中的数量为多数，且王直等人的作用充其量只是激化了倭寇的破坏性。参见戴裔煊《明代隆庆间的倭寇海盗与中国资本主义的萌芽》，中国社会科学出版社 1982 年版，第 16 页；李金明《明代海外贸易史》，中国社会科学出版社 1990 年版，第 103—106 页。

② （明）谢杰：《虔台倭纂》上卷"倭原二"，国立中央图书馆民国三十六年版，第 7—9 页。

派官员以口实。兵科给事中夏言因此上疏"祸起市舶",礼部随后请罢市舶司,最终导致中日官方朝贡贸易的中止和浙江市舶司的废止。正当的勘合贸易被断绝后,日本的贸易需求只能通过海上走私渠道获取。嘉靖二十三年(1544年)七月,寿光使团来宁波求贡,因贡期未到被拒,只能退到宁波外海。进退失据时,双屿岛的许栋海商集团与其进行了贸易。此后,中日私人海上对外贸易势不可遏。中国走私海商鉴于获利颇丰,多愿意与日本商人交易,有些甚至远航至日本沿海岛屿,比如李光头、许栋、王直(汪直)等海商集团。如此可观的获利渠道,一旦被明政府围堵,内外两股势力互相勾结,亦商亦盗,后果便是"倭乱"了。

二　法律内容

正统十四年(1449年)六月,就在"土木堡之变"前,明英宗应福建巡海按察司官员的上奏,令刑部重申海禁法令。[①] 景泰三年(1452年),福建漳州府发生郑孔目通番为寇案,代宗又命刑部出榜海禁法令。[②] 此外,代宗还命都察院出榜禁约各布政司,严管各关津要道,严惩私自海外贸易的涉案人员。从《明实录》的记载中可以看到,类似的申谕在嘉靖之前也是时有所见。

嘉靖"宁波争贡"事件之后,明政府不仅断绝了与日本的朝贡贸易关系,还加强了海防力度以备倭。在这种"守备为上"的习惯性思维下,自嘉靖三年(1534年)开始,海禁法令被一再加强。嘉靖年间的海禁法令,起初多以皇帝对官员奏呈的批示作出,以诏布示天下。嘉靖中期,为了更好地实行海禁相关法令,明政府将之前的相关法律法规进行整理,将其系统化、条文化,作为《大明律》中"私出外境及违禁下海"条文的补充规定,编入嘉靖二十七年(1548年)颁布的《嘉靖新例》中。此外,嘉靖二十九年(1550年)颁行的《重修问刑条例》中,对于海禁法令也作出了新的要求。

总体来说,明中期海禁法令的内容包含以下几个方面。

---

① 《明英宗实录》卷一七九,正统十四年六月壬申,(台北)"中研院"历史语言研究所1962年版,第3474—3475页。

② 《明英宗实录》卷二二○,景泰三年九月癸巳,(台北)"中研院"历史语言研究所1962年版,第4750页。

（一）严禁私自经营海上对外贸易

明中期包含严禁民间私自经营海外贸易的律文见表4-1。

表4-1　　　　　　明中期严禁私自经营海外贸易的律文

颁布时间	法律内容	法律渊源
正统十四年（1449年）六月	旧例，濒海居民私通外夷，贸易番货，漏泄事情，及引海贼劫掠边地者，正犯极刑，家人戍边，知情故纵者罪同。	诏（《明实录》①）
景泰三年（1452年）六月	命刑部出榜禁约福建沿海居民，勿得收贩中国货物，置造军器，驾海交通琉球国，招引为寇。	诏（《明实录》②）
景泰年间	外夷经过处所，务要严加体察，不许官员军民铺店之家私与交易物货，夹带回还，及通同卫所，多索车杠人夫，违者全家发海南卫充军。其该用人夫车辆，十分为率，军卫三分，有司七分。永为定例。	诏（《典故纪闻》③）
成化十二年（1476年）二月	宜令云南、两广镇守总兵、巡抚诸臣严守备，缮城池，训军马，申通番之禁。	诏（《明实录》④）
弘治六年（1493年）十一月	又有贪利之徒治巨舰，出海与夷人交易，以私货为官物，沿途影射。今后商货下海者，请即以私通外国之罪罪之。都察院覆奏从之。	诏（《明实录》⑤）
正德年间	凡沿海去处获下海船只除有票号文引，许令出洋外……前往番国买卖，潜通海诚，同谋结聚，及为向导，劫掠良民者，正犯比照谋叛已行律处斩，仍枭首示众，全家发边卫充军。凡守把海防武职官员，……许令货船私人，串通交易，遗患地方，及引惹番贼，海寇出没，害我居民，除真犯死罪外，其余俱问受财枉法罪名，发边卫永远充军。	（《大明会典》⑥）

① 《明英宗实录》卷一七九，正统十四年六月壬申，（台北）"中研院"历史语言研究所1962年版，第3474页。

② 《明英宗实录》卷二一七，景泰三年六月辛巳，（台北）"中研院"历史语言研究所1962年版，第4686页。

③ （明）余继登撰，顾思点校：《典故纪闻》卷十二，中华书局1981年版，第225页。

④ 《明宪宗实录》卷一五〇，成化十二年二月己亥，（台北）"中研院"历史语言研究所1962年版，第2750页。

⑤ 《明孝宗实录》卷八十二，弘治六年十一月乙卯，（台北）"中研院"历史语言研究所1962年版，第1553页。

⑥ （明）李东阳等撰，申时行等重修：《大明会典》卷一百六十七"刑部·私出外境及违禁下海"，新文丰出版公司1989年版，第2326—2327页。

续表

颁布时间	法律内容	法律渊源
嘉靖三年（1524 年）四月	交结番夷互市、称贷、绍财、构衅及教诱为乱者，如川广云贵陕西例；……各论罪。	榜文（《明实录》①）
嘉靖八年（1529 年）十二月	禁沿海军民勿得私充牙行，居积番货，以为窝主。……违者一体重治。	榜文（《明实录》②）
嘉靖十二年（1533 年）九月	自后沿海军民私与贼市，其邻舍不举者连坐。	诏（《明实录》③）
嘉靖二十九年（1550 年）	凡夷人贡船到岸，未曾报官船验，先行接买番货及为夷人发买违禁货物者，具发边卫充军。……	例（嘉靖《重修问刑条例》④）
	擅造违式大船，将带违禁货物，往番国买卖，潜通海贼，同谋结聚，及为向导，劫掠良民者，正犯极刑。	
	海防武职，听受分利，私通番货，贻害地方，及引惹海寇，戕害居民者，除真犯死罪外，边卫永远。	

　　如果说正统、景泰年间的海禁法令更多的还是在重复强调明前期海禁内容的话，正德年间颁行的《大明会典》就进一步加大了违禁出海的惩罚力度。它明确民商出海必须有官方出具的"票号文引"，如若违反法律规定，将比照"谋叛罪"处以死刑并枭首示众，家人发配边疆充军，处罚可谓极其严酷。而嘉靖年间的海禁法令则更是层层递进、逐步升级，从当事人自行承担法律责任到邻里间的连坐，愈加严厉。

（二）严格限制民间下海船舶规模

　　明中期包含严格限制民间出海船舶规模的法律规定的律文见表 4 - 2。

---

　　①　《明世宗实录》卷三八，嘉靖三年四月壬寅，（台北）"中研院"历史语言研究所 1962 年版，第 957 页。

　　②　《明世宗实录》卷一〇八，嘉靖八年十二月戊寅，（台北）"中研院"历史语言研究所 1962 年版，第 2551 页。

　　③　《明世宗实录》卷一五四，嘉靖十二年九月辛亥，（台北）"中研院"历史语言研究所 1962 年版，第 3488—3489 页。

　　④　怀效锋点校：《大明律》，法律出版社 1999 年版，第 399 页。

表4－2 明中期限制民间出海船舶规模的律文

颁布时间	法律内容	法律渊源
正德年间	若奸来势要及军民人等，擅造二桅以上违式大船，……正犯比照谋叛已行律处斩，仍枭首示众，全家发边卫充军。其打造前项海船，卖与夷人图利者，比照私将应禁军器下海因而走泄事情律，为首者处斩，为从者发边卫充军。	（《大明会典》①）
嘉靖三年（1524年）四月	揽造违式海船私鬻番夷者，如私将应禁军器出境因而事泄律，各论罪。	榜文（《明实录》②）
嘉靖四年（1525年）八月	浙福二省巡按官，查海舡但双桅者即捕之，所载虽非番物，以番物论，俱发成边卫。官吏军民知而故纵者，俱调发烟瘴。	诏（《明实录》③）
嘉靖四年（1525年）	将沿海军民私造双桅大船尽行拆卸，如有仍前撑驾者即便擒拿，检有松杉板木枝圆藤靛等物，计其贯数，并硫黄五十斤以上，俱比照收买贩卖苏木、胡椒至一千斤以上，不分首从，并将接买牙行及寄顿之人，俱问发边卫充军，船货入官。其把守之人，并该管里老官旗，通同故纵，及知情不举者，亦比照军民人等私出外境钓豹、捕鹿等项，故纵隐蔽例，俱发烟瘴地面，民人里老为民，军丁充军，官旗军吏带俸食粮差操。仍给榜文，通行浙、福二省海道地方，常川张挂，晓谕禁约。	榜文（《明会典》④）
嘉靖八年（1529年）十二月	势豪违禁大船，举报官拆毁，以杜后患。违者一体重治。	榜文（《明实录》⑤）
嘉靖十二年（1533年）九月	一切违禁大船尽数毁之。	诏（《明实录》⑥）

---

① （明）李东阳等撰，申时行等重修：《大明会典》卷一百六十七"刑部·私出外境及违禁下海"，新文丰出版公司1989年版，第2326—2327页。

② 《明世宗实录》卷三八，嘉靖三年四月壬寅，（台北）"中研院"历史语言研究所1962年版，第957页。

③ 《明世宗实录》卷五四，嘉靖四年八月甲辰，（台北）"中研院"历史语言研究所1962年版，第1333页。

④ （明）李东阳等撰，申时行等重修：《明会典·万历朝重修本》卷一百三十二"镇戍七"，中华书局2007年版，第678页。

⑤ 《明世宗实录》卷一〇八，嘉靖八年十二月戊寅，（台北）"中研院"历史语言研究所1962年版，第2551页。

⑥ 《明世宗实录》卷一五四，嘉靖十二年九月辛亥，（台北）"中研院"历史语言研究所1962年版，第3488页。

续表

颁布时间	法律内容	法律渊源
嘉靖二十九年 （1550 年）	擅造违式大船，将带违禁货物，往番国买卖，潜通海贼，同谋结聚，及为向导，劫掠良民者，正犯极刑。	例（嘉靖《重修问刑条例》①）
	若打造违式海船，卖与夷人图利者，比依私将应禁军器下海因而走泄事情，处斩，仍枭首示众。……	
	军官人等擅造二桅以上违式大船，将带违禁货物下海，前往番国买卖，潜通海贼，同谋聚结及为向导，劫掠良民者，正犯处以极刑，全家发边卫充军。	
	打造海船卖于夷人图利，为从者。	
嘉靖三十三年 （1554 年）	提准南直隶、浙、福、广东等处，有将双桅大船下海，及沿海居民遇夷船乘风漂泊私送水米者，俱坐通番重罪。	诏（《明会典》②）

明中期，政府为了彻底断绝百姓私自下海经商的可能性，对海船大小严格限制，规定不允许建造二桅以上的海船。因为普通近海的捕鱼活动不需要大型船只，而要进行真正的远洋航行则对船只有较高的要求，一般情况下二桅以下的船舶是不可能出海贸易的。而嘉靖年间不仅不许使用违禁船舶，更是要将相关海船拆毁，以绝后患。

（三）禁止私自出口违禁物品

明中期包含禁止百姓擅自出口违禁物品的法律规定的律文见表 4 - 3。

表 4 - 3　　　　　　明中期禁止私自出口违禁物品的律文

颁布时间	法律内容	法律渊源
正德年间	凡沿海去处获下海船只除有票号文引，许令出洋外，若奸来势要及军民人等，……将带违禁货物下海，前往番国买卖，潜通海诚，同谋结聚，及为向导，劫掠良民者，正犯比照谋叛已行律处斩，仍枭首示众，全家发边卫充军。	（《大明会典》③）

① 怀效锋点校：《大明律》，法律出版社 1999 年版，第 399 页。

② （明）李东阳等撰，申时行等重修：《明会典·万历朝重修本》卷一百三十二"镇戍七"，中华书局 2007 年版，第 678 页。

③ （明）李东阳等撰，申时行等重修：《大明会典》卷一百六十七"刑部·私出外境及违禁下海"，新文丰出版公司 1989 年版，第 2326—2327 页。

续表

颁布时间	法律内容	法律渊源
嘉靖三年（1524年）四月	私代番夷收买禁物者，如会同馆内外军民例……各论罪。	榜文（《明实录》①）
嘉靖二十九年（1550年）	将应禁军器卖与夷人图利者，必将军器出境，走泄事情者律。……私自贩卖硫黄、焰硝，卖于外夷者，不拘多少，比私将军器出境律。	例（嘉靖《重修问刑条例》②）
	军官人……将带违禁货物下海，前往番国买卖，潜通海贼，同谋聚结及为向导，劫掠良民者，正犯处以极刑，全家发边卫充军。	
	私卖硝黄与外夷及边海贼寇，为从者。	

与明前期一样，明政府不允许进行进出口贸易的相关商品是不得违法走私贸易的。

（四）禁止民间收买进口商品

明中期包含禁止百姓擅自收买进口商品的法律规定的律文见表4-4。

表4-4　　　　　明中期禁止民间收买进口商品的律文

颁布时间	法律内容	法律渊源
正德年间	若止将大船雇与下海之人，分取番货，及虽不曾造有大船，但纠通卜海之人，接买番货，与探听下海之人，番货到来，私买贩卖苏木、胡椒，至一千斤以上者，俱发边卫充军，番货并入官。	《大明会典》③
嘉靖三年（1524年）四月	凡番夷贡船，官未报视而先迎贩私货者，如私贩苏木、胡椒千斤以上例……各论罪。	榜文（《明实录》④）
嘉靖二十九年（1550年）	先行接买番货及为夷人发买违禁货物者，具发边卫充军。……若止将大船雇与下海之人，分取番货，及虽不曾造有大船，但纠通下海之人，接买番货者，俱问发边卫充军。其探听下海之人，番货到来，私自收买贩卖，若苏木、胡椒至一千斤以上者，亦问发边卫充军，番货入官。	例（嘉靖《重修问刑条例》⑤）

---

① 《明世宗实录》卷三八，嘉靖三年四月壬寅，（台北）"中研院"历史语言研究所1962年版，第957页。

② 怀效锋点校：《大明律》，法律出版社1999年版，第399页。

③ （明）李东阳等撰，申时行等重修：《大明会典》卷一百六十七"刑部·私出外境及违禁下海"，新文丰出版公司1989年版，第2326—2327页。

④ 《明世宗实录》卷三八，嘉靖三年四月壬寅，（台北）"中研院"历史语言研究所1962年版，第956—957页。

⑤ 怀效锋点校：《大明律》，法律出版社1999年版，第399页。

为了彻底断绝海上走私贸易的国内市场，明中叶的法律法规继续禁止民间收买番货。像苏木、胡椒之类的进口商品，一旦私下收买到达一定的数量，将会受到充军的惩罚。

三　海禁法令加强后的实施效果

明中叶，政府厉行海禁法令，但凡一切违禁出海贸易的私人商船均列为走私。海上走私贸易到了嘉靖年间愈加猖獗，屡禁不鲜。嘉靖四年（1525 年）八月，浙江巡按御史潘傲报告漳州、泉州等地的军民经常私造双桅大船下海。① 嘉靖十二年（1533 年），兵部奏报浙江、福建百姓私造大船、擅用军火、违禁商贩。② 嘉靖十三年（1534 年）记载，直隶、闽、浙一代的百姓经常违禁下海以图利，仅到达松门一处的"犯禁通番"船只就达 50 余艘。③ 嘉靖十五年（1536）年，兵部官员报告漳州龙溪等地百姓素以航海通番为生，豪门大户更是私造巨舟、接济海寇、相倚为利。④ 嘉靖二十三年到二十六年（1544—1547 年）的三年里，朝鲜国王遣送福建下海通番海商回国的人数就多达 1000 余名。⑤ 所以，严格的海禁法令并没有切断私人海上对外贸易，相反海上走私却愈演愈烈，出现了禁而不止的反常景象。"片板不许下海，艨艟巨舰反蔽江而来；寸货不许入番，子女玉帛恒满载而去。"⑥

海禁法令加强后，明政府的执法呈现出以下几个特点。

（一）地方执法力度严于中央立法

律法的执行程度因人因地而异，在海上走私贸易最为活跃的浙江、福建沿海，海禁法令的执行最为严厉。在福建，政府对于海船一律严查：

---

① 《明世宗实录》卷五四，嘉靖四年八月甲辰，（台北）"中研院"历史语言研究所 1962 年版，第 1327—1328 页。

② 《明世宗实录》卷一五四，嘉靖十二年九月辛亥，（台北）"中研院"历史语言研究所 1962 年版，第 3488 页。

③ 《明世宗实录》卷一六六，嘉靖十三年八月癸丑，（台北）"中研院"历史语言研究所 1962 年版，第 3653—3654 页。

④ 《明世宗实录》卷一八九，嘉靖十五年七月壬午，（台北）"中研院"历史语言研究所 1962 年版，第 3997 页。

⑤ 《明世宗实录》卷三二一，嘉靖二十六年三月乙卯，（台北）"中研院"历史语言研究所 1962 年版，第 5963 页。

⑥ （明）谢杰：《虔台倭纂》上卷"倭原二"，国立中央图书馆民国三十六年版，第 7 页。

"见船在海有兵器、火器者，不问是否番货，即捕治之，米谷鱼盐之类一切厉禁。"① 浙江巡抚朱纨也曾下令禁止下海捕鱼。而在嘉靖《重修问刑条例》中明确规定："若小民撑使单桅小船，于海边近处，捕取鱼虾，采打柴木者，巡捕官旗军兵不许扰害。"② 地方官员自行加大对于中央立法的执法力度，公然违背律法中允许下海捕鱼的规定，另立章程。对于这种现象，中央政府却并没有予以追究。可见，明中期，朝廷整体对于海禁的意识可谓非常强烈。

闽浙的地方官员在中央严厉的海禁法令之外，还经常私自制定特殊的具体措施来保证海禁法令能有效实施。如景泰四年（1453 年），漳州知府谢骞针对月港、海沧等地百姓下海买卖香料等货物的违法行为，制定了严格的人口流动控制措施：第一，当地的人户必须随地编甲、置总，每总置牌一联，每五日去官府点校牌；第二，本地居民必须朝出暮归，如有不归者必须禀告官府，不告者事发连坐；第三，违反法定规模的船只全部拆毁，剩下的五六尺小船必须由官府烙上标记才能出航，而且必须朝出暮归。③

嘉靖年间，浙江商人经常将丝绵、药材等通番的商品带去广州交易，然后再将广州的番货带回浙江销售，美其名曰"走广"。浙江按察司副使谭纶对此设计了一整套严密的"保甲法"，与之前谢骞的做法可谓异曲同工：首先，将沿海百姓每十家编一牌，牌内以巷道分为十格后进行标注；其次，十家轮流值日，每家三天，值日时挂牌于家门口；再次，每牌每年轮流担任甲长，管领九家，每十牌每年轮流一名保长，管领百家；最后，如果有人远出不归或有从事海上走私贸易者，牌内值日者必须予以报官，否则十家连坐。④ 如此一来，不仅海外贸易被禁止，国内的沿海贸易也因此全部禁绝。

（二）地方利益团体强势反抗

明朝中央政府对于海禁法令的加强，和地方官军执行海禁力度的加大，极大地威胁了地方豪门势族的利益。这些豪门势族为了攫取海外贸易

---

① （明）郑若曾：《筹海图编》卷四 "福建事宜"，中华书局 2007 年版，第 282 页。

② 怀效锋点校：《大明律》，法律出版社 1999 年版，第 399 页。

③ （明）郑若曾：《筹海图编》卷十二下 "经略四·行保甲"，中华书局 2007 年版，第 830—831 页。

④ 同上书，第 831—833 页。

的巨额利润，无视海禁法令，公然参与海上走私贸易。他们或者与海寇商人相互勾结、包庇窝藏、代为贸易，或者干脆明目张胆地让走私海船打着官方的旗号出入境。当朝廷大举海禁旗号的时候，他们的利益受到了巨大的损害，于是勾结朝官，强势反抗海禁，浙江巡抚朱纨被逼致死就是其中的中心事件。

嘉靖二十六年（1547年），福清人冯淑一伙340多人泛海通番，中央政府旨谕查劾海道官员，朱纨被任命巡抚浙江兼管福建海道，并提督军务。朱纨到任后，巡阅海防发现海防松弛，不堪入目。于是他整顿海防官军、厉行海禁、拆毁违式大船，"革渡船，严保甲，搜捕奸民"[①]。嘉靖二十七年（1548年）五月，朱纨派遣都指挥卢镗领兵，一举捣毁双屿岛的走私贸易巢穴。同时，他发现沿海的豪门势族大多染指海上走私贸易，于是他严查参与走私的权贵豪门。

一时间，浙江的宁波、定海和福建的漳州月港等地的豪门权贵，大多惶惶不可终日。为了自身的利益，他们暗中勾结在朝的同乡官员，千方百计反对朱纨的海禁行动。先是来自福建的巡按御史周亮和给事中叶镗提出，朱纨巡抚浙江兼管福建海防的职权过于繁重，不利于管理，请求改巡抚为巡视，从而削减了朱纨的权力。[②] 之后又有御史陈九德弹劾朱纨，认为他在福建走马溪之役中擒获海贼李光头等人后，就地斩首的行为是"擅杀"，迫使明廷将朱纨免职。[③] 最终，朱纨自杀，成为明中叶厉行海禁法令的牺牲品。

其实朱纨并不是闭关自守的倡导者，他所持的是坚守祖训的传统观念。日本使团在嘉靖二十六年（1547年）六月到达浙江定海后，因未到律法规定的贡期，且来华的使臣和船只超过了法定的数量，而被挡于宁波之外的舟山群岛。朱纨还因此上书，建议按照旧制允许日本使团进港后再做安排[④]，这是嘉靖十八年（1539年）日本朝贡后，再次允许日本入贡。

---

① （清）张廷玉等撰：《明史》卷二百五"朱纨传"，中华书局1974年版，第5404页。

② 《明世宗实录》卷三三八，嘉靖二十七年七月甲戌，（台北）"中研院"历史语言研究所1962年版，第6167页。

③ （清）张廷玉等撰：《明史》卷二百五"朱纨传"，中华书局1974年版，第5405页。

④ （明）陈子龙等撰：《明经世文编》卷二〇五"朱中丞甓余集"，中华书局1962年版，第2162—2164页。

朱纨事件，反映了明朝政府内部对于海禁法令的激烈斗争，也是中央集权与地方利益的博弈。[①] 朱纨在执法过程中，既得不到闽浙地方豪门权贵的帮助，也得不到沿海普通百姓的支持。不得不说，过于严苛的海禁法令因其过度压抑沿海商民出海贸易的实际需求，违背了社会经济发展的客观规律，而失去了它该有的执法推动力。它体现了明朝中央政府与地方关系的失调，是法制脱节的表现。朱纨之后，巡视大臣职位一度被罢而不设，朝中无人敢轻言海禁事。而严打之后的松弛，又导致了另一个麻烦的后果，就是亦商亦盗的海寇集团的逐渐壮大，私人海上贸易进入恶性循环。明政府从此进入了一个进退两难的尴尬境地，禁也不行，弛也不行。

（三）全面严厉打击海上走私贸易

为了彻底实施海禁法令，明政府严厉打击海上走私贸易。走私船只如果遇见政府官兵的追击而抵抗的，将受到极为严厉的处罚。成化八年（1472 年），福建龙溪县的 29 人前往海外贸易，被官兵追击时拒捕，后其船只被风击破，浮水登陆时被抓获，除死于狱中的人外全部诛杀。[②] 对于走私贸易中，冒充政府使臣前往国外贸易的违法行为，明政府的打击尤为残酷。成化七年（1471 年），福建龙溪的丘弘敏等人违禁出海前往满剌加等国贸易。在暹罗的时候，他们诈称自己为明朝使臣，丘弘敏夫妻不仅谒见了暹罗国王及夫人，还接受了珍宝等赏赐。一行人返航至福建时被官府抓获，除现场捕杀的人，丘弘敏等 29 个人被处死，余下 3 个未成年人发广西边卫充军，丘妻冯氏为奴。[③] 此外，即便是一般的海上走私贸易，后果也一样严重。成化二十年（1484 年），停泊在广东潮州的 37 艘海外走私贸易船只被官军追捕，85 人被杀、30 余人被捕，被捕之人或被拷毙狱中，或被淹禁致死，无人存活。[④]

在巨大的利益下，海禁律法虽严峻，但人们依然趋之若鹜。东南沿海

---

① 朱纨之死也有其深层的政治背景，他也算是朝中辅臣严嵩和夏言在政治斗争中的牺牲品。朱纨作为夏言在阁时擢升的第一任浙江巡抚，在夏言倒台被杀后，自然也没能得到善终。

② 《明宪宗实录》卷一〇三，成化八年四月癸酉，（台北）"中研院"历史语言研究所 1962 年版，第 2009 页。

③ 《明宪宗实录》卷九七，成化七年十月乙酉，（台北）"中研院"历史语言研究所 1962 年版，第 1850 页。

④ 《明宪宗实录》卷二五九，成化二十年十二月辛未，（台北）"中研院"历史语言研究所 1962 年版，第 4376 页。

于是出现了许多走私贸易港口，例如广东的南澳①、浙江定海的双屿②、福建漳州诏安的走马溪③。这些走私港口地处航海要道，地势险要。洪武初年因为迁岛民以固海防的政策成为荒岛，明中期逐渐被中外走私海商占为海上走私贸易的集散中心。这些走私海商为了对抗政府的追捕，武装起来，组成了走私集团，史称"海寇"。他们活动范围广泛，盘踞于东南沿海近洋岛屿，其中不乏李光头、许栋、王直等中外闻名的海寇头目。

嘉靖三十一年（1552 年）四月，王直、徐海带引倭寇大举劫掠浙东沿海，"连舰数百，蔽海而至。浙东、西，江南、北、滨海数千里，同时告警"④，史称"壬子之变"。明廷不得再设浙江巡抚兼管福建海防一职，由金都御史王忬担任。王忬上任后，任用卢镗、俞大猷为将，整顿海防，但收效不大。次年，又命南京兵部尚书张经为都察院右副都御史总督南直隶、浙江、山东、两广、福建等地军务，总管东南沿海抗倭。张经到任后，取得了王江泾大捷，但后被严嵩党羽迫害处死。此后，文臣胡宗宪采取剿抚兼用的策略，诱杀王直、徐海，武将戚继光、俞大猷募兵苦战。终于到嘉靖四十五年（1566 年）基本平定倭乱，东南沿海重新恢复稳定。

在这些海寇头目中，王直对于明政府开海禁一直抱有幻想，他曾多次与明政府沟通，希望能开放海禁、准许私人海外贸易。嘉靖二十九年（1550 年），王直以消灭另一海寇头目陈四盼一伙，以"叩关献捷，求通互市"，被明政府拒绝。之后，他以日本的平户、五岛等地为根据地，开始称王，劫掠浙东沿海。嘉靖三十五年（1556 年），胡宗宪派人前往招抚时，王直又一次表达了开禁的要求："我辈昔坐通番禁严，以穷自绝，实非本心，诚令中国贳其前罪，得通贡互市，愿杀贼自效。"⑤ 此后，胡宗

---

① 嘉靖年间有山寇吴平、许朝光等聚集于此。参见（清）顾炎武《天下郡国利病书》第二十六册"福建"，上海古籍出版社 1996 年版，第 255—256 页。

② 嘉靖年间有海寇李光头、许栋等盘踞于此。参见（明）谢杰《虔台倭纂》下卷"倭绩"，国立中央图书馆民国三十六年版，第 1—42 页。

③ 嘉靖二十八年（公元 1549 年），朱纨曾于此擒获海寇李光头等人。《明世宗实录》卷三六三，嘉靖二十九年七月壬子，（台北）"中研院"历史语言研究所 1962 年版，第 6470—6471 页。

④ （清）张廷玉等撰：《明史》卷三百二十二"日本传"，中华书局 1974 年版，第 8352 页。

⑤ 《明世宗实录》卷四三四，嘉靖三十五年四月甲午，（台北）"中研院"历史语言研究所 1962 年版，第 7479 页。

宪正是利用王直这种希望开海禁的迫切心理，诱其解除武装而枭杀之，使其最终成为海禁法令下的又一牺牲品。

第二节　明中期海外朝贡贸易的"弘治新例"

明朝中期，国势衰退，中央财政开始入不敷出。海上对外贸易方面，海禁法令禁而不绝，民间海上走私贸易势不可当，而合法的官方朝贡贸易逐步萎缩。于是，明朝海外贸易开始寻求转机，明政府在中央和地方两个层面开展海外贸易的转型。中央政府方面，明朝开始考虑如何在保持朝贡贸易形式不变的情况下增加经济效益。于是，中央政府对洪武、永乐年间制定的有关抽分、估价的朝贡法律制度进行了大规模的调整，制定了全新的"弘治新例"。

一　立法背景：朝贡贸易的衰退

正统十四年（1449 年）七月，瓦剌也先扰边，英宗率军亲征时于土木堡被俘，史称"土木堡之变"。此后，明朝国力遭受重创，政治腐败、社会动荡，明政府走入内外交困的艰难时期。正统之后，明政府已无太大的热情和财力去支持朝贡贸易，朝贡贸易日渐衰落。

（一）朝贡贸易数量大幅减少

朝贡贸易的持续需要经济上的坚强后盾。明中期，明政府内外交困，自顾不暇，再无精力经营贡舶贸易。在对待来华使臣方面，明政府开始在意经济上的得失，接待水平和回赐力度都比较节制，远远比不上永乐时期的出手大方了。正统四年（1439 年），琉球国前来朝贡时船被海风所坏，使臣请求明朝赠送海舟，礼部一改洪武以来给赐琉球海舟的传统，让福建地方政府在现有海舟中选一艘修葺后赠之。[①]

而海外诸国前来明朝朝贡，大多出于经济利益的考虑，以及寻求政治上的庇护。他们见无利可图，前来朝贡的数量于是大大减少。根据《明史》中景帝、英宗、宪宗、武宗、世宗本纪的记载，正统间自海路前来朝贡的国家有琉球、占城、暹罗、满剌加、爪哇 6 国，共 39 次；景泰间 7

---

① 《明英宗实录》卷五七，正统四年七月甲戌，（台北）"中研院"历史语言研究所 1962 年版，第 1103 页。

国朝贡，15 次；天顺之后，朝贡国再没有超过 6 个，次数一般仅为 11—36 次。①

朝贡数量的大幅度减少，严重影响了明政府中央财政的内府收入。成化七年（1471 年），京师府库椒木短缺。② 嘉靖十五年（1536 年）九月，章圣太后需要海松子调治目泪，内府没有，只能命广东布政司到暹罗地区采购。③ 嘉靖末年，世宗更是多次派人去广东、福建等地采购龙涎香等物，但所获甚少。"先是，上命访采龙涎香十余年尚未获，至是令户部差官往沿海各通番地方设法访进。"④ 这个问题到了嘉靖三十五年（1556 年）依然毫无进展：

> 上谕户部：龙涎香十余年不进，臣下欺怠甚矣，其备查所产之处，具奏取用。户部覆：请差官驰至福建、广东，会同原委官于沿海番舶可通之地，多方寻访，勿惜高价。委官并三司掌印官往俸侍罪矣，获真香，方许开支。⑤

不仅是香料，其他海外珍宝的采购也不尽如人意。嘉靖四十二年（1563 年），世宗对户部采购的珍珠、宝石等海外珍宝不满意，令其多次补充购买。⑥ 相比永乐时期香料堆积如山、赏赐大臣，以至折抵官俸的场景，明朝中期朝贡贸易的萧条景象可见一斑。而朝廷这样不断派遣使臣采办番货，给广东等地的地方政府造成了沉重的经济负担。

---

① 参见（清）张廷玉等撰《明史》卷九—卷十八"本纪"，中华书局 1974 年版，第 115—252 页。

② 《明宪宗实录》卷九七，成化七年十月丁丑，（台北）"中研院"历史语言研究所 1962 年版，第 1846 页。

③ 《明世宗实录》卷一九一，嘉靖十五年九月己卯，（台北）"中研院"历史语言研究所 1962 年版，第 4041 页。

④ 《明世宗实录》卷四二二，嘉靖三十四年五月辛酉，（台北）"中研院"历史语言研究所 1962 年版，第 7329—7330 页。

⑤ 《明世宗实录》卷四三八，嘉靖三十五年八月壬子，（台北）"中研院"历史语言研究所 1962 年版，第 7526—7527 页。

⑥ 《明世宗实录》卷五一八，嘉靖四十二年二月甲子，（台北）"中研院"历史语言研究所 1962 年版，第 8498 页。

（二）朝贡贸易律文成为具文

作为一种官方海外贸易形式，朝贡贸易法律制度维护的是中央政权的政治和经济利益。对于中央政府利益的过度保护，往往会违背经济规律，造成制度内经济激励推动力的丧失。朝贡贸易的收入主要归于内府中央财政，地方政府所获甚少。同时，地方政府还要承担贡使的来往接待、运送贡物等责任，耗费巨大。不仅如此，漂流贡船的修复和明朝出使的舟船，也都由沿海地区的地方财政来承担，真可谓"劳扰军民"[①]。由此，对于地方政府而言，朝贡贸易完全是个负担巨大的亏本买卖。所以，沿海地区地方政府对朝贡贸易缺乏热情是完全可以理解的。地方官员真正感兴趣的，是那些打着朝贡旗号前来贸易的商舶，或者假借风漂进港的番船。对这些船只，地方政府既不需要提供贡舶的各种服务，又不需要给予税收上的优惠，还可以进行抽分。

另外，自朝贡贸易数量减少后，主持朝贡的市舶官员无所事事。他们看见地方官员手中的商舶贸易日趋兴旺，认为有利可图，便想抢夺相关权力。于是，市舶宦官与地方政府之间展开了商舶贸易相关权力的争夺。市舶太监在此过程中利用权势，完全不按律法办事，朝贡贸易法律制度不断被破坏。主管朝贡贸易的市舶太监与沿海地区的地方官员从自身利益出发，将朝贡贸易法律制度置之脑后，不仅默许违例朝贡，而且参与走私、从中牟利。其中，广东市舶太监韦眷的行为引起了朝廷的极大争议。

成化二十二年（1486 年），海外商人马力麻假冒苏门答剌使臣前来朝贡，私下贸易，韦眷收了好处后不予追究。同年，撒马尔罕使臣怕陆湾贿赂韦眷，想在回国途中违规从海路去往满剌加贸易，韦眷竟然答应了他的请求，后来因为广东布政使陈选极力阻止才作罢。[②] 弘治二年（1489 年），撒马尔罕国王遣使从满剌加自海路来贡狮子、鹦鹉等物，韦眷等官员"违例起送"，并委托官员护送番使上京。对此，礼部给事中韩鼎不予奏报。礼部官员倪岳更是上奏指出撒马尔罕的贡道应由陕西、甘肃的陆路入境，而非海道，此次朝贡行为诸多违法，请求却贡。

---

① 《明英宗实录》卷五七，正统四年七月甲戌，（台北）"中研院"历史语言研究所 1962 年版，第 1103 页。

② （明）严从简：《殊域周咨录》卷十五"撒马尔罕"，中华书局 1993 年版，第 485 页。

除此之外，倪岳还要求处理韦眷等违法官员，但孝宗仅仅让官员阻拦使臣，并没有治韦眷等人的罪。正德五年（1510 年）七月，市舶宦官为了抢到广东政府手中"泛海诸船"和"风泊番船"的征税权，规定商舶只要纳税完毕就可以准许互市，完全破坏了"非入贡不得互市"的法律规定。

可见，明朝中期，官方不同利益集团对于海上对外贸易的利益抢夺，造成了朝贡贸易法律制度形同虚设。前来朝贡的使臣不按贡道、不守贡期、不验勘合等违例行为时有发生，朝贡贸易律文变成一纸具文。朝廷禁令不绝，却有令不行，朝贡贸易法律制度亟须改革。

二　"弘治新例"的法律内容

在经济情况困难的明中叶，政府开始考虑如何降低官方海外贸易的成本，避免朝贡贸易容易带来的经济亏损。自景泰二年（1451 年），中央政府开始对朝贡贸易法律制度进行调适，确立了"收税则例"。到了弘治年间，更是在此基础上制定了包括"番货抽分给价例"、"内府估验定价例"和"折还物价例"的"给赐番夷通例"，称为"弘治新例"。在"新例"中可以看到，明中期朝贡贸易法律制度的变化主要体现在对贡物的税收和定价制度上。

（一）贡物税收法律规定

景泰二年（1451 年），明政府在"收税则例"中开始针对相关进口商品收税。其中规定，苏木、胡椒等商品每斤税钞牙钱、塌房钞各 670 文。[①]弘治时期，明朝中央政府对洪武时期的"入官货物则例"进行修改，针对番货的抽分给价作出了新的规定——"番货抽分给价例"：

> 凡番国进贡，内国王、王妃及使臣人等附至货物，以十分为率，五分抽分入官，五分给还价值，必以钱钞相兼。国王、王妃钱六分，钞四分；使臣人等，钱四分，钞六分。又以物折还，如钞一百贯铜钱五串，九十五贯折物，以次加增，皆如其数。如奉旨特免抽分者不为例。凡番国进贡船内搜出私货，照例入官，俱不给价。其奉旨给予者

---

①　（明）李东阳等撰，申时行等重修：《明会典·万历朝重修本》卷三十五"课程四·商税"，中华书局 2007 年版，第 257 页。

不为例。①

这里将贡舶所带的附至货物分为两个部分，一半抽分入官，另一半根据价值进行购买，给价的时候钱钞相兼。如果是私藏的货物，则没收入官不给价。但究竟如何区分"附至货物"和"私货"，《大明会典》并没有交代清楚。

（二）贡物定价法律规定

在对番货给价时，前提条件是对其进行定价。

1. 内府估验定价例

首先，针对内府要收购的80多种进口商品，"新例"进行了重新估价。根据《大明会典》的相关记载，当时一些主要进口商品的定价见表4-5。

表4-5　　　　　　　　弘治新例的进口商品定价

商品	单位	定价	特例
赤金	两	钞500贯	
足色银	两	15贯	
锡	斤	500文	琉球8贯
腰刀	把	3贯	
丁香	斤	1贯	
降真香	斤	500文	暹罗10贯
黄熟香	斤	1贯	暹罗10贯
安息香、紫檀木	斤	500文	
丁皮	斤	500文	暹罗2贯
苏木	斤	500文	琉球10贯，暹罗5贯
乌木	斤	500文	暹罗、满剌加俱40贯
胡椒	斤	3贯	琉球30贯，暹罗25贯，满剌加20贯
大玻璃瓶椀	个	3贯	
小玻璃瓶椀	个	2贯	

① （明）李东阳等撰，申时行等重修：《明会典·万历朝重修本》卷一百一十三"给赐四"，中华书局2007年版，第598页。

续表

商品	单位	定价	特例
象牙	斤	500 文	暹罗 10 贯
粟米珠	两	5 贯	
没药	斤	5 贯	满剌加 10 贯
红纹节知被	条	5 贯	
油红布	段	1 贯 500 文	
撒哈剌	匹	100 贯	
豆蔻花	斤	500 文	
肉豆蔻	斤	500 文	暹罗白豆蔻 10 贯
龙涎	两	3 贯	
乳香	斤	5 贯	暹罗 40 贯
勿那朱布、各样粗布	段	1 贯	

资料来源：（明）李东阳等撰，申时行等重修：《明会典·万历朝重修本》卷一百一十三"给赐四"，中华书局 2007 年版，第 598—599 页。

值得注意的是，在新的贡物定价法律规定中，明政府对琉球、暹罗、满剌加的某些商品给予了高出正常估价 2—100 倍的特别高价。这一方面可能是由于某些国家的确是一些商品的优质产地，所以定价会因为商品质量的提升而相对提高，例如肉豆蔻中的暹罗白豆蔻。另一方面，区别定价的商品主要是香料。而香料等商品在明中期的消费量较大，市场需求广泛，属于特别需要进口的商品。最后，琉球、暹罗、满剌加等国前来明朝朝贡的态度一直恭顺，鉴于良好的国家外交关系，经济上的优待在所难免。

2. 折还物价例

除了内府需要收购的商品，其他的一些日常进口商品，像丝绸、毛料、陶瓷、药材和铁锅等，"新例"采用了折还物价的方式（见表 4-6）。

表 4-6　　　　　　　　弘治新例的折还物价例

商品	单位	定价
丝	疋	500 贯

续表

商品	单位	定价
绫子、纱	疋	300 贯
绢	疋	100 贯
青绒毡子、驼褐毡子	疋	600 贯
青花白瓷盘、大瓶	个	500 贯
大椀	个	300 贯
酒海	个	1500 贯
豆青瓷盘、小瓶	个	150 贯
小椀	个	100 贯
麝香	斤	1500 贯
樟脑	斤	100 贯
良姜	斤	25 贯
大黄	斤	30 贯
3 尺阔面铁锅	口	150 贯

资料来源：（明）李东阳等撰，申时行等重修：《明会典·万历朝重修本》卷一百一十三"给赐四"，中华书局 2007 年版，第 598—599 页。

（三）重申贡例

英宗之后，明政府更是面临着九边危机和严峻海防。同时，统治集团对于葡萄牙人东来后亚洲局势的变化茫然无知，将其毫无区别地划入"倭寇"的范畴，更没有在国家层面形成有效的应对策略。虽然中央政府针对"给赐"和"抽分"等朝贡法律规定作出了一定的调整，开始强调经济利益，但海上对外贸易的大方针和基本原则并没有因此变化。明政府始终强调严守祖训，不断申明贡例，力图修补已然失去实际可操作性的朝贡贸易法律体系。

1. 严查朝贡贸易资格

成化五年（1469 年）四月，礼部根据广东市舶司的上奏，要求广东地方官员不仅应该严格审查朝贡贸易的资格，"果无虚诈，方许贸易"，而且务必敦促诸夷来贡时遵循贡道。[①] 弘治五年（1492 年）十月，户部在召集各地巡抚都御史开会时强调：

---

① 《明宪宗实录》卷六六，成化五年四月丙辰，（台北）"中研院"历史语言研究所 1962 年版，第 1324 页。

各番进贡年限，乞行广东布政司出给榜文于怀远驿张挂，使各夷依限来贡。如番舶抵岸，先赴布政司比对勘合，字号相同，贡期不违，然后盘验起送，庶沿海人民不得常与外夷交通，以致起衅招寇。①

弘治六年（1493 年）三月，两广总督都御史闵王圭上奏：

宜照原定各番来贡年限事例，揭榜怀远驿，令其依期来贡。凡番船抵岸，备倭官军押赴布政司，比对勘合相同，贡期不违，方与转呈提督市舶太监及巡按等官，具奏起送。如有违碍，捕获送问。②

2. 严控贡期、贡道及朝贡规模

朝贡贸易的贡期，一直是海外诸国与明政府之间非常纠结的问题。明中叶，中央政府依然严格控制贡期："禁约番船，非贡期而至者即阻回，不得抽分以启事端，奸民仍前勾引者治之。"③嘉靖六年（1527 年）九月，世宗批准了浙江巡按御史杨彝上奏，要求加强对日本贡期的把握：

请令布政司移咨本国（日本），今后遣使入贡，务遵定例。如违，定行阻回。仍令行巡海备倭诸臣，修战具，谨烽堠，选锋蓄锐，以戒不虞。④

对日本贡期的严格控制，本身也是出于对海禁法令的重申，以及海防大计的要求。《大明会典》中也再次明确有关日本朝贡规模的法律规定：

嘉靖六年奏准，凡贡非期及人过百、船过三、多挟兵器，皆阻

---

① 《明孝宗实录》卷六八，弘治五年十月丙辰，（台北）"中研院"历史语言研究所 1962 年版，第 1299 页。

② 《明孝宗实录》卷七三，弘治七年三月己亥，（台北）"中研院"历史语言研究所 1962 年版，第 1367 页。

③ 《明武宗实录》卷一一三，正德九年六月丁酉，（台北）"中研院"历史语言研究所 1962 年版，第 2297 页。

④ 《明世宗实录》卷八十，嘉靖六年九月丙戌，（台北）"中研院"历史语言研究所 1962 年版，第 1779 页。

回。二十九年，定日本贡船每船水夫七十三名、正副使二员、居坐六员、土官五员、从僧七员，从商不过六十人。三十年后，时入寇略，自是朝贡未有至者。①

3. 严守朝贡贸易流程

弘治十三年（1500 年）二月，再次强调确立朝贡贸易具体流程的法律规定：

> 夷人朝贡到京，例许贸易五日，有司拘集铺行，令将带不系违禁货物，两平交易。若原来伴送及馆夫通事人等，引领各夷潜入人家私相交易者，没入价值私货；夷人未给赏者，量为递减。通行守边官员，不许将曾经违犯夷人起送。若夫牌铺行人等，违例私相买卖，枷号示众。
>
> 在京及沿途官吏一应人等，敢有将引夷人收买违禁之物及引诱宿娼，就于各该地方枷号示众。其夷人回还，礼、兵二部各委官盘点行李，验无夹带违禁之物，方许起程。②

对于贡使出入国境的流程，明朝中央政府也一再重申：

> 弘治十一年奏准，南方海外诸国，不必差官送还，如果原来通事别有事故，夷人奏讨不已者，礼部奏请定夺。嘉靖二十九年题准，番僧贡回，差通事序班给批定限，送至四川巡抚衙门交割，只许在省守候批文，不许跟同前去。（嘉靖）三十三年题准，暹罗国使臣告称驿递习难，差通事序班，给批定限，送至福建布政司交割。（嘉靖）三十八年题准，女真夷人贡会还，差通事序班押送出境。（嘉靖）四十三年题准，通事故纵夷人，诈害驿递，改行兵部差指挥等官伴送。……凡琉球国贡使会还，隆庆五年题准，自京至徐州给马匹车

① （明）李东阳等撰，申时行等重修：《明会典·万历朝重修本》卷一百五"朝贡一"，中华书局 2007 年版，第 572 页。

② 《明孝宗实录》卷一五九，弘治十三年二月己亥，（台北）"中研院"历史语言研究所1962 年版，第 2859—2860 页。

辆。徐州至福建，给船只，中经常山玉山等处，不同舟车者，照扛给夫。①

4. 严禁私下通番交易

弘治十一年（1498年），《明会典》中定"交通朝贡番人禁令"，禁止军民与贡使私下非法交易：

> 令迤北小王子等，差使臣人等赴京朝贡，官员军民人等交易，只许光素丝绢布衣服等件，不许将一应兵器并违禁铜铁等物，有违犯者处以极刑。
>
> 又令官员军民人等私将应禁军器卖于夷人图利者，比依将军器出境，因而走泄事情者律，各斩为首者，仍枭首（示）众。
>
> 又令在京在外军民人等于朝贡夷人私通往来，投托管顾，拨置害人，因而透漏事情者，俱问发边卫充军。军职有犯，调边卫带俸差操；通事并伴送人等系军职者，照军职例；系文职有赃者，革职为民。
>
> 又令夷人朝贡到京，会同馆开市五日，各铺行人等入馆两平交易染作布绢等项，立限交还，如赊买及故意拖延，骗勒夷人，久候不得起程，并私相交易者问罪，仍于馆前枷号一个月。若各夷故违，潜入人家交易者，私货入官，未给赏者，量为递减，通行守边官员，不许将曾经违犯夷人起送赴京。
>
> 又令会同馆内外四邻军民人等，代替夷人收买违禁货物者，问罪，枷号一个月，发边卫充军。②

此后，明政府亦一再强调严禁民间涉足朝贡贸易："严加禁约，夷人留驿者，不许往来私通贸易，番舶非当贡年，驱逐远去，勿与抽盘。"③

---

① （明）李东阳等撰，申时行等重修：《明会典·万历朝重修本》卷一百九"宾客·各国通事"，中华书局2007年版，第588页。

② （明）李东阳等撰，申时行等重修：《明会典·万历朝重修本》卷一〇八"朝贡四"，中华书局2007年版，第587页。

③ 《明武宗实录》卷一九四，正德十五年十二月己丑，（台北）"中研院"历史语言研究所1962年版，第3681页。

嘉靖二十九年定的《问刑条例》中的"充军罪"中，更是明确了以下朝贡贸易中的不法行为将承担"充军"的法律责任：

> 军民人等，与朝贡夷人私通，拨置害人，因而透露事情者。
>
> 汉人冒诈番人者。
>
> 会同馆夫，五年以上不替役，及近馆军民用强揽当者。
>
> 会同馆内外四邻人等，代夷收买违禁货物，牙行及棍徒诓赊货物，年久无还，累死客商属军卫者。
>
> 私将应禁军器卖与进贡夷人图利，为从者。①

三 "弘治新例"的实施效果

明前期确立的朝贡贸易制度通过郑和下西洋到达鼎盛，而后逐步走向衰落。到了明中期，政府在立法上对朝贡贸易制度进行一定程度的调整，开始重视经济规律的作用。朝贡贸易法律制度的具体实施较之明前期，出现了一些新气象，也还有许多地方并不尽如人意。总体来说，明中期朝贡贸易法律制度在适用过程中体现出了以下特点。

（一）贡期、贡道等法律规定常因时势而变

虽然明政府在立法上始终强调严守祖训、不断申明贡例，但在实际运用中却往往会因当时的局势和皇帝的想法而不断变化。

1. 琉球

以琉球为例，正德二年（1507 年），宦官刘瑾乱政，琉球使臣趁乱要求修改贡期为每年一贡，获得准许。"（琉球）使者来，请比年一贡。礼官言不可许，是时刘瑾乱政，特许之。"② 对于此次贡期修改的情况，《明实录》中亦有记载：

> 琉球国中山王尚真奏乞每岁一贡。礼部覆议：琉球其初朝贡不时，至成化十一年，因使臣回至福州杀掠为患，始敕令二年一贡。比

---

① （明）李东阳等撰，申时行等重修：《明会典·万历朝重修本》卷一百七十五"罪名三"，中华书局 2007 年版，第 891—892 页。

② （清）张廷玉等：《明史》卷三二三"外国四·琉球"，中华书局 1974 年版，第 8366 页。

以入贡过违期限，乃为此奏，以饰其非。今宜如成化间敕，庶不失驭夷之正法。上以，琉球外夷也，令如旧，岁一入贡。①

因为成化年间琉球贡使的不法行为，明政府以延长贡期对其进行法律制裁。此时的礼部希望能够维持成化年间颁布的律文，以为正法，而武宗却以琉球为外夷，进行了特许。刘瑾一伙被灭后，琉球的贡期又恢复了旧制。嘉靖元年（1522年），世宗即位后不久便修改了琉球贡期，重新恢复了成化时期两年一贡的旧例。"敕琉球国王尚真遵，先朝旧例二年一次朝贡，每船不过150人，仍命福建巡按御史查勘验放。"②不过其中规定的朝贡规模有所扩大，较之先前不过百人的规定，不超过150人的规定有所宽松。

2. 日本

明中期，在日本朝贡的问题上，明政府的管制一直比较严格，当然也偶有违例的情况。嘉靖十八年（1539年）七月，日本国王遣使来贡，距离上次嘉靖二年的来贡时隔17年。世宗命浙江地方官员严加审核后，顺利地完成了朝贡贸易。次年，日本国王派使前来，请求颁给嘉靖新勘合。明政府命其上缴旧勘合后发给新勘合，同时又一次强调十年一贡的法律要求。但日本显然并不愿意遵守贡期的规定，于嘉靖二十二年（1543年）八月再次来贡。明政府严格按照朝贡贸易法律规定，因不合贡期而将其依例阻回，贡物令其带回国。

嘉靖二十六年（1547年），日本使团共四艘船、六百余人来贡。根据对日本朝贡的法律规定，十年一贡，人不得过百，船不过三艘。因而此次日本朝贡，离朝贡贡期还差一年，规模也远远超过了法律规定。浙江巡抚朱纨担心海寇勾结使团，将情况报告朝廷，于第二年六月带50名使臣上京，其余人员留在浙江嘉宾馆。日本使团反复解释朝贡规模的增加实属不得已，明政府对此也并未追究。日本贡使于嘉靖二十八年（1549年）得赏后回国，这也是日本在明朝最后一次官方来贡，此后中日两国关系因倭寇问题而日益恶化。

---

① 《明武宗实录》卷二四，正德二年三月丙辰，（台北）"中研院"历史语言研究所1962年版，第655页。

② 《明世宗实录》卷十四，嘉靖元年五月戊午，（台北）"中研院"历史语言研究所1962年版，第478页。

3. 葡萄牙等国

相比琉球之类的亲信国家，葡萄牙人早期在中国开展官方朝贡贸易的道路，可谓困难重重：

> 佛郎机国差使臣加必丹末等贡方物，请封，并给勘合。广东镇巡等官以海南诸番国无谓佛朗机者，况使臣无本国文书，未可信，乃留其使者以请。下礼部议处，得旨，令谕逐国，其方物给与之。①

正德年间，虽然中央政府因葡萄牙人无朝贡资格而拒绝与其贸易，但广东地方政府还是默许其在中国稍作停留。但到嘉靖年间，葡萄牙人被严禁入境：

> 礼部覆言：佛朗机非朝贡之国，又侵夺邻封犷悍，违法挟货通市，假以接济为名。且夷情叵测，屯驻日久，疑有窥伺，宜敕镇巡等官亟逐之，毋令入境。自今海外诸夷及期人贡者，抽分如例。或不赍勘合，及非期而以货至者，皆绝之。②

这个规定不仅坚决拒绝葡萄牙人入境，而且那些不按贡期、勘合不符的朝贡使臣，也一概被拒之门外。正德年间抽分过后自由贸易的繁华景象，于是不复存在。

（二）逐步重视对贡使不法行为的法律制裁

弘治之前，明政府对外国贡使始终比较宽容。正统年间，琉球国使臣载瓷器等物，去往爪哇国交易胡椒等货物，在东影山遭风后桅杆折断，进港修理时谎称进贡，被福建地方官员拘收人船听候发落。英宗知道后说：

> 远人宜加抚绥，况遇险失所，尤可矜怜，其悉以原收器物给之。听自备物料修船，完日催促起程，回还本国。③

---

① 《明武宗实录》卷一五八，正德十三年春正月壬寅，（台北）"中研院"历史语言研究所1962年版，第3021—3022页。

② 《明世宗实录》卷四，正德十六年七月己卯，（台北）"中研院"历史语言研究所1962年版，第208页。

③ （明）余继登撰，顾思点校：《典故纪闻》卷十一，中华书局1981年版，第198页。

　　不仅如此，当时对于一些贡使的犯罪行为，明政府也往往不予追究。景泰四年（1453 年），日本使臣允澎前来朝贡，进京过程中为非作歹，"至临清，掠居民货。有指挥往诘，殴至死"。① 事后，代宗不仅拒绝了惩治日本使臣的要求，还满足了允澎增加回赐的无礼要求。此后，成化四年（1468 年）十一月，日本贡使清启第二次来贡时，使臣麻答二郎在集市上伤人，礼部请求严加惩治。清启辩称犯法者应该适用本国的法律规定，要求把自己送回国再作惩处，宪宗于是赦免了他。后来礼部据理力争，才赔偿银两给死者家人安排后事。② 正是因为明政府对日本使臣和商人的一味姑息纵容、惩治不力，致使日本使臣更加气焰嚣张、为所欲为，对明朝法律法规无所顾忌，最终导致了"宁波争贡"事件的大祸乱。

　　还有，正统三年（1438 年）八月，爪哇贡使占微在还国途中，于福建莆阳的驿站酗酒行凶，杀死数人后自杀身亡。③ 成化十年（1474 年），琉球贡使在福建杀死怀安县百姓陈二观夫妇，劫其财物、焚其房屋后逃之夭夭。④ 成化十七年（1481 年），暹罗、苏门答剌贡使回国时沿途贩卖贫民子女，贩卖私盐。⑤ 种种劣行，不胜枚举。其中，除成化十年琉球贡使的不法行为最终导致了琉球贡期特权的取消，恢复到两年一贡以外，其他大多数贡使的不法行为，并不曾受到明朝的法律制裁。

　　从弘治年间开始，明政府对待外国贡使的法律约束逐渐加强。弘治二年（1489 年），理应从甘肃嘉峪关陆路朝贡的撒马尔罕贡使，由海路经满剌加至广东，明政府因其贡非由道而却其贡。弘治十三年（1550 年），女真贡使酗酒闹事、伤人性命，明政府取消了朝鲜、琉球朝贡贸易无交易时间限制的特权，不过后来在二国使臣的一再要求下，明政府又恢复旧制。

　　随着海防问题的逐步扩大，明政府对于外国贡使行为的管理渐渐严

　　① （清）张廷玉等撰：《明史》卷三百二十二"日本传"，中华书局 1974 年版，第 8347 页。

　　② 《明宪宗实录》卷六十，成化四年十一月壬午，（台北）"中研院"历史语言研究所 1962 年版，第 1231 页。

　　③ 《明英宗实录》卷四五，正统三年八月乙卯，（台北）"中研院"历史语言研究所 1962 年版，第 867 页。

　　④ 《明宪宗实录》卷一四〇，成化十一年四月戊子，（台北）"中研院"历史语言研究所 1962 年版，第 2614 页。

　　⑤ 《明宪宗实录》卷二一七，成化十七年七月丁酉，（台北）"中研院"历史语言研究所 1962 年版，第 3765 页。

格。嘉靖二十一年（1542 年），因为琉球国为了利益擅自杀害中国百姓的行为，世宗非常愤怒，以绝贡为警告：

> 漳州人陈贵等私驾大舡下海通番，至琉球，为其国长史通事蔡廷美等招引入港，适遇潮阳海船，争利，互相杀伤……得旨：贵等为（违）法通番，着遵国典，从重处治。琉球国既屡与交通，今乃敢攘夺货利，擅自拘杀我民，且诱诬以为贼，诡逆不恭，莫此为甚。夷使蔡廷美本宜拘留重处，念素系朝贡之国，姑从宽放回。后若不悛，即绝其朝贡，令福建守臣备行彼国知之。[①]

又有嘉靖二十六年（1547 年），世宗对于琉球使臣的不法行为赏罚分明，再次以示警告：

> 琉球国夷使陈赋与蔡廷会偕来。廷会者，其先闽人蔡璟，永乐中拨往琉球国充稍水，而产籍在闽，与给事中黄宗概上世有亲。至是，廷会来，宗概与交通贿谒。事觉，逮下诏狱，礼部请并罪赋等，革其赏。上曰：陈赋无罪，给赏如例。蔡廷会交结朝臣，法当重治，念属贡使，姑革赏示罚。蔡璟既永乐中从夷，何得于中国置产立籍？行抚、按官勘明处分具奏。[②]

第三节　地方立法的适度调适

正德、嘉靖年间，朝贡贸易经历了前所未有的冲击，商舶贸易逐渐向公开化发展。沿海的地主、官僚和富商凭借政治和经济特权私自组织商队出海，而平民和普通商人则合伙出海通番贸易。东南沿海地区由于倭患的不断升级，浙闽两省在海禁法令的高度加强下，失去了海外贸易转型的机

---

① 《明世宗实录》卷二六一，嘉靖二十一年五月庚子，（台北）"中研院"历史语言研究所 1962 年版，第 5200—5201 页。

② 《明世宗实录》卷三二八，嘉靖二十六年十二月辛亥，（台北）"中研院"历史语言研究所 1962 年版，第 6076—6077 页。

会。相反，广东因为未受倭患直接影响，海疆相对平静。特别是在葡萄牙人东来后的澳门开埠，促成了这一时期广东地方政府海上对外贸易立法的适度调适。

明中叶，广东海上对外贸易管理法制的转变，主要体现在三个方面：一是正德时期，商舶抽分制度出现，海外贸易税收法制出现了结构性的变化；二是葡萄牙人最终获许在澳门居留贸易，澳门形成了不同于广东的特殊海外贸易管理法制；三是官牙作为海外贸易的中介组织，在这一时期的作用凸显，出现了"十三商行"。广东地区海上对外贸易管理法制这三个方面的变化，被称为"广中事例"①。

一　广东税制改革

"抽分"制度起源于宋元时期，是税收的主要形式。明前期，合法的海外贸易形式只有朝贡贸易，因此律法规定中的抽分也只存在于朝贡贸易中。正统之后的广东，经济残破，仓廪空虚，已无往日之繁华。面对华南地区地方财政日趋紧张的局面，官府不得不广开财源。于是，开征商税、对外通商便成了主要手段之一。正德二年（1507年），广东当局在南雄太平桥设税厂，征收南北往来货物的商税，以充兵饷。

（一）商舶抽分法律制度的公开确立

从嘉靖《广东通志》的记载中，我们可以发现，自正德四年（1509年）起，因暹罗船因风漂流到广东境内，都御史陈金等人开始正式向朝廷提请，要求允许地方政府对番舶抽分十分之三，商舶抽分制度自此公开确立：

> 布政司案：查得正统年间，以讫弘治，节年俱无抽分。惟正德四年，该镇巡等官、都御史陈金等题，要将暹罗、满剌加并吉阑国夷船货物俱以十分之三抽分。该户部议将贵细解京，粗重变卖，留备军饷。至正德五年，巡抚两广都御史林廷选题议各项货物着变卖存留本处，以备军饷之用。正德十二年，巡抚两广都御史陈金会勘副使吴廷举，奏欲仿宋朝十分抽二，或依今日事例，十分抽三，贵细解京，粗重变卖，收备军饷；题议只许十分抽二。本年内占城国进贡，将附搭

---

① 参见李庆新《明代海外贸易制度》，社会科学文献出版社2007年版，第253页。

货物照依前例抽分。①

万历《广东通志》中，也有类似记载：

> 国朝洪武至弘治，诸国贡至，皆取自上裁多寡为例，抽分无考。正德四年都御史陈金始奏以十分抽三为率，贵细解京，粗重变卖，留备军饷。都御史林富复申明变卖专留本处备饷。从之。十二年，陈金再镇，时副使吴廷举奏请或仿宋朝十分抽二，或依近日事例十分抽三，其贵细、粗重分别如前，陈金议从今日例。部议覆定十分抽二为常。②

可见，正德年间广州税制的改革是在两广当局官方的主导下进行的，并得到了中央政府的认可和支持。其中，两广总督陈金、林富和海道副使吴廷举，在改革的过程中起了关键性的作用。然而，这里还有一个非常重要的问题需要我们明确：正德年间广东确立的抽分制度，到底针对的是贡舶还是商舶？

如前文所述，明前期针对朝贡的附进物，中央政府一般采用"给价收买"的方式。到了弘治时期，"番货抽分给价例"中明确规定贡舶所带的附至货物分被为两个部分，一半抽分入官，另一半根据价值进行购买。可知，针对贡舶进口的税率，中央政府已经在弘治时期予以确立，广东政府不可能在此进行更改。所以，正德时期确立的抽分制度针对的应该是商舶进口货物。这一点，从前引文嘉靖《广东通志》中"本年内占城国进贡，将附搭货物照依前例抽分"的字里行间也可以推论得出。言下之意，占城前来朝贡贸易的附搭贡物抽分，也参照正德年间确立的税率。如果正德抽分指的本就是贡舶，何需多此一句？

另外，从明中期广东海外贸易的实际情况来看，真正的贡舶数量早已大不如前，更多的是假借朝贡之名的商舶。商舶贸易虽然不是合法贸易，但在广东地区大量存在。这一现象在 16 世纪的葡萄牙文献中，也可以得

---

① （明）郭棐：《广东通志》卷六十九"外志四·番夷"，齐鲁书社 1996 年版，第 700—701 页。

② 同上。

到印证。1515 年，葡萄牙人托梅·皮雷斯（Tome Pires）在《东方概要》中提到，外国商人去广州交易分两种，一种是外国国王遣使而来的有勘合的朝贡贸易，可以在广州城内交易；而另一种没有"印信"的商舶贸易就只能在城外交易了，一般在距离广州 30 里格①的南头岛。② 显然，当时的广东政府默许乃至接受了商舶贸易的发展。所以，广东地方政府如果想依靠征收进口商品税来扩大财政收入，针对的必然是繁荣的商舶，而非稀少的贡舶。

除《广东通志》外其他的中国史料文献中，关于广东地区税制的变化并没有留下太多的详细记录。这也许和商舶贸易本身并不符合当时明朝律法的规定有关，属于地方性的操作，有些细节实在"摆不上台面"。随着商舶征税的形成，以及贡舶免税优惠的取消，贡舶与商舶的区分意义不大，朝贡贸易的地位进一步下降。

（二）商舶进口商品的税收法律规定

从嘉靖和万历《广东通志》的记载中看到，正德四年（1509 年）刚确立商舶抽分时，广东政府要求的税率是十分之三，针对的对象是暹罗、满剌加等国的商船：

> 惟正德四年，……要将暹罗、满剌加并吉阐国夷船货物俱以十分之三抽分。该户部议将贵细解京，粗重变卖，留备军饷。③

中央政府同意后，要求将抽分后所得"贵细"部分上交中央财政，"粗重"部分允许地方变卖后留作军饷。次年，两广巡抚林富要求将抽分所得全都留存地方政府财政收入，以备军饷：

> 至正德五年，巡抚两广都御史林廷选题议各项货物着变卖存留本处，以备军饷之用。……都御史林富复申明变卖专留本处备饷。从之。④

---

① 1 里格等于 5 公里。

② 参见澳门《文化杂志》编《十六和十七世纪伊比利亚文学视野里的中国景况》，大象出版社 2003 年版，第 6—9 页。

③ （明）郭棐：《广东通志》卷六十九"外志四·番夷"，齐鲁书社 1996 年版，第 700 页。

④ 同上书，第 701 页。

可见此时，地方政府要求享有商舶税收所带来的全部利益。到了正德十二年（1517 年），两广巡抚陈金和海道副使吴廷举一起，仿照宋朝抽分制度，确立了十分之二的商舶税率：

> 正德十二年，巡抚两广都御史陈金会勘副使吴廷举，奏欲仿宋朝十分抽二，或依今日事例，十分抽三，贵细解京，粗重变卖，收备军饷；题议只许十分抽二。……部议覈定十分抽二为常。[①]

至此，商舶税率从 30% 下降为 20%，成为常例。同时明确了"贵细"部分上交中央财政、"粗重"部分留作地方军饷的利益划分方式。对于这个税率，在葡萄牙人莱昂内尔·德·索萨（Leonel de Sousa）于 1554 年（嘉靖三十三年）写给葡萄牙亲王唐·路易斯（Dom Luis）的信中也有提及，葡萄牙人当时需要向广东地方政府缴纳 20% 的"关税"。[②] 然而在实际操作中，并不是所有进口货物的税率全部都是 20%。根据葡萄牙人托梅·皮雷斯的描述，当时广州胡椒的关税为 20%，胭脂和新加坡乌木的关税高达 50%，而其他货物的关税大多为 10%。[③] 正德抽分之后，商舶中进口商品的税收由广东市舶司收取。

（三）实施效果

对于明中期的民间海上对外贸易的发展，张维华先生曾概括说：

> 事实上，当时沿海地方官吏久已不遵成宪，而是故作痴呆地默允一部分私商的活动。积而久之，私人的海外贸易成了既成的事实。这样的一种转变，不能看做仅仅是统治集团内部的问题，而是反映了当时中国社会内部普遍的具有发展海外贸易的要求。所以旧日的海禁政策以及对于朝贡关系的海外贸易那些控制的办法，迟早是要变更的。[④]

---

① （明）郭棐：《广东通志》卷六十九"外志四·番夷"，齐鲁书社 1996 年版，第 701 页。

② 参见金国平编译《西方澳门史料选粹（15—16 世纪）》，广东人民出版社 2005 年版，第 217—225 页。

③ 参见澳门《文化杂志》编《十六和十七世纪伊比利亚文学视野里的中国景况》，大象出版社 2003 年版，第 8 页。

④ 张维华：《明代海外贸易简论》，上海人民出版社 1956 年版，第 34 页。

正德年间明政府立法上的这种变化，正是适应了客观形势发展的要求。

1. "广中事例" 模板的树立

正德年间开始的商舶抽分法律制度是 "广中事例" 的核心内容，不仅体现了广东地区海外贸易管理法制的良好调整，更为沿海其他地区提供了可供参考的模板。嘉靖三十四年（1555 年），海寇头领汪直就曾经提议浙江地方政府参照 "广中事例" 开放私人海上贸易。嘉靖中期，兵部尚书郑晓建议开放市舶，政府从中抽税以充当军饷。[①] 广东地区商舶贸易的开放，使广州又一次成为中国的第一海外贸易大港，众多中外海商慕名前来互市贸易：

> 这个省的商人比其他任何省份的都富有，因为那些省区据说根本就没有什么商品交易。除广东省以外，中国没有其他任何一省同国外有商业往来，他们知道外部世界的情况很少，因为外国人不能进入中国内地，中国内地的人们也不能到外界去。同外界的商品交易只是在海上进行。由于这样，广东这个省在海外非常出名，广州则成了中国全国对外贸易的中转站。与此同时，福建那里的贸易往来都不兴旺，外国人不到那里去。中国规定对外贸易只能在广东开展，其他省区不准进行，因为广东比其他任何省区都更具有同外国人进行贸易的条件和能力。[②]

当然，开放后的商舶贸易首先惠利的是广东当局，大力支援了地方财政和军费开支。抽分所得的番货充溢库市，连贫民都能承令博买后沾点利益，极大地刺激了明中期东南沿海的经济发展。

2. 朝廷律法的不断摇摆

葡萄牙人东来，不仅改变了亚洲传统的海洋势力格局，还搅动了中国东南沿海的海防。东南沿海的倭患愈演愈烈、防不胜防，在维护朝廷安全还是扩大经济收入间，朝廷的海上对外贸易管理法律制度不停地左右摇

---

① （明）郑若曾：《筹海图编》卷十二 "开互市"，中华书局 2007 年版，第 854 页。

② 澳门《文化杂志》编：《十六和十七世纪伊比利亚文学视野里的中国景况》，大象出版社 2003 年版，第 25 页。

摆。正德九年（1514 年）六月，广东布政司参议陈博献认为当时百姓中有奸民勾结外夷、为害地方，要求禁通番，意见被礼部采纳：

> 岭南诸货，出于满刺加、暹罗、爪哇诸夷，计其产，不过胡椒、苏木、象牙、玳瑁之类，非若布帛菽粟民生一日不可缺者。近许官府抽分，公为贸易，遂使奸民数千驾造巨船、私置兵器、纵横海上、勾引诸夷，为地方害，宜亟杜绝。①

法律规定的倒退不仅影响了两广的军饷筹集，还影响了上供的香料等物品。正德十二年（1517 年），广东右布政使吴廷举②定商舶抽分之例，要求对番舶"不拘何年，来即取货"③。吴廷举的此番举动，受到保守派的抨击。正德十五年（1520 年），御史何鳌上疏要求禁绝番舶：

> 祖宗朝贡有定期，防有常制，故来者不多。近因布政使吴廷举谓缺上贡番物，不问何年，来即取货。致番舶不绝于海澨，蛮人杂遝于州城。禁防既疏，水道益熟。此佛郎机所以乘机突至也。乞悉驱在澳番舶及番人潜居者，禁私通，严守备，庶一方获安。④

中央政府随即命令广东政府严格执行海禁："严加禁约，夷人留驿者，不许往来私通贸易，番舶非当贡年，驱逐远去，勿与抽盘。"⑤ 之后，吴廷举也被追究私自开禁的责任，因此获罪停职。⑥ 此后，中央政府与地方当局依然不断在是否开放商舶问题上来回博弈，律法上也一直开禁反复，

---

① 《明武宗实录》卷一一三，正德九年六月丁酉，（台北）"中研院"历史语言研究所 1962年版，第 2297 页。

② 吴廷举（1463—1528），字献臣，嘉鱼（武昌）人。历任成都府同知、广东兵备金事、江西右参政、广东右布政使、兵部右侍郎、南京工部尚书等。

③ （清）张廷玉等撰：《明史》卷三百二十五"佛郎机传"，中华书局 1974 年版，第 8430 页。

④ 同上书，第 8430—8431 页。

⑤ 《明武宗实录》卷一九四，正德十五年十二月己丑，（台北）"中研院"历史语言研究所 1962 年版，第 3681 页。

⑥ 同上书，第 3630—3631 页。

直至隆庆改元。但有一点是可以明确的，明中叶"广中事例"的出发点主要是扩充军饷和疏导海寇，海禁法令并没有因此而放松，其开放海外贸易的范围和力度都是非常有限的。对此，葡萄牙人感受深刻：

> 首先，外国人无论经海路还是陆路均不得进入中国。向皇帝进贡者须以贡使的名义，沿途受到严密监视。……其次本国人禁止出海。……须得到陆地官吏的批准，并保证按期返回，但船只不得超过一百五十吨，超过此限的大船则不予批准。外国人从海上来中国，所乘船只必须在海岛上停泊，陆地上的人可到岛上与其交易。①

葡萄牙人描述的场景中，还包含了"广中体制"的另一个方面——澳门开埠。

二　广州—澳门二元体制

15 世纪初，葡萄牙人开始向亚洲进军。在葡萄牙人的心目中，古老东方的中国一直是他们心仪的贸易对象。在中葡初次的接触中，澳门作为中葡贸易的中介地，地位逐渐凸显。

（一）立法背景

1. 葡萄牙人东来

葡萄牙地处地中海进出大西洋要道的伊比利亚半岛，拥有长达 800 公里的海岸线和众多优良港湾，其中里斯本是世界级的良港。作为第一个摆脱摩尔人（穆斯林）统治的欧洲国家，葡萄牙人在长期的战争中，建立起了强大的海军力量和远航船队。

1415 年（永乐十三年），绰号"航海家"的亨利亲王（Henry the Narigator）率领葡萄牙军队占领了摩洛哥的休达（Centa）港，揭开了葡萄牙向非洲扩张的序幕。之后，葡萄牙人以休达为据点，远征非洲南部。1487年（成化二十三年），葡萄牙人巴托罗缪·迪亚士（Bortholomew Diaz）成功航行至好望角。在发现欧亚海上航路后，葡萄牙人非常想在对东方的贸易中占据一席之地。

---

① 澳门《文化杂志》编：《十六和十七世纪伊比利亚文学视野里的中国景况》，大象出版社2003 年版，第 65—66 页。

　　1495 年（弘治八年），受国王委托，瓦斯科·达·伽马（Vasco da Gama）率领舰队前往印度。自 1498 年（弘治十一年）开始，舰队开始逐一占据索科特拉岛（Socotra）、第乌（Din）等印度西海岸的一些重要港口。葡萄牙人把这些港口作为其具有战略意义的国际贸易据点，建立起印度洋的制海权。1510 年（正德五年），葡萄牙舰队又占领了比甲普尔王国的主要港口果阿（Goa），将其建设成为自己控制印度洋贸易的军事基地和东方殖民地的首都。1511 年（正德六年），葡萄牙船队又开始东征马六甲。占领马六甲（满剌加）后，印度、孟加拉、苏门答剌、暹罗，中国的海外贸易中心被葡萄牙人控制，南洋国家向葡萄牙人称臣纳贡。①

　　2. 中葡初次接触②

　　在葡萄牙人东扩的过程中，与中国开展贸易一直是其主要动力之一。1517 年（正德十二年），装备精良的葡萄牙船队带着胡椒等货物，由马六甲前往中国。葡萄牙船队在屯门碰见明朝守军时，自称为佛朗机国派来朝贡的使团，准许前往广州怀远停泊。当时的广东布政使吴廷举接见了他们，并准许其上岸居留交易。③

　　之后，陆续又有葡萄牙使臣和商人前来广州贸易。而这些人常常不顾明朝法律，勾结当地中国商人走私贩私，拒绝缴纳关税，抢劫商船。尤其是使臣西芒·德·安德拉德，狂妄自大，野蛮暴戾，借口海盗侵犯而在屯门私立要塞、架设火炮。④葡萄牙人的所作所为破坏了之前建立的中葡良好关系。正德十六年（1521 年）三月，武宗驾崩，遗旨命哈

---

　　①　［葡］多默·皮列士：《东方志——从红海到中国》，何高济译，江苏教育出版社 2005 年版，第 217 页。

　　②　关于当时葡萄牙人在中国东南沿海的贸易活动地点，台湾学者张增信从史学与地理学的角度作了详细的论证，认为分为三个时期与地点：第一阶段，广州外海时期（1514—1522 年），珠江口虎门外的群岛与水域；第二阶段，闽浙沿海时期（1522—1549 年），宁波、漳州外海一带，以及泉州南部的厦门湾诸岛、金门岛和南澳岛一带；第三阶段，重返广海时期（1549—1557 年），浪白岛与浪白澳。参见张增信《十六世纪前期葡萄牙人在中国沿海的贸易据点》，载《中国海洋发展史论文集（二）》，（台北）"中研院"中山人文社会科学研究所 1985 年版。

　　③　《明武宗实录》卷一四九，正德十二年五月辛丑，（台北）"中研院"历史语言研究所 1962 年版，第 2911—2912 页。

　　④　［荷］张天译：《中葡早期通商史》，姚楠等译，中华书局 1988 年版，第 70 页。

密、吐鲁番、佛朗机等"进贡夷人，俱给赏，令还国"①。世宗即位后下令处决葡萄牙使臣，并责令其恢复满剌加国。广州政府根据旨意命令葡萄牙人离开屯门，禁止交易。葡萄牙人不从，明政府就拘禁了葡萄牙人，并派兵包围了其船队。葡萄牙人派来增援，与广东海道副使汪鋐带领的部队进行海战，明军大获全胜，葡萄牙人趁雨天逃回马六甲。1523年（嘉靖二年）7月，葡萄牙又有船队来到珠江口香山县西草湾，遭遇明军水师截击，战斗激烈，重创葡萄牙人。

经过屯门海战和西草湾之役这两次较量，葡萄牙人全部被赶出广东，中葡合法贸易完全中断。直到嘉靖二十一年（1542年），广州城门口还张贴着禁止葡萄牙人进入的圣谕。② 虽然也有个别商人在广州被拒绝入境后转向泉州，在地方官员的默许下于海上进行交易，但大多数葡萄牙商人只能游弋于中国东南沿海，在浙闽沿海一带进行海上走私贸易。其中，宁波双屿岛和福建漳州的月港一度成为当时大规模走私贸易的据点。中国海商从葡萄牙商人手中收买其从欧洲、非洲、东南亚地区带来的货物和火器，而葡萄牙人则从中国走私海商手中购买丝织品、瓷器等商品。葡萄牙人还以浙闽沿海为基地，开展对中国和日本的贸易，成为中日贸易的中介。

鉴于葡萄牙人勾结中国走私海商集团，明政府将两者皆视为"倭寇"。嘉靖二十六年（1547年），朱纨时任右副都御史巡视浙江，提督浙闽海防军务，厉行海禁法令，摧毁双屿岛，乘胜追击至福建厦门一带。嘉靖二十八年（1549年）三月，朱纨带兵于走马溪大胜海寇与葡萄牙人的混合部队。此后，葡萄牙人改变策略，多委托其他国家代为前往广州交易。当地官员只要他们不靠近广州，也就睁只眼闭只眼。③

3. 澳门开埠

澳门位于珠江口西侧，与香山县连接，明中叶之前都未曾设立基层行政管理机构或军事机构。葡萄牙人最初称澳门为"马交港"④，西方人翻

---

① 《明武宗实录》卷一九七，正德十六年三月丙寅，（台北）"中研院"历史语言研究所1962年版，第3682页。

② ［荷］张天泽：《中葡早期通商史》，姚楠等译，中华书局1988年版，第83页。

③ 同上书，第86页。

④ 黄启臣：《澳门通史》，广东教育出版社1999年版，第7页。

译为 Macau（葡文）、Macao（英文）。① 明朝中期，澳门已经是海外诸国前来贸易的停泊地，船舶往来频繁。嘉靖年间，澳门已然是一个临时性的海外贸易场所。嘉靖十四年（1535 年），指挥黄庆收受贿赂让葡萄牙人租赁澳门暂时居住，于是一直混迹于珠江口一带的葡萄牙人得以进入澳门，"请于上官，许夷侨寓蠔镜澳，岁输二万金"②。而让葡萄牙人从暂住到定居澳门的关键人物则是广东海道副使汪柏：

> 嘉靖三十二年，舶夷趋蠔镜澳者，托言舟触风涛缝裂，水湿贡物，愿暂借地晾晒，海道副使汪柏狗贿许之。时仅蓬累数十间，后工商牟奸利者，始渐运砖瓦木石为屋，若聚落然。自是诸澳俱毁，蠔镜独为舶薮矣。③

因此，葡萄牙人正式获准在澳门居住始于嘉靖三十二年（1553 年）。④ 在葡萄牙的史料中，也详细记载了葡萄牙人内尔·德·索萨（Leonel de Souza）与广东海道副使谈判的经过：

> 关于做生意的情况及中国之行，我仅简述如下。……我发现，所有港口都设有密集的岗哨，并配备了武器，以不让我们经商。……因为有皇帝的命令，我根本无法经商。他得知我们在悄悄地做生意，便下令禁止黑心肠的佛郎机人即葡萄牙人像其他商人那样入境和课税。他们把葡萄牙人视为强盗和不服从他们皇帝的捣乱分子。

---

① 关于这两个洋名的来历，之前的学者认为与澳门当地的妈阁庙有关，最新研究表明应为广东方言"泊口"的转译。参见李庆新《明代海外贸易制度》，社会科学文献出版社 2007 年版，第 237—238 页。

② （清）张廷玉等撰：《明史》卷三百二十五"佛郎机传"，中华书局 1974 年版，第 8433 页。

③ （明）郭棐：《广东通志》卷六十九"外志四·番夷"，齐鲁书社 1996 年版，第 700 页。

④ 葡萄牙人入澳的时间，中外学者分歧颇多，迄今未有定论。除嘉靖三十二年，另有嘉靖十四年、嘉靖三十六年诸说。1665 年，意大利籍耶稣会士利类思（Ludovicus Buglio）曾经这样描述："嘉靖年间，广东海盗张西老攘澳门，至围困广州，守臣召西克协援解围，赶贼至澳歼之。是时都臣疏忽，有旨命西客居住澳门，至今一百三十余年矣。"其中的西客即葡萄牙人，在利类思眼中，葡萄牙人之所以能居留澳门，主要是因为帮助明政府除寇。从 1665 年上溯 130 年是 1535 年，是为嘉靖十四年，参见张维华《明史欧洲四国传注释》，上海古籍出版社 1980 年版，第 44 页。

……按照上帝的旨意，大家派我去订立和平协议，并按惯例确定关税。我接受了这一任务……就这样，我订立了和平协议，确定了在中国做生意的事情，大家都能平平安安地做买卖和赢利了。许多葡萄牙人可以前往广州城其他地方，并在那里休息、自由经商，再无人受辱。……①

这份史料中，并没有提及"贿赂"的问题。那所谓的"海道贿金"到底是怎么回事呢？葡萄牙史学家徐萨斯（Montalto de Jesns）在《历史上的澳门》一书中这样记载：

17世纪早期耶稣会教士为表明葡萄牙人拥有澳门的权力而作的一次申呈。从这次申请的记录来看，葡萄牙人得到了澳门半岛和港口后，除了缴纳商船停泊税外，还向皇帝的国库缴纳一定金额的租金。然而，这笔钱并未上缴国库，却被海道一人独吞了，葡萄牙人因此称之为"海道贿金"。这一状况持续了10年至12年。1572年或1573年，一次，葡萄牙人去赶市集，中国官员循例身穿红袍，走出衙门来接受停泊税。和以往一样，他们用糕饼和一坛酒来招待葡萄牙人。这时，葡萄牙人的翻译佩德罗·贡扎萨尔维斯告诉海道，葡萄牙人还带来了500两银子作为澳门的租金。此时其他官员也在场，海道只好说银子应该送入地界司，因为这是御库财物。此后，每年500两租金之例就相沿下来。②

这份记录中的确提到了1年500两的"海道贿金"，葡萄牙人一直缴纳这笔钱当成澳门的租金，但早期被当时的广东海道副使汪柏私吞，所以称为"贿金"。隆庆末、万历初的时候，不得以才上交国库，自此成为澳门租金的惯例。

（二）法律内容

在葡萄牙人居留澳门的问题上，明朝政府主要制定了以下几个方面的

① 金国平编译：《西方澳门史料选粹（15—16世纪）》，广东人民出版社2005年版，第217—225页。

② ［葡］徐萨斯（Montalto de Jesns）：《历史上的澳门》，黄鸿钊、李保平译，澳门基金会2000年版，第25页。

法律规定。

1. 税收

（1）关税

在葡萄牙人与广东地方政府谈判的过程中，用"和平协议"的方式将关税税率固定了下来。嘉靖三十五年（1556年），葡萄牙人内尔·德·索萨写给亲王的信中说明了，中葡双方签订的"和平协议"中明确广东地方政府同意给葡萄牙商人的关税为20%：

> 这一和平协议和关税是由广州城及广州地区的海道下令订立的。他是国家的高级官吏，相当于海军司令，负责海防并兼理市舶一切事宜。必要时，往往受任大权，亲自出马。由于我没带特许状，同他达成的这一和平协议既没见诸文字，也没有写成公文，但我们按惯例交纳百分之二十的关税，就像得到中国皇帝的特许经常在海上往来的暹罗人一样。关于百分之二十的关税，我不同意超过百分之十。他答道，他不能降低，因为这是给皇帝的税课，他将禀报皇上，来年方可答复。……并说，我们当时可对所带去的货物的一半支付不超过百分之二十的税，这样便等于我所说的百分之十。……许多葡萄牙人往广州城其他地方，并在那里休息数日，自由地经商，再无人受辱。他们所付的关税未超过我前面所说的标准……①

中葡"和平协议"虽然没有形成正式的公文形式，但经过双方协商后彼此认可，税率采用的是正德十二年两广当局题奏、户部复议的官方抽分标准，因此具有合法的效力。当然，实际运作的时候，汪柏同意对方仅支付10%，这与葡萄牙人托梅·皮雷斯所说的货物关税大多为10%的描述②，也是吻合的。

对于"关税"的缴纳方式，广东官方以"丈量"方式，以腕尺为单位测量船头到船尾的大小，以便核算商舶的载货量，缴税的时候根据测量

---

① 金国平编译：《西方澳门史料选粹（15—16世纪）》，广东人民出版社2005年版，第217—225页。

② 参见澳门《文化杂志》编《十六和十七世纪伊比利亚文学视野里的中国景况》，大象出版社2003年版，第8页。

所得的腕尺计算税款额度：

> 中国关税的缴纳方法不像我们，而是像暹罗的交纳法一样，即以腕尺为单位，从船头到船尾测量载货到中国的船只，交付税款按腕尺计算，每腕尺该是多少。目前中国的纳税方法和现有税率，是由葡萄牙人和广州官员参考跟这些葡萄牙人做生意的中国人的意见制定的。[①]

（2）船税

除了关税，葡萄牙人还需要"船税"，又称"停泊税"。船税来源于唐朝时候海外贸易管理中的"舶脚"。正德、嘉靖年间，广东地方政府默许葡萄牙人到广东进行贸易之后，还需要按照船只吨位缴纳"停泊税"：

> 从这次申请的记录来看，葡萄牙人得到了澳门半岛和港口后，除了缴纳商船停泊税外，还向皇帝的国库缴纳一定金额的租金。……1572 年或 1573 年，一次，葡萄牙人去赶市集，中国官员循例身穿红袍，走出衙门来接受停泊税。[②]

在船税之前，针对国内水路贸易商品，明政府已经开征"船钞"。宣德之后，明政府设立钞关，按船只大小征收船钞，成为一个新的税种：

> 国初止有商税，未尝有船钞。至宣德间，始设钞关，凡七所。若临清、杭州，兼榷商税。其所榷本色钱钞，则归内库，以备赏赐；折色银两，则归太仓，以备边储。每岁或本折轮收，或折色居七分之二。其收钞有轻重，差官有专摄，亦有设而复罢者。[③]

嘉靖九年（1530 年），明政府又明确了丈量标准："题准各钞关丈量船只，止照旧例以成尺为限，此外零数不许逐寸科取，仍置立号簿与户

---

① 葡萄牙圣多明我会修士加斯帕·达·克鲁士的《中国志》，转引自李庆新《明代海外贸易制度》，社会科学文献出版社 2007 年版，第 257 页。

② ［葡］徐萨斯：《历史上的澳门》，黄鸿钊、李保平译，澳门基金会 2000 年版，第 25 页。

③ （明）李东阳等撰，申时行等重修：《明会典·万历朝重修本》卷三十五"课程四·钞关"，中华书局 2007 年版，第 245 页。

部，原发稽考簿，互相稽查。"① 广东当局针对国际贸易商品开征的"船税"，与之前国内贸易的"船钞"在征收方式上并无太大差别。但"船税"是否起源于钞关制度，还有待考证。

2. 澳票

在澳门开埠前，广东当局既想和葡萄牙人贸易，增加财政收入；又不想让他们接近广东的政治中心广州，招惹麻烦，影响海防。于是，广东地方政府特许一些商人贩货去南头（屯头），一来与葡萄牙人进行海外贸易，二来可以负责收税：

> 南头镇的镇长将情况报告给广州，不久后商人们来此估价货物，征收关税，然后给他们带来货物，各自回家。……
>
> 南头的大人见到船来后马上报告广州，广州的估价师前来为货物估价征收关税。他们还带来充足的货物，因为这里习惯以货易货。他们问你们想要什么货物，然后把货物带来。②

葡萄牙人获许在澳门居留后，广东地方政府根据之前南头的惯例，开展澳门与广州之间的贸易。广东当局给去澳门贸易的中国商人发放特许证明，称为"澳票"。"澳票"作为赴澳门贸易的资格凭证，起源于宋元时期的出海许可制度——公验、公凭制度。和"公凭"和"公据"一样，中国商人想要申领澳票，需要缴纳一定的税金。嘉靖末年，霍与瑕在向广东巡按御史潘季驯提出建议时就涉及"澳票"："于六月间，先责令广州府，出告示，召告给澳票。商人一一先行给予，候抽分官下澳，各商亲身同往。"③

通过"澳票"制度，广州与澳门之间形成了"二元中心结构"④ 的贸易协作关系。广州面向国内贸易，澳门面向海外贸易，互相依赖，互为依

---

① （明）李东阳等撰，申时行等重修：《明会典·万历朝重修本》卷三十五"课程四·钞关"，中华书局 2007 年版，第 246 页。

② 澳门《文化杂志》编：《十六和十七世纪伊比利亚文学视野里的中国景况》，大象出版社 2003 年版，第 6、8 页。

③ （明）陈子龙等撰：《明经世文编》卷三六八"上潘大巡广州事宜"，中华书局 1962 年版，第 3976—3978 页。

④ 李庆新：《明代海外贸易制度》，社会科学文献出版社 2007 年版，第 261 页。

托。正如张天译先生所说："无须允许外国人来访广州，也无须让中国人离开本国，便可以坐享对外贸易的利益。"①

3. 葡萄牙人自治

广东当局允许葡萄牙人在澳门居留和贸易后，按照唐宋时期管理外国人的"蕃坊"模式管理澳门地区的葡萄牙人。在保持领土、军事、行政、司法、外贸等主权完整的前提下，赋予了葡萄牙人自行管理内部政治、经济、宗教等事务的权力，尊重其风俗习惯，并不禁止葡萄牙人与华人通婚。葡萄牙人和平获取澳门居留权的形式，与明政府对澳门的主权掌控，使澳门与当时的葡属殖民地果阿、马六甲等有着本质上的区别：

> 该城市在最初建成时，按共和国方式治理，即由最年长的顾问管辖。因为该地区并不是用武力夺取的，而仅仅是经中国官吏允许，故不设任何总司令或总督。②

嘉靖三十九年（1560 年），葡萄牙人在澳门组织了一个自治机构——澳门议事公局，局中担任职务的人由公选产生。由于商人在澳门占据了主要地位，大部分公选职位多被富商大贾占据。嘉靖四十一年（1562 年），大葡商俾利喇（Diogo Pereira）被公选被第一任局长。该自治机构不受里斯本的葡萄牙政府控制，但皇家舰队司令在其中占据一席之地。当皇家舰队司令在逗留澳门期间，是指导相关事务的最高长官。

随着葡商来华数量的增加，澳门的人口数不断增加。嘉靖四十一年（1562 年），澳门人口 800 多人，其中中国人有 200—300 人，葡萄牙人有 500—600 人。时隔一年，嘉靖四十二年（1563 年），人口猛增到 5000 人，其中中国人约 4100 人，葡萄牙人约 900 人。③ 随着在澳葡萄牙人势力的不断壮大，葡萄牙人不再像初期那样守规矩，出现了众多走私等不遵法纪的行为，引起了明朝政府的关注和忧虑。嘉靖四十三年（1564 年），柘林澳水兵徐永泰等 400 余人起事，与近洋的海贼以及东莞的走私

① ［荷］张天译：《中葡早期通商史》，姚楠等译，中华书局 1988 年版，第 111 页。
② ［葡］施白蒂（Beatriz A. O. Basto da Silva）：《澳门编年史》，小雨译，澳门基金会 1995 年版，第 45 页。
③ 黄启臣：《澳门通史》，广东教育出版社 1999 年版，第 9 页。

盐贩一起进逼广州。葡萄牙人协助总兵汤克宽平乱后，汤克宽给了税收优惠等好处。但葡萄牙人居功自傲，不服广东地方政府的管理，引起了广东当局的不满。①

如何对付葡萄牙人，嘉靖后期的明廷存在多种意见：第一种主张采取强硬态度，用武力驱逐葡萄牙人出澳门，比如俞大猷就曾主动向两广总督吴桂芳请缨；第二种主张以武力威胁，勒令葡萄牙人离开澳门，退回浪白澳互市，比如广州巡按御史庞尚鹏；第三种主张维持现状，但加强防范和管理。最后，两广总督采取了第三种意见，在澳门设置"守澳官"，同时加强澳门的治安防范，并征收舶税。守澳官是指提调、备倭、巡缉三行署长官。由于澳门在行政区域管理上归属香山县，海外贸易管理又有海道副使和其他官员负责，守澳官的职能就主要是防卫与治安，军事性质非常明显。当然，除了军事防务外，守澳官的职权范围还涉及税收、民族事务等方面。②

（三）实施效果

葡萄牙人获准居留澳门，影响深远，具有重要的历史意义。广州与澳门的这种二元结构，为之后中国海上对外贸易的发展奠定了制度基础。当然，澳门开埠后，虽然因为葡萄牙人自治权的赋予，具备了自己独特的贸易优势，却并没有取代广州的海外贸易位置，它的发展依然要依靠广州的支持。所以，在明中期地方政府的调适过程中，澳门和广州在我国东南沿海的贸易圈内，都是不可缺少的部分。

在中葡两方反复交涉过程中，最初中央政府并不知情，广东地方政府起了主导性的作用。在广东地方官员看来，在朝贡贸易低落、商舶贸易兴起的大环境下，允许葡萄牙人在澳门居留，有利于维持中葡贸易，从而开拓财源，以充实兵饷。嘉靖年间，澳门的税收每年有三四万两，充盈官库。葡萄牙人获准在澳门合法居留贸易之后，势力大增，迅速排除各国、占据澳门的主要贸易地位。"久之，其来益众。诸国人畏而避之，遂专为所据。"③嘉靖末年，澳门不仅成为中葡贸易的中转站，而且成为葡萄牙

---

① 《明世宗实录》卷五三二，嘉靖四十三年三月甲寅，（台北）"中研院"历史语言研究所1962年版，第8661—8662页。

② 参见李庆新《明代海外贸易制度》，社会科学文献出版社2007年版，第247页。

③ （清）张廷玉等撰：《明史》卷三百二十五"佛郎机传"，中华书局1974年版，第8433页。

与日本、印度以及东南亚的商业枢纽。随着海外贸易量的增大，澳门迅速崛起成为中国东南沿海颇具规模的国际贸易中心，"自是诸澳俱废，濠镜为舶薮矣"①。

葡萄牙人来中国的目的，主要是通商贸易。同时，广东地方政府对澳门葡萄牙人的防范措施非常严密。因为澳门远离葡萄牙的亚洲基地果阿，在日常供给方面完全依赖广东。受客观条件约束，澳门的葡萄牙人在总体上还是比较"规矩"的："盖番人本求市易，初无不轨谋，中朝疑之过甚，迄不许其朝贡，又无力以制之，故议者纷然。然终明之世，此番固未尝为变也。"② 正如张维华先生所说：

> 有明一代，鉴于倭祸最烈，海禁最严，外商入市，最所不喜。葡萄牙人东来中国，乃欲发展其在东方之贸易，其时尚无侵占中国之野心，且葡萄牙在当时亦未具备此种力量。③

因为广东地方政府对澳门海外贸易的管理，主要体现在税收上，所以过程中也出现了许多违法行为。每年七八月，当番舶乘风到达澳门后，他们报告海道、巡抚官员，官府即派员前去抽分，之后允许其自由交易。由于澳门到广州有一定的路程，番舶抵澳等待抽分的时间需要一两个月。在这段时间内，一些当地官吏常常乘机敲诈，拖延时间，与番商产生纠纷；而一些番商会不顾律法，私下交易，走私活动猖獗。据此，嘉靖末年的霍与瑕才会向广东巡按御史潘季驯提出应对建议：

> 大约番舶每岁乘南风而来，七八月到澳，此其常也。当道诚能于五月间先委定广州廉能官员，遇夷船一到，即刻赴澳抽分，不许时刻违限，务使番船到港，不俟申覆都台，而抽分之官已定。番货在船，未及交通私贩，而抽分之事已完，所谓迅雷不及掩耳。④

① （明）郭棐：《广东通志》卷六十九"外志四·番夷"，齐鲁书社1996年版，第700页。
② （清）张廷玉等撰：《明史》卷三百二十五"佛郎机传"，中华书局1974年版，第8434页。
③ 张维华：《明史欧洲四国传注释》，上海古籍出版社1980年版，第55页。
④ （明）陈子龙等撰：《明经世文编》卷三六八"上潘大巡广州事宜"，中华书局1962年版，第3976—3978页。

可见当时澳门的贸易管理法律体系并不完善，给了中外不法商贩可乘之机。如果广东政府的海外贸易管理律文不再细化和加强的话，走私贸易将会愈发猖獗。此外，许多史料中都体现，葡萄牙人曾经帮助过明政府剿灭广东海盗，也算有功于明朝，是不应该忽视的。[①]

第四节　明中期海上外贸管理执法机构的变化

正统、景泰年间，宦官干预朝政，操持厂卫，形成了自上而下的权力体系，遍及朝野，涉及政治、经济和军事等各个领域。明孝宗即位后开始改变局面，斥奸佞，挽回颓势，史称弘治中兴。但武宗即位后，宦官刘瑾擅权，朝政败坏。宦官势力的畸形增长，引起了明政府从中央到地方的权力重组。在这一历史背景下，以皇帝特使身份莅临东南沿海地区的市舶宦官，不仅独揽朝贡贸易大权，还随意干预地方事务。宦官们的恣意妄为，引起了朝野内外的一致反对。嘉靖年间，陆续撤罢市舶宦官，市舶管理尽归地方。市舶宦官权力的涨落，形成了明中期海外贸易执法机构的一大特色。

一　中央执法机构

明中期，明政府对礼部、兵部、鸿胪寺等海外朝贡贸易的中央执法机构，在职能设置上都有了进一步的明确和完善。

（一）礼部：明确朝贡职责

明中叶，明政府进一步确定了礼部在海外朝贡贸易中的执法权："本部职掌四夷外国，并各处进贡金银器皿方物及赏赐之类。"[②] 此时，国家的相关律文已经明确，海外贸易执法过程中礼部主管的事情包括四夷进贡、馆待宾客、外国请求等，礼部行人司专职负责组织朝贡仪式和选择驻外使臣的相关事宜。[③]

---

① 参见澳门《文化杂志》编《十六和十七世纪伊比利亚文学视野里的中国景况》，大象出版社 2003 年版，第 157—163 页。

② （明）余继登撰，顾思点校：《典故纪闻》卷十二，中华书局 1981 年版，第 220 页。

③ （明）李东阳等撰，申时行等重修：《明会典·万历朝重修本》卷五十八"蕃国礼"，中华书局 2007 年版，第 360—361 页。

（二）兵部：完善朝贡使臣接待

作为海外朝贡使臣的接待机构，兵部在弘治年间添设了一名会同馆主事，专管会同馆的日常安全保障。"提督会同馆主事，是弘治五年春所设，盖因其时馆夫有盗夷人财物者故也。"① 嘉靖元年（1522 年），兵部又明确了会同馆医生的待遇：

> 嘉靖元年准奏：历俸三年，与冠带。再三年，给食米一石。又三年，医治功多，升授吏目，仍在馆办事。其见役年久，未授恩典，而遭丁忧别故者，止令一人兼管。俱有事故，借拨一名，扣算役过月日，抵作本院实历之数，不许夤缘补缺。②

（三）鸿胪寺：加强通事管理

明中期的海上对外贸易开始转型，随着对外交往的逐渐增多，对通事的需求也慢慢增大，鸿胪寺在通事的配备和管理上都有着一定的完善。

1. 通事人数

成化五年（1469 年），鸿胪寺奏定："小通事额数总不过六十名，遇有病故及为等事项，革去职役者，照缺补选。若事繁去处，丁忧有过三名者，量补一名。"③ 成化二十年（1484 年），又增加往来真腊的通事一名。④

2. 任职考核

成化七年（1471 年），鸿胪寺奏定通事的考核条件："通事戴头巾三年，满日送部考中顶补正缺者，准支米。添设者虽经考中，仍作不支米办事。待有正缺，方许支米。"⑤ 到成化十八年（1482 年），有细化任职要求："通事办事三年，满日本部考中，支米。又办事三年，满日考中送吏

---

① （明）余继登撰，顾思点校：《典故纪闻》卷十六，中华书局 1981 年版，第 283 页。

② （明）李东阳等撰，申时行等重修：《明会典·万历朝重修本》卷二百二十四"太医院"，中华书局 2007 年版，第 1105 页。

③ （明）李东阳等撰，申时行等重修：《明会典·万历朝重修本》卷一百二"各国通事"，中华书局 2007 年版，第 587 页。

④ 同上书，第 588 页。

⑤ 同上。

部冠带。又三年满日考中，实授序班。欠通事者，许学习半年再考。"①

　　然而，由于"通事"一职有利可图，福建漳泉等地常有人假冒通事、私通番商，整体情况比较混乱。"今漳泉认冒滥名色，假为通事，实多通谋，而误事之孽有不可逭者。"② 可见，虽然明政府加强了对待通事的管理，但效果并不尽如人意。

　　（四）太常寺：增加四夷馆官员

　　随着海外交往的增加，明中期的太常寺增加了四夷馆人员和机构的设置。正德六年（1511 年），增加八百馆；万历七年（1579 年），又增暹罗馆和凡十馆。正统九年（1444 年）开始，明政府命令太常寺副主事提督四夷馆；弘治七年（1494 年），内阁题设太常寺卿、少卿各一员提督；弘治十一年（1498 年）五月，升陕西提学副使杨一清为太常寺少卿提督四夷馆。嘉靖二十五年（1546 年）之后，四夷馆裁革卿，只存少卿，仍听内阁稽考，一切公移，俱呈翰林院转行，其习译官，鸿胪寺带衔。③

　　四夷馆中的译字生，严格根据《大明会典》的相关规定进行管理和考核：

　　　　凡四夷馆译字生，习学三年，考中食粮。又三年，考中，礼部咨吏部，题给冠带。又三年，考中，授序班，仍旧办事。嘉靖元年，令三年考不中者，黜为民。六年不中者，给予冠带。九年不中，授应得职衔，俱回原籍闲住。其有资禀年岁尚堪教习者，听翰林院酌量，许其再试。④

　　由于民间存在私自学习夷语的情况，为避免走漏夷情，英宗严令加强四夷馆的招生管理：

---

　　① （明）李东阳等撰，申时行等重修：《明会典·万历朝重修本》卷一百二"各国通事"，中华书局 2007 年版，第 588 页。

　　② （明）郑若曾：《筹海图编》卷四"福建事宜"，中华书局 2007 年版，第 282 页。

　　③ （明）李东阳等撰，申时行等重修：《明会典·万历朝重修本》卷二"吏部"，中华书局 2007 年版，第 9 页。

　　④ （明）李东阳等撰，申时行等重修：《明会典·万历朝重修本》卷五"选官"，中华书局 2007 年版，第 25 页。

礼部左侍郎邹干等奏：……近年来，官员军民匠作橱役子弟，投托教师，私自习学，滥求进用。况番字文书，多关边务，教习既滥，不免透露夷情。乞敕翰林院，今后各馆有缺，仍照永乐间例，选取年幼俊秀监生送馆习学。其教师^许擅留各家子弟私习，及徇私举保。英宗命今后敢有私自教习走漏夷情者，皆重罪不宥。①

二　地方执法机构

（一）市舶司

1. 市舶司地址的变化

明中期，各地市舶提举司的地址较之前期略有不同。

（1）浙江市舶提举司

嘉靖中期，安远驿被移到了府东南江心里。此地原本是唐末柳亭院遗址，后改为兴法寺，洪武到永乐年间重建，嘉靖二年（1523 年）争贡时被毁。嘉靖六年（1527 年），知府高第改建为馆驿，名为"浙江市舶提举司安远驿"，内设"嘉宾馆"。② 嘉宾馆设有厅 3 间、井屋 36 间、穿堂 3 间、后堂 5 间，并有庖舍、土神祠、阙坊等。嘉宾馆后被夷人所毁，到了天启年间，由于浙江市舶提举司已被撤，当时的海道洪承畴便将其改为西君子营。③

（2）福建市舶提举司

明中期，福建市舶司依然为琉球朝贡贸易专设：

福建提举市舶之官不常置，自宋绍兴二十一年李庄始为之，嗣后废兴沿革，代不相袭。至我朝始专官，以督理蕃市之事，然不专为琉球设也。迄于今，始为琉球专其官也。④

成化之前，福建市舶司置于泉州。但实际上，琉球番舶入贡大多停船

① （明）余继登撰，顾思点校：《典故纪闻》卷十三，中华书局 1981 年版，第 235 页。

② （清）徐兆昺著，桂心怡等点注：《四明谈助》卷二十七"南城诸迹（六下）·君子营"，宁波出版社 2000 年版，第 883 页。

③ 同上。

④ （明）高岐：《福建市舶提举司志》"序"，民国二十八年铅印本，第 7 页。

于福州河口。于是，福建地方政府上奏请求将市舶司移至福州。关于福建市舶司从泉州移到福州的时间，各种史料的记载略有不同，有成化五年（1469 年）、成化十年（1474 年）等。到底如何，目前尚无以判断。可以肯定的是，最初迁至福州的市舶司由于设置过于简陋，在弘治十五年（1502 年）进行过一次大规模的扩建。[①] 重建后的福建市舶司面积虽不如从前，但规模和设施已大为改善。

福建市舶司迁址的原因除了番舶停泊需要以外，还有诸多方面的原因：其一，福州作为福建首府，无论在政治意义上还是在军事意义上，都要优于泉州：

福城为八闽总会之地，其衣冠文物，十倍于泉。羽冠异类，奉赘献琛，奔走左右而受约束者，观三司卫所之制，岂不思藩屏固，刑罚清，武备修，安敢萌外侮之心乎！观府县学校之制，岂不思生齿之繁，财赋之殷，人才之盛然，焉敢启内侵之衅乎！[②]

其二，琉球的朝贡主要由福建布政司负责接待，相关官员尤其是市舶宦官也都驻于福州。市舶司放在泉州，使贡使频繁往来于泉、福之间，非常不方便。其三，洪武年间因琉球忠顺于明朝，明政府特别赐其善于海上航行的闽人以方便其往来，这些闽人被称作"三十六姓"，多为福州河口人。其四，福州的港口条件比泉州更为优越。泉州虽自宋元时期便已是海外贸易大港，但元末的几次动乱使泉州港严重受创，已然不复往日繁华。同时，明初收缩的海外贸易政策，导致外国商人纷纷离去，泉州港逐渐衰落。而福州同为海外贸易大港，有马江通海，永乐和宣德年间为郑和下西洋的重要港口，替代泉州实属历史的必然。

福建市舶司还附有进贡厂，位于府城东南河口，设有交盘厅和库房。弘治十八年（1505 年），市舶太监刘广主持对进贡厂进行修饰，建厅于交盘厅后立碑。[③] 后因进贡厂前木桥年久失修，致使琉球贡使在此坠水。正德七年（1512 年），市舶太监尚春提议改建，提举王尚学主持下改为石

---

① （明）高岐：《福建市舶提举司志》"艺文"条，民国二十八年铅印本，第 38 页。

② 同上书，第 38—39 页。

③ （明）黄仲昭修纂：《八闽通志》卷四十"公署"，齐鲁书社 1996 年版，第 120 页。

桥，并树坊于西、建楼于东，极为坚固壮丽。①福建市舶司移址福州后，泉州柔远驿也随之废除，在进贡厂南建福州新馆。嘉靖时，福建市舶司的格局已经非常完整，房屋众多，设有提举司、提举宅、副提举宅、吏目宅、进贡厂房屋、天妃宫、柔远驿。②

（3）广东市舶提举司

正统十四年（1439年），黄萧养起事进攻广东城，归德门外的广东市舶司被毁。景泰六年（1455年），广东市舶司迁回城内，并在珠江沿岸建阁、立牌坊。

2. 明中期的市舶司官员

明中期，由于市舶司权力的萎缩，官职数量较之明前期有所减少。其中，福建市舶司的官职基本同于前期，弘治到嘉靖年间，福建市舶司的副提举司都依旧只有一名。到嘉靖二十四年（1545年），广东市舶提举司革去副提举和吏目。

明中叶，可考证的出任浙、闽、粤三地的市舶提举和副提举的共38人③：第一，从时间顺序上观察，天顺以前的市舶司官员的出生多为监生，嘉靖年间则开始以举人、进士为主。其中，福建市舶司的罗伦和舒芬两人均为状元出身，由于是贬降官员，大多不到一年时间就官复原职或转迁他处，比较特殊。第二，从市舶提举的主副职位上观察，目前可考证的提举中以举人为主，接下来是进士、监生，生员出生的仅一人；而副提举则几乎都是由监生出任，仅谪官罗伦为进士出生，还有一人为生员。第三，从总体的官员出生来看，市舶司的选官较之明前期有所提高，出现了进士和举人身份的官员。但提升幅度并不大，数量上依然以监生出生为最多，市舶司的官职远不及京都六部主事和外官知州等"肥缺"。第四，38名市舶司官员中，有10人是被贬官员，所占比例几乎接近四分之一，十分惊人。这是因为成化、嘉靖年间，朝纲日坏，朝臣因为内讧、谏净等被贬到市舶司。这可谓中国古代市舶司的选官，在明中叶发生的"变态"。

3. 浙江市舶司的反复废置

正德、嘉靖年间，海盗、倭寇和西方殖民势力在中国东南沿海相互

① （明）高岐：《福建市舶提举司志》"艺文"条，民国二十八年铅印本，第38页。

② （明）高岐：《福建市舶提举司志》"署舍"条，民国二十八年铅印本，第8—11页。

③ 参见李庆新《明代海外贸易制度》，社会科学文献出版社2007年版，第119—123页。

交织，不断冲击着明朝的海外朝贡体系，市舶司体制非常不稳定。首当其冲的便是主管对日朝贡贸易的浙江市舶司，在明中期兴废无常，变动最大。

嘉靖二年（1523年），受宁波"争贡之役"的影响，浙江市舶司被罢："世宗嘉靖二年，罢市舶司。"① 嘉靖三十九年（1560年），在淮扬巡抚唐顺之的建议下，浙江市舶司复设：

> 嘉靖三十九年正月，淮扬巡抚唐顺之议复三市舶司，部议从之。顺之先以右通政视师浙直，既擢淮扬巡抚，乃条上海防善后事宜，凡七事。其一谓浙、福、广三省原设三市舶司，所以收其利权而操之于上，使奸民不得乘其便，今数者既坏，宜令诸路酌的时修举。从之。②

从《续文献通考》的这段记载来看，浙江、福建和广东的市舶司似乎是同时被罢的，到嘉靖三十九年时又同时被复设。但是，按照高岐在《福建市舶提举司志》中的记载，福建市舶司在嘉靖七年到三十三年间有10个提举，可见福建市舶司在此期间应该依然存在。

浙江市舶司在嘉靖三十九年复设之后不久又被撤销，并在嘉靖四十四年（1565年）九月提议复设被否定：

> 先是，言者欲比广东事例开市舶，以通海夷。至是，浙江巡抚刘畿言，宁波旧设市舶司，听其贸易，征其舶税行之。未几，以近海奸民侵利启衅，故议裁革。今人情狃一时之安，又复议。复不知浙江沿海港口多而兵船少，最难关防，此衅一开，则岛夷啸聚，其害有不可胜言者。户部亦以为然，事遂寝。③

嘉靖四十五年（1566年），浙江市舶司复设，但不到一年又被废，从

---

① （明）王圻：《续文献通考》卷三十一"市籴考"，上海古籍出版社1995年版，第477页。

② 同上。

③ 同上。

此再无复设。"（浙江等处承宣布政使司）旧有市舶提举司一，隆庆元年革。"① 一直到明朝灭亡，浙江市舶司也再没有恢复。同时，福建市舶司因为只管琉球一国朝贡事宜，事务并不繁忙，机构并不健全，官员无所事事。而对于广东市舶司来说，正统之后海外朝贡的萎缩，使得从广东入贡的贡船越来越少，加上市舶管理执法权逐渐掌握在中央政府下派的市舶宦官手中，市舶司的权力范围缩小、作用非常有限。

（二）地方各级官府

1. 海道副使

明中叶，民间海上对外贸易蓬勃发展，却由于明政府海上外贸管理法律的规定而无法纳入市舶司的管理体系中。同时，浙、闽、粤三省市舶司的没落，导致了明中期地方海外贸易管理执法机构的新发展——海道副使"带管市舶"。嘉靖市舶宦官罢撤后，地方政府原本主管海防军务的海道副使，被赋予了更多的经济管理职能，接管了商舶贸易管理执法权。

（1）官职设置

明初，信国公汤和等人以海防统帅的身份巡视浙东海防，虽不是常规官制，但开创了委任专员统领海防的先河。之后，鉴于明朝在重大军事行动中"以文制武"的主要精神，在派遣武将经略海防的同时，也派侍郎都御史巡视海道。这里的"侍郎都御史"，便是洪武三十年（1397年）之后的按察副使，也就是巡视海道副使。"旧制以侍郎都御史领之，洪武三十年后始领于按察副使，统理浙海，住扎宁波。"②

史料中有关海道副使的记载更多的出现在正统以后。"至嘉靖中，倭患渐起，始设巡抚浙江兼管福建海道提督军务都御史。已，改巡抚为巡视。"③ 同时，由于浙、闽、粤三省复杂多变的沿海形势，三省海道的建制相对完善：第一，浙江海道。浙江巡察司巡视海道副使一员，驻扎省城，巡历全浙沿海。嘉靖二十三年，移驻台州。二十七年改驻宁波，巡海兼理宁绍兵备，经营沿海卫所，管理水陆兵粮。④ 第二，福建海道。福建

---

① （明）李东阳等撰，申时行等重修：《明会典·万历朝重修本》卷十五"州县一"，中华书局2007年版，第93页。

② （明）郑若曾：《筹海图编》卷五"浙江兵防官考"，中华书局2007年版，第300页。

③ （清）张廷玉等撰：《明史》卷九十一"兵三"，中华书局1974年版，第2244页。

④ （明）张时彻等撰修：《宁波府志》卷八"公署"，台北成文出版社1983年版，第828—833页。

原设有驻福州的海道副使一名，职责上除了管理福建的海防、兵粮和沿海卫所官军外，兼管团练和军务。[①] 嘉靖九年（1530年），都御史胡琏以漳州番舶、海寇出没为由，将福建海道移至漳州。第三，广东海道。广东按察司原设有驻广州的海道副使兼广州兵备一名，嘉靖年间移至东莞南头。[②]

明朝的监察由都察院总负责，内设十三道监察御史。各省置按察司，巡视海道是按察的监察长官，但与按察使并不牵制，拥有独立的上奏权和专门职权。

（2）海外贸易管理执法权

作为省级专职监察长官，海道副使不仅监督沿海文武官员，还管理水陆官兵的粮饷，权力相当大。海道副使的主要职责是经略海防、简练水陆官兵和储备粮饷：

> 巡视海道按察司副使一人，掌凡经略海防、简练水陆官兵、处备粮饷之事。凡墩台、关堡、船只、器械，时督其属，而饬治之。如有怠玩弗虔，及作奸犯科者，以宪令纠治之。凡夷寇告警，及境有草寇，大者则督兵剿之，小则捕而诛之。凡战守之事，胥与总兵同之。其重大者，则以白于抚按，诹之三司，协议而后行之。[③]

嘉靖八年（1529年），广东巡抚都御史林富上奏要求撤销广东市舶官员，以海道副使兼带市舶：

> 若欲查照浙江、福建事例，归并总镇太监带管，似亦相应。但两广事情与他省不同，总镇太监驻扎梧州，若番舶到时，前诣广东省城，或久妨机务，所过地方，且多烦扰，引惹番商，因而陬至军门，

①（明）李东阳等撰，申时行等重修：《明会典·万历朝重修本》卷一百二十八"镇戍三"，中华书局2007年版，第663页。

②（明）戴璟：《广东通志初稿》卷三十五"海寇"，齐鲁出版社1996年版，第570—574页。

③（明）张时彻等撰修：《宁波府志》卷七"经制志"，台北成文出版社1983年版，第714—715页。

不无有失大体。故臣愚以为不如令海道副使带管之便也。①

　　而当市舶宦官被裁革之后，对明政府来说，原本的海外朝贡贸易主管权由负责海防安全的海道副使来兼管是最合适不过的了。于是，在明中期民间海上外贸兴起而海禁法令未除的时候，海道副使便凭借其掌管海防的职务便利，顺理成章地获得了带管市舶兼理夷务的权力，在海外贸易管理执法中占据了主导地位。具体来说，海道副使在海外贸易管理执法中的主要职责体现在以下两个方面。

　　一方面是海外贸易税收执法。如前所述，广东在正德十二年的抽分定例，便是海道副使吴廷举与两广总督陈金共同商议决定的。嘉靖二十六年（1547 年），黄光升为广东按察副使，为政廉洁，时人有云：

　　　　广民与夷市于洋海中，互相剽掠，则为置符以勾稽之，严践更以防闲之。先是番舶税重，商人欲计免，光升为制减十之六，商乃乐输。且躬自清白，锱铢不染，而岁盈数万，后鲜有能继其廉者。②

这里的"符"就是商船出海的许可证——船引，同时也是船舶缴纳海外贸易税收的凭证。

　　另一方面是处理与外商相关法律纠纷。例如嘉靖三十三年（1554 年）的汪柏，时为广东海道副使，第二年升为广东右布政使，他在签订颇具争议的中葡贸易协定中发挥了重要作用，葡萄牙人因此获准居留澳门。"丁以忠，广东按察使……时佛郎机夷违禁潜往南澳，海道副使汪柏受重贿，从更之。以忠曰，此必为东粤他日忧，力争弗得。"③

　　日本人策彦周良《初渡集》中收录的一个告示牌，内容为嘉靖十八年（1539 年）五月廿三日，浙江海道副使卢蕙要求日本贡使务必遵守明朝的相关法律规定，可以说是证明海道副使涉足海外贸易管理执法权的物证：

①　（明）戴璟：《广东通志初稿》卷三十"珠池"，齐鲁出版社 1996 年版，第 506—507 页。
②　（明）郭棐：《广东通志》卷十三"藩省志·名宦"，齐鲁书社 1996 年版，第 331 页。
③　同上书，第 332 页。

钦差巡视海道浙江等处提刑按察司副使卢示

　　仰通事周文衡等传谕日本国使臣，本道遵奉天朝怀柔远人之意，凡一应供给，安插事宜，俱照旧规区处整备，仍严禁本境奸贪之徒，不许勾引诓骗外，务要约束通事从商人等，各谨受天朝法度，安静居住，听候镇巡三司同至验收方物，奏请赴京。毋得轻信浮言，勿怀疑惧；毋得出外生事，惊扰地方。往辙可鉴，尔宜知悉。①

2. 府县衙门等

嘉靖八年（1529 年）以后，官方默许下迅速发展的民间海上贸易管理执法权落入海道副使手中。于是，布政司下属的府县官员开始介入海外贸易的税收管理："番舶至澳，布政使遣各府佐县正之有廉干者往抽分货物，提举司官吏亦无所预。"② 同时，各路巡海官员也被委托具有海外贸易管理的执法权。例如广东省，如果海外贸易商船没有到达广州，地方政府便只能委托当地的巡海官员予以处理：

　　爪哇国遣使臣梁文宣入贡方物，舶至广东广海卫，有段镇者常泛海海舶为奸利，识文宣，因其诱出其附余货物，干没之，且导其舶泊潮州港。指挥周岳受委封盘，又私留其玳瑁百余斤。③

除了各府州县官员，盐课提举司有时也会兼管市舶事宜。宋元时期常有盐科提举司兼管市舶的情况，明朝虽没有那么频繁，但市舶与盐课管理在制度上依然有兼管的传统。梁嘉彬先生就曾评论："明清两代盐课提举司常兼摄市舶事宜，行商承商制度实亦沿盐商承商制度。"④

三　明中期的市舶宦官

由于市舶宦官的存在，明中期的海外贸易管理执法中继续保持了中央和地方多头管理的局面。正统十四年（1449 年），广东左参议杨信民上

---

① 郑樑生：《明日关系史研究》，台北文史哲出版社 1985 年版，第 93 页。

② （明）严从简：《殊域周咨录》卷九 "佛郎机"，中华书局 1993 年版，第 324 页。

③ 《明宪宗实录》卷十九，成化元年七月戊申，（台北）"中研院" 历史语言研究所 1962 年版，第 379 页。

④ 梁嘉彬：《广东十三行考》，广东人民出版社 1999 年版，第 13 页。

奏："广东番夷往来，既有内使专统其事，又有镇守、巡抚、三司等官，令其待宴足矣，乞免差京官远行陪宴之礼。"① 可见，正统至嘉靖年间，市舶宦官在明中期的海外贸易管理执法中占据了极其重要的地位。

（一）市舶宦官众多

明中期，中央向地方派出的市舶宦官人数迅速增加。直到嘉靖年间罢撤市舶宦官之前，其间能考证的出任浙、闽、粤等地的市舶提督的宦官共有 26 人②：派往浙江 4 人；派往福建 14 人，为三省中市舶宦官人数最多的地方，尤其是正德初年，几乎每年派一个；派往广东 8 人，其中不乏韦眷、牛荣之类遗臭后世的市舶太监。

（二）提督市舶衙门规模扩大

广东市舶公馆衙门在嘉靖初的规模已经超过了广东市舶司衙门，共有正厅 5 间、穿廊 3 个、后厅 5 间、左右厢房 22 间、仪门厅 3 间、东西耳房 2 间、大门 3 间。除了广东的市舶公馆衙门，明中期的市舶宦官还将杭州城内的宋朝旧宫苑德寿宫后苑作为浙江市舶府，规模宏大，亭台楼阁，非民间可比拟。成化十六年（1480 年），提督市舶太监韦眷与织染局互易，在布政司东南光泽坊内创建福建提督市舶公署。③

（三）市舶宦官职权扩张

相比明前期，明中期市舶宦官的地位愈显突出，已经成为中央政府执法海外贸易的重要手段：

> 东南自浙江而闽广为三省，其他大海多蛮夷，环水而岛居者若干国，凌风驾涛，译言赍贡，岁率以为常，故每省各该市舶司领之，又命中贵臣一人统其事，区划周悉，盖欲下通款附之诚，上以布我朝廷柔远之意也。④

来历不凡的市舶宦官以皇帝钦差常驻地方，高高在上，权势煊赫。作

---

① 《明英宗实录》卷一八五，正统十四年十一月乙酉，（台北）"中研院"历史语言研究所 1962 年版，第 3679 页。

② 参见李庆新《明代海外贸易制度》，社会科学文献出版社 2007 年版，第 130—132 页。

③ 学者对"光泽坊"所在略有争议，有的认为在福州东街福建省立医院内，还有认为在仙塔街街东。参见王铁藩《福州明代福建市舶司衙署考》，《海交史研究》1986 年第 2 期。

④ （明）高岐：《福建市舶提举司志》"艺文"条，民国二十八年铅印本，第 39—40 页。

为中央政府下派的官员，市舶宦官的地位明显高于市舶司提举，是为真正的主事官：

> 我国家威德旁流，极天所覆，绝海岛夷，往往帆职贡。明州东滨东海，日本夷舶之来于是焉止，故朝廷命中贵主其事，而提举市舶之职，率选科目胄监士为之。盖重边隅，柔远人，清货贿，势不可不慎。[①]

尤其是到了正统朝之后，宦官在全国上下的势力进一步增强。随之而来，市舶宦官不仅涉及海上对外贸易管理执法，还时常兼任地方政府的一些重要官职，例如弘治十年（1497 年）福建市舶太监董让迁江西镇守、正德十四年（1519 年）福建市舶太监尚春升福建镇守、嘉靖五年（1526 年）福建市舶太监赵诚升福建镇守等。这些市舶宦官从而插手地方事务，凌驾于地方政府之上，在海外贸易管理执法中统领全局：

> 广东看守珠池内臣，前已奉诏旨，不许干预廉、琼、高雷地方。今太监安川乃复夤缘传奉，兼管地方，事属欺罔，乞申前令，管市舶、守珠池者，各专职任，俱不许干预地方事务。上是之。[②]

在市舶宦官的主导局面中，隶属于地方政府的市舶司受到排斥和架空，大权旁落，成为无所事事的清闲衙门。"其供应之节，控驭之方，掌于郡守。犒待之仪，贡输之数，主于中官。职提司者，不过检视之而已。"[③] 清朝时，梁廷枏评价此现象为中国古代市舶司制度的"变态"："而自洪武迄嘉靖，置罢不常；又始置三司，后复罢浙江、福建，而专属之广东，大抵归其权于中官，剥削商民，凌轹官吏，古人互市之法，荡然

---

① （明）陈子龙等选辑：《明经世文编》卷一四七"张文定甬川集"，中华书局 1962 年版，第 1464—1465 页。

② 《明世宗实录》卷十三，嘉靖元年四月癸未，（台北）"中研院"历史语言研究所 1962 年版，第 455—456 页。

③ （明）陈子龙等选辑：《明经世文编》卷一四七"张文定甬川集"，中华书局 1962 年版，第 1465 页。

尽矣。"①

（四）市舶宦官的撤罢

鉴于正德年间宦官干政的不利后果，世宗即位后便开始限制宦官权力。一时间，宦官的嚣张气焰大为收敛。嘉靖八年（1529年），中央政府革除了各地方的镇守中官。此后，广东巡抚都御史林富上奏分析利弊，请求撤除广东的市舶和珠池内官。他从两个方面进行了分析。

第一，市舶内官下属的军民和役从人数众多，徭役供应费用过于庞大，如果撤销市舶宦官，可以大大节约相关支出：

> 臣窃计各官供应之费，市舶太监额编军民殷实人户各五十名，而珠池役占不减其数。珠池太监额编门子、弓兵、皂隶等役，而市舶所用亦不为少。……况递守额编殷实，及所占匠役，无故纳银，以供坐食，为费不訾。……则省二内臣之费，不啻齐民数十家之产，而地方受惠，边徼获安矣。②

第二，市舶太监和市舶提举司由于多年贡舶罕至而无所事事，多头管理的局面还导致了多方攘利的情形，不利于海防安定：

> 及查先年番舶虽通，必三四年方一次入贡，则是番舶未至之年，市舶太监徒守株而待，无所事事者也。迨番舶既至，则多方以攘其利，提举衙门官吏曾不与知。万一启衅外夷，则该管官员固有莫知其由，而反受其咎者矣。③

林富还建议，因为广东不同于浙江和福建的具体情况，并不适合由总镇太监兼管，而由海道副使监管市舶相关事宜更为合适：

> 臣以为市舶、珠池太监俱不必专设，以贻日浚月削之害。市舶乞敕巡视海道副使带管，待有番舶至澳，即同备倭、提举等官，督率各

---

① （清）梁廷枏：《粤海关志》卷七"设官"，广东人民出版社2014年版，第119页。
② （明）戴璟：《广东通志初稿》卷三十"珠池"，齐鲁书社1996年版，第506—507页。
③ 同上。

该官军严加巡逻。其有朝贡表文，见奉钦、依勘合，许令停泊者，照例盘验。若自来，不曾通贡生番如佛郎机者，则驱逐之。少有疏虞，听臣纠察，庶几事体归一，而外患不生。①

到了嘉靖九年（1530年），中央政府开始陆续撤回派往各地宦官，其中也包括市舶宦官。嘉靖十年（1531年），明政府正式革去广东市舶太监，市舶中官公馆也被广东巡按御史吴麟改为岭南道公署。嘉靖十一年（1532年），在保定巡抚林有孚、兵部尚书李承勋和大学士张孚敬的力主下，所有中央外派内侍皆被裁撤，朝野上下一时皆称快。此后，中央政府派遣的市舶宦官不复存在，市舶管理执法权全部回归地方政府，"终四十余年不复设，故内臣之势，惟嘉靖朝少杀云"②。

四　社会中介机构

随着澳门开埠后广东海外贸易的迅速发展和繁荣，官牙在其中的作用也越来越明显。官方牙行在明后期的广州有了新的发展，出现了"客纲"、"客纪"和"十三商行"。

（一）客纲和客纪

在嘉靖《广东通志》记载中，带有官商性质的社会中介机构始于嘉靖三十五年（1556年），当时的广东海道副使汪柏确立了"客纲"和"客纪"，作为广州海外贸易管理的补充执法机构：

> 番商者，诸番夷市舶交易，纲首所领也……洪武初，令番商止集舶所，不许入城，通番者有厉禁。正德中，始有夷人私筑室于湾澳者，以便交易，每房一间，更替价至数百金。嘉靖三十五年，海道副使汪柏乃立客纲、客纪，以广人及徽、泉等商为之。③

而根据曾奉使日本的新安人郑舜功记载，这个时间至少可以提前到嘉

---

① （明）戴璟：《广东通志初稿》卷三十"珠池"，齐鲁书社1996年版，第506—507页。

② （清）张廷玉等撰：《明史》卷三百四"宦官一"，中华书局1974年版，第7795页。

③ （明）郭棐：《广东通志》卷六十九"外志四·番夷"，齐鲁书社1996年版，第700—701页。

靖三十三年之前（1554 年）：

> 岁甲寅，佛郎机国夷船来泊广东海上，比有周鸾号称客纲，乃与番夷冒他国名，诳报海道，照例抽分，副使汪柏故许通市。而周鸾等每以小舟诱引番夷，同装番货，市于广东城下，亦尝入城贸易。①

这个客纲周鸾还曾引诱日本人前去广东，假扮佛郎机人进行海外贸易。②

（二）十三商行

嘉靖年间，广州和澳门的海外贸易局面打开后，当时中国的海外贸易逐渐集中于广州。根据西方史料的记载，自 1556 年葡萄牙人在广东进行海外贸易开始，便出现了十三家原籍广州、徽州、泉州的商号，垄断了中葡贸易的商业利润。"十三商行（馆）与之贸易，其中广人五行，泉人五行，徽人三行，共十三行等语。"③ 这 13 家商行与葡萄牙人广泛接触，垄断了广州的海外贸易，便是后来世人所熟悉的"广东十三行"。

---

① 参见梁嘉彬《广东十三行考》，广东人民出版社 1999 年版，第 436—437 页。
② 同上。
③ 同上。

第五章

明后期海上外贸管理法制的转型
（隆庆—崇祯）

第一节 隆庆海澄月港的开海法令

明朝后期，海上对外贸易的天平开始向商舶贸易倾斜，追求经济利益成为朝野上下的共识。虽然占城、暹罗等国家依然与明政府维持着朝贡关系，但其实质一直都是逐利的经济贸易。而继葡萄牙人之后，荷兰人、英国人也来到中国叩关求市，究其核心目的无非也是追求财富。变革中的明政府在严苛的祖宗之法下，小心翼翼地摸索着变通途径。隆庆改元之后，福建地区"准贩东西二洋"，广州开始举办定期的"交易会"，中国私人海上对外贸易进入了全新的时代。

一 立法背景：海禁法令的地区性差异

隆庆改元直到万历前期，高拱和张居正相继登上内阁首辅的位置之后，明朝中央政府开始了一系列的改革。尤其是张居正当权时期，整顿财政政策。无论是太仓库银，还是各地官库的粮米，皆有盈余，嘉靖以来的中央财政危机得以缓解。万历初年，全国的盐税和商税逐渐成为仅次于田赋的常规性大宗中央财政收入，明后期商业经济蓬勃发展的势头可见一斑。在全国改革的大环境下，海上对外贸易管理法制的变革也迫在眉睫。

（一）海禁法令宽于广，而严于浙闽

在海外贸易方面，广东在明朝中期就已率先进行海上对外贸易管理法制改革，并取得了一定的成效。这当然是地方政府积极开拓财源、敢于探索制度调适的良好结果，同时也与朝廷"偏好"广东地区密不可分，否则私自开展商舶贸易的违法举动怎能获得中央政府的默认与支持。

但这一结果对于同为中国东南沿海地区的浙江、福建两省来说，就不那么美好了。浙闽两省由于长期海禁，民间海外贸易作为违法行为，一直处于偷偷摸摸、暗地里发展的尴尬境地。因此，两省舆论对广东的优先调适反应非常激烈，认为朝廷政策法度宽于广而严于浙闽，极为不公：

> 按，市易之制，从古有之，而宋之南渡，其利尤博……我朝书生辈不知军国大计，动云禁绝通番以杜寇患，不知闽广大家正利官府之禁，为私占之地。……今广东市舶，公家尚收其羡以助饷，若闽中海禁日严，而滨海势豪全以通番致素封。频年闽南士大夫，亦有两种议论，福、兴二府主绝，漳、泉二府主通，各不相下，则何如官为之市，情法可并行也。况官名市舶，明示以华夷舟楫俱得住泊，何得宽于广而严于闽乎？况迩年倭侵高丽，亦何曾问闽广海道也。①

(二) 福建山多田少，百姓以海为生

福建山多田少，沿海百姓以海为生，漳、泉等地的粮食供给基本依赖广东。"闽之福唐，地狭而人众，四民之业，无远不届，即遐陬穷发、人迹不到之处，往往有之，诚有不可解者。盖地狭则无田以自食，而人众则射利之途愈广也。"② 如果厉行海禁，老百姓的谋生渠道被堵塞，势必铤而走险，走私贸易加上勾结海盗、倭寇，徒增沿海地区的不安定因素：

> 情困计穷，势必啸聚。况压冬者不得回，日切故乡之想；佣贩者不得去，徒兴望洋之悲。万一乘风揭竿扬帆海外，无从追补。死党一成，勾连入寇，孔子所谓谋动干戈不在颛臾也。③

例如福建沿海港口海澄，位于漳州府城东南，旧名月港，隆庆元年改设海澄县，唐宋时期就已是东南沿海的商业城市。在明朝成弘时期，它随着海外贸易的发展逐渐繁荣，正德时期更是成为福建的一大走私贸易集

---

① （明）沈德符：《万历野获编》卷十二"户部·海上市舶司"，上海古籍出版社 2012 年版，第 266 页。

② （明）谢肇淛：《五杂俎》卷之四"地部二"，上海书店出版社 2001 年版，第 78 页。

③ 《明神宗实录》卷二六二，万历二十一年七月乙亥，（台北）"中研院"历史语言研究所 1962 年版，第 4865 页。

市。到了嘉靖年间，葡萄牙人在广州受挫，在福建商人的诱导下转移至海沧、月港地区往来贩易，月港逐渐成为走私贸易的重要据点。

因此，福建官员大多希望朝廷能像对待广东那样允许部分开放私人海上贸易，疏通民众迫切希望海外通商的诉求，解决民生问题。另外，开海之后，私人海上对外贸易还可以为地方政府带来大笔的税收收入，能有力缓解因连年战事所带来的地方财政紧张局面。在各界强烈的呼声下，福建开海可谓势在必行。

二　"隆庆开海"的法律内容

穆宗继位之后，采用高拱、张居正等人的政治策略，无论在内政还是外交上都进行了大刀阔斧的改革。隆庆元年（1567 年），明政府终于同意了福建巡抚徐泽民的上奏，解除了一直以来禁止百姓"贩夷"的律法，允许福建漳州、泉州百姓"准贩东西二洋"[①]。同时于漳州海澄县月港开设督饷馆，管理商民出海贸易事宜。这一改变，是明政府在海外贸易管理的立法上的历史性变革，打破了自朱元璋时期就确立的民间私人海上对外贸易的禁令，开拓了明朝海外贸易发展的全新时代。

隆庆开海后，明朝海外贸易管理法制出现了以下几个方面的重大变化。

（一）海禁法令的逐渐松动

明后期福建、广东的开放海禁，是局部和被动的，而不是主动和全面的。明政府迫于形势，一来是为了缓解东南沿海的走私贸易局面；二来也是为了从中获取税收收入来弥补捉襟见肘的财政困顿。因此，隆庆开海从一开始就注定了其局限性。明政府在局部开海的同时，依然加强海防，制定了一系列法律法规，将沿海百姓的民间海上对外贸易限制在一定范围内，"于通之之中，寓禁之之法"[②]。

1. 局部开放海禁

隆庆年间的福建开海，最为重要的意义在于明政府局部打破了一直以来严苛的海禁法令：

---

① （明）张燮：《东西洋考》卷七"饷税考"，中华书局 1981 年版，第 131 页。

② （明）陈子龙等撰：《明经世文编》卷四〇〇"疏通海禁疏"，中华书局 1962 年版，第4332 页。

　　许其告给文引，于东西诸番贸易，惟日本不许私赴。其商贩规则，勘报结保则由里邻，置引印簿则由道府，督查私通则责海防，抽税盘验则属之委官。①

　　当然，从隆庆开海法令中，我们可以看出明后期海禁的放开是局部的，民间开展海外贸易还有诸多限制：第一，允许民间出海贸易的区域仅限于福建漳、泉地区，从法律上排除了全国其他地区商民出海贸易的合法性。第二，出海船舶必须事先取得告给文引，方可出海东西洋经营海外贸易。第三，只允许中国商人出海，并不允许外国商人进入福建境内贸易。第四，长期的倭患导致当时日本与明朝之间国家关系的紧张，所以福建开海允许商民前去的东西洋范围内并不包含日本，明政府严格禁止民间私自开展与日本的海外贸易。第五，明政府对民间海外贸易的管理非常严格：邻里之间要相互结保；当地政府负责置引印簿，以便督查而保证海防；同时设置专门的官员负责海外贸易商品的税收和盘验。正如时人描述的，隆庆开海可谓限制重重：

　　　　凡走东西二洋者，制其船之多寡，严其往来之程限，定其贸易之货物，峻其夹带之典刑。重官兵之督责，行保甲之连坐，慎出海之盘诘，禁通番之留止，厚举者之赏格，蠲反诬之罪累。②

2. 严控出海商船

　　如前所述，允许出海的海船必须事先取得官府发给的文引。船引是官府发给海商出海贸易的许可证，明朝的船引始于嘉靖十五年的"船符"。万历三年（1575年），刘尧海开征引税，由海防军官负责。后来为防止逾期出海的船舶违禁贩至日本，要求厦门司盖印，添置官军巡逻盘诘。张燮的《东西洋考》中明确记述了船引的发放与使用规则：

---

　　① 《明神宗实录》卷三一六，万历二十五年十一月庚戌，（台北）"中研院"历史语言研究所1962年版，第5899页。

　　② （明）陈子龙等撰：《明经世文编》卷四〇〇"疏通海禁疏"，中华书局1962年版，第4334页。

商引填写，限定器械、货物、姓名、年貌、户籍、住址、向往处所、回销限期，俱开载明白；商众务尽数填引，毋得遗漏。海防官员及各州县，仍置循环号簿二扇，照引开限定器械、货物、姓名、年貌、户籍、住址、向往处所、限期，按日登记。贩番者，每岁给引，回还赍道查复；贩广、浙、福州、福宁者季终赍道查复，送院复查。①

其中，还对海外贸易和国内海路贸易的管理作出了区分。到万历六年（1578 年）十一月，明政府又允许福建、广州地区的海商在不夹带违禁物品的前提下，通过向海道挂号给告后出海贸易。当然明政府在挂号给告的过程中，依然严格管理出海经商的船舶：

由海道挂号，验其丈尺，审其货物，当出海回籍之后，俱欲照数盘验，不许夹带违禁物品。巡抚福建刘忠问："一谓漳州澳船，令赴官告给船由文引，并将货物登记。二谓泉漳商船，无可辨查，要行该有可将大小船只编刻字号，每船十只立一甲长，给文为验。……"②

于是，此时广州也放宽了中国商人出海贸易的限制，只需向海道挂号后，在不装载违禁商品的情况下，就可以出洋经商了。

3. 统一法律责任

万历十三年（1585 年），刑部参照《大明律》、洪武海禁条例、嘉靖《重修问刑条例》，在新的万历版《问刑条例》中统一了海上对外贸易相关的法律责任。弘治《问刑条例》中关于"违禁下海"的法律规定只有一条，内容就是嘉靖《重修问刑条例》中"违禁下海"的第二条。对违禁下海者，从重治罪，实行连坐，处以杖、充军、死罪等刑罚。

4. 强调海防力量

在开放海禁的同时，海防安全依然是明政府关注的首要问题。浙江、福建作为海防重地，嘉靖倭患之后，依然特设重兵把守，分番防汛。明后期，葡萄牙人获准居留澳门，面向南海的广东便逐渐成为明政府海防的重

---

① （明）张燮：《东西洋考》卷七"饷税考"，中华书局 1981 年版，第 132 页。
② 《明神宗实录》卷八十一，万历六年十月辛亥，（台北）"中研院"历史语言研究所 1962 年版，第 1724—1725 页。

点，通过筑水寨、益兵船、益兵将等多种措施，分中、东、西三路加强广州的海防。①

（二）月港税制的逐步形成

1. 隆庆六年漳州"商税则例"

隆庆六年（1572 年），漳州郡守罗青霄以官府开支浩大为由，请求恢复税课司，开征商税。提议得到了福建政府的同意，置司抽分，形成了新的《商税则例》：

> 隆庆六年，本府知府罗青霄建议，……抽取商民船只货物及海船装载番货，一体抽盘；……抽盘海船装载胡椒、苏木、象牙等货；及商人买货回桥，俱照赣州桥税事例，酌量抽取，其民间日用盐米鱼菜之类不必既抽。候一二年税课有余，奏请定夺。转呈详允，定立税银则例，刊刻告示，各处张贴，一体遵照施行。②

其中，除了民间日常生活的必需品之外，海船装载的番货和商人买回来的商货都需要征税。前者后来发展为水饷，后者发展为陆饷。征税的对象，有象牙、胡椒、苏木、檀香、燕窝等，有五十多种。具体税率，根据当时罗青霄《漳州府志》中的记载，根据征税商品的不同而各不相同。③值得注意的是，漳州地方政府似乎并没有长期实施该税则的打算，"候一、二年税课有余，奏请定夺"。因而，这项地方立法带有临时性。

2. 万历月港税制

万历年间，海澄月港的商舶税制原则确立：凡船出海，记籍姓名，官给批引，有货税货，无货税船。

（1）引税

万历三年（1575 年），福建巡抚刘尧诲请求对商船征税以充兵饷，征收引税，每年 6000 两。同知沈植因此条陈《海禁便宜》十七事，著为令。其中，东西洋船每引税银 3 两，而往来鸡笼、淡水的船舶每引税银 1

① 参见（明）李东阳等撰，申时行等重修《明会典·万历朝重修本》卷一百三十一"镇戍六"，中华书局 2007 年版，第 673 页。

② （明）罗青霄：《漳州府志》卷五《赋役志》，万历元年刊本，台湾学生书局 1985 年版；转引自李庆新《明代海外贸易制度》，社会科学文献出版社 2007 年版，第 317—318 页。

③ 同上书，第 319—320 页。

两。之后，又增加税额为，东西洋税银6两，鸡笼、淡水税银2两。到万历十七年（1589年），提督福建巡抚都御史周寀提议，将东西洋船的数量定额为每年88引。后因兴贩者众多，增加船引至110个。①

（2）水饷

万历三年（1575年），《东西洋船水饷等第则例》规定征收水饷，以船只大小为征税标准，由船商缴纳：

> 西洋船面阔一丈六尺以上者，征饷五两每多一尺，加银五钱。东洋船颇小，量减西洋十分之三。陆饷胡椒、苏木等货计值一两者，征饷二分。鸡笼、淡水地近船小，每船面阔一尺，征水饷五钱，陆饷亦同东西二洋之例。……
>
> 贩东洋船每船照西洋船丈尺税则，量抽十分之七。②

以西洋船为例，船阔一丈六尺以上的，每船缴税80两；一丈七尺以上的，每船缴税93两5钱，以此类推。如果是东洋船，可以减征30%。如果是前往鸡笼、淡水等近海地区的，船阔一尺仅收税5钱。

（3）陆饷

前述隆庆六年（1572年）的漳州"商税则例"到了万历三年（1575年），发展成为"陆饷"。"以货多寡计值征输，其饷处于铺商。又虑间有藏匿，禁船商无先起货，以铺商接买货物，应税之数给号票，令就船完饷而后听其转运焉。"③此时，东西洋船所载的胡椒、苏木等五十多种商品，需要缴纳陆饷的税率为，价值每1两征饷2分。同时，与水饷不同，陆饷并不区分鸡笼、淡水等近海地区，陆饷亦如东西二洋之例。

到了万历十七年（1589年），都御史周寀批准了《陆饷货物抽税则例》，增加征税商品到103种113项之多。万历四十三年（1615年），明廷下诏减少各地税银。漳州府计算后得出东西洋税额2.1万两有余，决定减银3687两，尚有2.34万余两应征税额。漳州地方政府因此对原有的进口货物抽税则例进行了调整。至此，月港陆饷的征税商品共计135种143

---

① （明）张燮：《东西洋考》卷七"饷税考"，中华书局1981年版，第132页。

② 同上书，第132、141页。

③ 同上书，第132页。

项。对比月港陆饷抽税则例在万历十七年与四十三年的两次修订，135 种
商品中，除大部分商品的税率都有所下降以外，有少数商品的税率增加，
也有 34 项原本没有明确收税的商品也厘定了税率，还有原本收税的商品
不再收税的情况。[①]

仔细分析，我们可以发现：第一，陆饷属于进口税，征税对象为外国
进口中国的商品，包括香料、食品、药材、布料、器皿、金属制品等。第
二，虽然万历四十三年的税率比十七年有所降低，但由于征税商品品种增
加，总税额始终保持在 2 万两以上。第三，陆饷、水饷和引税都用白银作
为支付货币，显示了明中叶之后白银已作为一般等价物普遍进入国内市场
的流通领域。第四，万历税率的调整较为忠实地体现了经济规律的作用。
例如，新厘定税率的商品分为两类：一类是原本属于朝贡贸易范畴、民间
很少进口的商品，如玻璃器皿类、鲨鱼翅等；另一类则是国内市场大量存
在的百姓日常生活用品，原先根本不用进口，例如草席、烂铜等。这两类
商品随着福建海外贸易的不断发展，进口数量不断增加，开征陆饷成为必
然。又比如少数增加税率的商品，多为民间市场需求量不断增加的进口商
品，例如苏木、安息香等。

此外，对于一些特殊商品，陆饷还采用了特别的税制，比如粮食。因
为福建长期缺粮，粮食供给大部分依靠广东、浙江的外省米和外国进口粮
食。所以原本海船贩运番米回闽是不予征税的，一些海商就利用米价的悬
殊差价，载米不载货，走漏陆饷。万历四十五年（1617 年），督饷通判王
起宗颁布"征税如西国米[②]例"，完善米税：

> 即今盘验数船，除物货外，每船载米或二三百石，或五六百石。
> 又有麻里吕船商陈华，满船载米，不由盘验，竟自发卖。问其税，则
> 曰："规则所不载也。"访其价，则又夷地之至贱也。夫陆饷照货科
> 算，船盈则货多，货多则饷足。今不载货而载米，米不征饷，不费而
> 获厚利，孰肯载货而输饷乎？诚恐贪夫循利后，不载货而载米，国课
> 日以亏也。查规则内番米每石税银一分二厘，今此米独非番地来者

① （明）张燮：《东西洋考》卷七"饷税考"，中华书局 1981 年版，第 141—147 页。

② 西国米，又名"沙弧米"，是以沙弧树树芯部分加工而成。古时中国华南地带也有，到
明代已失传，需要从海外进口。

乎？今后各商船内有载米五十石者，准作食米免科。凡五十石外，或照番米规则，或量减科征，庶输纳惟均，而国饷亦少补也。①

（4）加增饷

福建在地理环境上临近吕宋（菲律宾）。中国商人在与马尼拉的贸易中，除了输入白银外并没有带回太多的商货。所以，月港税收体制中针对经营马尼拉贸易的商船加征了特别税，即"加增饷"。加增饷以船只数量为征税单位，开始的时候每船150两，后期减为120两：

> 加增饷者，东洋吕宋，地无他产，夷人悉用银钱易货，故归船自银钱外，无他携来，即有货亦无几。故商人回澳，征水陆二饷外，属吕宋船者，每船更追银百五十两，谓之加征。后诸商苦难，万历十八年，量减至百二十两。②

从加增饷的征收中，可以发现，当时的明政府似乎更钟爱进口贸易，而排斥出口贸易。

（三）恤商法令

月港开海后，由于督饷馆体制本身的不规范性和不稳定性，弊窦丛生。常有官员中饱私囊，盘剥商民，月港因此被视为"膻地"。万历二十五年（1597年）十一月，抚按金学曾等人认为漳州海外贸易管理法制已经"法久渐敝"，提出五条整改意见：

> 一、定舡式。一、禁私越。一、议委官，岁委府佐一员，驻劄海澄，专管榷税，海防同知不必兼摄。一、议引数，东西洋引及鸡笼、淡水、占坡、高址州等处，共引一百十七张，请再增二十张，发该道收贮，引内国道东西，听各商填注，毋容猾胥高下其手。一、禁需求。部覆允行。③

---

① （明）张燮：《东西洋考》卷七"饷税考"，中华书局1981年版，第146—147页。
② 同上书，第132页。
③ 《明神宗实录》卷三一六，万历二十五年十一月庚戌，（台北）"中研院"历史语言研究所1962年版，第5899页。

万历二十七年（1599 年），中央政府的税使宦官高寀入闽，作法兴利，百般需索，漳州百姓苦不堪言。万历四十一年（1613 年），虽然中央政府下诏减免税赋，但效果并不明显。"要以弊窦开而无变计，则中阉虽撤，遗毒尚沿，赋虽减犹未减。"①万历四十四年（1616 年），推官萧基署郡符，认为受高寀遗毒影响，海澄商人受害颇深，给引少、饷额高。在此情况下，漳州海上对外贸易受官害、吏害、奸商之害，三害夹击，不复繁荣。因此，他提出了"恤商厘弊"十三事，得到了分守参知洪世俊的支持，将其意见上报福建当局后，得到了肯定：

> 若直指悉报，可俾垂令甲船，事有重大难决者，悉诣府决之。而饷大夫亦凛凛奉德意惟谨，贾人子各得意去。譬之旱魃之后而登泰岱，值触石之吐云矣。②

这份"恤商法令"分别从征税细则、商品检验、海船管理、法律责任、管理机构等各个方面，对海外贸易的各个重要环节作出了整改。

1. 征税细则

（1）细化船只测量时间和方法

水饷的征收需要测量海船的大小。在此问题上，商人往往想减少尺寸，而官府每每想增加尺寸。因此，新法令确定海船测量时间为每年十月修船的时候，同时也细化了测量的方法：

> 一议水饷。水饷以梁头尺寸为定，载在成册。而商人往往剋减尺寸，官亦利其加增而重科之。吏书人役百般诈索，奸弊莫清。今酌以十月修船时，饷官躬诣，从腹阔处看量尺寸，编记天地玄黄字号，以某船往某处给引，其同澳即照字号规则，依纳水饷，不必复量梁头。其约省商费固无量也。在饷官虽以今年理来年之船，然互相代稽，事所宜然。贤者自不惜以一劳而杜百扰。今春除以驾发外，议以今秋九十月始。③

---

①　（明）张燮：《东西洋考》卷七"饷税考"，中华书局 1981 年版，第 135 页。

②　同上书，第 140 页。

③　同上书，第 136—137 页。

（2）严禁官员随意"加起"

原本收税过程中的"加起"环节，给官、商许多可乘之机，造成了虚报税额现象。新法令严禁"加起"，要求一次性准确报告应饷商货数量：

> 一议禁加起。夫匿货漏税，应尽没官，律有明禁，至凛凛也。自有加起之名，而商人始不得实报，留其余以待加起。于是明用钱少，暗用钱多。如报道本船一千担，共加起作一千二三百者有之，甚则加起作一千五六百者有之，是官与商为市也。此加起者归何手乎？而考成徒以虚报故事登册，宜额饷之亏失也。合无照旧规货物，逐一开报，有加起者以漏货论。大书告示，使民遵守，商货尽数开填，饷额必有羡无失，即船寡之年，无虞乏矣。故革绝加起与梁头加增者并禁，于以绝干没、杜衙蠹、足国饷，有三善焉。①

（3）船货二税仿效粮税收法

之前的船货二税，皆由舱商自己称以防止船主故意多征税，但仍有许多名目的增加征税，海商怨声载道。新的船货二税仿效粮银的收法，不由舱商自纳自称，统一投入柜中，商首不得随意科索：

> 一议验船后船货二税。船货二税，俱从在船货物多寡精粗匀科，命舱商自称，以防船主多科之弊。迄因有常例，有加增，有果子银，有头鬃费，各色不等，俱从商首取给，任其科索。东洋船有敛三百余金者，西洋船有敛四百余金者，悉归商首操纵，不止饷一费一，甚饷一而费二矣。众商为喉，主商为腹，怨声载道，率此为由。自今以后，合无容舱商自纳自称，仿收粮银之法，投入柜内，商首不得科索，止命银匠数人验银足色，限十日内通完。违限者方指名差追，不得混票。更严禁管饷收饷人役指索情弊，亦苏小商而杜奸商之一端也。②

---

① （明）张燮：《东西洋考》卷七"饷税考"，中华书局1981年版，第138页。

② 同上。

（4）税收标准的灵活调整

之前征收关税无论船多少，都以 60 艘船为标准，多少对于地方政府都无影响。新法令认为，如果洋船多于 60 艘，多征的税额应归由当地政府以备不时之需；如果少于 60 艘，则可适量做调整：

> 一议洋饷充额，以六十船为率。夫每年征输，大似贡法。无论岁之丰缺，船之多寡，广收不益，数诎不减，何不平也。今约饷馆六十只，即可足额，其溢出者随多寡申报，征银储府，以备公用。或留异日补乏之资，逐年仍送查盘，以便稽实。如每年船出六十下者亦少，然就给引之时，可酌量之。取数果少，不过从西洋、吕宋二处船只，稍稍增补。权宜申请，以无失额，亦不为厉，此乃万一之遇，在司饷者相机裁之耳。①

2. 商品检验

（1）取消草拟官单环节

政府发给海商船引的同时，会发给一本印信官单，用来登记船上的商品以备查验。之前的做法是先由船商草拟官单，之后由饷馆书吏予以确认，这一环节造成了许多官吏任意增加商品数量以求多征税的现象。新法令修改了印信官单的登记时间和方式，取消了草拟官单的环节，规定在申请船引当时填写官单，以杜绝官吏从中随意增加商品数量的情况：

> 一议复印信官单之规。原给引时，商船量报梁头登引，而本海道发印信官单一本发与商人，以备登报各舱货物，递送掣验。如所报有差错，船没官；物货斤数不同，货没官，此厉禁也。重以道印之册，至严崇也，谁敢犯之。迩因内监套官单付饷馆书吏，命各商先替草单，吏书从中任其加增，商欲不减报货物不可得者，是秽业也。合无请复旧规，将道印官单于请引时发下商人，令诸在船散商亲填货物多寡，如不能书者，即写代笔某人，与主商梁头阔狭，备造官册，随送随验。隐报者如律究治，亦厘弊清商之急务也。②

---

① （明）张燮：《东西洋考》卷七"饷税考"，中华书局 1981 年版，第 139 页。
② 同上书，第 137 页。

（2）改"委官出水验船"为船主连带负责制

由于前来贸易的外国商船很多，而负责检验海船的官员只有2人，执法力量非常有限，往往征税一到法定的数额就不再验货。所以新法令取消了委派官员下水检验船舶的环节，改为船主负责制，同时要求同港船主相互担保、一体连坐：

> 一议出水免委官验船。洋船多以百计，少亦不下六七十只，列艘云集，且高且深。委官二员竭力莫胜，适以饱索常例止矣。而奸商籍经验获送之名，益便于放胆犯载，是滋害也。夫一船一商主司之，即散商负载而附者，安能逃其耳目？合无专责一人，仰船至亲递甘结，同港诸船主共相保结，严以一体连坐之律，又广开首举之门，能首实者给重赏，如此责命，必鲜有犯者，而出水杂费杜矣。商已当受其利矣，故委验之官断可已也。①

（3）改"入港封钉"为严控商船接载饷货

之前为了防止商舶匿货，明后期出现了"入港封钉"手续，商船一旦入港便将所载货物封钉。但实施效果不佳，且给官员中饱私囊提供了机会。新法令取消了入港封钉的无谓之举，代之以严格控制商舶的靠岸及相关人等的上下船，以避免应纳税货物被藏匿和私度：

> 一议入港先委官封钉。封钉前无此例，近年始有之，防漏货也。然滔滔洋波，何地不可匿载，何必入港而封之，适以饱官差之需索乎？只宜严禁地方套小艇，先出海外接载饷货，须命巡栏澳甲之人防之。然假巡缉各色驾船者，多是漏载之奸，应示禁巡栏澳甲之船。在大担内者，只就海畔瞭望，不许近泊商船。在本港者，从溪边巡视，不许在商船边往来。倘商梢登岸，止用小艇渡载，而搜捡有夹带货者，究没其巡栏澳甲人役。如三五成群，生事指骗者，亦究治。此法三令五申，未必不可以杜漏货而蠲商害也。②

---

① （明）张燮：《东西洋考》卷七"饷税考"，中华书局1981年版，第137页。

② 同上。

（4）严格限制商船检验时间

海上行船风险极高，新法令规定海船到达后随到随检，3日内必须完成船货检验工作，违者必究：

> 一议洋船随至随验，以便起货。海舟入澳，跋涉久而几坏，装载重而甚危，而巨飓时作，覆没堪虞。乃衙门吏胥，不饱欲壑，不为禀验。以致风水巨测，阁破湿漏，如前年之秋可鉴也。自后船至即行抽验，限以三日为期，不得逾期刁难，违者究治，所谓早一日得一日之便也。①

3. 海船管理

（1）禁止"包引"

船引发放过程中，常有主商包引后高价转售。新法令明文禁止包引，如有违反从重处罚：

> 一议禁包引给引。时积年市猾，每每包引包保至五六船者，串惯主商，倡言给引费至数十两，而后来诸商自给包引者，只得如数出费，彼且从中瓜分。及船回销引时，又倡言费银数十两，而后之销引者，只得如数出费，彼又从中瓜分。此辈坐富，作奸已久，甚至捏名给引，虚造邻结，将引移东转西，卖与越贩，如朱彩德者等其证也。近略访郑心斋等究治外，今后引从商人自给，保取邻里实保，无容包同衙役作弊，犯者重治，以清市猾。②

（2）取消游兵巡回盘诘

原本设立浯铜游之盘诘的目的是为了防止四月之后，而海船出海前需要经过检验并盖章，凭船引合法出行，法律规定已经非常严密，实在无须再设置厦门的复查和浯铜游兵的盘诘：

> 一议苏游兵之害。洋船启行，既有经馆验船，经县盖印，抱引出

---

① （明）张燮：《东西洋考》卷七"饷税考"，中华书局1981年版，第138—139页。
② 同上书，第138页。

洋，法綦密矣，何必更用厦门司盖印，复添设浯、铜游之盘诘乎？夫盘诘所以防四月后逾期之船，杜越贩也。今一概嗜为利孔，尽行留难，总哨目兵，次第苞苴，籍声指诈，阻滞拖延，是费商也，亦厉商也，合请示禁。①

4. 法律责任

（1）减轻失水海商的法律责任

对于失水的船主，原本的法律责任非常严苛，会株连家人和亲戚朋友。新法令认为此等规定实属苛政，应该减轻其相应的法律责任：

> 一议复失水压冬之船，免征饷银。失水者人货俱付之奔涛，而勒追者复向迫之，诛求其家人父子于断肠招魂之余，株连亲党，波及侣傍，此近日之苛政也。自今以后，如失水被劫之情形，既衆同港邻澳之公结不虚，应宜宽免，以恤游魂。至压冬而索水饷者，向无而近有之，为不无假道走倭之虞耳。然多有中途漂泊，归来无期者，应从宽免。如不得已，于饷乏时只宜先征一半，留其余以待来归，不得一概并索，则旧规所宜酌复者，此为亟矣。②

（2）严惩中饱私囊的不法行为

饷馆书吏和主商市场在商品查验过程中科敛财务，新法令强烈要求严惩此类中饱私囊的不法行为：

> 一议主商科敛方物。近查蔡美一船，簿开出方物银百十两，而册载仅半之余，盖未可量算矣。且物货原有定价，闻平易之，未闻其酷索之也。总之官市一、吏书市二矣，书吏索一、主商又敛二矣。重重征削，皆商膏也。应宜切禁船主不得藉此项各色，科敛众商。即有应用之货，平交公买，其价值载在成册可依，不然中使藉上供之名，穷搜异贝，哀号方息，可令人已去而弊犹踵乎？何得不就今厘革也！③

---

① （明）张燮：《东西洋考》卷七"饷税考"，中华书局1981年版，第139页。
② 同上。
③ 同上书，第140页。

5. 管理机构

饷馆的税收官员原本是从当地政府调拨的，吏二书四，其余辅助官员人数不限。但由于对其职权行为的监督非常困难，新法令认为应该由地方政府单独任命饷吏，书记人员人数限制为 4 人，由主管政府进行职能考核：

> 一议饷馆吏书。饷馆吏书，旧从府拨，吏二书四，而中间帮附，不知其几矣。乃司饷官势不能不携人役跟用，此皆腴商之膏，而蔽上之窦也。且府役权难约束，不无掣肘之形，若本役独为任使，适多骈指之累矣。合无饷吏二名，自本府发，其书手即就饷官衙役取去，止许四名而止。庶钤束自由，功罪有归，而衙党亦差汰矣。①

三 "隆庆开海"的实施效果

隆、万年间，月港贸易日趋繁盛，成为福建主要的海外贸易通道。随着海澄月港的开禁，中国东南沿海的海上对外贸易迅速活跃起来，"于是五方之贾，熙熙水国，刳舻艑，分市东西路"②。万历末年，荷兰人占据台湾后开始染指福建海域的贸易，走私与海盗也日益猖獗，福建海防又复紧张。明政府重新厉行海禁，无奈关闭月港海外贸易，"若通倭之禁，向岁稍驰，廷臣章数上。近乃岁岁申饬，犯者戮不待时，然禁严而倭患尚剧，此又司关者所不得问也"③。崇祯年间，漳州海外贸易受到海防局势的影响，饷税萎缩。之后因郑芝龙集团操控福建海域，政府海外贸易政策时松时紧，船引发放不再正常。福建海外贸易因为海禁的弛禁反复而停滞，月港贸易很快衰落，地方政府的财政收入因此大受打击。即便是在开放之时，来往的商船也很少，督饷馆几乎处于废止的状态。

从隆庆到万历，福建海澄月港开放海外贸易的五十多年中，其海上对外贸易管理法制的实施独具地方特色。

（一）大力推动福建地方经济发展

海澄月港的开海，适应了明后期福建社会经济发展的客观需要，对当

---

① （明）张燮：《东西洋考》卷七"饷税考"，中华书局1981年版，第139—140页。

② （明）张燮：《东西洋考》"周起元序"，中华书局1981年版，第17页。

③ （明）张燮：《东西洋考》卷七"饷税考"，中华书局1981年版，第140页。

时闽地社会和经济的发展起到了重要的推动作用。

首先，隆庆开海为漳泉百姓出海经商贸易提供了一条合法的途径，大量福建商民利用这一渠道出海贸易经商，积聚了大量财富。其中不少人因此移居南洋诸国和日本，成为南海国际贸易中强劲的一股海上势力。

其次，月港督饷馆制度给福建地方政府也带来了大笔可靠的财政收入。从万历三年开征引税时的岁额 6000 两，增加到万历二十二年的饷税 2.9 万余两。巨额的经济收入，不仅大大缓解了之前福建地方政府捉襟见肘的财政窘境，还有力支援了闽海海防的军务开支。

最后，隆庆开海后的月港税制，忠实体现了明朝海外贸易税收制度从明中期的实物税向明后期的货币税的转变过程，其税收结构也逐渐趋近后世清朝的海关关税制度。

（二）隆庆开海制度性缺陷的凸显

海澄月港的海外贸易管理法制，是明后期在中央主导下实施的地方性海外贸易转型和调整，是福建地区独特的海外贸易管理法律制度。它既不同于唐宋以来传统的市舶海外贸易管理法制，又不似明中叶广州地区实施的"广中事例"，也远不及后世清朝的海关制度。它最大的特点就是与生俱来的"局部性"。

1. 海外贸易主体的限制

月港体制下，海外贸易的主体被严格限制。

首先，隆庆开海只针对福建漳州、泉州地区的百姓，而不是全国性地开放海禁。如此的法律规定使海上对外贸易的主体非常有限，不公平的出海资格赋予，剥夺了其他地区百姓出海经商贸易的权利。对此，陈尚胜先生在《论明朝月港开放的局限性》一文中指出，正是这种不平等的法律规定，最终导致了明末海上走私的大规模兴起，而走私贸易的规模化，反过来又逐渐摧毁了月港合法海外贸易的发展。①

其次，月港体制只允许本国商人出海贸易，并不允许外国商人入境贸易，这一特点与明中期"广东—澳门"的二元体制有着本质性的差别。在"广中事例"下，葡萄牙商人被允许居留澳门，并可在广东境内近海岛屿与中国商人进行合法贸易。而月港税制的征税对象仅仅是漳泉本地商人，并无外国商人，大不同于正常的海外贸易税收体制，"市舶之设，是

---

① 参见陈尚胜《论明朝月港开放的局限性》，载《海交史研究》1996 年第 1 期。

主贡夷，及夷商来市者，与今漳税不同"①。明人张燮的看法应该代表了当时政府限制外商进入福建境内贸易的理由："夷人来市，似乎以逸待劳，然鳞介窥我版图，纷然其扰，不若自此之彼，境内永清。"②

2. 政府间的饷税之争

万历十七年确立税制之后，月港税饷丰厚，引得泉州地方政府垂涎。泉州官员以兵饷匮乏为由，提出要求和漳州分享开海之后的"胜利果实"——漳泉"分贩"。漳泉"分贩"之议指的是，泉州贩东洋，漳州贩西洋，泉州在厦门设官，仿漳州税例抽饷。漳州地方政府对此提议自然是强烈反对，强调如此将不利于对兵饷的管理，其真正的原因无非是不愿意与泉州分享兵饷。漳泉"分贩"的提议，因此不了了之。

万历二十七年（1599 年），中使高寀领命入闽，主持税政。此时，朝廷要求将所有船税尽归内府。中央政府与地方政府争夺税收，自然不比地方政府之间的争夺，漳州政府毫无抵抗之力。到万历三十四年（1606年），高寀下台，月港舶税才得以完全回归漳州地方政府。

政府间关于利益的不断争夺，带来了赋税的增加，以及吏治的腐败和混乱，这些都极大地影响了月港体制的继续存在。

3. 沿海商民过重的经济负担

虽然万历十七年和四十三年的税制调整，将陆饷税率降低了大约13%，是利于海商的善举。此时，各种商品的课税并不重。以胡椒为例，当时每斤胡椒值钞 3 贯，依照《明会典》中每钞 1 贯准银 1 两来换算，每100 斤胡椒值银 300 两，而价值 300 两的胡椒，月港税制中抽税银二钱五分。问题是实际情况并不如法制规定中的那么理想。福建海商在支付国家法律规定的各色进口商品税收常例之外，还有名目繁多的私设苛捐杂税："迩因有常例，有加增，有果子银，有头鬃费，名色不等，俱从商首取给，任其科索。"③

历任福建地方官员也有不断努力，试图改革月港税制中的种种弊端。万历四十八年（1620 年），漳州推官林栋隆轮署督饷，当时中央政府税使高寀已经离开福建，林栋于是对月港税制作了较大的改革。但此时明朝已

---

① （明）张燮：《东西洋考》卷八"税珰考"，中华书局 1981 年版，第 169 页。

② （明）张燮：《东西洋考》卷七"饷税考"，中华书局 1981 年版，第 154 页。

③ 同上书，第 138 页。

然垂暮，中央政府对地方政府处于一种基本失控的状态，吏治腐败，海上走私贸易猖獗，种种努力无法挽回福建海上对外贸易的颓败之势。

第二节　广东海外贸易法制的革新

明朝中期广东开放贸易时，沿用宋元时期官方垄断贸易形式，征收进口商品税的同时，收买部分优质进口商品，从中谋取利润。嘉靖末年，广州开始举办定期的国际商品交易会，允许葡萄牙人前来交易。这个交易会到了万历八年（1580年），确定为春秋两季进行，展销来自世界各地的商品。此时，广州、澳门地区的海外贸易远及南洋、印度、欧洲和美洲，进出口商品的销售呈现出规模大、国际性的特点，商品结构也更为复杂。为了配合广州交易会的开展，广东海外贸易法制也作出了进一步的革新，无论在形式上还是在内容上都已开始与世界接轨。

一　立法背景：广州交易会的举办

明中期，葡萄牙人与明政府达成协议，在广州进行一年一度的交易会。根据葡萄牙学者施白蒂（Beatriz A. O. Basto da Silva）的研究成果，中葡签订的时间在1550年（嘉靖二十九年），而葡萄牙人就是根据这个协议实际上取得了中日贸易的垄断权。[①] 同时，在葡萄牙人的史料记载中，葡萄牙商人至少在1555年（嘉靖三十四年）就已经获准参加广州的交易会，进行贸易和纳税。可见在嘉靖年间，广州地区已经存在国际性质的进出口商品交易会。[②]

到隆庆三年（1569年），由于来自满剌加等地区的葡萄牙商人私自前往广州贸易，引起了明政府的关注。穆宗批准了工科给事中陈吾德的上奏，再次禁止外国人进入广州，只准在澳门贸易：

满剌加等国蕃商素号犷悍，往因饵其微利，遂开濠镜诸澳以处

---

① ［葡］施白蒂（Beatriz A. O. Basto da Silva）：《澳门编年史》，小雨译，澳门基金会1995年版，第10页。

② 金国平编译：《西方澳门史料选粹（15—16世纪）》，广东人民出版社2005年版，第273页。

之，致趋者如市，民夷杂居，祸起不测。今即不能尽绝，莫若禁民毋
私通，而又严饬保甲之法以稽之，遇抽税时，第令交于澳上，毋令得
至省城，违者坐以法。①

如此，此后葡萄牙商人的在华海外贸易，基本被限制于澳门境内。由
于中葡商人在澳门交易，葡萄牙人只需缴纳船税，因此市舶之利基本算是
拱手让与葡萄牙人，明政府获利不多。为了改变这种状况，增加海外贸易
收入，广东地方政府决定重开交易会，允许外国商人来广州进行贸易。葡
萄牙作为第一个进入中国海外贸易市场的西方国家，自然成了广州交易会
的主要参与者。

二 "广东改制"的法律内容

崇祯末年，广州推官颜俊彦②在审理闽商阑入省河一案的判文中曾提
及："审看得饷船出入，必由香山抽盘，必由市司投单。"③ 可见，当时的
广州已经开放了海外贸易，商舶只要想市舶司"投单"，缴完税款，便可
以进出广州贸易。当然，广东地方政府允许葡萄牙人前往广州交易时，也
制定了许多具体法律规则，要求葡萄牙人必须遵守。

（一）广州交易会贸易流程的法律规定

目前发现的关于广州交易会的相关法律规定，大多留存于葡萄牙、荷
兰等国的文献材料中，中国文献中对此并没有留下明确的记载。

1. 确定每年交易会的时间

万历六年（1578 年），广州允许商人向海道挂号领照出海的同时，也
准许葡萄牙人到广州交易。最初设置广州交易会的时间，定为每年一次。
万历八年（1580 年）后，根据航海季风规律，交易会时间改为每年春夏
两次：

---

① 《明穆宗实录》卷三十八，隆庆三年十月辛酉，（台北）"中研院"历史语言研究所 1962
年版，第 963 页。

② 颜俊彦，浙江桐乡人，崇祯元年进士，崇祯元年至四年任广州推官，著有《盟水斋存
牍》一书。该书是其在任期间处理公务的公文集合，涉及司法与行政实务，对明后期广州的海外
贸易管理法制也多有记载。

③ （明）颜俊彦：《盟水斋存牍》一刻"谳略"一卷，中国政法大学出版社 2002 年版，第
77 页。

　　从 1557 年到 1578 年之间，中国商人在澳门用丝绸来换取外国的商品，以此进行贸易并承担进口商品税。1578 年之后，众多葡萄牙人前往广州，其中受澳门议事会委托的商人还带着 4000 两的见面礼拜见了广州当地官员。……起初，交易会每年一次。1580 年开始，交易会根据每年两次的季风改为每年召开两次。葡萄牙人作为当时中国海上对外贸易的经纪人，每年 1 月份前往印度等地采购商品，到了 6 月份则改去日本采购。交易会持续时间大约是每年两到三个月，有时会延续四个月。①

　　依照葡萄牙人商船到达广州的时间，广州交易会每次持续 2—4 个月。春季从 1 月开始，主要展销印度等地的商品；夏季则从 6 月开始，主要销售日本的商品。这一时间规定，在其他许多外国文献中也能得到印证，例如前引文利玛窦的描述，还有葡萄牙学者徐萨斯的相关考证：

　　　　一个连续数月的集市首次在广州举行后，以后一年两次：一月份澳门商人开始购买发往马尼拉、印度和欧洲的商品；六月份则购买发往日本的商品，以便及时备好货物，使商船能在东南和东北季风开始时按时启航。②

2. 严格控制葡萄牙人在广州的行动

　　葡萄牙人前往广州交易会的人数有严格的限制，只能委派代表在白天前去，乘坐广州政府指定的交通工具，同时严格禁止在广州随意走动：

　　　　为了满足我的愿望，当葡萄牙人去购买发往印度的货物的广州交易会或市集的时间来临时，我把我的现金交给了代表们。从澳门市民中选出四五人，任命他们以大家的名义去购货，以便货物价格不出现变化。代表们乘中国人的船被送往广州，携带着想花或可以动用的

---

　　①　参见 Anders Ljungstedt, *An Historical Sketch of the Portuguese Settlements in China and of the Roman Catholic Church and Mission in China & Description of the City of Canton*, Viking Hong Kong Publications, 1992, p. 72。

　　②　[葡] 徐萨斯：《历史上的澳门》，黄鸿钊、李保平译，澳门基金会 2000 年版，第 40 页。

钱，一般相当于 25 万至 30 万埃斯库多的雷阿尔或来自日本及印度的银锭。这些船名叫"龙子划"，类似日本的黑船，以桨航行。葡萄牙人不得不离开这些船只。只有白天允许他们上岸行走，入广州城商讨价格，观看货物，商定价格。定价称作"拍板"。之后，可以这一价格购买各人欲购的货物，但商人代表订立合同前，任何人不得采购。入夜后，所有人返回龙头划船上进食休眠。一边购货一边根据葡萄牙人的需要将其以龙头划船运至来自印度的大舶或澳门。①

法国汉学家费赖之在《在华耶稣会士列传及书目》一书中，提及葡萄牙人在广州的交易时也曾描述："时葡萄牙人与中国贸易，每年有一定时期，限在广州附郭举行，日入后葡萄牙人必须归舟，不许逗留中国境上。"②

（二）广州税收制度

明后期开海之后，广州由于其重要的海外贸易地位，在税收法律制度上也有了进一步的改革。

1. 始征出口税

明后期，不仅外商进口的货物需要征收关税，对于离开广州的外国商舶所运的货物，还需要征收出口税。"运出的货物的税在广州缴纳，中国人这座城市与澳门之间由一条河相连，距离为三十里格。广州举办货市，其他地方也有许多货市。"③ 广州出口税开始征收的时间，葡萄牙史料的记载中为 1579 年（万历七年）④，中国的文献还未发现有明确记载。由于葡萄牙人在澳门独特的权利授予，葡萄牙商船所缴纳的出口税远低于其他国家的商船。"从 1579 年开始，葡萄牙人必须在广州缴纳出口税，不过他

---

① 金国平编译：《西方澳门史料选粹（15—16 世纪）》，广东人民出版社 2005 年版，第 272—273 页。

② ［法］费赖之（Le P. Louis Pfister）：《在华耶稣会士列传及书目》上册，冯承钧译，中华书局 1995 年版，第 24 页。

③ 澳门《文化杂志》编：《十六和十七世纪伊比利亚文学视野里的中国景况》，大象出版社 2003 年版，第 224 页。

④ 参见 Anders Ljungstedt, *An Historical Sketch of the Portuguese Settlements in China and of the Roman Catholic Church and Mission in China & Description of the City of Canton*, Viking Hong Kong Publications, 1992, p. 72.

们所缴税额比其他国家商人所缴的低 2/3。"①

2. 丈抽制度的确立

随着海外贸易规模的不断增大，出现了外国商人时常偷漏关税的情况。隆庆五年（1571 年）开始，广州将海外贸易税收方式改为丈抽制度：

> 粤东向有东、西二洋诸国来往交易，系市舶提举司征收货税。明隆庆五年，以夷人报货奸欺，难于查验，改定丈抽之例，按船之大小以为税额，西洋船定位九等。后因夷人屡请，量减三分，东洋船定为四等。②

之后，丈抽被明确确定为广州海外贸易税收的主要方式，进口商船按照船只大小征收关税。税率上对于东西洋船进行了区分，西洋船分为 9 等，东洋船分为 4 等。不过关于具体税率，目前仍没有发现相关史料文献的记载。

同样的丈抽方式，在澳门的税银收取中也一样适用：

> 每年洋船到澳，该管澳官员报香山县，通详布政司并海道俱批，市舶司会同香山县诣船丈抽，照例算饷，详报司、道，批回该司照征饷银。各夷办纳饷银，驾船来省，经香山县盘明造册，报道及开报该司，照数收完饷银存库。③

在葡萄牙人的史料记载中，同样也清楚地记载了当时广州的税收采用了丈抽的方式：

> 运货前来的船舶，按各船的容积与长度缴税，而不按货物缴税……④

---

① ［荷］张天译：《中葡早期通商史》，姚楠等译，中华书局 1988 年版，第 118 页。

② （清）梁廷枏：《海国四说》，《粤道贡国说》卷四 "西洋诸国"，中华书局 1993 年版，第 220 页。

③ 万历四十八年《广东赋役全书》，转引自黄启臣《明清时期中国政府对澳门海关的管理》，《中山大学学报》（社会科学版）1996 年第 1 期。

④ 澳门《文化杂志》编：《十六和十七世纪伊比利亚文学视野里的中国景况》，大象出版社 2003 年版，第 127 页。

载运货物进入的各类船只，按船只大小交税（500 或 600 坎迪尔的帕塔索船交五百或六百澳门元）。……①

3. 加强征税管理

明中叶税收抽分时期，番舶到达广州后经常弄虚作假、偷税漏税，抑或藏匿细货、以粗货之名报税，导致税款大量流失。"先将重价者私相交易，或去一半，或去六七，而后牙人以货报官。"② 隆庆五年（1571 年）之后，广东地方政府明确加强了对海外贸易税收征收过程的管理。法律规定，但凡番舶到港，市舶司和香山县有关的官员即行丈量，如数征税，并将其数额封籍后上报海道和督抚。一旦发现有走匿货物的行为，不仅要补征税款，还将因为匿税行为治罪，以窃盗罪论处：

> 番商舟至水次，往时报至督抚，属海道委官封籍之，抽其十二，还贮布政司库，变卖或备折俸之用，余听贸易。隆庆间始议抽银，檄委海防同知、市舶提举及香山正官，三面往同丈量估验。每一舶从首尾两艕丈过，阔若干，长若干。验其舶中积载，出水若干，谓之"水号"，即时命工匠艕刻，定估其舶中载货重若干，计货若干，该纳银若干。验估已定，即封籍其数，上海道，转闻督抚待报。征收如刻记后，水号微有不同，即为走匿。仍再勘验船号，出水分寸又若干，定估走匿货物若干，赔补若干，补征税银，仍治以罪号。估税完后，贸易听其便。③

从此规定中，我们可以看出，明后期的广州地方政府在关税的征收时间、征收机构、税率、方法以及法律监管等各方面，都予以了详细的立法规定。明政府在海外贸易收税征管上的立法技术有了进一步的改进，显得更为细致和完整。

---

① 澳门《文化杂志》编：《十六和十七世纪伊比利亚文学视野里的中国景况》，大象出版社 2003 年版，第 224 页。

② （明）严从简：《殊域周咨录》卷八"暹罗"，中华书局 1993 年版，第 284 页。

③ （明）郭棐：《广东通志》卷六十九"外志四·番夷"，齐鲁书社 1996 年版，第 700—701 页。

4. 葡萄牙商人的税收优惠

在广东海外贸易税收的法律规定中，对葡萄牙商船予以了特别的税收优惠，可以减征关税，而其他国家的商船则无此等优惠。"西洋船定位九等。后因夷人屡请，量减三分，东洋船定为四等。"[①] 葡萄牙人的史料中同样证实了这种税收优惠的存在：

> 譬如，一艘葡籍商船第一次被估为约 200 吨，将交付 1800 两银子作为吨税，以后每次仅需交纳此数目的三分之一。龙思泰认为这种特权只有澳门的船只能够享有，同样吨位的船只若是悬挂其他任何一国的旗帜，要缴纳 5400 两银子的吨税，而且以后每次要缴付同样数目的税金。[②]

可见，在实际操作中，葡萄牙商人首次来华的时候能享受减税的比率要远大于法律规定的 30%，到达了减税 2/3 的程度。不仅如此，以后每次来华贸易所征的税款只需为第一次征税额的 1/3。这么优厚的税收条件，是其他国家的商人根本无法享受到的：

> 1644 年 8 月 9 日，英国东印度公司船只"欣得"号抵达澳门，缴纳船税 3500 卢比。公司认为该船税额不合理，最多不超过 800 卢比，因为"伦敦"号比"欣得"号大，也才缴纳 1400 卢比。[③]

其中的"伦敦号"虽然是英国船只，但因其持有葡萄牙果阿总督所发的许可证，在华的税收待遇随之与众不同，由此可见葡萄牙人在华贸易地位之特殊。

5. 白银货币地位的变化

明中期以来，货币经济发展之后，白银作为等价货币的地位逐渐上升。到了明后期，隆庆福建海澄开海时，月港税制中无论是水饷、陆饷还

---

① （清）梁廷枏：《海国四说》，《粤道贡国说》卷四"西洋诸国"，中华书局 1993 年版，第 220 页。

② ［荷］张天译：《中葡早期通商史》，姚楠等译，中华书局 1988 年版，第 118 页。

③ ［美］马士（Hosea Ballou Morse）：《东印度公司对华贸易编年史》第 1、2 合卷，区宗华译，中山大学出版社 1991 年版，第 32 页。

是加增饷，都采用白银作为支付货物。而在广州贸易体制的律文规定中，白银作为征税支付的一般等价物地位已经确立了。

三 "广东改制"的实施效果

明后期，广东地方政府开设国际性交易会，允许外国商人来广州贸易，是明朝海上对外贸易管理法制的重大进展。随着制度的调适，广州在广东的海外贸易中重新占据了主导地位。当然，明中期形成的广州和澳门之间的二元体系结构并没有发生实质性的改变，两地相互倚靠，关系依然密切。

（一）葡萄牙垄断东方海外贸易

在明中期得以居留澳门之后，葡萄牙与日本、马尼拉、暹罗、马六甲、印度和欧洲的贸易都以澳门作为重要的中转枢纽，取得了巨大的利润：

> 远东与欧洲的贸易为葡萄牙王室所垄断。一支皇家船队每年从里斯本起航，通常满载着……然后，船队在澳门将货物卖掉，买进丝绸，再将这些连同剩余的货物一起在日本卖掉，换取金银锭。这是一种能使所投资成 2 倍或 3 倍增加的投机买卖。……葡萄牙国王为自己保留了东方贸易中最大的特权。[①]

在明后期广州举办交易会后，葡萄牙人又将自己在东方贸易中的胜利成果继续扩大，基本垄断了当时东方的海外贸易。葡萄牙人在广州交易会上不仅可以购买到高质量的中国商品，还可以根据海外市场的市场需求进行特别定制，由此赚取高额的利润。他们一边用白银购买中国市场中珍贵的丝绸、瓷器、珍珠、黄金等商品，一边又将欧洲的毛织品、印度的象牙和琥珀、南洋地区的胡椒等商品投放广州市场。此外，葡萄牙人还尤其擅长转手贸易，例如将从中国购得的丝绸、黄金等物，换取日本的白银，获利颇丰。其中，将中国黄金转售到各国的贸易行为，甚至给葡萄牙人带来了高达 60%—90% 的巨额利润。[②]

① ［葡］徐萨斯：《历史上的澳门》，黄鸿钊、李保平译，澳门基金会 2000 年版，第 40 页。
② 全汉昇：《明中叶后中国黄金的输出贸易》，（台北）《"中央研究院"历史语言研究所集刊》1982 年，第 53 本第 2 册，第 213—225 页。

葡萄牙人的这一成功无疑是与明朝政府的支持分不开，尤其是广东地方政府的支持。葡萄牙人被正式允许参加广州每年两次的"年集"的优待，也让诸如荷兰等其他国家颇为羡慕：

> 澳门的葡萄牙人已和中国贸易130年之久，贸易方式经由特殊的付款及送礼，其大使经皇帝特准居住于此，其商船到广东参加每年两次的年集，购买货物。他们也许获得比马尼拉和我们更多的利益，因为长期的居住使他们较知道哪里有好货，还有哪些珍奇异物。他们也有机会可以订货，要求特定长、宽、重和图样的丝织品，因为他们知道什么规格的可获利最高，可在哪里卖，印度或日本或葡萄牙等。①

后来，虽然澳门曾多次遭遇西班牙、荷兰、英国等国的骚扰，但最终都能化险为夷。直到明朝灭亡，葡萄牙人始终牢牢掌控着澳门的贸易主导地位。不过，葡萄牙人在广州的贸易优待并没有一直持续下去。1631年（崇祯四年），因葡萄牙人不服管制、走私贩私，广东政府禁止他们继续到广州贸易。虽然澳门当局派出使者"心平气和"地前去协商，但并没有结果。② 这项地方立法在1640年（崇祯十三年）获得了中央政府的批准，广州贸易重新恢复到"止令商人载货下澳贸易"③ 的局面。

（二）税收体制问题重重

广东海外贸易税收法律制度的规定下，葡萄牙商人在享受了优厚特殊关税待遇的同时，也在感叹当时中国海外贸易税收体制的问题重重：

> 不过丈量船只的时候可以向丈量者行贿，使他高抬贵手，这样国王的收入就会少很多，因为丈量员们关心自己的收入甚于关心他们国王的收益。另外，他们并不注意船上载运什么货物。④

---

① ［荷］甘为霖（Rev. William Campbell）：《荷据下的福尔摩莎》，李雄挥译，（台湾）前卫出版社2003年版，第74页。

② ［葡］施白蒂：《澳门编年史》，小雨译，澳门基金会1995年版，第39页。

③ 《清世祖实录》卷三十三，顺治四年八月丁丑，（台湾）新文丰出版公司1978年版，第395页。

④ 澳门《文化杂志》编：《十六和十七世纪伊比利亚文学视野里的中国景况》，大象出版社2003年版，第127页。

第一，海外贸易税收管理职位本就是一个"肥缺"，这样一个容易中饱私囊的职位在明后期非常腐败的吏治大环境下，更是不堪一击，中外商人与饷税官员之间的权钱交易比比皆是。第二，丈抽税收制度本身是以海船大小为征税标准的，虽然制度设置之初是为了避免以"粗细"标准征税所出现的腐败现象，但不分进出口商品种类统一征税的方式并不符合经济发展的规律，终将被历史淘汰。

第三节　澳门海外贸易法制的最终确立

明后期，随着葡萄牙、西班牙、英国等殖民者相继东来，叩门求市，给中国东南沿海带来了新的危机。面对新势力的纠结，明朝广东地方政府在长期的摸索、争论和实践中，终于确立了关于居留澳门的葡萄牙人的法律制度，同时也明晰了"广州—澳门"海外贸易管理的相关法律规定。

一　立法背景：西人东来与澳门争议

（一）西人竞相东来

自从葡萄牙人在明政府的允许下居留澳门之后，利用东方贸易大发横财，令其他欧洲国家羡慕不已。西班牙等国不断派出使团和船队来华，希望建立东方贸易据点，并打开中国市场。由于没有得到明政府的合法贸易地位，他们在觊觎澳门的同时，只能在中国东南沿海地区从事非法走私贸易。他们甚至不断挑起事端强闯边关，希望通过武力强行打开中国国门，但遭到了中国沿海官军的有力反击，以失败告终。西方国家的海船接踵而至，在中国东南沿海掀起了大规模的贸易浪潮。

1. 西班牙殖民菲律宾

1492 年（弘治五年），西班牙收复格拉纳达，将穆斯林势力彻底赶出伊比利亚半岛后，一跃成为欧洲强国。由于身处地中海与大西洋的航海要道，西班牙的海洋商业力量一直强大，在欧洲殖民扩张中走在前列。随着不断的海外扩张，它很快就与葡萄牙发生了冲突。1494 年（弘治七年），在罗马教皇的调解下，两国签订了瓜分世界的《托得西拉斯条约》。但对于两国来说，这个条约几乎没有任何作用。1565 年（嘉靖四十四年）开始，西班牙占领了菲律宾的部分岛屿，将马尼拉定为西属菲律宾群岛的首都。

西班牙殖民菲律宾的一个重要原因，就是开拓中国市场。1574 年（万历二年），饶平海盗林凤在明政府的追击下逃往菲律宾，在马尼拉与西班牙人作战失败后逃回潮惠。在追捕林凤的过程中，潮州把总王望高也来到菲律宾，允诺带西班牙传教士到中国传教，但最终福建当局拒绝了传教的请求。1578 年（万历六年），圣方济各会神父奥法罗等来到广州，请求传播福音，被两广总督刘尧海拒绝，一部分获准前往澳门，另一部分则取道泉州返回菲律宾。

传教的受挫并没有影响西班牙人企图征服中国的野心，他们甚至准备了详细的作战计划。[①] 然而，在之后与英国的海上争霸中，英国人击败了西班牙的"无敌舰队"，煊赫一时的海上霸权受到了严重的挑战。同时，在菲律宾的西班牙人还受到了丰臣秀吉的威胁，只能派"修好使"前往日本。这些都使西班牙人不得不放弃了侵略中国的计划，不敢妄言"征服"，而是现实地选择以菲律宾为基地开展对华贸易。

西班牙人首先与葡萄牙人协商，试图在澳门打开局面，但葡萄牙人毫不留情地拒绝了。1598 年（万历二十六年），菲律宾当局派唐·胡·安沙穆迪奥（Don Juan Camndio）前往广东，请求像葡萄牙人一样通商。安沙穆迪奥的请求得到了广州官方的准许，允许其在离广州 12 里格的虎跳门居留。[②] 澳门的葡萄牙人对此非常害怕，觉得西班牙人因此分享了自己专属的广州贸易，向明政府控告他们是"偷贼和劫盗"，以此来阻止西班牙人和明政府的交往，但广东地方政府并未予以理会。但好景不长，由于西班牙人终归是"越境违例"，加上澳门葡萄牙人从中作梗，广东当局最终还是将其驱逐出境：

> 吕宋国，例由福建贡市。万历二十六年八月初五，径抵濠镜澳住舶，索请开贡。两台司道咸谓其越境违例，议逐之。诸澳彝亦谨守澳门，不得入。九月，移泊虎跳门，言候丈量。越十月，又使人言已至甲子门，舟破趋还，遂就虎跳门结屋，群居不去。海道副使

---

① ［英］赫德逊（G. F. Hudson）：《欧洲与中国》，王遵仲等译，中华书局 1995 年版，第 212 页。

② 史料原文称为 Pinhal，宾那港。参见金国平编译《西方澳门史料选粹（15—16 世纪）》，广东人民出版社 2005 年版，第 277—279 页。

章邦翰饬兵严谕，焚其聚。次年九月，始还东洋。或曰此闽广商诱之使来也。①

之后，西班牙人始终未在中国获得合法的海上对外贸易地位，只能改去马尼拉贸易。到17世纪，因为共同的外敌荷兰和英国，西葡两国关系改善，两国商人加强合作，来往澳门与马尼拉的商船不断增多。

2. 荷兰数犯澳门

16世纪中叶，荷兰称为尼德兰（Netherlands），包括今天的荷兰、比利时、卢森堡和法国北部。它拥有安特卫普、阿姆斯特丹等沿海贸易中心城市，擅长航海与冒险，有"海上马车夫"②的称誉。1609年（万历三十七年），荷兰摆脱了西班牙人的统治。1600年（万历二十八年），以范·内克（Van Neck）为首的荷兰船队前往亚洲，试图仿效葡萄牙人在澳门建立对华贸易基地。但他们的企图遭到了葡萄牙人的极力抵制，荷兰人一上岸就被葡萄牙人拘留，其中有多人被澳门的葡萄牙人毫不犹豫地处死了：

> 1601年9月27日，澳门海面出现了荷兰"阿姆斯特丹"号和"戈乌达"号战船……其中七人乘小船上岸，立即被俘虏。……被俘的荷兰人尽管改信天主教，还是被处以死刑。③

但明政府与荷兰人的初次接触还是友好的，双方并没有发生冲突：

> （万历）二十九年驾大舰，携巨炮，直薄吕宋。吕宋人力拒之，则转薄香山澳。澳中人数诘问，言欲通贡市，不敢为寇。当事难之。税道李道即召其酋入城，游处一月，不敢闻于朝，乃遣返。澳中人虑其登陆，谨防御，始引去。④

当时的广州交易会是中央政府默许的，因此广东地方政府认为荷兰人

---

① （明）郭棐：《广东通志》卷六十九"外志四·番夷"，齐鲁书社1996年版，第699页。

② ［荷］莫里斯·布罗尔：《荷兰史》，郑克鲁等译，商务印书馆1974年版，第27页。

③ ［葡］施白蒂：《澳门编年史》，小雨译，澳门基金会1995年版，第31页。

④ （清）张廷玉等撰：《明史》卷三百二十五"和兰传"，中华书局1974年版，第8434—8435页。

进入广州求市并无大碍，所以税使李凤会邀请荷兰人进入广州一个月。当然，最终两广地方政府还是因为其没有进贡表文且不合贡例，害怕担当风险而不敢接纳荷兰人的请求，但中荷之间并没因此产生仇恨。

相反，葡萄牙人的手段就凶狠得多，他们不仅不许荷兰人登陆澳门，还武装追捕荷兰船队："诸夷在澳者，寻共守之，不许登陆，始去。继闻满剌加伺其舟回，遮杀殆尽。"① 范·内克一行在澳门的遭遇，激起了荷兰人对葡萄牙人的极大愤怒。之后，荷兰东印度公司果断采取武力手段对付葡萄牙人。自 1603 年（万历三十一年）开始，荷兰人一直在澳门到长崎的航线上攻击葡萄牙商船，造成了葡萄牙人惨重的损失。公元 1609 年（万历三十七年），荷兰与葡萄牙签订了休战条约，这种境况才得以停止。

被两广政府拒绝后，荷兰人一直试图与中国开展贸易未果，于是再次企图占领澳门。1622 年（天启二年）5 月 29 日，荷兰与英国派出联合舰队驶向澳门，炮轰澳门城。荷军进攻途中，遭到了澳门军民的顽强抵抗，大败而归。葡萄牙人以少胜多，保护了自己的同时，也守住了他们经营多年的东方贸易堡垒。这个胜利对于中国来说同样也是幸运的，在明末动荡时期，澳门的稳定维持了中国东南沿海的某种"均势"②。

在澳门失败后，荷兰舰队的主力向澎湖列岛进发，后又被明朝福建巡抚南居益的水师击败。1624 年（天启四年），荷兰人侵占台湾，建立殖民统治。之后，荷兰人依靠在东南沿海的海盗行为补充贸易商品，恶劣行为导致了明政府对其更为严厉的制裁，绝对禁止荷兰人入境，就连日本都曾一度禁止荷兰人入境贸易。③ 不死心的荷兰人在 1627 年（天启七年）又一次企图占领澳门，被葡军打败。此后到明朝灭亡，荷兰再无侵犯澳门，但也一直没停止在海上打击葡萄牙人。

3. 英国强闯广东④

16 世纪下半叶，英国在积极开展欧洲贸易的同时，目标也瞄准了印

① （明）郭棐：《广东通志》卷六十九"外志四·番夷"，齐鲁书社 1996 年版，第 699 页。

② ［英］赫德逊：《欧洲与中国》，王遵仲等译，中华书局 1995 年版，第 233 页。

③ 参见［日］永积洋子《由荷兰史料看十七世纪的台湾贸易》，载《中国海洋发展史论文集》（七），（台）"中研院"中山人文社会科学研究所 1999 年版。

④ 参见（民国）"中研院"历史语言研究所编《明清史料》，乙编第八本"兵部题'失名会同两广总督张镜心题'残稿"，北京图书馆出版社 2008 年版，第 751—756 页。

度、中国地区的亚洲贸易。1573 年（万历元年），英国人开始了探索中国的航行，但伊丽莎白女王几次请求通商的书信，都因为葡萄牙人的阻截没能送达中国。[①] 1619 年（万历四十七年），英国与荷兰开始联合对付葡萄牙，但英国当时并未参与荷兰对澳门的进攻。之后，由于 1623 年（天启三年）的"安汶惨案"，英、荷关系破裂，英国人转而与葡萄牙人合作。英国人获许通过澳门与中国直接贸易，而葡萄牙人则允许用英国人的中立旗帜，保障其因荷兰人中断的澳门至果阿航线恢复畅通。于是，英国东印度公司的"伦敦"号手持葡萄牙人的许可证前往澳门贸易，但葡萄牙人阻止其与中国官方接触，英国人无功而返。

鉴于此，1637 年（崇祯十年）6 月，英国舰队前往中国，来到澳门之外的横琴岛，中英由此在虎门有了第一次直接冲突。英国人到来后，居澳葡萄牙人的境况十分复杂：一方面，他们必须遵守两国签订的休战协定；另一方面，英国人的到来势必瓜分对华贸易的利益，这是他们绝对无法容忍的。于是，葡萄牙人以明政府为由，阻止了英国人进入澳门，英国人只能自己寻求与中国贸易的可能性。英国船队停泊于广州海域，其间广东政府两次派官员前往盘查。到 8 月初，英国人无视明政府官员的警告，擅自航行且强行占领了亚娘鞋岛炮台。广东海道副使与广东总兵下令英国船队必须驶离中国海域。而当时的通事向英国人谎称中国政府已经同意其通商请求，并愿意提供贸易据点。英国人信以为真，遂派三人前往广州洽谈通商事宜，船队则在虎门停泊。在澳葡萄牙人生怕英国人损害其利益，提出书面抗议，要求英国人离开中国，英国人不予理睬。9 月，广州水军开始进攻这些擅闯中国领海的英国船队，英国人大肆破坏虎门周边后撤退到澳门附近。

最后，在葡萄牙人的调停下，广东政府送还了扣留的三名英国人，允许英国人在广州和澳门完成这次交易，但交易完毕必须立刻离开中国，并保证永不再来。在事件处理的过程中，广东巡按葛征奇一直有礼有节。他深刻剖析了中、英、葡三方的目的和形势，将严格执法与怀柔远人作为尺度，致力于维持东南沿海地区的稳定。英国人最后在广州和澳门交易了大

① 参见萧治致、杨卫东《鸦片战争前中西关系纪事，1517—1840》，湖北人民出版社 1986 年版，第 48—57 页。

约 6 万单位里亚尔的货物①，心服口服地离开了。如此后果当然远不及英国人当初的期待，中国贸易丰厚的利润深深地吸引着英国：

> 中国闭关自守，有条件地对葡萄牙人开放了一扇侧门，但这扇门对于英国人是加锁封闭的。威得尔到来之后，准备利用那扇侧门并谦卑地去敲前门，但也准备，假如当面被享以闭门羹时，则破门而入。②

雄心壮志的大英帝国对中国市场的企图昭然若揭，态度较之葡萄牙和西班牙等国也更为强硬，在明末就已然可见其试图用武力打开中国大门的端倪。

在这一事件中，澳门的法律地位也清晰显现。葡萄牙虽然得以居留澳门，但经济与政治主权依然掌握在明政府手中，明政府在军事上也并不依赖澳门，这一情况终明一世都没太大改变。准许葡萄牙人居留澳门，但又不允许其威胁到内陆地区的安危，也不允许其在海外贸易方面为所欲为，这是明政府对待澳门问题的一贯主张。

（二）关于澳门管理的争议

唐宋时期形成的蕃坊到了明朝，因为海外贸易政策改变而慢慢消融。明中期葡萄牙人成功获准在澳门居留后，澳门的经济地位不断上升，在华葡萄牙人的势力也逐渐增长，出现了侨民管理的问题。

嘉靖之后，葡萄牙人因为人口增加和贸易发展的需要，不断扩建房屋、拓展城区。同时，葡萄牙人无视明朝的海禁法令，允许日本商船到澳门贸易。最为过分的是，不少葡商勾结沿海奸商，收购违禁物品、偷税漏税、走私贩私，甚至买卖人口、杀害官兵。澳门沦为走私商人的窟穴，成为广东地方政府的心腹大患：

> 驯至近年，各国夷人据霸香山濠镜澳恭常都地方，私创茅屋营房，擅立礼拜番寺，或去或住，至长子孙。当其互市之初，番舶数

---

① 参见［美］马士（Hosea Ballou Morse）《东印度公司对华贸易编年史》第 1、2 合卷，区宗华译，中山大学出版社 1991 年版，第 15—30 页。

② 同上书，第 30 页。

少，法令惟新，各夷遵守抽盘，中国颇资其利。比至事久人玩，抽盘抗拒，年甚一年，而所以资之者利者日已薄矣。况非我族类，不下万人，据澳为家，已逾二十载。虽有互市之羁縻，而识者忧其为广城肘腋之隐祸久矣。①

万历四十六年（1618 年），两广总督许弘纲、巡抚御史王命璿上奏认为澳门的葡萄牙人势力扩张，对于广州来说非常危险：

> 列屋筑台，增置火器，种落已至万余，积谷可交战守，而更蓄倭奴为牙爪，收亡命为腹心。该澳去渭城咫尺，依山环海，独开一面为岛门。脱有奸雄窜入其中，一呼四应，诚为可虑。②

对于关乎社会安定与海防安全的澳门问题，中央政府与广东地方政府中有四种处理意见：

其一，主张将葡萄牙人赶出澳门，海外贸易重回浪白外海进行，恢复到嘉靖三十二年以前的规定，代表人物有万历三十五年（1607 年）上京参加会试的番禺举人卢廷龙。③ 这种观点受到了两广地方政府的质疑，认为其可行性差，后果难以预料。

其二，不仅主张让葡萄牙人继续居留澳门，还建议开放更多类似的贸易口岸供外商前来交易。万历年间，国家财政紧张，中央摊派到广东的课税任务多达 20 万两。虽然几经争取后减至 16 万两，但广东的负担依然很重，居东南各省之首。此时，开拓财源以保证上供，是广东地方政府的当务之急。所以，当荷兰人来到后，两广政府觉得这无疑是个利好消息，税使李凤还邀请他们在广州逗留了近一个月的时间。而且在荷兰人到来之际，广东地方政府其实已经预料到他们和葡萄牙人之间会有一场关于澳门的争夺。由于胜负难测，当时的两广总督戴燿指示广东水师加强戒备，静

① （明）陈子龙等撰：《明经世文编》卷三四二"议阻澳夷进贡疏"，中华书局 1962 年版，第 3669 页。

② 《明神宗实录》卷五七六，万历四十六年十一月壬寅，（台北）"中研院"历史语言研究所 1962 年版，第 10905 页。

③ （清）张廷玉等撰：《明史》卷三百二十五"佛郎机传"，中华书局 1974 年版，第 8433 页。

观其变。如果荷兰获胜，就让荷兰代替葡萄牙与中国互市。但当时奉命去广东审案的官员王临亨却不认同这种做法，他认为不应该"坐山观虎斗"，而应该另外再找一个地点，让两者都能与中国开展海外贸易。然而明后期中国的政治、社会环境，并不足以支撑全面开放海外贸易。所以，即便王临亨的想法很得两广政府的心，在实际上却是行不通的。

其三，主张在澳门设立基层行政级别，将葡萄牙人的管理纳入地方行政管理体系中。曾在嘉靖时期就澳门问题向广州政府建言的霍与瑕，在万历时期对澳门问题又提出了新的看法，认为应在澳门建县设官。不过也许是迫于形势，也许是觉得自己的想法过于大胆，他的这个建议最终并未递交两广政府。

其四，主张让葡萄牙人继续居留澳门，但要加强相关管理。万历八年（1580 年），南京刑部尚书陈瑞被任命为兵部尚书右佥都御史兼总督两广。万历十年（1582 年），陈瑞召见澳门葡萄牙人，调查葡萄牙人为何居留澳门，以及西班牙人为何多次私入中国。双方会谈后，陈瑞代表明朝中央政府允许葡萄牙人居留澳门，并打算收葡萄牙人为子民。[①] 此事对于中葡双方意义重大，明政府给予了葡萄牙人在澳门的合法地位，葡萄牙人作为明朝的"子民"得以居留澳门。

到万历三十八年（1610 年），戴燿的两广总督之位由张鸣冈接替。张鸣冈认为应该维持澳门现状，在允许葡萄牙人居留澳门的基础上，驱逐倭奴、提高澳门防务：

> 何如加意申饬明禁，内不许一奸阑出，外不许一倭阑入，毋生事，毋弛防，亦可保无他虞。若以为非我族类，终为祸阶，不贵夷入，不挺而去之，无使滋蔓，此在庙廊之上，断而行之。[②]

张鸣冈的意见非常符合澳门当时的客观现实，得到了中央政府的认可。一方面，澳门包饷不仅可以帮助解决中央财政每年对广东地方 16 万两的税收要求；另一方面，鉴于当时广东当局完全可以控制澳门局势，中葡双方完全可以相安无事、和平共处。

---

① 金国平、吴志良：《东西望洋》，澳门成人教育学会 2002 年版，第 171—172 页。

② 《明神宗实录》卷五二七，万历四十二年十二月乙未，（台北）"中研院"历史语言研究所 1962 年版，第 9905—9906 页。

二　"澳门体制"的法律内容

明政府允许葡萄牙人居留澳门之后，一方面积极开展双边贸易，另一方面也加强对澳门海外贸易的管理，以维护珠三角地区的社会安定。明后期，经过一段时间的争议和摸索，明政府最终确立了关于澳门海外贸易管理的法律制度。其中，主要包含了广东政府对澳门在海防、税收、贸易流程和日常管理等方面的法律规定。

（一）提高澳门海防等级

澳门在行政区域上隶属香山县，由于是广东的海防要塞和通商口岸，同时又受广东海道副使管辖。自广东地方政府于嘉靖中期在澳门设置提调、备倭、巡辑三行署之后，隆庆年间开始，广东政府又制定了一系列管治澳门海外贸易的法律法规，以加强对澳门的监控。

1. 设立澳门关闸

万历二年（1574 年），明政府在连接澳门与香山的莲花茎一处设立关闸，派遣官兵守备，形成了有效的防御屏障：

> 莲花茎，即所谓一径可达者。前山、澳门对峙于海南北，茎以一沙堤亘其间，径十里，广五、六丈。茎尽处有山拔起，跗萼连蜷，曰莲花山，茎从山而名也。万历二年，茎半设闸，官司启闭。上位楼三间，岁久圮。①

新设的关闸形似中国式的城楼，关闸中央有门，定时启闭，楼前匾额上书"关闸门"②。广东地方政府凭借设立此关闸，一来限定境界，二来可以控制澳门葡萄牙人的物资采购。

2. 增强守备力量

澳门关闸设立后，明政府派遣官兵把守。万历三十八年（1610年），两广总督张鸣冈上任，提出《防海五议》，增加在雍陌、香山、

---

①　（清）印光任、张汝霖：《澳门记略》上卷"形势篇"，国家图书馆出版社 2010 年版，第 33 页。

②　明朝的关闸位于今澳门关闸马路中段，与现今的关闸位置不同，现代关闸是葡萄牙人在 1874 年所建。参见黄启臣《澳门通史》，广东教育出版社 1999 年版，第 76 页。

濠镜的驻军。^① 到万历四十二年（1614 年），他又在中路雍陌营设置参将，下有士兵千人。^② 香山设置官职品级较高的参将镇守澳门，可见明政府对澳门的防务之重视。从天启年间开始，广东地方政府改将镇守参将设于前头寨，从新安南头等地抽调士兵和船只充实澳门的军备，守军分戍澳门周围各地，形成海陆包抄之势，严密的防务终明之世无虞。^③

（二）确立澳门关税制度

葡萄牙人居留澳门后，每年要向广东官方缴纳相应的税收，分为地租和包饷两大部分。在被允许进入广州贸易后，葡萄牙人又享受了特殊的税收优惠政策。同时，葡萄牙人在澳门针对海外贸易商品，也有着自己独特的税收体系。四方面的税收构成了明后期澳门独特的关税制度。

1. 确定的地租

葡萄牙人每年向明政府缴纳的钱财中，第一部分是澳门 500 两的地租。"住在澳门这里的葡萄牙人，如同中国皇帝的藩臣，因此，服从与承认广州的管辖，每年缴纳贡银五百两，亦相当于卡斯蒂利亚币五百杜卡多。"^④ 这里所说的"贡银"其实就是地租，这一部分的额度是确定的，数额非常小。

2. 不确定的包饷

除了地租，葡萄牙人缴纳的另一部分是三四万两的专项饷银，这种只针对葡萄牙人的专项涉外税收，被梁方仲先生称为"包饷"^⑤。关于澳门包饷数额的多少，中外史料中的记载并不一致。根据中国官方的记载，明末澳门的包饷定额为 2 万两。万历四十六年（1618 年），两广总督许弘纲的上奏中言："澳夷佛郎机一种先年市舶于澳，供税二万，以充兵饷。"^⑥

① 《明神宗实录》卷四九九，万历四十年九月戊戌，（台北）"中研院"历史语言研究所 1962 年版，第 9415 页。

② （清）印光任、张汝霖：《澳门记略》，上卷"官守篇"，国家图书馆出版社 2010 年版，第 79 页。

③ 同上书，第 80—81 页。

④ 澳门《文化杂志》编：《十六和十七世纪伊比利亚文学视野里的中国景况》，大象出版社 2003 年版，第 127 页。

⑤ 梁方仲：《明代国际贸易与银的输出入》，原载《中国社会经济史集刊》第 6 卷第 2 期，1939 年版；后收入《梁方仲经济史论文集》，中华书局 1989 年版，第 164 页。

⑥ 《明神宗实录》卷五七六，万历四十六年十一月壬寅，（台北）"中研院"历史语言研究所 1962 年版，第 10905 页。

崇祯年间的兵部文书中亦记载："公家一年仅得其二万金之饷。"①

但根据《广东赋役全书》，万历二十六年（1598 年）澳门的税饷为 2.6 万两；次年中央税使李凤入广，增加广东税收 20 万两，其中澳门加派饷银 2 万两，总共包饷 4.6 万两；万历三十四年（1606 年），明政府允许减税 4000 两，总共包饷 4.2 万两。②泰昌元年（1620 年），税使李凤被撤回，但其加派给澳门的 2 万两饷税是否被免除，史料中并无记载。

而在美国学者马士的研究中，"中国官员拥有葡萄牙人所居住的澳门的严密控制权，每年征收葡萄牙人贸易特权费 3 万元"③，这里的"特权费"应该指的就是包饷。各种数据间差距甚大，是否存在中央与地方政府的税收分成现象，不得而知，有待考证。

3. 广州税收优惠

万历六年（1578 年）葡萄牙人被允许去广州进行海外贸易的时候，照例缴纳船税、货物进出口税和包饷：

> 澳门一直向中国人缴纳房屋和教堂租金，以及停泊船只的费用。船只到达澳门港口时，从广州来的一位官员进行估价，按照他计算的货物量和他认为合适的标准收税。船离开时，他再来估价征收一次。他们每年定一个新标准。④

但是，与别国不同，广东政府给予了葡商多方面的税收优惠：

> 在中国，葡萄牙人的贸易享有特权和豁免，这是后来的外国商人享受不到的。……葡萄牙人在广州购买的所有商品交纳的税金比其他国家的商人少三分之二。葡萄牙的军舰不用交纳吨税，而其他国家的军舰则必须交纳。若葡萄牙船只失事，假如船只被中方搭救，朝廷将

---

① 中国第一历史档案馆等编：《明清时期澳门问题档案文献汇编》（一），人民出版社 2000 年版，第 12 页。

② 参见李龙潜《明代广东三十六行考释》，《中国史研究》1982 年第 3 期。

③ ［美］马士：《东印度公司对华贸易编年史》第 1、2 合卷，区宗华译，中山大学出版社 1991 年版，第 8 页。

④ 澳门《文化杂志》编：《十六和十七世纪伊比利亚文学视野里的中国景况》，大象出版社 2003 年版，第 260 页。

负责将船转送到澳门。中方还对因此所需的费用给予补偿。其他国家的船只则无此殊荣，一旦失事被中方救起，要为此支付全部的花费。①

可见，明政府给予葡萄牙人海外贸易税收的优惠主要体现在丈量减税和军舰免税上。不仅如此，如果葡商遇见海难事件，还能享受明政府的朝贡国待遇，得到相应的补助。这些优惠直到 1606 年（万历三十四年）的"郭居静事件"② 之后才被取消。到 1612 年（万历四十年），葡萄牙军舰进出澳门同样也需要实行丈量。③

4. 澳葡税收体系

1570 年（隆庆四年）9 月 22 日，葡萄牙官方发布敕令对天主教教徒实施税收优惠："凡在中国、日本和马鲁古改信天主教者，可免缴十五年的抽盘。"④ 这个法律规定显示，在澳门，葡萄牙人拥有自己的一套税收系统。澳门的财政收入基本都来自海外贸易税收，征税采用的是实物税。征来的货物在主管机构的许可下减价 5% 后销售，所得收入一半给孤儿院的姑娘做嫁妆，另一半交归卡内罗主教在澳门建立的仁慈堂。⑤ 1636 年（崇祯九年）7 月 23 日，澳门当局宣布对与日本的海外贸易进行抽税，税率为 5%。此规定使葡萄牙获利巨大，征税多达 20.4 万两白银。⑥

（三）强化海外贸易流程管理

为了使澳门葡萄牙人的海外贸易有法可依，广东地方政府制定了相应的禁约，要求葡萄牙人必须遵守。万历三十六年（1608 年），香山知县蔡善继制定《制澳十则》上报两广总督张鸣冈，得到准许。万历四十二年（1614 年），广东海道副使俞安性针对澳门走私和蓄倭情况日益严重的现

---

① ［葡］徐萨斯：《历史上的澳门》，黄鸿钊、李保平译，澳门基金会 2000 年版，第 39—40 页。

② "郭居静事件"是明政府对澳方针改变的转折点。事件起源于在澳修道士之间的争斗，他们在澳门散播谣言说要武力征服中国，引起了在澳民众恐慌和明政府的担忧，广东政府因此集结军队、断绝与澳贸易和粮食供给。后虽证实为谣言，但依然影响了明政府对待澳门葡萄牙人的态度。

③ ［葡］徐萨斯：《历史上的澳门》，黄鸿钊、李保平译，澳门基金会 2000 年版，第 48 页。

④ ［葡］施白蒂：《澳门编年史》，小雨译，澳门基金会 1995 年版，第 17 页。

⑤ ［葡］徐萨斯：《历史上的澳门》，黄鸿钊、李保平译，澳门基金会 2000 年版，第 28 页。

⑥ ［葡］施白蒂：《澳门编年史》，小雨译，澳门基金会 1995 年版，第 43—44 页。

象，又制定了《海道禁约》。之后，广东地方政府将上述法令进行统一、完善后，铭刻立石于澳门议事堂。这些禁约从五个方面对居澳葡萄牙人在海外贸易方面的行为作了相应规范。

1. 严禁通倭

澳门的葡萄牙人时常有蓄养倭奴的情况，并且利用倭奴进行海外贸易。万历三十九年（1611 年），两广总督张鸣冈就曾上书，严禁曲防、杜绝通倭。[①] 倭奴的大量存在，不仅是明朝海防的一大隐患，而且违反了中央政府关于禁止与日本进行海外贸易的法律规定。"禁蓄养倭奴。凡新旧澳商敢有仍前蓄养倭奴，顺搭洋船贸易者，许当年历事之人前报严拿，处以军法。若不举，一并重治。"[②]

2. 严禁买卖人口

明朝法律明确规定，人口不能作为海外贸易的商品，禁约再次强调了这一规定。"禁买人口。凡新旧夷商，不许收买唐人子女，倘有故违，举觉而占恡不法者，按名究追，仍治其罪。"[③]

3. 葡萄牙战舰依法丈抽

根据葡萄牙历史文献记载，原本葡萄牙战舰进入广东是免于丈抽的。但到了 1612 年（万历四十年）以后，广东官方规定葡萄牙战舰无论是为了战争还是海外贸易，都必须经过丈量后缴纳舶税，从而取消了葡萄牙军舰在澳门税收上的优惠。[④] 而实际上，葡萄牙战舰进出澳门时，经常百般逃税。针对这一现象，禁约强调了如果葡萄牙战舰逃避关税将承担严重的法律责任：

> 禁兵船编（骗）饷。凡蕃船到澳，许即进港，听候丈抽。如有抛泊大调环、马骝洲等处外洋，即系奸刁，定将本船人货焚戮。[⑤]

---

① 《明神宗实录》卷五〇九，万历四十一年六月庚戌，（台北）"中研院"历史语言研究所 1962 年版，第 9645 页。

② （清）印光任、张汝霖：《澳门记略》上卷"官守篇"，国家图书馆出版社 2010 年版，第 79—80 页。

③ 同上书，第 80 页。

④ 参见［荷］张天译《中葡早期通商史》，姚楠等译，中华书局 1988 年版，第 123、142 页。

⑤ （清）印光任、张汝霖：《澳门记略》上卷"官守篇"，国家图书馆出版社 2010 年版，第 80 页。

4. 严禁走私

广东地方政府开放澳门进行海外贸易的初衷便是丰厚的税收收入，如果葡萄牙人肆意走私，擅自私下交易，不仅违反明朝海外贸易管理法律制度，而且是广东官方绝对不能容忍的：

> 禁接买私货。凡夷趁贸货物，俱赴省城公卖输饷。如有奸徒潜运到澳与夷，执送提调司报道，将所获之货尽行给赏首报者，船器没官。敢有违禁接买，一并究治。①

5. 严控葡萄牙人兴作

澳门葡萄牙人势力的一再增强，已然威胁到了明政府对澳门的掌控。因此，禁约严格控制葡萄牙人在澳门兴建房屋的行为，不许他们再行扩大居所的规模：

> 禁擅自兴作。凡澳中夷寮，除前已落成，遇有坏烂，准照旧式修葺。此后敢有新建房屋，添造亭舍，擅兴一土一木，定行拆毁焚烧，仍加重罪。②

（四）加强对居澳葡萄牙人的日常管理

1. 落实保甲制度

保甲是明朝基于海防需要而设立的基层社会管理制度。东南沿海地区长期设立保甲，百姓之间互相监督，杜绝走私通番，以求确保海禁法令的实施。万历十九年到二十六年（1591—1598 年），萧彦、陈蕖、陈大科相继出任两广总督，逐步确立了澳门的保甲制度：

> 近者督抚萧、陈相继至，始将诸夷议立保甲，听海防同知与市舶提举约束。陈督抚又奏将其聚庐中有大街中贯四维，各树高栅，榜以"畏威怀德"四字，分左右定其门籍。以《旅獒》"明王慎

---

① （清）印光任、张汝霖：《澳门记略》上卷"官守篇"，国家图书馆出版社 2010 年版，第80 页。

② 同上。

德，四夷咸宾，无有远迩，毕献方物，服食器用"二十字，分东西为号，东十号，西十号，使互相维系讥察，毋得容奸。诸夷亦唯唯听命。①

因而，广东地方政府在明后期通过保甲制度对澳门进行管理，将城市街道进行划分，确立门籍，形成比较规范的基层管理制度，从而确保海外贸易管理法律的有效实施。

2. 任命葡萄牙人首领

明政府以"以夷治夷"为目的，从万历十一年（1583 年）开始，委任"夷目"作为澳门葡萄牙人的官员对广东地方政府负责，一般由澳门葡萄牙市政议会民政官担任。夷目的职责有三个方面：第一，代表葡方和中方进行澳门事务的交涉；第二，负责向广东地方政府报告和请示澳门的重要事件；第三，负责接待中方赴澳的文武官员，并听从差遣。②"夷目"这一职位的设置，建立了中葡官方沟通交流的正式渠道，有利于加强双方的联系和沟通。

3. 居澳葡萄牙人自治

在明政府的允许下，葡萄牙人在澳门拥有了民族自治权。在保证领土与主权归属明朝政府的同时，居澳葡萄牙人建立起了管理内部事务的自治体系。

（1）市政委员会

澳门的自治组织是以公选为基础的，每一个在澳门出生且具有法律资格的自由市民都有选举权。来自其他葡属领地的自由民，只要在澳门结婚或者定居，也将获得选举权。选举的结果得到葡印大总督的批准后方才生效。16 世纪 60 年代以后，澳门葡萄牙人逐渐拥有了自治性质的宗教首领和行政组织。1562 年（嘉靖四十一年）澳门行政首领选出之后，1580 年（万历八年）又增设了一名大法官来执掌治安。之后，澳门的葡萄牙人自治机构不断完善，自治权也不断扩大：

---

① （明）郭棐：《广东通志》卷六十九"外志四·番夷"，齐鲁书社 1996 年版，第 699—700 页。

② 参见邓开颂、吴志良、陆晓敏主编《粤澳关系史》，中国书店 1999 年版，第 102 页。

虽然土地属于中国皇帝，但居民受葡萄牙法律与规章所管辖，官员由我国指派，由总督从印度派出。……该地有装饰华丽的寺院与教堂，公开进行礼拜圣事。一位主教，称为中国主教，是由我王国派遣的，对该地区及日本有广泛的传教权，常驻该地。①

1581 年（万历九年），澳门的葡萄牙人选举出了由行政长官、判事官、日本贸易舰队司令和市民代表 4 人组成的行政议会。1583 年（万历十一年）又选举产生了 2 名法官、3 名高级市政官、1 名检察官和 1 名财政官，这些官员组成了澳门的市政委员会。

（2）最高长官

虽然市政委员会是澳门葡萄牙人的最高自治机构，但其官员并不是澳门的最高长官。1615 年（万历四十三年）之前，葡萄牙派往日本的皇家贸易舰队司令在往返日本逗留澳门期间，是澳门的最高长官。1615 年之后，葡萄牙派遣贵族弗朗西斯科·洛贝斯·卡拉斯科（Francisco Lopes Carrasco）为澳门首任总督兼大法官，独立于日本贸易舰队司令，成为澳门的最高长官。但弗朗西斯科任职期间不服从葡萄牙皇室的命令，引起诸多矛盾，随后被撤职，总督制也随之搁置。1623 年（天启三年），果阿总督再次任命澳门总督，总督制最终确定下来。此后，澳门的总督都由葡萄牙国王任命，三年一任。直到 1644 年（崇祯十七年）明朝灭亡，共产生了 7 名澳门总督。②

（3）法务官员

市政委员会里的官员中，法官、检察官和财政官的职务与澳门海外贸易管理密切相关，是司法与执法的官员。其中，法官执行市政委员会的各项命令，对一些葡萄牙人内部的民事案件和刑事案件作出判决。如果当事人对其判决不服，可以向澳门大法官上诉，或向果阿的最高法庭上诉。检察官又称理事官，就是前文所称"夷目"③，负责执行市政委员会的命令，最重要的职责是代表葡方与中方④沟通。财政官则负责管理澳门的财政税

---

① 澳门《文化杂志》编：《十六和十七世纪伊比利亚文学视野里的中国景况》，大象出版社2003 年版，第 117 页。

② ［葡］施白蒂：《澳门编年史》，小雨译，澳门基金会 1995 年版，第 33、213 页。

③ 明清档案中，一般称夷目为"唩嚟哆"。

④ 一般代表中方的是香山县知县。

收，由于澳门的税收绝大多数都来自关税，因而财政官与澳门海外贸易管理息息相关。

三　"澳门体制"的实施效果

（一）妥善解决葡萄牙人的去留问题

事实证明，明政府在对待葡萄牙人的政策选择上是正确的。允许葡萄牙人继续留澳、加强澳门防务的海外贸易管理法制，符合当时中国的历史现实，对稳定澳门局势、推动广东海外贸易发展起了重要的作用。提出此建议的两广总督张鸣冈于万历三十八年至四十二年（1610—1614 年）在任期间，贯彻执行了自己的想法，并得到了中央政府的支持。明朝之后的各任两广督抚在对待澳门葡萄牙人的问题上，也一直奉行张鸣冈时确立的相关法律法规，不曾改变。

万历四十五年（1617 年）五月，"南京教案"发生后，朝中又起驱逐澳夷之议。兵部最后回复广东地方官员：

> 澳夷去故土数万里，居镜澳六十年，驱之未必脱屣矣之，恐干天和，且地仅弹丸黑子，无险可恃，所通止香山一路，有关可绝，仅同孤雏腐鼠，似可相安无事。第狼子野心，终属叵测，凡所以防患未然，随宜禁戢，在该督按加之意耳。……广州海防同知出镇雍防，会同钦总官，严加查察，不许违禁夹带。陆路设塘基环一线之关，夷商入广，验明给票，方许停泊。海道每巡历濠镜一次，宣示恩威，申明禁约。[1]

可见，明末的中央政府对待澳门的态度已然稳定，认为加强防务、依法管理即可妥善处理居澳葡萄牙人问题。终明一世，葡萄牙人在澳门的去留问题再无争议。

（二）中国有效控制下的澳门自治

澳门的葡萄牙人民族自治起源于中国古代的蕃坊制度，但两者之间又

---

[1] 《明神宗实录》卷五五七，万历四十五年五月辛巳，（台北）"中研院"历史语言研究所 1962 年版，第 10511 页。

存在很大的区别，可以说是蕃坊体制在新时期下的变通与运用。① 针对法律适用对象已由单纯的外国商人转变为具有政治、宗教与经济野心的西方殖民者，澳门自治模式拥有了远大于蕃坊的自治权。在这一体系下，澳门葡萄牙人建立了相对完整的自治组织管理内部事务，而明政府则在行政管理与军事防范上对其进行相对有效的操控。

必须明确的是，虽然澳门葡萄牙人的自治权较大，但由于明政府官方对澳门有效的主权管理，澳门与同时期葡萄牙在海外的其他殖民地有着质的差别，它始终都是中国领土的一部分：

> 葡萄牙人经过了在中国沿岸的畅旺贸易时期之后，他们获得定居澳门，他们是在中国的管辖之下生活的。葡萄牙人在管辖他们自己国籍的人员方面，通常是不会受到干预的；至于其他方面，如管辖权、领土权、司法权及财政权等，中国是保持其绝对权力的。这种情况继续达 3 个世纪之久，直至 1849 年时为止。②

随着明后期澳门管理法律制度的完善和加强，明朝在澳门行使行政、司法、税收等方面的主权有了法律保障。葡萄牙人或其他外国人士来澳门经商和定居，都需要得到中国官方的同意：

> 把水招笨稚孙为柔远惠商事。据佛郎哪称来本处，经纪随裹，国王命下，许准哈板往来，仍命工筑屋居住，本职为此钦依钦遵外，合行给票，付哈哔嘽收执为照，须至票者。
> 万历四十五年九月十一日给。③

---

① 金国平和吴志良先生研究葡萄牙人居留澳门问题后认为，葡萄牙人在澳门的居留方式并不是两广地方政府的首创，而是来源于嘉靖年间西北地区的"蕃城"。这一观点对我们研究澳门体制有着重要的启示。不过，如果从广东自唐、宋以来对外贸易发展的历史中，官方对外商的管理方面，加上政府对西北陆地边境贸易和东南海上对外贸易在管理上存在的区别来看，笔者认为澳门体制应该更类似于中国沿海一直存在的古老的"蕃坊"制度。参见金国平、吴志良《东西望洋》，澳门成人教育学会 2002 年版，第 111—120 页。

② ［美］马士：《东印度公司对华贸易编年史》第 1、2 合卷，区宗华译，中山大学出版社 1991 年版，第 9 页。

③ 广州博物馆编：《广州历史文化图册》，广东人民出版社 1996 年版，第 114 页。

这是一张明政府发给外籍船长的"票"，其中的"招笨稚孙"、"佛郎哪"应为外商名字，"哈板"应为外国海船名字。而葡萄牙人震慑于中国法例的森严，一般不敢公然与广东地方政府对抗。例如万历三十六年（1608年），澳门守军依法惩处夷目，葡萄牙人聚众反抗，局势不稳，香山知县蔡继善孤身前往处理，"单车驰往，缚悍夷至堂皇下，痛笞之。故事夷人无受笞者，善继素廉介，夷人惮之，故贴息"①。

（三）居澳葡萄牙人势力的逐渐增强

澳门作为明政府唯一允许的国际商埠，吸引着大批中外商人聚集于此：

> 凡是开到广东省的外国船舶都必须停泊在澳门，然后同陆地上的人进行交易，不准再深入。而由于外商纷至沓来，中国内地其他各省也运来各种各样的货物，结果使澳门这个聚居点在贸易上十分出名，东方各地各式各样的货物大批聚集于此。②

随着不同肤色人种间的相互通婚，葡萄牙人、中国人、日本人、马来人等繁衍后代，产生了新一代的"土生葡萄牙人"（Mestizos）。而人口的自然增长和外来人口的不断迁入，使澳门人口数量激增。在澳门人口中，葡萄牙人虽然在数量上并不占优势，但比例保持相对稳定。人口的增长使澳门对房屋的需求不断扩大。万历三十二年（1604年）前后，葡萄牙人在青洲私自建造大量教堂和房屋，香山知县张大猷建议毁之，未果。天启元年（1621年），朝廷考虑到安全问题，命监司冯从龙等人毁之，此时的葡萄牙人还不敢反抗。③

到了万历末年，葡萄牙人借口防御荷兰人，再次违反禁令，擅自扩建澳门城墙。这种情况到了天启四年（1624年）愈演愈烈，当时的澳门总督马士加路也（D. Francisco de Mascarenhas）甚至开始让人在沙梨头修建

---

① （清）印光任、张汝霖：《澳门记略》上卷"官守篇"，国家图书馆出版社2010年版，第77—78页。

② 澳门《文化杂志》编：《十六和十七世纪伊比利亚文学视野里的中国景况》，大象出版社2003年版，第116—117页。

③ 参见（清）张廷玉等撰《明史》卷三百二十五"佛郎机传"，中华书局1974年版，第8433—8434页。

城堡、炮台等军事设施。广东官方听闻后，先是让其自行拆除，马士加路也不愿意。两广总督何士晋于是派兵包围澳门，同时断绝澳门的供给。澳门葡萄牙人惊慌失措中自相内讧，马士加路也无奈下屈服，自行拆除城墙和炮台，并承诺每年加税一万两。[①] 不过，广东地方政府考虑到防务的需要，允许澳门留下靠海的防御设备。

崇祯初年，为了防御荷兰人的进攻，广东官方允许葡萄牙人在澳门修筑防御措施。其一是建造了全长 1380 丈的城墙，东起嘉思栏炮台，北至水坑尾，转向西北方向经过大炮台到三巴门，然后转向北至白鸽巢、沙梨头门，再转向西南方向到达海边。此后，城墙以南为葡萄牙人的居留地，城墙以北的望厦、龙田等地则编入香山县。其二是修筑了遍布澳门的多座炮台，比如圣地亚哥炮台、嘉思栏（圣佛朗西斯科）炮台、东望洋山（吉亚圣母）炮台、圣保罗（上帝之母）炮台等。其中圣保罗炮台是澳门最重要的炮台，为澳门总督居住地，防御坚固。[②]

（四）维持了明末中国沿海的"均势"

在明末的广东，珠江口的岛屿作为明朝政府官方指定的海外贸易地点。在此，中外商人在政府的严密监督下开展海上对外贸易，民间海外贸易就在朝贡贸易的"外衣"下顺利进行着。到万历年间，澳门早已从明中期的临时性交易场所发展成为海外贸易的固定集市。即便是明朝法律明令禁止的对日贸易，也在这里找到了变通的方法。在中国东南沿海活动了40 多年的葡萄牙人作为第三方，充当了中日贸易的交易媒介，往返于澳门与长崎之间。而广东地方政府对此"睁只眼闭只眼"，不动声色地准许了葡萄牙从事中日海外贸易。荷兰学者包乐史毫不客气地用"看门狗"来形容葡萄牙人当时在中国的角色："葡萄牙人守在广东，其作用犹如看门狗，阻挡其他国家与中国直接贸易。"[③]

这个"看门狗"的地位是明政府赋予葡萄牙人的，它对明后期珠三角地区乃至东南沿海的局势有着重大的意义：其一，将进入中国境内进行

---

① 参见（民国）"中研院"历史语言研究所编《明清史料》，乙编第七本"澳夷筑城残稿"，北京图书馆出版社 2008 年版，第 29 页。

② 澳门《文化杂志》编：《十六和十七世纪伊比利亚文学视野里的中国景况》，大象出版社2003 年版，第 220—222 页。

③ ［荷］包乐史（Leonard Blusse）：《中荷交往史》，庄国土、程绍刚译，路口店出版社1999 年版，第 40 页。

海外贸易的资格单独给予了态度恭顺的葡萄牙，符合明政府在海禁法令下局部开放民间海上对外贸易的目的；其二，澳门作为中国海外贸易的中转站，葡萄牙人作为中国海外贸易的中介商，帮助明政府在局部开放民间海外贸易的背景下实现了经济利益目标；其三，葡萄牙人为了守住澳门这一重要的海外贸易基地，与西班牙、荷兰、英国等觊觎中国市场的其他西方国家进行了持久的斗争，在一定意义上有利于明朝的海防建设，维持了中国沿海在明末动荡局势下的相对稳定。

所以，在明朝澳门体制确定后的日子里，虽然明政府政治上腐朽不堪、军事上战事不断、社会矛盾日渐凸显，但其对东南沿海地区的控制依然有效，直至清朝初年。

第四节　明后期海上外贸管理执法机构的调适

市舶司在明中期由于海外贸易管理法律制度的原因失去实权，成为无所事事的清闲衙门。嘉靖年间撤销了市舶官宦后，明朝的海外贸易管理就形成了以海道副使为主导，府县分权管理、相互监督的执法体系。到了明后期，隆庆元年漳州月港开海后，海外贸易管理执法体系也进行了相应的调适，出现了由漳、泉两府轮署的督饷馆等机构。

一　地方执法机构

（一）　海道副使

明后期伊始，东南沿海复杂的海防形势，使海道副使的地位继续上升。万历二年（1574 年），提督两广右都御使殷正茂上奏，请求中央政府同意参照之前在浙江和福建的做法，增加巡视广东兼漳泉海防都御史一名，并将申威道副使一职移到惠州府，同时增设专驻阳江县的兵防同知一名，从而能够在广东和福建两省间的海道上增加一员重臣。① 吏部商议后认为，在粤闽两省都设有海道副使的情况下，再设一员重臣会瓜分海防兵

---

① 《明神宗实录》卷二十八，万历二年八月己巳，（台北）"中研院"历史语言研究所1962年版，第699页。

力，弊大于利，因而否决了殷正茂的题议。① 到万历三年（1575 年）十月，吏部复题："广东宜以副使一人巡视海道，驻扎东莞南头城，平时则操练稽查，有事督兵出海勤捕。即以本省副使刘经纬调补。从之。"② 如此重要的海防地位，使海道副使在明后期的职责也日趋重要：

> 国初兵事，专任武臣，后常以文臣监督。文臣重者曰总督，次曰巡抚。总督旧称军门，而巡抚近皆赞理军务或提督，详载都察院。其按察司官整饬兵备者，或副使，或佥事，或以他官兼副使、佥事。沿海者称海防道，兼分巡者，称分巡道，兼管粮者，称兵粮道。③

从明朝史料的记载中可以发现，明后期广东海道副使或佥事常常兼管广州和澳门的海外贸易，在职衔上会加上"带管市舶"。例如，天启四年（1624 年）八月十八日兵部档案的记录中，史树德的职衔就称为"巡视海道带管市舶广东布政使司右参政兼按察司佥事"④。而这种现象在其他省份的海道并无发现。

海道副使在明后期的海外贸易管理执法权，依然体现在海外贸易税收和对外贸易纠纷处理这两个方面：一方面"番商舟至水次，往时报至督抚，属海道委封籍之，抽其十二，还贮布政司库，变卖或折俸之用，余听贸易。"⑤ 另一方面，万历年间，中央税使进驻广东后，广东市舶司的职权得以恢复，广东海道副使渐渐失去了海外贸易管理的实权：

> 巡视海道带管市舶广东布政使司右参政兼按察司佥事史树德。查得本官责任，驻扎东莞南头城，遇汛驻扎新安、新宁等城，整搠船

---

① 《明神宗实录》卷二十九，万历二年九月丙子，（台北）"中研院"历史语言研究所 1962 年版，第 704—705 页。

② 《明神宗实录》卷四十三，万历三年十月丙寅，（台北）"中研院"历史语言研究所 1962 年版，第 963 页。

③ （明）李东阳等撰，申时行等重修：《明会典·万历朝重修本》卷一百二十八"镇戍三"，中华书局 2007 年版，第 661 页。

④ 中国第一历史档案馆等编：《明清时期澳门问题档案文献汇编》（一），人民出版社 1999 年版，第 3 页。

⑤ （明）郭棐：《广东通志》卷六十九"外志四·番夷"，齐鲁书社 1996 年版，第 701 页。

器，操演水战，监督南头、广海、虎门、香山等寨，及驭澳防倭诸务，汛毕回省。平时则训练兵夫，简阅强弱，稽查奸弊。如值沿海有警，督率官兵相机剿捕。……凡一应备御事机，悉听从宜区处，沿海府县卫所文武官员，惧听节制，考覈殿最，敢有怠忽及私役军兵、科敛财物、与奸徒私通、济倭夷等项，轻则量情惩治，重则参奏拿问。①

此时的广东海道副使虽然名义上"带管市舶"，但真正的主要职能已经不在于海外贸易管理执法了，而在于海防和监督沿海府县官员。

（二）福建督饷馆

1. 督饷馆的设立

嘉靖九年（1530 年），都御史胡琏巡视浙江兼管福建时，在海沧设置了一个新的机构叫作安边馆，每次委派各府的一名通判前往驻扎，半年换一个，作为加强福建南路海防的一项举措。同年十一月，漳州府通判陈必升首任安边大夫，建造了公署。这种由各府佐进行轮署的方式，后来被督饷馆继承并使用来督饷。

嘉靖二十八年（1549 年）夏天，海寇直抵安边馆、劫掠地方，被当时的海道副使柯乔带兵击退。嘉靖三十年（1551 年），明政府重新在月港建立靖海馆，由通判往来巡缉。嘉靖四十二年（1563 年），在都御史谭纶请求下，明政府在月港派海防同知驻扎，并将靖海馆改名为海防馆，以后成为督饷馆的办公地点。"督饷馆（在县治之右，即靖海馆旧基。嘉靖四十二年，新设海防，改建为海防馆。万历间，船饷输管，因改为督饷馆。……）"②

到隆庆六年（1562 年），漳州制定《商税则例》、开征商税，并于南门桥柳营江设立公馆，轮流委派一名府佐督率盘抽，从而正式开启了督饷馆及府佐轮署的先例。广西马平人罗拱辰在隆庆三年的时候还是漳州清军同知，后升为海防同知，担任了漳州开海后的首任督饷官，"隆庆六年，税务初起，公首膺斯任。议留税银苦干，筑城圭屿……"③

---

①　中国第一历史档案馆等编：《明清时期澳门问题档案文献汇编》（一），人民出版社 1999 年版，第 3 页。

②　（明）张燮：《东西洋考》卷七"饷税考"，中华书局 1981 年版，第 153 页。

③　同上书，第 147 页。

不过，具体抽盘海外贸易商船的执法工作，是由海防同知领导海澄县官兵来完成的。于是，柳营江公馆成为当时漳州海外贸易管理法制体系中的执法机构。但由于漳州"商税则例"本身的临时性，柳营江公馆后被督饷馆所代替。万历三年（1575 年）刘尧诲上请开征引税以充兵饷后，获取了丰厚的利润。为了防止官员操纵饷税、不实申报，明政府仿照榷关制度，改海防馆为督饷馆，每年在福建官员中委派一名府佐主持税务，作为月港海外贸易的执法机构。

2. 督饷馆官员设置

督饷馆设立之初，制定了由沿海各府佐轮署的官员任命规则。万历二十七年（1599 年）中央政府派高寀进驻福建，主持税政，海外贸易税收尽归内府。万历三十四年（1606 年），高寀被罢后，督饷馆回归地方，由漳州府专理。万历四十五年（1617 年），在通判王起宗提议下，于圭屿再建一个公馆，以便督饷馆盘验船只。

根据《东西洋考》等史料的记载，明后期可考证的轮署督饷馆的官员总共 33 人（见表 5 - 1）。

表 5 - 1　　　　　　　　　明后期轮署督饷馆官员名单

姓名	出身	轮署前官职	轮署时间
罗拱辰	举人	漳州府海防同知	隆庆六年
沈植	待考	漳州府海防同知	万历元年至三年
郑尧章	乡荐	漳州府同知	待考
周裔登	进士	漳州府海防同知	万历七年
姚应龙	举人	漳州府海防同知	万历十三年
叶世德	举人	漳州府海防同知	万历十七年
王应乾	举人	漳州府海防同知	万历二十年
舒九思	举人	漳州府海防同知	万历二十一年
何其大	待考	延平府推官	万历二十五年
赵贤意	进士	邵武府推官	万历二十六年
杜献璠	举人	漳州府清军同知	万历三十四年
沈有严	举人	漳州府海防同知	万历三十五年
钟显	岁贡	漳州府督捕通判	万历三十六年
陈钦福	举人	漳州府督粮通判	万历三十七年
吕继梗	举人	漳州府督捕通判	万历三十八年

续表

姓名	出身	轮署前官职	轮署时间
龚朝典	举人	漳州府海防同知	万历三十九年
张应奎	进士	漳州府推官	万历四十年
邵圭	举人	漳州府清军同知	万历四十一年
卢崇勋	举人	漳州府海防同知	万历四十二年
江一雷	例贡	漳州府督粮通判	万历四十三年
丘建经	岁贡	漳州府督捕通判	万历四十四年
王起宗	官生	漳州府督粮通判	万历四十五年
高士达	举人	漳州府清军同知	万历四十六年
段伯玠	举人	漳州府督捕通判	万历四十七年
林栋隆	进士	漳州府推官	万历四十八年
陈邦训	举人	漳州府督粮通判	天启元年
赵纾	举人	漳州府海防同知	天启二年
梁士	选贡	漳州府清军同知	天启三年
张应斗	举人	漳州府督粮通判	天启五年
徐日昇	进士	漳州府推官	天启六年
吴允焞	例贡	漳州府督捕通判	天启七年
范志琦	待考	漳州府清军同知	崇祯元年
竺鹗鸣	岁贡	漳州府督粮通判	崇祯四年

资料来源：（明）张燮：《东西洋考》卷七"饷税考"，中华书局1981年版，第147—152页。

由表5-1可以看出，督饷馆的选官体制大致可以分为三个时期。

第一阶段为隆庆六年（1572年）到万历二十一年（1593年），督饷馆多由漳州府海防同知兼任。隆庆开海后的首任督饷官为罗拱辰，之后由沈植继任，这个阶段共有7位漳州府海防同知兼督税饷。

第二阶段为万历二十五年（1597年）至二十六年（1598年），督饷馆由福建各府佐贰轮署。由于海防同知兼督饷税时间一长，容易产生贪污腐败，明政府决定轮管，何其大和赵贤意相继上任。万历二十七年（1599年），中央政府派遣宦官高寀入闽，夺取督饷之权，各府佐轮署的办法遂被停止。

第三阶段为万历三十四年（1606年）至崇祯四年（1631年），督饷馆由漳州佐贰轮署。中臣高寀下台后，月港的海外贸易税收执法权重新回归地方政府。由于饷税问题事关重大，如何执法才既能保证税收又能防止贪污，是福建地方政府需要考虑的大问题。他们需要决定，究竟是依旧按照旧例由福建省内各地轮管，还是重新制定新的办法来执法饷税。漳州地方政府想了个非常冠冕堂皇的理由，因而顺利地将督饷馆职权完全包揽：

> 海澄洋税原议轮委各府佐征收，但外府官远来，驻扎非便；而增设供应人役，所费倍繁。不若于本府佐剌五员，岁委一员管理。事无专属，既与原议不悖，且于事体为宜。……于是本府官承委，岁一更代云。①

所以在这个时期，共 24 个督饷轮署官员全部为漳州府官员，其中督粮通判 6 人、清军同知 5 人、海防同知 4 人、督捕通判 3 人、推官 3 人。

（三）市舶司

1. 市舶提举司的总体萎缩

受嘉靖"争贡"事件的影响，明朝三个市舶提举司开始萎缩。嘉靖以后，福建沿海受西方殖民势力和海盗势力的骚扰，市舶司建制也很不正常。不过，福建市舶司并未像浙江市舶司一样马上被撤罢："国初于闽、广、两浙设三市舶，不徒督理贡事，亦以牵制市权，意固深远。寻以浙江多故，旋改旋罢，惟闽广二舶尚存。"②可见，万历六年（1578 年）时，福建市舶司尚存。到了万历八年（1580 年），福建市舶司也被罢撤："福建等处承宣布政使司，旧有市舶提举司，万历八年裁革。"③

不过广东市舶司并未受到嘉靖倭患的直接冲击，在"争贡之役"后依然以相对正常的建制得以保留，"遂革福建、浙江两市舶司，惟存广东市舶司"④。于是，在嘉靖、万历年间海防形势严峻的状况下，明后期继续能正常维持运转的就只剩广东市舶司了。

---

① （明）张燮：《东西洋考》卷七"饷税考"，中华书局 1981 年版，第 135 页。

② 《明神宗实录》卷八一，万历六年十一月辛亥，（台北）"中研院"历史语言研究所 1962 年版，第 1724 页。

③ （明）李东阳等撰，申时行等重修：《明会典·万历朝重修本》卷十五"州县一"，中华书局 2007 年版，第 96 页。

④ （清）张廷玉等撰：《明史》卷七十五"职官四"，中华书局 1974 年版，第 1848 页。

2. 明后期的市舶官员

万历年间的《大明会典》再次明确了各处市舶提举司的官职设置："正官，提举一员。首领官，吏目一员。"① 明后期，由于三个市舶司中仅剩广东市舶司职能相对完善，因而可考证的 5 个出任市舶提举司官员的几乎都来自广东市舶提举司。同时，万历之后，市舶提举司的官员出生皆是举人或贡生，不再有进士出身的人了。

3. 广东市舶司的职权重构

（1）市舶司地位上升

相比明中期市舶司无所事事的清闲状态，明后期的广东市舶司无论在职能还是地位上都获得了较大程度的改观：

> 中国人在澳门设立了一个市舶司，以征收出口商税和泊税。每当船只到港，检查官就通知市舶司官员，将一份船货清单呈交给他们。待日期确定后，市舶使或其代表在检查官和船长陪同下，登船丈量船体。……船只离开时，需再通知市舶司官员。市舶税收均向广州地方府库上缴。②

广东市舶司在明后期完成了职权重构，权力逐步增强，地位日渐上升，可比肩盐课提举司，"天下如此衙门，亦不一二见"③。造成其今非昔比的巨大改变的原因，史料中并无记载。不过笔者认为，李凤作为中央税使主持广东税务的影响应该是其中一个非常重要的因素。李凤在广东行使税使职责时，市舶司在其统领之下。在当时的广东，也只有李凤有这个能耐，能将海外贸易管理执法权从海道副使、各地府县手中强行分离，重新划入市舶司的职权范围。所以，当李凤提督粤税后，海道副使和香山县等地方官员在海外贸易管理执法权中，仅仅剩"丈估"的职权，而不能"主裁"。

广东市舶司重获海外贸易管理执法权后，主导了广州和澳门的海外贸

---

① （明）李东阳等撰，申时行等重修：《明会典·万历朝重修本》卷"官制三"，中华书局 2007 年版，第 21—22 页。

② ［荷］张天泽：《中葡早期通商史》，姚楠等译，中华书局 1988 年版，第 117 页。

③ （明）颜俊彦：《盟水斋存牍》一刻"公移"一卷"谕市司商揽首弊"，中国政法大学出版社 2002 年版，第 339 页。

易管理。崇祯初年，广州推官颜俊彦在其记录的判文中，一再明确了广东市舶司在海外贸易管理执法中举足轻重的地位：

> 审看得饷船出入，必由香山抽盘，必由市司投单。……①
> 有艇下澳，艇必有主，货必有单，一质成于市司而足耳。②

后世的一些记录也证明了明后期市舶司的显著地位。清朝顺治年间的两广总督佟养甲的公文中曾说："通商阜财，势所必需，然仍准澳人入市广省，则又通商之源也。往例设海道兼督，市舶提举专理。"③ 清朝康熙年间的粤海关监督宜尔格图在上奏中云："粤东向有东西二洋诸国来往交易，系市舶提举司征收货税。"④

（2）市舶司职权

明后期广东市舶司的主要职权在于海外贸易税收的执法。不过，在崇祯四年（1631 年）八月二十四日的一份兵部档案记录中，似乎崇祯四年之前的澳门夷船抽盘都是由香山县地方政府负责的，市舶司并不参与其中：

> 查澳关之设，所以禁其出入，惟互市之船经香山县，原立有抽盘科，凡省城酒米船之下澳与澳中香料船之到省，岁有尝额，必该县官亲验抽盘，不许夹带盐铁硝黄等项私货。立法之始，为虑周良。今甲科县官，往往避膻，不欲与身其中，而一以事权委之市舶。市舶相沿陋规，每船出入，以船大小为率，有免盘尝例，视所报正税不啻倍蓰。⑤

----

① （明）颜俊彦：《盟水斋存牍》一刻"谳略"一卷"审闽商阑入省河一案"，中国政法大学出版社 2002 年版，第 77 页。

② （明）颜俊彦：《盟水斋存牍》二刻"谳略"一卷"澳棍徒汪侯案"，中国政法大学出版社 2002 年版，第 489 页。

③ 中国第一历史档案馆等编：《明清时期澳门问题档案文献汇编》（一），人民出版社 2000 年版，第 23 页。

④ （清）梁廷枏：《海国四说》，《粤道贡国说》卷四"西洋诸国"，中华书局 1993 年版，第 220 页。

⑤ 中国第一历史档案馆等编：《明清时期澳门问题档案文献汇编》（一），人民出版社 2000 年版，第 12 页。

那么实际情况究竟如何呢？颜俊彦在《盟水斋存牍》中记载了崇祯初年的一个案例：福建的差官黄正等人利用兵船下海贩卖夷货，返航时以"飘风"为理由要求进入广州，广州地方政府认为他们十分可疑而将船扣留。当广州府派遣番禺、南海两县正官前往处理案件时，两县当局认为让市舶司去办理更为合适。而此时正值市舶司正官空缺，海道责令两县政府前往盘验。① 可见，明后期海外贸易税收的执法权理论上是属于市舶司的，只有当市舶司缺官时，才委托其他官员代为行使。

针对澳门在"广州—澳门"体系中作为海外商船丈量征税地点的独特地位，广东市舶提举司还特地在澳门设立了行署，该行署同时还兼管澳门的夷务：

> 近者督抚萧、陈相继至，始将诸夷议立保甲，听海防同知与市舶提举约束。陈督抚又奏将其聚庐中有大街中贯四维，各树高栅，榜以畏威怀德四字，分左右定其门籍……使相互维系讥察，毋得容奸。诸夷亦唯唯听命。②

此处提到的督抚，指的是时任两广总督的萧彦、陈蕖或陈大科③。这几位地方官在位期间，一直致力于将中国东南沿海地区实施的保甲制度适用于澳门的事务管理中。由此可见，广东市舶提举司在明后期澳门沿海的治安与海防中，作用非常重要。

除此之外，广东市舶司还兼有协助海禁、防范走私等职责。在崇祯初年广州推官颜俊彦的《盟水斋存牍》中，收录了多件广东地方政府处理闽商违例阑入省河案的判文，可知市舶提举司在海外贸易管理执法中的职责之重要。如郭进兴一案，最后的判决结果为罚饷、没收和杖惩，其中的"罚饷"就由市舶司来具体执行。④

---

① 参见（明）颜俊彦《盟水斋存牍》一刻"谳略"一卷"审闽商阑入省河一案"，中国政法大学出版社 2002 年版，第 77—81 页。

② （明）郭棐：《广东通志》卷六十九"外志四·番夷"，齐鲁书社 1996 年版，第 700 页。

③ 陈蕖于万历二十年至二十二年在任，陈大科于万历二十二年至二十六年在任，文献中的"陈"不能明确是其中哪位。

④ 参见（明）颜俊彦《盟水斋存牍》一刻"谳略"一卷"审闽商阑入省河一案"，中国政法大学出版社 2002 年版，第 77—81 页。

二　中央税使

嘉靖年间罢撤各市舶宦官之后，宦官势力退出海外贸易管理执法体系。但到了万历年间，由于统治阶层追求奢华的生活，挥霍无度，国家中央财政开始捉襟见肘。于是朝廷采用各种方法搜刮财富，矿监税使四出开拓财源。其中，李凤和高寀相继被派往广东、福建两省提督税务，市舶之利重新归于内库。两人广揽权、利，收入颇丰，粤、闽两省因此得称"天子南库"。

（一）广东税使李凤

万历二十七年（1599 年）二月，神宗派太监李凤为广东税使，一来开采雷州等地的珠池，二来兼征市舶司课税。于是李凤开始在广东以税使的身份兼掌市舶税收，监督广东完成每年向中央上缴 20 万两税银的任务，一缴就是 15 年。为了完成任务，李凤利用皇帝赋予的特权，与地方政府争夺商业、采珠、采矿、盐政等多方面的利益。其身兼数职，手握广东经济命脉。在李凤主持广东海外贸易管理期间，一改原本由海道副使主导的海外贸易管理执法体系，将大权转移到市舶司，从而纳入自己的控制。广东市舶司因而权力大大增加，一举成为与盐课提举司一样有权有势的政府部门，成为明后期广东海外贸易管理法制的一大变化。

李凤为人贪婪，在广东执政期间为非作歹，甚至召集海盗，引发民怨，"粤中人争欲杀之"[1]。在与葡萄牙人的交往中，李凤还亲自下澳催税，与葡萄牙人发生冲突后诸生事端。其所作所为，引起朝堂内外一片反对，朱吾弼、林秉汉等大臣都曾上书弹劾李凤。但神宗却对众多弹劾充耳不闻，直至万历四十二年（1614 年）李凤在广州去世，其毒害才告终结。

（二）福建税使高寀

万历二十七年（1599 年），中央政府在派出李凤去广东的同时，还派遣高寀统管福建榷税。高寀自幼为给事内监，曾经侍奉过神宗，后来累迁御马监监丞。当时，福建市舶太监和镇守太监先后报到，惊动闽境："自市舶镇守，先后报宠。四封老稚久不识貂珰为何物。比寀衔命南下，金钲动地，戈旗绛天，在在重足，莫必其生命。"[2] 高寀受命入闽，带来了每

---

[1]　（清）张廷玉等撰：《明史》卷三百五"宦官二"，中华书局 1974 年版，第 7812 页。

[2]　（明）张燮：《东西洋考》卷八"税珰考"，中华书局 1981 年版，第 155 页。

年 5 万两的税收任务。为了完成目标，高寀在福建地方政府四处安插亲信，把持各地税关，大小商货无一放过：

> 中贵人高寀衔命入闽，山海之输，半觅罗以进内府，而舶税归内监委官征收矣。① ……
>
> 而黜吏、逋囚、恶少年、无生计者，率望膻而喜，营充税役，便觉刀刃在手，乡里如几上肉焉。寀在处设关，分遣原奏官及所亲信为政，每于人货凑集，置牌书圣旨其上，舟车无遗，鸡豚悉算。②

在福建政府的税收中，以月港为主的海外贸易税收数额最大。高寀对此非常重视，亲自巡历，并在月港和圭屿等地建造官署，在海澄开税府，以方便其征税。他对于商民的海外贸易商品，广加搜捕以征收饷税，一有不满便没其船货，发现珍品便裹挟而去。万历三十年（1602 年），当海商回港时，高寀下令只有缴完税的人才可以上岸回家，违者重治。这一行为引起了众怒，海商群起反抗，捉住高寀的随从后将其绑住沉海，高寀只能连夜逃跑，自此不敢再踏入海澄。③

荷兰人在广东求通商被拒后，转而趋闽。他们在闽商李锦等人的引导下，以厚礼贿赂高寀，企图打开福建的海外贸易局面。高寀认为荷兰人前来贸易会带来丰厚的利润，私下与荷兰人定盟，并向朝廷极力建议开放与荷兰的海外贸易。但福建地方政府极力反对与荷兰通商，死守海防关口不许荷兰人进入，并命令其退出澎湖列岛。不过，神宗并没有采纳高寀的意见，荷兰人在福建遭遇了与在广东一样的结果。

不仅如此，高寀在闽期间无恶不作，骄奢荒淫，为非作歹。尖锐的矛盾，使神宗不得不下旨撤回高寀。万历四十三年（1615 年）六月二十八日，中央政府命令江西税监潘相兼摄闽广税务，九月九日高寀被迫离开福州回京。闽广地区海外贸易管理执法中持续多年的中央税使，终于结束。④

---

① （明）张燮：《东西洋考》卷七"饷税考"，中华书局 1981 年版，第 134 页。
② （明）张燮：《东西洋考》卷八"税珰考"，中华书局 1981 年版，第 155 页。
③ 同上书，第 156 页。
④ 同上书，第 159 页。

三　社会中介机构

明后期，海外贸易中的社会中介机构又有了进一步的发展，出现了"揽头"、"铺行"、"夷商纲纪"和"三十六行"。

（一）揽头

1. 产生历史

"揽头"这一名词最早出现在明中期。嘉靖十一年（1532年）九月，户部尚书许赞等人进言：

> 内府本色折色物料，每银一千两则给扛解银一百二十两，管解者贿求吏典增减文移……领银后，或于本地及附近出产地方市买物料至京，又投托揽头，以时估上纳，而余银尽为所干没矣……此在湖广为甚，而各省亦时有之。①

到了明后期，揽头开始活跃于广州与澳门的海外贸易领域。他们具有官方职能，替海商评估海外贸易商品价格，代为缴纳饷税。明末的揽头多来自福建，占据海外贸易的要津，从而垄断了"广州—澳门"的贸易。

2. 半官方性质

崇祯初年，揽头余腾苍、谢玉宇等人常年包揽、垄断市场，由来已久的利益冲突引发了影响广东的大案"奸揽谢玉宇案"。案件审理后发现，虽然指控的冒领库银、运私货、灭国饷等行为并不存在，但揽头玷官剥商的现象的确毋庸置疑。② 该案件还揭示了一个非常重要的事实，即揽头手中的权力实质上来自广东地方政府官方的赋予。

因而，明后期"广州—澳门"海外贸易中的"揽头"隶属于广东市舶司，具有半官方的性质，垄断了广东的海外贸易市场。他们在明政府的授权下，坐拥评估市价、代交饷税等职权，有时还受明廷差遣与外国人打交道。例如天启年间，因为澳夷擅自修筑城墙，明政府甚至派遣揽头叶植

---

① 《明世宗实录》卷一四二，嘉靖十一年九月辛未，（台北）"中研院"历史语言研究所1962年版，第3315—3317页。

② 参见（明）颜俊彦《盟水斋存牍》一刻"谳略"一卷"奸揽谢玉宇案"，中国政法大学出版社2002年版，第332—335页。

余等人，监督其拆除违章建筑。①

3. 实施效果

在《盟水斋存牍》中，还收录了多宗关于"闽揽"的判文和公移。从中我们看到，揽头的势力盘根错节，足以抗衡广州本土的商业势力。一些不法海商常常利用揽头，包揽私货、接济澳夷、扰乱市场，引发诸多商业纠纷，令明朝地方政府十分头疼。"审得贾人之商于粤者，近无不饱牙侩之腹，小则倾赀，大则丧命，用是向以岭南为利薮，今日且为鬼国矣。"② 在揽头如此嚣张、危害四方的情势下，闽商大量参与海外走私活动，因而广东地方政府会称"大蠹则在闽商"。"（闽商）聚食于粤，以澳为利者，亦不下数万人。凡私物通夷，勾引作歹，皆此辈为之祟。"③ 这些案件的一再发生，连明政府自己都已经意识到了揽头的危害："腾苍等以闽人而久充粤中揽头，因公科赃，独擅利权，自招物议，拟罪追赃，诚不为过。"④

可以说，揽头经常性扰乱海外贸易市场的现象，是明末清初广州揽头的常态。

（二）铺行与夷商纲纪

明后期的铺行与夷商纲纪，都是明政府许可的经济组织，各自经营的范围不一样。我们通过《盟水斋存牍》中的一份《各铺行答应照依旧规详》，可以比较清晰地明确铺行和夷商纲纪的营业范围：首先，根据商品的来源不同分别销售，"物之产于外夷者，夷商供之；物之出于内地者，内商供之"。其次，作为经营海外贸易的商行，夷商纲纪负责犀角、玳瑁、龟筒、雀顶等外国商品的销售，四季香户和漳行负责各类香料生意，药材铺户负责药材生意。最后，铺行主要负责为明政府组织器物加工。⑤

---

① 参见（明）颜俊彦《盟水斋存牍》一刻"谳略"一卷，中国政法大学出版社2002年版，第47页。

② （明）颜俊彦：《盟水斋存牍》一刻"谳略"卷三"判冯敬涯冯禧之父子负骗案"，中国政法大学出版社2002年版，第154页。

③ 中国第一历史档案馆等编：《明清时期澳门问题档案文献汇编》（一），人民出版社2000年版，第17页。

④ （明）颜俊彦：《盟水斋存牍》一刻"谳略"一卷，中国政法大学出版社2002年版，第75页。

⑤ 参见（明）颜俊彦《盟水斋存牍》二刻"公移"，中国政法大学出版社2002年版，第662—663页。

由于经营范围的不同，所以各个铺行的生意"肥瘦不均"。同时，夷商纲纪长期盘踞广东，官府所需的外国商品皆由其代为购买，带有很浓的垄断色彩。广东地方政府通过这些带有官方背景的经济组织，形成了一整条夷货销售、国货采购、商品加工的贸易链条，从而垄断了广东海外贸易的市场。

（三）三十六行

在明后期"广州—澳门"海外贸易中最具特色的社会中介机构，应属"三十六行"。关于"三十六行"，学术界讨论多年，至今仍有分歧。

1. 关于设立时间

"三十六行"这一名词，最早见于周玄暐的《泾林续记》一书。吴晗先生认为，《泾林续记》一书成于万历二十八年至二十九年，即公元1600年前后。[①] 而李龙潜先生则认为，该书写于万历三十九年至四十二年（1611—1614 年），也就是在李凤提督广州税务期间。[②]

2. 关于性质

20 世纪 30 年代，吴晗先生认为，明后期的"三十六行"是一种习惯性的称谓，并不特指行商的数量，只是对当时承揽对外贸易的商人行帮的统称，"揽头"即"三十六行"[③]。而之后的李龙潜先生，则于 20 世纪 80年代提出了不同的看法。他认为，"揽头"和"三十六行"是两个不同的组织，揽头是手工业的组织者，而三十六行则特指广东 36 个手工业和商业的行业。他认为，由于三十六行的活动是非法的，所以不是在官府控制下的商人合法组织，不具备牙行的性质。[④] 之后，李金明先生又提出了不同的看法，认为三十六行是由官方指定专营进出口货物的 36 个铺行。

笔者认为，根据之前的研究，明后期的广东在海外贸易领域，出现了许多名称不一却又相互关联的社会中介机构，它们大多具有半官方的垄断性质。它们活跃于海外贸易的各个领域，权力不断增强，分工并不清晰。例如"夷商纲纪"，它作为官府特许的外贸经营商行，不仅收买官府所需洋货，还组织各铺行予以加工，其角色复杂而多面。三十六行大概都属于

①　梁嘉彬：《广东十三行考》，广东人民出版社 1999 年版，第 55 页。
②　李龙潜：《明代广东"三十六行"考释》，载《中国史研究》1982 年第 3 期。
③　吴仁安：《明代广东三十六行初探》，载《学术研究》1980 年第 2 期。
④　李龙潜：《明代广东"三十六行"考释》，载《中国史研究》1982 年第 3 期。

这些组织，不过仍需要更多的史料和更深入的研究予以证明。

3. 与清朝"十三行"的关系

传统的观点认为，由于清朝海外贸易管理法制中的许多规定都沿袭明朝的体制，明朝"三十六行"与清朝"十三行"之间是承继关系。[①] 到了1957年，彭泽益先生提出了不同意见，认为三十六行向市舶提举司领取饷税银两之事，或可视为利息，并没有表现出三十六行直接参与海外贸易。[②] 1960年，梁方仲先生也认为沿袭明制一说并无确凿证据，需要谨慎。[③]

笔者认为，彭泽益先生将三十六行领银当成利息的观点似乎有些牵强，也并没有有力的证据加以论证。如果清朝的十三行与明朝的三十六行之间没有继承关系，那它究竟源于哪种制度，抑或是一种制度的创新？在没有新的史料证明这个问题之前，要否定两者之间的沿袭关系并不合适。

---

① 参见梁嘉彬《广东十三行考》，广东人民出版社1999年版，第45页；萧一山《清代通史》中卷，中华书局1986年版，第833页等。

② 参见彭泽益《广州十三行续探》，载《历史研究》1981年第4期。

③ 参见梁方仲《梁方仲经济史论文集补续》，中州古籍出版社1984年版，第230—232页。

第六章

制度的局限与变迁

第一节　前朝旧事中海上对外贸易的发展机遇

中国真正的海上对外贸易始于汉朝，不仅在西北陆地出现了连接欧亚大陆的"丝绸之路"，从渤海到南海还出现了许多新航线。《汉书》中曾记载："有译长，属黄门，与应募者俱入海市明珠、璧流离、奇石异物，赍黄金杂缯而往。所至国皆禀食为偶，蛮夷贾船，转送致之。"[①] 东汉之后至隋唐之前，中国长期陷于分裂和战乱，经济停滞、交通阻绝，但中外商业往来依然存在。隋炀帝时，曾遣使臣常骏、王君政出使赤土（今马来西亚地区），又遣使臣裴世清出使倭国。从此，中外贡使通商不绝，海上对外贸易开始恢复繁盛。

一　唐时海上外贸管理法制的确立

唐朝国力昌盛，声威远播，它的富庶不断吸引着各国商人的到来。唐朝政府开放且优厚的对外贸易法律制度，使众多国家与唐交好，外商常年在华居住。

（一）立法背景：对外贸易格局的变化

唐初，中国的对外贸易以陆地边境交易为主，唐朝政府通过西北陆路与中西亚各国有着密切的交往。但自天宝十年（751年）唐朝军队在怛罗斯（今哈萨克斯坦境内）被大食（阿拉伯王国）击败后，西北陆路大体阻绝。由此，东南海路对外交往的地位愈显重要，海上对外贸易逐渐取代了陆路对外贸易所居的主要地位，中国古代对外贸易的格局发生了变化。唐贞元间（785—805年）宰相贾耽就针对当时的中外交往情况，曾经整

①　（汉）班固：《汉书》卷二十八下"地理志第八下"，中华书局1975年版，第1671页。

理绘成《海内华夷图》和《皇华四达记》，记录了唐朝七条主要的对外交通路线，其中海路两条：北方从登州（今山东蓬莱）出海，南方从广州出海，分别通往朝鲜半岛、日本和南海、印度洋沿岸。① 唐人李肇在《唐国史补》一书中就记述了当时广州南海贸易的盛景："南海舶，外国船也。每岁至安南、广州。师子国舶最大，梯而上下数丈，皆积宝货。至则本道奏报，郡邑为之喧阗。"②

尤其值得我们注意的是，唐朝海上对外贸易的商品除了传统的丝织品和奢侈品外，日常生活用品和生产用品的比重大幅度增加，交易量也远远超过前朝，呈现出大宗贩卖的特点，其对社会整体经济、文化发展的作用日渐明显。经济的繁荣和国内政治的稳定，使唐政府有能力顾及海上对外贸易的管理。而海上对外贸易在此期间的快速发展，又促使唐政府开始在隋制的基础上，确立与之适应的海上外贸管理法律制度。制度的设立，不仅是为了将海外珍异物品的采购与享用严格纳入专制统治，以备浩大的宫廷需求；更是为了有效地管理日渐增加的普通商品的海上对外贸易，获取可观的商税收入。

（二）唐朝海上外贸管理的法律规定

随着唐朝海上对外贸易的不断发展，唐朝统治者开始正式确立对海上对外贸易的管理，制定了一系列与之适应的法律规范。主要有以下几个方面的内容。

1. 官方海上外贸的法律规范

盛唐时期，四夷宾服，朝贡制度日趋成熟，对官方海上对外贸易的法律规定也日趋规范。由于四夷"进奉"时，不少商人借朝贡之名来华贸易，沿途"贡物"的转运和大批贡使的沿途供应，成为唐朝政府的一大负担，馆驿常常不堪重负。因此，唐政府对进京的贡使人数作出了相应的控制："海外诸蕃朝贺进贡使有下从，留其半于境；繇海路朝者，广州择首领一人、左右二人入朝。"③《全唐文》曾记载，德宗贞元十八年（802年），当时的岭南节度使是徐申，当海外诸国前来互市时，唐政府对朝贡

---

① 原书已佚，为《新唐书》转录。（宋）欧阳修、宋祁：《新唐书》卷四十三下"地理七下"，第 1146 页。

② （唐）李肇：《唐国史补》，上海古籍出版社 1979 年版，第 63 页。

③ （宋）欧阳修、宋祁：《新唐书》卷四十八"百官三"，中华书局 1975 年版，第 1257 页。

的贡品数量、品种等都作出了明确的规定，他国"常贡是供，不敢有加"①。且根据各国的贡物，唐政府还会给予相应的回赠和报酬。②

唐高宗在显庆六年（661年）二月十六日曾颁布敕文：

> 南中有诸国舶，宜令所司，每年四月以前，预支应须市物。委本道长史，舶至十日内，依数交付价值。市了，任百姓交易。其官市物，送少府监简择进内。③

根据这份敕文的法律规定，政府部门必须在每年四月前制订采购计划、调拨所需资金，交给相关地方长官。在蕃商入境后，政府可以优先向外国商船采购，将所购得的商品送少府监保管，再由少府监根据内廷的需要挑选后入贡。剩下的商品，才能由老百姓自由贸易。因而，"收市"制度就是因宫廷需求而赋予朝廷和外商进行买卖的一种优先权，它由岭南节度使等地方长官具体负责执行。

而始设于开元二年（714年）的广州市舶使，最初职能仅仅限于为朝廷采办海外珍品，以满足宫廷对珠宝、香料等奢侈品的需求。之后其功能逐步发展，兼具"进奉、纳舶脚、禁珍异"④ 等多项职能。学者对其中的"进奉"理解各异，有理解为"蕃商向皇帝进贡珍奇物品"，也有理解为"向皇帝进贡"。对此，笔者比较认同陈明光等学者的观点，文宗疾愈德音中的"除舶脚收市进奉"应断句为"除舶脚、收市进奉"，而非"除舶脚、收市、进奉"⑤。首先，按照朝贡的规则，一定是以某国国家名义而非商人个人的名义上达长安。且照常理推断，远在南方的蕃商也没必要以个人名义或假手地方官员去长安进贡皇帝。其次，根据其他史料的记载，当时的"收市"只是为了保证"进奉"，"进奉"只是"收市"后的目的，是为前因后果，并不是两件不相关的事：

---

① （清）董诰等：《全唐文》卷六百三十九，中华书局1983年版，第6459页。

② （宋）欧阳修、宋祁：《新唐书》卷二百二十一下"西域下"，中华书局1975年版，第6264—4265页。

③ （宋）王溥：《唐会要》卷六十六"少府监"，上海古籍出版社2006年版，第1366页。

④ （清）董诰等：《全唐文》卷七十五，中华书局1983年版，第785页。

⑤ 参见陈明光、靳小龙《论唐代广州的海外交易、市舶制度与财政》，《中国经济史研究》2005年第1期。

岭南节度经略使奏：近日舶船多往安南市易，进奉事大，实惧阙供，臣今欲差判官就安南收市，望定一中使与臣使司同勾当，庶免隐欺，希颜奉宣。……且岭南、安南莫非王土，中使、外使悉是王臣。①

2. 私人海上外贸许可证的法律规定

历朝在海陆边境皆设关津。在唐朝，私人出入边境参与贸易活动的，并不能随随便便自由往来。唐朝的法律将百姓未经许可擅自出入边境的行为称为"私度"或"越度"，予以严惩。② 他们必须得到唐朝政府的准许，持有统一颁发的许可证"过所"③ 方能出入。《唐律》中不仅规定了过所的发放与领用，而且考虑到了具体适用中会遇见的问题。④ 私自跨越国境（缘边关塞）的，比一般关卡的越度所受的刑罚要重；若私度后进行对外贸易的，则根据情节轻重处罚。⑤ 虽然唐朝并没有专门规定私人海上对外贸易的法律规定，但却并不能因此否认"过所"作为统一的私人外贸管理法律制度在海上外贸领域的重要作用。根据《唐六典》、《唐律疏议》、《新唐书》、《旧唐书》等文献的记载，我们可以推测，唐朝的法令对"过所"的法律规定已经趋近完善，有关的法律制度也相对较为发达。⑥ 通过零散的史料记载，我们也可以看出当时的"过所"制度对私人海上外贸的严格管理。这一方面维护了国家的经济秩序，另一方面也在一定程度上保护了行商的人身和财产安全。

3. 海上出入境商品检验的法律规定

基于国家安全的需要，唐政府对禁止出入境物品的种类、数量都有了比较具体的规定。其中，珍珠、丝织品、金银铁等物品都属于禁止贸易的商品。如将禁物私自携带出境，无论是否贸易，各计赃数，计赃科罪；铁和甲、弩等兵器是当时的战争物资，亦严格禁止走私买卖。⑦ 唐政府还专

---

① （清）董诰等：《全唐文》卷四百七十三，中华书局1983年版，第4828页。

② （唐）长孙无忌等撰，刘俊文点校：《唐律疏议》，中华书局1983年版，第172页。

③ 唐朝针对官民出入境的许可证是不同的，"过所"仅适用于百姓或私商出行，而官吏和政府公务人员的出入境则需要使用"符传"。

④ （唐）长孙无忌等撰，刘俊文点校：《唐律疏议》，中华书局1983年版，第174页。

⑤ 同上书，第177页。

⑥ 参见陈喜霖《唐代过所研究》，中华书局2000年版，第35页。

⑦ （唐）长孙无忌等撰，刘俊文点校：《唐律疏议》，中华书局1983年版，第176—177页。

门针对海上对外贸易，赋予市舶使"禁珍异"的职责，检查外船有无携带违禁之珍奇异物入境。正如李肇在《唐国史补》中所说的，市舶使有权"籍其名物，纳舶脚，禁珍异"①，一旦发现蕃商有欺诈行为，即可将其投入监牢。

4. 海上外贸税收的法律规定

开元四年（716年）二月，有胡人向玄宗进言，认为海南多珠翠奇宝，可以前往经营市舶之利。面对如此诱惑，玄宗很是心动。然而，监察御史杨范臣劝谏，认为市舶与商贾争利，非王者之体，玄宗还是放弃了。可见，唐初的统治者对海外贸易的经济利益并无太多涉足。这样的态度在唐朝的其他法律规定中也可见一斑，比如《唐六典》中就明确设关的目的只是保护国家安全，而不是征收关税。② 从目前史料来看，唐朝立国之后直至开元年间，一直沿袭隋朝旧制，不曾征收关税。③ 有意思的是，当开元二十六年《唐六典》成书时，市舶使作为管理海上对外贸易的官职已于开元二年设立。可见，市舶使设置之初，其实并无征收关税的职能。

安史之乱以后，唐中央政府的财政日益困难，不得不想方设法扩大财源。建中元年（780年），宰相杨炎奏行两税法，由此正式将商税缴纳纳入国家财政。在此情况下，向外国商人征收商税也成为历史必然。之后，唐德宗派遣王虔休出任广州市舶使，开始改革市舶制度，从而将收税职能正式纳入市舶司职责，即上引文李肇在《唐国史补》里提及的"纳舶脚"。所以，唐后期的海外商人在商船入境时，需要缴纳"舶脚"，在中国境内进行民间交易时则需缴纳"两税"。虽然针对舶脚的征收方式和税率，目前并无可靠且明确的史料记载④，但是，这并不能否认在唐中后

---

① （唐）李肇：《唐国史补》，上海古籍出版社1979年版，第63页。

② （唐）李林甫等：《唐六典》卷六"刑部尚书"，中华书局1992年版，第195—196页。

③ 明朝顾炎武在《天下郡国利病书》中认为："贞观十七年，诏三路市舶司，番商贩到龙脑、沉香、丁香、白豆蔻四色，并抽解一份。"已被中日学界辨清，为误抄《宋会要》"职官"的内容。参见宁志新《唐代市舶制度若干问题研究》，《中国经济史研究》1997年第1期。

④ 日本学者藤田丰八在《宋代之市舶司与市舶条例》一书中根据9世纪阿拉伯商人苏来曼的报告，认为唐朝对海外舶商征收大约十分之三的税率。这种看法影响了许多学者。但之后许多学者都进行了论证，认为该说法值得商榷，并不可靠。参见陈明光、靳小龙《论唐代广州的海外交易、市舶制度与财政》，《中国经济史研究》2005年第1期。

期，政府曾就海上对外贸易征收一定关税的事实。

　　然而，即便如此，唐政府却并没有过于夸大市舶制度的缴税职能，相反却更重视对蕃舶贸易的维护，不希望过重的赋税影响商人对海上对外贸易的积极性。因而，唐朝皇帝时常申谕地方官，对外商不得任意加税，如唐文宗太和八年（834 年）就曾颁诏：

　　　　南海藩舶，本以慕化而来，固在接以恩仁，使其感悦。如闻比年长吏，多务征求，嗟怨之声，达于殊俗。况朕方宝勤俭，岂爱遐琛，深虑远人未安，率税犹重，思有矜恤，以示绥怀。其岭南、福建及扬州蕃客，宜委节度观察使常加存问，除舶脚、收市进奉外，任其往来通流，自为交易，不得重加率税。①

　　可见，唐朝的关税在开征之后，税率基本稳定，没有额外课征。这种优厚的政策规定，无疑极大地保证了唐朝海上对外贸易的进一步发展。

　　（三）执法机构设置：市舶使的出现

　　当前学者普遍认为，唐朝市舶使初创于开元二年（714 年）。② 史料上关于市舶使的最早记载为《旧唐书》："（开元二年）十二月乙丑……时右威卫中郎将周庆立为安南市舶使。"③ 与之类似的记载，还存在于《新唐书》卷一百一十二的《柳泽传》《册府元龟》卷五百四十六的"谏诤部·直谏"等中。可见，唐朝开元二年，市舶使作为一个专司海上对外贸易管理的中央直接派遣官职，已然存在。唐朝的海上外贸管理机构，也因此显现出了不同以往的特色。

　　1. 中央与地方的双重管理机制

　　玄宗开元年间始设市舶使，打破了海上对外贸易被轻视的局面，也意

---

① （清）董诰等：《全唐文》卷七十五，中华书局 1983 年版，第 785 页。

② 针对唐朝市舶使设置的时间，顾炎武首推在"贞观十七年"（643 年），该观点影响深远，清末学者梁廷柟在其《粤海关志》中一字不漏地照搬了顾氏之说。日本学者桑原骘藏在其著作《蒲寿庚考》中首先质疑了顾氏之说，后我国当代学者宁志新、黎虎等经过细密考证，认为应为"开元二年"（714 年）。同时，也有学者根据高宗显庆六年颁布的《定夷舶市物例敕》，认为应为"显庆六年"（661 年）。参见郑有国《中国市舶制度研究》，福建教育出版社 2004 年版，第 7—15 页。

③ （后晋）刘昫等撰：《旧唐书》卷八"玄宗李隆基上"，中华书局 1975 年版，第 174 页。

味着中央与地方在海上对外贸易管理上权力争夺的开始。中央政权第一次派遣专门官员——市舶使，到岭南与海外蕃商进行交易，购买舶货。然而，即便中央政府已经开始插手市舶事宜，但直到唐朝灭亡，地方长官都一直掌握着市舶管理的主要权力。学者曾进行统计，唐朝在广州的都督、节度使共计114人，在文献记载中参与蕃舶贸易的有23人，覆盖自高宗到昭宗的整个唐中后期。[①] 唐后期，岭南节度使更是直接掌握市舶大权，其中的显要人物便是王锷，"西南大海中诸国舶至，则尽没其利，由是锷家财富于公藏"[②]。地方长官当时对市舶的管理职能主要有"奏报""检阅""阅货宴""舶脚""收市进奉"和"作法"几个方面。

唐朝政府设立市舶使之初，主要是为了给皇室采购舶来的珍异物品，对市舶管理只是比较随意的监管，并不直接介入管理。而随着市舶制度的不断发展和中央政权的逐渐重视，市舶使的权力不断扩张，延及海上对外贸易的综合管理：

> 伏以承前虽有命使之名，而无责成之实，但拱手监临大略而已。……今年波斯、古逻本国二舶，顺风而至，亦云诸蕃君长，远慕望风，宝舶荐臻，倍于恒数。臣奉宣皇化，临而存之，除供进备物之外，并任蕃商，列肆而市，交通夷夏，富庶于人，公私之间，一无所阙。[③]

发展到了穆宗时期，市舶使的功能日益具体，正如我们所见李肇在《唐国史补》中写到的"籍其名物，纳舶脚，禁珍异，蕃商有以欺诈入牢狱者"等具体职责。于是市舶使与地方长官在市舶管理的权力上，出现了此消彼长的变化过程，中央与地方开始分享海上对外贸易的管理权力。

2. 市舶官员人选的渐变

从史料记载中可以发现，唐朝市舶使官员的选任人选经历了从中央官

---

① 参见黎虎《唐代的市舶使与市舶管理》，《历史研究》1998年第3期。

② （后晋）刘昫等撰：《旧唐书》卷一百五十一"王锷传"，中华书局1975年版，第4060页。

③ （清）董诰等：《全唐文》卷五百十五，中华书局1983年版，第5235页。

员到宦官，再到监军兼任的变化过程。① 唐朝的首位安南市舶使是由中央政府官员周庆立以右威卫中郎将身份出任的。开元十年（722 年）开始，宦官出任市舶使。其间虽有王虔休和马总两位朝官以岭南节度使身份兼任，但也只是个别现象，宦官出任仍是主流。到文宗开成年间（836—840年），出任市舶使的宦官又由一般宦官临时出使，变为由常驻岭南的监军兼任市舶使。唐朝市舶使官员人选如此的渐变过程，可以说是唐中后期中央与地方关系日趋紧张的后果，也是宦官逐渐得势的必然结果。

　　3. 市舶使设置区域的单一

　　唐朝时，海上对外贸易繁荣的港口主要有安南、广州、泉州、扬州等。其中，广州和安南（交州）尤为重要，魏晋以来人们就常以"交广"连称这两大海上贸易的中心城市。《新唐书》卷六"代宗皇帝"记载："（广德元年）十一月壬寅，广州市舶使吕太一反，遂其节度使张休。"② 类似的记载也在《旧唐书》卷十一"代宗"和《资治通鉴》卷二百二十三的"广德元年十一月"条中可见。而且《资治通鉴》的记载后还有胡三省作注："唐置市舶使于广州以收商舶之利，时以宦官为之。"③ 由此可推测，至少在广德元年（763 年），广州已设有市舶使。安南曾设有市舶使，同样有确凿的史料为证。前引文《旧唐书》卷八"玄宗李隆基上"在说到开元二年首位市舶使上任的情况时，曾描述"时右威卫中郎将周庆立为安南市舶使"。另，前引文《唐国史补》中也明确提出"南海舶……每岁至安南、广州……市舶使籍其名物……"以该书作者李肇曾官至翰林学士、中书舍人等要职的身份来看，唐朝应该曾在安南、广州均设有市舶使无疑。

　　学者们大多认为唐朝市舶使主要派往安南和广州，而泉州和扬州并无确凿史料可以证明设有市舶使。④ 大概原因，应该是基于唐朝设立市舶使

① 参见黎虎《唐代的市舶使与市舶管理》，《历史研究》1998 年第 3 期；王川《市舶太监与南海贸易——明代广东市舶太监研究》，（香港）天马图书 2001 年版，第 29—30 页。

② （宋）欧阳修、宋祁：《新唐书》卷六"代宗皇帝"，中华书局 1975 年版，第 169 页。

③ （宋）宋司光：《资治通鉴》卷二百二十三，上海古籍出版社 1987 年版，第 1524 页。

④ 一些学者认为唐朝在扬州、泉州设有市舶使，参见林萌《关于唐、五代市舶机构问题的探讨》，《海交史研究》1982 年第 4 期；朱江《唐代扬州市舶司的机构及其职能》，《海交史研究》1988 年第 1 期等。也有学者进行了相应的辨析，参见黎虎《唐代的市舶使与市舶管理》，《历史研究》1998 年第 3 期；宁志新《唐代市舶使设置地区考辨》，《海交史研究》1996 年第 2 期；等等。

的核心目的。如前所述，市舶使的三项职能"进奉""纳舶脚"和"禁珍异"中，摆在首位的是"进奉"。唐朝设立市舶使最主要的目的，不是收税来扩大国家收入，而是满足宫廷对舶来珍奇异物的需要。所以，当大食、波斯、南洋的商舶带着珍宝、香料等远航来华时，因为航线的问题他们会率先到达广州、安南，这两地的市舶使先将宫廷所需物品"收市"之后，商人再将货物转运各地销售。这样一来，就没有再在其他港口设置市舶使的必要了。

（四）唐朝海上外贸管理法制的特点

唐前期，海上对外贸易这个新兴的经济部门，并没有得到中央政府的重视。然而，随着海上对外贸易量的逐渐增加、开元时期之后政治制度的变革和国家经济财政的变化，使国家设立相应的海上对外贸易管理法律制度成为必然。唐朝海上外贸管理法制在其实施过程中体现出以下三个特点。

第一，唐朝海上外贸管理法制在实施过程中出现了许多腐败现象。"检阅"蕃舶、"存问"中的"阅货宴""纳舶脚"等作为法律规定地方长官管理海上外贸的职权，实际上常被岭南节度使当成敲诈勒索的手段。所以，岭南节度使因为海上对外贸易的收益，成为一个油水丰厚的官职，"凡为南海者，靡不捆载而还"[1]。例如，当岭南节度使路嗣恭在反叛被镇压后，朝廷没收的财物竟多达数百万贯。[2] 虽然也有像韦正贯、卢钧这样的清官，但毕竟只是少数。就像在前引唐文宗《太和八年疾愈德音》中提到的，正是由于地方官在中央要求之外，针对外来商船增加品目繁多的税种，"率税尤重"，文宗才会告诫地方官员不得随意增加除"舶脚"以外的税种。

第二，唐中央政府设立海上对外贸易管理法制的目的，开始更多地考虑经济利益。唐之前中央政府的外贸管理法制，更多的是基于政治上的需要和维护社会秩序的考虑。直至隋朝，海上对外贸易管理权基本都掌握在地方政府手中，中央政府仅仅通过上贡分享部分收益。而唐朝则不仅仅局

[1]　（后晋）刘昫等撰：《旧唐书》卷一百七十七"卢钧传"，中华书局1975年版，第4591页。

[2]　（后晋）刘昫等撰：《旧唐书》卷一百二十二"路嗣恭传"，中华书局1975年版，第3500页。

限于此，中央政府还开始直接设立海上外贸的管理机构——市舶使。无论其最终是否真正做到与地方政府在海上外贸管理上的分权，它都已经为后世树立了榜样，开辟了一个国家财政的重要财源。正是因为中央政府的重视，唐中后期的市舶贸易日渐兴旺。这种商品经济力量的消长涨落，也成为日后海上外贸管理法制变迁的制约因素。因此，可以说，唐朝海上对外贸易管理法制的基础，相比前朝更为牢固。

第三，唐朝始设的市舶使，作为海上外贸管理机构，仅处于初创阶段。如前文所述，唐朝的商品经济水平并不高，中央政府利用商品经济的意识也不强，早期的市舶使更多是作为对鸿胪寺与少府监为宫廷获取海外奇珍异宝职能的延伸。唐后期虽然有所发展，但依然与后世市舶贸易繁盛时期的市舶司有着不同的含义。它更多地体现了官方采购的职能，而非真正意义上的市舶贸易管理机构。正如学者王贞平所说，"市舶使的活动不外乎将京师市场上的宫市活动扩展到了沿海地区的舶来品市场"[1]。相比而言，之后的宋朝中央政府在获取"市舶之利"的自觉性和方式手段的成熟性上，要远远超过唐朝。而宋朝将海上外贸管理机构从市舶使发展成为市舶司的过程，也标志着唐之后我国古代海上对外贸易管理法制的日趋成熟。

二　宋时海上外贸管理法制的完善

两宋时期被郝延平教授称其为"宋代商业革命"[2]，中国开始进入开拓海洋、锐意进取的时期。在海上外贸管理法制上，宋朝的立法者在设定政府主导海外贸易发展的基调中，更强调寓管制于开放，海外贸易管理的立法精神趋向开拓。官民合力，成就了当时国人的重商精神和海洋意识，也拓展了中国商人在印度洋以东的海外贸易市场，繁盛程度并不逊色于16世纪前期西方的重商主义时期。

（一）立法背景：经济利益的凸显

两宋的农业、手工业、商业都有了显著的进步，为海上对外贸易的发

---

① 王贞平：《唐代的海外贸易管理》，载《稽古拓新集——屈守元教授八秩华诞纪念》，成都出版社1992年版，第329页。

② ［美］郝延平：《中国三大商业革命和海洋》，载张炎宪主编《中国海洋发展史论文集》第六辑，（台北）"中研院"社科所1997年版，第10页。

展提供了厚实的物质基础。据《宋会要辑稿》记载，当时的进出口货物品种多达410种以上，除了传统的丝绸、瓷器之外，还增加了相对廉价的纺织品、日用器皿、酒、粮食等生活日用品，其中的日用消费品贸易量崭露头角。① 海上对外贸易商品种类从奢侈品到大众消费品的过渡，使大规模贸易成为可能，也使海上外贸与国计民生的关系愈发紧密。

"国家置舶官于泉、广，招徕岛夷，阜通货贿，彼之所阙者如瓷器、茗醴之属，皆所愿得。"② 当时海外各国都非常愿意与中国进行贸易往来，海上外贸空前繁荣。宋朝统治者一直对发展海上对外贸易有着自觉的认识，认为其能"招徕远人，阜通货贿"，"以助国用"③。太宗于北宋雍熙四年（987年），"遣内侍八人，赍敕书、金帛，分四纲，各往南海诸蕃国勾招进奉，博买香料、犀牙、真珠、龙脑。每纲赍空名诏书三道，于所至处赐之"④。同时，皇帝还要求臣下在制定法律时体会朝廷鼓励蕃商来华贸易的用心良苦，宋神宗就曾于熙宁二年（1069年）九月下诏发运司副使薛向时说："卿宜创法讲求，不惟岁获厚利，兼使外蕃幅辏中国，亦壮观一事也。"⑤

然而，经济上的繁荣却无法掩盖政治上的疲态，西北有辽、金二敌，南有交趾。宋政府在外交上一直采用收缩、被动的政策，于北方求生存，于南方求稳定。对诸国派来的使臣，"来则不拒，去则不追"⑥。由于宋政府收缩性的外交政策，在前朝大多数为政府控制的海上对外贸易领域，在宋朝基本上都留给了民间海商。同时，基于捉襟见肘的国家财政，宋政府在海上对外贸易管理上，制定了许多法律规定来鼓励海上对外贸易这一巨大的财源。经济利益撩拨着宋朝社会各个阶层的神经，除了沿海农户、渔户和商人，还有官吏、军将，甚至僧道人员，都加入民间海上外贸的行列中。巨额的经济利益和政府的鼓励政策，使"农本商末""耻

---

①（清）徐松：《宋会要辑稿》"职官·四四之二一"至"职官·四四之二三"，中华书局2014年版，第4214—4215页。

②（清）徐松：《宋会要辑稿》"刑法·二之一四四"，中华书局2014年版，第8372页。

③（清）徐松：《宋会要辑稿》"职官·四四之二四"至"职官·四四之二七"，中华书局2014年版，第4215—4218页。

④（清）徐松：《宋会要辑稿》"职官·四十四之二"，中华书局2014年版，第4204页。

⑤（清）黄以周等辑注：《续资治通鉴长编拾补》卷五，中华书局2004年版，第240页。

⑥（元）脱脱等撰：《宋史》卷四百八十五"夏国上"，中华书局1977年版，第13981页。

于言利"的传统观念在普通大众心中慢慢失去了说服力，出海经商谋利的理念广植百姓心中，民间观念习俗随之转变。行商做贾，利国利民，逐渐成为社会共识。这种转变是一种原动力，有力地推动了宋朝海上对外贸易的发展。

（二）宋朝海上外贸管理的法律规定

中国古代历史上较为系统地进行海上对外贸易管理立法，始于宋朝。宋朝的海上外贸管理立法不仅承袭了隋唐时期的基本内容，并有了很大的进步。两宋政府制定了以《宋刑统》为基础，以市舶法为核心，大量单行敕令辅助的完整的海上外贸管理法律体系。[①]其中，自神宗熙宁九年（1076年）到元丰三年（1080年），宋政府制定了适用于全国市舶司的"广州市舶条法"，同时由北宋庆历、嘉祐、熙宁、元丰、元祐等年间颁布的一系列敕令因时制宜地不断补充完善，是世界历史上最早的对外贸易成文法。宋朝海上对外贸易管理的法律规范主要包含以下几个方面。

1. 海上外贸主体的法律规定

宋朝法律允许的海上对外贸易主体分为官府与私人两类。与前朝一样，海上对外贸易主要是在政府组织下进行的，国家统一管理、严格控制依然是宋时海上外贸管理法制的主要特征。

（1）官方主体

宋时官府本身不仅是海上对外贸易管理法律制度的立法者，也是贡舶和市舶贸易的经营者，同时还对民间私人的海上外贸进行严格监管。宋朝政府通过朝贡贸易、海外直接购买和强行收购（禁榷与博买）这三种方式，直接参与海上对外贸易。而宋朝政府通过法律制度进行调整的官方海上对外贸易，最具特色的还是禁榷、博买制两类。北宋初年，宋政府通过设立禁榷专卖制度赋予官府专营特权。宋廷对境内一些特殊物品实施专买专卖，禁止民间交易，以便朝廷直接掌握大量舶货，保证官府对这些商品买卖的垄断利益。[②]太宗太平兴国七年（982年），完全禁榷制因难以实施，开始放松，海上对外贸易商品开始被为分为禁榷物和放通行物两大

---

① 记载两宋海上外贸管理法律编敕活动的史料，一些已经亡佚错乱。除《宋史》《宋会要辑稿》等基本史料外，本书还参考了《苏轼文集》和朱彧的《萍洲可谈》等典籍。

② （元）脱脱等撰：《宋史》卷一百八十六"食货下八·互市舶法"，中华书局1977年版，第4559页。

类。政府确定玳瑁、乳香、珠贝、牙犀等八种舶货为禁榷品，其余舶货都为放通行物。[①] 之后，政府直接掌握的海上对外贸易商品的比重开始下降。南宋时又将牛皮等制造兵器和铜钱等物品列入禁榷范围。[②] 两宋期间，两类商品品种内容时有变化，但基本上都以奢侈品和畅销品为禁榷物。

市舶司对海上进口商品"抽解"（收取实物税）后剩下的部分，根据其是否为禁榷货物而区别对待。如属禁榷物的，由市舶司代表政府全部收购；如属放通行物的，则按照规定的价格和比例适当收购，此即为"博买"[③]，又称"官市"。淳化二年（991 年），太宗诏告广州市舶司曰：

> 每岁商人舶船，官尽增价买之，良苦相杂，官益少利。自今除禁榷货外，他货择良者，止市其半，如时价给之。粗恶者恣其卖，勿禁。[④]

仁宗时又规定："海舶至者，视所载，十算其一而市其三。"[⑤] 可见当时的进口商品在收税十分之一后，官府博买十分之三。

（2）私人主体

相比官府经营，私人海上对外贸易的交易频率与交易量要大得多。宋朝海上对外贸易的私人主体有两种，一为本国舶商，二为海外蕃商。宋政府对私人从事海上对外贸易有着严格的法律规定。私人必须事先取得政府许可的经营资格，才能拥有合法的海上对外贸易经营权。此为"占籍"，政府会在其户籍上专列舶户类。

无论是本国舶商还是外国蕃商，宋政府都制定了相关法律保护其权利。其一，针对商船在海上航行中因天气等客观因素造成的损失，宋政府制定规则予以免税。乾道三年（1167 年），孝宗下诏，如果有从广南、两

---

① （清）徐松：《宋会要辑稿》"职官·四十四之二"，中华书局 2014 年版，第 4203 页。

② （清）徐松：《宋会要辑稿》"职官·四十四之七"，中华书局 2014 年版，第 4206 页。

③ 宋时的博买又称为"和买"，但两者还是有所区别的。宋初主要实行和买，不以为利，以时价支付。而北宋中期以后，和买演变为博买，作为官方对民间海上对外贸易的一种掠夺方式，多以官库积压滞销品支付。

④ （清）徐松：《宋会要辑稿》"职官·四十四之一"，中华书局 2014 年版，第 4204 页。

⑤ （元）马端临：《文献通考》卷二十，中华出版社 1986 年版，第 201 页。

浙市舶司分管地区出发后返回的海船，碰见"风水不便、舶破樯坏"的情况，免除抽解。① 其二，针对蕃商，宋朝政府非常注重制定吸引外商的法律政策。蕃商来华时，市舶司必须设宴慰劳、以礼优待，来提高其来华贸易的积极性。同时，宋承唐制，在广州、泉州等外商聚集地设立"蕃坊"②，由蕃长具体负责管理。除了处理蕃坊内部事务和协助宋朝政府的管理外，蕃长的主要职责就是招徕蕃商，甚至招邀他国朝贡。值得注意的是，法律赋予了蕃长一定的司法权，蕃长甚至有权依蕃商的本国法进行审判，"淳熙二年，倭船火儿滕太明殴郑作死，诏械太明付纲首归，治以其国之法"③。如此有争议的做法，足可见宋朝政府招引外商的诚心。

2. 海上外贸船舶管理的法律规定

宋朝海舶必须符合官府严格的法律规定，获取相应资格或经过有关检查，否则即为非法贸易。

(1) 陈牒投状。宋朝的商船想要出海行商，先要向官府投状，说明人船物货名数、始发地与目的地，不得夹带禁榷物品，并找三个在本地的"有物力户"作保。由于宋朝北方边境的安全问题，防止商人勾结敌国危害国家安全，宋时律令初时严禁商船前往高丽、新罗和登莱州界。《庆历编敕》《嘉祐编敕》和《熙宁编敕》中均有相关规定。④ 元丰二年（1079年）正月丙子，宋政府下诏放松了与日本、高丽海上贸易的管制。⑤ 到元丰三年的"广州市舶条法"，宋朝政府已彻底改变了原来的禁令，开放与日本、高丽的海上贸易，只是要求船舶经过明州市舶司的批准。⑥ 此后，宋朝政府一直在是否允许商舶去高丽、新罗及登莱州等地贸易的问题上，时开时禁，未有定论。

---

① （元）脱脱等撰：《宋史》卷一百八十六"食货下八·互市舶法"，中华书局1977年版，第4566页。

② ［日］桑原隲藏：《蒲寿庚考》，陈裕青译，中华书局2009年版，第38页。

③ （元）脱脱等撰：《宋史》卷四百九十一"日本国传"，中华书局1977年版，第14137页。

④ （宋）苏轼：《苏轼文集》第三册卷三十一，中华书局1986年版，第889—890页。

⑤ （宋）李焘：《续资治通鉴长编》卷二百九十六，中华书局1995年版，第7194—7195页。

⑥ （宋）苏轼：《苏轼文集》第三册卷三十一，中华书局1986年版，第890页。

（2）持有公凭。公凭，是宋政府颁发给商舶的海上贸易许可证。自太宗端拱二年（989 年）开始，商人出海贸易必须获得两浙市舶司的许可，持"券"方能通行。① 在《庆历编敕》等中也都有相关规定："官司既为出给公凭，若有违条约及海船无公凭，许诸色人告捉。船物并没官，仍估物价钱，交一半与告人充赏，犯人科违制之罪。"② 又如元丰二年的诏文③和《宋会要辑稿》中的规定④，船舶入境后，在经过抽税和官府博买后，必须凭市舶司发放的完税凭证，即"公凭引目"，才能去往异地销售。

（3）点检与编栏。取得公凭准备出海的商舶起航时，还必须呈请本路转运司，由其派遣与市舶业务"不干碍"的官员，会同市舶司官员一起登船，根据公凭内容对船舶进行"点检"。"点检"的作用主要是防止船舶运载非法人员和禁榷物出境，同时也防止偷税走私。"点检"完毕，港口附近的州府通判会登船进行"覆视"，并监督商船出境"放洋"⑤。商船返回国境接近港口海域时，相关巡检司会接手管理，监护商船驶回指定港口。法律规定商人必须先回原市舶司登记并缴税，在此期间，由巡检司派官兵登船"编栏"，以免商人逃税。市舶官员接到商人申请后，登船"阅实"货物品种与数量，完成征税与博买手续后，方可自由交易。⑥

3. 海上外贸税收的法律规定

针对巨额的海上对外贸易利润，宋朝政府规定了"抽解"的税收制度，以增加财政收入。"抽解"，也称"抽分"，是针对海上对外贸易中到岸的进口商品按一定比例征收的一种实物税，类似近代的关税制度。⑦ 按照宋时法律，所有贩到的舶货都必须先由市舶司抽解。作为国家财政制度

① （清）徐松：《宋会要辑稿》"职官·四十四之二"，中华书局 2014 年版，第 4204 页。

② （宋）苏轼：《苏轼文集》第三册卷三十一，中华书局 1986 年版，第 889—890 页。

③ （宋）李焘：《续资治通鉴长编》卷二百九十六，中华书局 1995 年版，第 7194—7195 页。

④ （清）徐松：《宋会要辑稿》"职官·四十四之六"，中华书局 2014 年版，第 4205—4206 页。

⑤ （清）徐松：《宋会要辑稿》"职官·四十四之二十三"，中华书局 2014 年版，第 4215 页。

⑥ （宋）朱彧：《萍洲可谈》，上海古籍出版社 2012 年版，第 28 页。

⑦ 除了对进口舶货税之外，北宋时期也曾对出口舶货征税，直至仁宗嘉祐五年（1060 年）才取消，只是对出口税率问题的史籍记载难以稽考。参见廖大珂《宋代市舶税利的抽收、分割与市舶本钱》，《中国史研究》2003 年第 4 期。

的一部分，抽解受到官府的严格监管，违反相关的法律规定会受到严厉的制裁，"虽一毫皆没其余货"①，所以商人几乎不敢违反。

宋时抽解的税率随着时势的不同而不断变化，不同时期有不同的"抽解条约"，从十分之一到十分之三不等。宋初，中央政府为削弱藩镇力量，在经济上不与民争利，很长一段时间内并没有对海上进口货物征税，而是实施带有收购性质的政策。②到淳化二年（991年），开始正式抽解二分。但这也没有成为定制，仁宗朝的税率又变成十分之一。直到元丰三年的《市舶法》中正式确立了"抽解法有定数"，改变了原来抽解随意的弊病。全国开始统一税率，按舶货品种粗细不同分别征收，细色的抽解十分之一，粗色的抽解十五分之一。③有意思的是，元丰时期中央政府的法定税率并没有得到地方政府的严格遵守。北宋末年，从朱彧的《萍洲可谈》中可以发现，当时广州市舶司实施的税率与法律规定并不相符，粗色的玳瑁、苏木要抽解十分之三。④

南宋时期，中央财政过分依赖海外贸易，税率提升，逐渐破坏了元丰时期的抽解之法。然而税率过重带来的最直接的负面影响，便是影响了蕃商贸易的积极性。绍兴十四年（1144年），龙脑、沉香等四种货物的税率已经到达四分，蕃商都陈诉抽解太重，宋政府只好恢复原来十分之一的税率。⑤同时，为了限制商船在外停留的时间，南宋孝宗隆兴二年（1164年）还制定了"饶税"法令，用税收杠杆来限制商船的返航时间：从发给公凭之日起，如果海船能在五个月内返还，便可享受税收优惠；如果一年之内回来，则不能饶税；如果一年以上才返回，则要进行法律制裁。⑥

（三）执法机构常态化：市舶司的设立

为了适应海上外贸发展的脚步，从宋朝建国到北宋熙宁初年，宋政府在广州、杭州和明州设置市舶司。元祐二年（1087年），泉州设立市舶司。一年后，密州也设立了市舶司。随后直到南宋末年，秀州、澉浦、温

---

① （宋）朱彧：《萍洲可谈》，上海古籍出版社2012年版，第28页。
② （清）徐松：《宋会要辑稿》"职官·四十四之一"，中华书局2014年版，第4203页。
③ （清）徐松：《宋会要辑稿》"职官·四十四之一九"，中华书局2014年版，第4213页。
④ （宋）朱彧：《萍洲可谈》，上海古籍出版社2012年版，第28页。
⑤ （清）徐松：《宋会要辑稿》"职官·四十四之二十四"，中华书局2014年版，第4216页。
⑥ （清）徐松：《宋会要辑稿》"职官·四十四之二十七、二十八"，中华书局2014年版，第4218页。

州、江阴等地分别设立市舶场。宋朝中央政府将唐代于广州设立的市舶使职务扩大为常设管理机构，不仅仅是数量远远超过了前朝，管理职能也逐渐步入成熟阶段。

如前引文端拱二年的诏令中所及，宋中央政府要求商旅出海贸易时必须在两浙市舶司办理手续，这就使两浙市舶司在设置之初便带有一定的独占性。[①] 可见，宋政府在设立市舶司之初，便力图用行政手段将海上对外贸易集中在市舶司所在地。这样，设置市舶司的港口城市利用自身便利的出口条件，获得了海上对外贸易的繁荣，同时也在一定程度上排挤和限制了其他没有设立市舶司港口的外贸发展。然而，事态的发展大大远离了统治者的设想。由于具体实施效果并不佳，宋政府在之后的"元丰市舶条"中将对海上对外贸易的管理作了进一步的加强。这一法条的实施，再次明确了市舶司对海外贸易的垄断地位，同时强调了广州、杭州等港口城市的市舶职能，标志着宋朝市舶垄断海外贸易进入了最严苛的时期。

然而，极端严厉的外贸管制并没有给朝廷带来设想中的利益。泉州的海商因为元丰市舶条的规定，需要绕道广州，大大增加了贸易成本和风险。泉州的海外贸易因此严重受损，广州的海外贸易收入也并未因此增加。元祐二年和三年，泉州、密州市舶司的成立，意味着宋政府放弃了用少数市舶司垄断海上对外贸易的极端管理方式。之后，宋中央政府设置、废止和管理市舶司的方法逐渐成熟，更多地考虑港口的外贸收入。

随着海外贸易的发展，宋政府对市舶司的官制进行了三次大的变革，市舶司官员从兼职到专职，市舶司管理逐渐独立、完善，反映了宋中央政府对海上对外贸易管理和控制的不断加强。[②] 第一阶段是从宋初至元丰三年的"州郡兼领"时期。为了收回财政主动权，宋朝皇帝对市舶官制有所变革，于北宋初期设置了转运使执掌市舶。该官职"初于广州置司，以知州为使，通判为判官，及转运使司掌其事，又遣京朝官、三班、内侍三人专领之"[③]。改革之后的市舶司制度不再隶属于州郡，宋中央政府试图改变市舶权力格局的用心初见端倪。第二阶段是从元丰三年到崇宁初的

①　学者对端拱二年诏令的理解有所不同，一部分学者认为后人在传抄时在"商旅"前或遗漏"两浙"一类的定语，因为史籍中并无广州等地的商人去两浙市舶司办理手续的记载。参见章深《重评宋代市舶司的主要功能》，《广东社会科学》1998 年第 4 期。

②　参见廖大珂《试论宋代市舶司官制的演变》，《历史研究》1998 年第 3 期。

③　(清)徐松：《宋会要辑稿》"职官·四十四之一"，中华书局 2014 年版，第 4203 页。

"漕臣兼领"时期。元丰三年,"市舶条法"应运而生,市舶官制也因此有了相应调整,开始了由漕臣(转运使)兼任提举市舶的设置,市舶官员开始向专职化过渡。在转运使的管理下,市舶司下设负责抽解博买的监官、主持日常事务的勾当公事和主管市舶库房的监门官。此时的市舶司不受州郡官吏的牵制,专注于海上对外贸易的统一管理,分工明确,直接听命于中央,成为一个常设机构。第三阶段是崇宁初到南宋末的"专置提举"时期。调整之后,三路市舶司各置提举官,强化了市舶制度对海外贸易和社会经济的推动作用,"以助国用"。

(四) 宋朝海上外贸管理法制的特点

受客观条件的影响,如半壁江山、海外贸易的复杂性等,宋朝并没有制定一部完整的海上外贸管理法。但宋政府在长达三百多年的统治中,颁布了一系列有关海上对外贸易的敕令,对海上外贸进行因时制宜的管理。总体来说,宋朝海上外贸管理法制在实施中有以下几个特点。

第一,宋朝海上外贸管理的法律实施始终以巩固中央集权为重心。如前所述,宋朝在全国设置和废除市舶司的最初目的,并不是海上对外贸易的发展,而是不断加强中央政府对海上外贸的垄断,从而达到巩固中央政权的作用。在之后的官员设置中,宋中央政府始终力图通过市舶司,使海上对外贸易逐渐脱离地方政府的管辖而直接为中央财政服务。通过海上外贸管理法制的实施,宋中央政府垄断了海外贸易的高额利润,增加了中央财政收入。

第二,私人海外贸易的合法化与市舶司体制的独立,极大地促进了宋朝商品经济的繁荣和社会的发展。两宋时期,朝贡贸易已经不能为宋中央财政带来大额的收入。于是,私人海上对外贸易被列入合法范围,私人海上对外贸易也成为宋朝海上外贸管理法制的重点调整对象。同时,市舶司制度逐渐独立于其他行政机构,成为海上对外贸易的专职管理机构。私人海外贸易的快速发展和市舶司体制的独立,打破了朝贡贸易的垄断局面,是中国古代海外贸易的历史性变化。由此而带来的繁荣,使宋朝海上对外贸易在进出口货物的种类、数量和贸易对象等方面,都大大超越了前朝。市舶收入也因此成为当时中央财政的主要来源之一,比如宋神宗时三司市舶的收入就高达53万多缗。[①] 南宋时期,市舶收入的作用更是明显,每年

---

① (元)脱脱等撰:《宋史》卷一百八十六"食货下八·互市舶法",中华书局1977年版,第4559页。

大约多达 200 万缗，大大缓解了南宋中央政府的财政危机。同时，大量舶货的涌入，促进了国内市场的繁荣，进而给当时的社会经济结构和社会意识都带来了深远的影响。

第三，宋朝海上外贸管理法律渊源中敕令所占比例过大，影响了海上对外贸易的长远发展。宋朝政府一直在律文的基础上采用灵活具体的敕令对海外贸易进行管理。例如，敕令中通过不断调整海外贸易的税收比例，时而可以满足中央财政的需要，时而又能刺激外商来华贸易的积极性。这种方法客观上的确促进了经济的发展，但同时也存在很大的弊端。随着时间的累积，不断颁布的敕令不仅数量繁多，而且内容彼此矛盾。不稳定的法律一方面给贪官污吏以可乘之机，另一方面也给统治者肆意妄为创造了可能。所以，敕令过于广泛的适用，损害了宋朝海上对外贸易长远的发展。

宋朝，海上对外贸易开始逐步疏离政治，复归其本来的经济属性。中央政府在积极发展海上对外贸易的中心思想下，注重运用法律手段进行管理，制定了一系列相关的法律法规，从立法上保障权益、鼓励贸易。同时，政府与商人之间难能可贵地出现了合作和激励的宝贵尝试。然而，这一时期的发展，却并没有让中国的海上对外贸易管理法律体制走上体系化、独立化的道路。伴随着宋朝政治命运的终结，海外贸易管理法制没能成为社会转型的推动力量。但我们必须承认，宋朝海上外贸管理法制的实施，在客观上促进了宋时海上对外贸易的发展，也在中国法律史上具有独树一帜的地位，成为元朝《市舶则法》的基础。

三　元时海上外贸管理法制的发展

中国古代社会进入元朝，海上对外贸易迎来了它的鼎盛时期。与唐、宋相比，元朝海外贸易的范围进一步扩大，贸易规模增大，贸易形式更为多样化。与此同时，元政府非常重视海上对外贸易，对海外贸易的管理也比前朝更为制度化和正规化。尤其是至元三十年（1293 年）制定的《市舶抽分则例》23 条①，内容丰富、体例严密，堪称中国古代对外贸易法的典范。于是，元朝成为我国海洋大发展的历史性重要时期，14 世纪中国

---

① 起初称为"整治市舶司勾当"，又称为"市舶抽分杂禁"，后取名《市舶抽分则例》（《市舶则法》），经延祐元年修改后为《市舶法则》22 条。

浓厚的重商主义与同时期欧洲地中海沿岸的商业精神交相辉映，有过之而无不及。

（一）立法背景：海外贸易市场的开拓

与前朝的农耕文化不同，元朝统治者因袭蒙古族的传统游牧习惯，了解商品交换的重要性，非常重视手工业和商业的发展。地跨欧亚的元朝大一统帝国形成后，统治者非常注重从世界范围认识自己，在政治、经济、外交等方面都秉承着对外开放"四海为家"的意识，一直与他国开展主动、频繁的对外交往。除了与邻近的高丽、安南等国家互派使臣外，还与遥远的欧洲罗马教廷建立联系。忽必烈"一视同仁"的外交原则，保证了元朝与欧洲、亚洲和非洲各国的交往和通商。其中，海上对外贸易一直是其中生机勃勃的重要部分，即使在宋元改朝换代之时仍在继续发展。据汪大渊所撰的《岛夷志略》描述，有近百个国家和地区与元朝通商，"皆身以游览，耳目所亲见"[1]。当时还形成了对海外地区认知的新的地理概念，例如东西洋的划分，这个概念一直沿用至明朝。

工商业的突出发展和统治者开放的对外交往意识，造就了元朝海上对外贸易的空前繁荣。从时间上说，这一现象是连续的，从宋到元长达四个世纪都没有中断。

（二）元朝海上外贸管理的法律规定

元统治者一开始就清晰地认识到，市舶作为一项重要的中央财政来源，应该得到足够的重视和管理。至元十四年（1277年），两浙、福建被攻克后，忽必烈立即着手海上对外贸易管理。次年，他下诏福建地方官："诸蕃国列居东南岛屿者，皆有慕义之心，可因蕃舶诸人宣布朕意。诚能来朝，朕将宠礼之。其往来互市，各从所欲。"[2] 从至元十六年开始，忽必烈命中央政府官员落实"招收海外诸蕃事"[3]，多次遣使去国外"招谕"奇珍异宝。元朝之后的皇帝也大都奉行自由贸易的海上对外贸易管理政策，制定了比前朝更为完备的市舶法律法规，其中以至元三十年的《市舶抽分则例》为典范，该法在延祐元年补充修改为《市舶法则》，规定更为明确、具体。元朝海上对外贸易管理的法律规范主要包含以下几个方面。

---

① （元）汪大渊：《岛夷志略》后序（一），中华书局1981年版，第385页。

② （明）宋濂等：《元史》卷十"世祖七"，中华书局1976年版，第204页。

③ 同上书，第217页。

1. 海上外贸主体的法律规定

（1）官方主体

元朝中央政府一直致力于有效地控制海外贸易，因此它的官方海上对外贸易主体非常有特色，分为使臣、斡脱和官本船三种。元代斡脱商人中的贷官钱①，是专门为政府经营海上对外贸易的商人。他们作为蒙古皇室的御用商人，常为西域色目商人，不同于一般海商，享有各种特权，是官营海上贸易的特殊合法主体。斡脱商人打着官府经商的招牌，贩运违禁物品，牟取超额利润，营私自肥。"回回人哈哈的，自至治间贷官钞，违制别往番邦，得宝货无算。"②

官本船作为海外贸易主体，是元朝官方海外贸易的一大创举。元世祖时，连年征战带来财政紧张，卢世荣被任命为中书右丞，推行财政改革，其中一项便是至元二十二年（1285 年）实施的官本船法。"于泉、杭二州立市舶都转运司，造船给本，令人商贩，官有其利七，商有其三。"③ 根据官本船法，海上对外贸易由政府垄断，实行官商合营模式。其中，船和本钱都由官府提供，并由官府挑选商人进行经营，出海利润七三开。卢世荣试图通过这个办法控制海上对外贸易，让政府在原本为豪商独揽的海外贸易中分一大杯羹。④ 官本船法颁布之初，元政府一次性投入巨资十万锭营运官本船。到元贞元年（1295 年），元政府又追加投资，"别出钞五万锭，令沙不丁等议规运之法"⑤。

同时，为了保证官本船法的顺利实施，元政府实施海禁，禁止私人下海贸易。"禁私贩海者，拘其先所蓄宝货，官买之；匿者，许告，没其财，半给告者。"⑥ 即使在卢世荣被诛后，元政府依然于元贞二年（1296年）、延祐元年（1314 年）、至治二年（1322 年）等多次重申禁令，要求

---

① 廖大珂：《元代官营航海贸易制度述略》，载《中国经济史研究》1998 年第 2 期。

② （明）宋濂等：《元史》卷三十二"文宗一"，中华书局 1976 年版，第 707 页。

③ （明）宋濂等：《元史》卷二百五"卢世荣传"，中华书局 1976 年版，第 4566 页。

④ 也有学者认为，当时中国海上进出口货物主要由外国商船运输，对外贸易的兴衰取决于蕃商，卢世荣此举正是为了改变这个局面，掌握中国海外贸易的主动权。参见孙文学《元朝市舶制度论》，《内蒙古大学学报》（哲社版）1987 年第 1 期。

⑤ （明）宋濂等：《元史》卷九十四"食货二·市舶"，中华书局 1976 年版，第 2402—2403 页。

⑥ （明）宋濂等：《元史》卷二百五"卢世荣传"，中华书局 1976 年版，第 4566 页。

必须"官自发船贸易"①，同时规定违反海禁的法律责任为"违者舶商、船主、纲首、事头、火长各杖一百七，船物没官"②。然而，官方全面垄断海外贸易的做法显然是行不通的，不仅豪商们违法经商，一般海商更是私自出海贸易。在不能杜绝的情况下，朝廷就只能睁一只眼、闭一只眼。于是，官本船法成为一纸具文，现实中官方贸易与私人贸易并存。到至治三年（1323 年），元政府只好无奈宣布官本船法废止。自此，"听海商贸易，归征其税"③，私人海上对外贸易正式合法化。

（2）私人主体

在官本船法出台之前，元政府其实是允许私人下海贸易的。即使是在官本船法颁布后，实际上民商也能"从其便"④ 地出海经营。至元三十年《市舶则法》颁布，其中有许多条款对私人海上对外贸易进行规范，进而从法律上肯定了私人在海外贸易中的合法地位。然而，元政府的海外贸易管理法律规定反复无常，从大德七年（1303 年）到至治二年（1322 年）的 20 年时间里，海上对外贸易三开三禁。但无论法律如何规定，有元一代，海外贸易的主要主体实则上仍是私人。⑤

对私人海上外贸主体，《市舶则法》中作了如下规定：（1）排除权贵家族在海上对外贸易的合法主体之外。"凡权势之家，皆不得用己钱入蕃为贾，犯者罪之，仍籍其家产之半。"⑥（2）因公事出国的官吏军民等人，如果借机出海经商，回国时需要向市舶司抽分纳税，私自隐匿的以漏舶论处，货物没收。⑦（3）僧侣、道士、也里可温（基督教教士）、答失蛮（伊斯兰教教士）等，可以夹带俗人出海贸易，但也必须抽分，违者以漏舶论处。⑧ 延祐元年修改后，又增加了诸王、驸马等人出海经商的也要依

① （明）宋濂等：《元史》卷九十四"食货二·市舶"，中华书局 1976 年版，第 2403 页。

② （明）宋濂等：《元史》卷一百四"刑法三·食货"，中华书局 1976 年版，第 2650 页。

③ （明）宋濂等：《元史》卷九十四"食货二·市舶"，中华书局 1976 年版，第 2403 页。

④ （明）王圻：《续文献通考》卷三十一"市籴考"，齐鲁书社 1995 年版，第 477 页。

⑤ 元朝历史上共有四次海禁，但持续时间较短。从至元十四年至元末，92 年的时间里有 11 年时间中断海外贸易。其中 7 年时间实行官本船制、禁止私人出海；21 年官本船与民商并行；52 年允许私人出海。参见王冠倬《元代市舶制度简述》，《中国历史博物馆刊》1979 年。

⑥ （明）宋濂等：《元史》卷九十四"食货二·市舶"，中华书局 1976 年版，第 2402 页。

⑦ 《沈刻元典章》卷二十二"户部八·市舶法则"，中国书店 2011 年版，第 395 页。

⑧ 同上。

法抽解，违者决杖一百七下，罢免官职。（4）所有外商允许在中国贸易，但应严格遵守中国市舶法的规定。①

2. 海上外贸船舶管理的法律规定

（1）许可制度。元朝的商船出海必须持有市舶司发给的公据（大船）、公凭（小船）。②公据和公凭必须包含法定内容，加盖关防才能放行，同时它们并不是简单的许可证，要求商人在国外购买舶货时一一记录，作为回国后抽分的依据。"海商贸易物货，以舶司给籍用印关防，具注名件、觔数，纲首、杂事、部领、艄工书押，回日以物籍公验纳市舶司。"③与宋朝相同的是，出海船舶雇佣的船员必须在市舶司登记，并相互作保。"海商每船募纲首、直库、杂事、部领、艄工、碇手，各从便具名呈市舶司中给文凭。船诣公印为记，人结五名为保。"④但比之宋朝，元朝进出港的手续更加严密，出海商船的往来口岸也要严格遵守法律规定，不得随便转换港口、随意滞留不回，无故超过申请范围前往他国的商船称为"拗蕃"，将被没收全部货物。⑤对于假称遭遇台风或被抢劫的，延祐元年的修改中区别规定了违法者的处罚，舶商、船主、纲首、事头、火长各杖107下，而普通船员各杖77下。⑥违反法律规定者将受到重罚，同时政府还鼓励他人告捕治罪。⑦后来延祐年间又将告发的赏赐由三分之一提高到二分之一，明确违反出入港手续的船主、纲首、事头、火长等人都要杖107下。⑧

（2）保舶牙人制度。元政府对出海船舶的管理新增了保舶牙人制度。⑨法律规定舶商在申请公凭和公据的时候，必须有保舶牙人作保。⑩

---

① 《沈刻元典章》卷二十二"户部八·市舶法则"，中国书店2011年版，第397页。

② 同上书，第395页。

③ 同上书，第396页。

④ 同上。

⑤ 同上。

⑥ 同上。

⑦ 同上。

⑧ 杨一凡、田涛主编：《通制条格》卷十八"关市·市舶"，载《中国珍稀法律典籍续编》第二册，黑龙江人民出版社2002年版，第572页。

⑨ "牙人"称号始见于唐朝，源于汉初的"互郎"，是在集市贸易中介绍买卖双方贸易活动的经纪人。宋朝王安石变法后，牙人的活动开始官方化，在对外贸易中的作用也越加明显。

⑩ 《沈刻元典章》卷二十二"户部八·市舶法则"，中国书店2011年版，第396页。

此间，牙人作为中国古代传统贸易中的第三方公证人，开始承担鉴定船员人数、船只大小、所买货物以及去往何处等内容的职责，是我国早期进出口商品检验的萌芽形态。

3. 海上外贸税收的法律规定

元初，海上外贸税率沿用宋朝旧制："凡邻海诸郡与蕃国往还互易舶货者，其货以十分取一，粗者十五分取一，以市舶官主之。"① 而泉州的实际征税除了抽分之外，还对船舶征收舶税。至元三十年，元中央政府将这种做法推广到全国："泉州、上海、澉浦、温州、广东、杭州、庆元市舶司凡七处，独泉州于抽分之外，又取三十分之一以为税。自今诸处，悉以泉州例取之。"② 于是，元朝虽不再像宋朝那样对进出口货物实行禁榷和博买，却开始采用双重征税制度，在对货物进行抽分的同时对船舶征收舶税。《市舶则法》中明确规定：

> 议得市舶抽分则例，若依亡宋例抽解，切恐舶商生受。比及定夺以来，止依目今定例抽分；粗货十五分中一分；细货十分中一分。……市舶司更于抽讫，货物内以三十分为率，要抽舶税钱一分，通行结课。……有其余市舶司里似泉州一般，三十分要一分税的，无有如今其余市舶司依泉州的体例里要者。③

到延祐元年（1314 年），元政府又将税率提高了一倍，即抽分率中细物十分抽二，粗物十五分抽二。④ 抽解和舶税缴纳完毕，商人才能进行交易。

在管理进口货物税收的同时，市舶司还负责沿海贸易的单抽与双抽⑤。元初，国货与蕃货在征税的税率上是相同的，"时客船自泉、福贩土产之

---

① （明）宋濂等：《元史》卷九十四"食货二·市舶"，中华书局 1976 年版，第 2401 页。

② 同上书，第 2402 页。

③ 《沈刻元典章》卷二十二"户部八·市舶法则"，中国书店 2011 年版，第 394 页。

④ 同上。

⑤ 学者对单抽和双抽代表的含义有所争议，有的认为"单""双"所指为抽取次数，有的则认为是指抽取税率。参见王冠倬《元代市舶制度简述》，《中国历史博物馆馆刊》1979 年；孙文学《元朝市舶制度论》，《内蒙古大学学报》（哲社版）1987 年第 1 期。

物者，其所征亦与蕃货等"①。之后，短期的海禁造成蕃货数量减少，开禁后国货与蕃货比价不合理。元政府由此认识到必须采用国家干预，才能既防止国货大量低价流出又增加进口商品的数量。上海市舶司官员王楠因此上书，认为对土货参照蕃货进行双抽是不合理的，中书省认同了他的观点，将土货改为单抽。② 国货、蕃货抽分有别的税收制度，充分体现了元朝市舶税制的经济杠杆作用，对调整进出口货物的价格和比例有着重要意义。

而对将舶货转卖、转运的征税，是元朝市舶课税的又一大特点：

> 凡商旅贩泉、福等处已抽之物，于本省有市舶司之地卖者，细色于二十五分之中取一，粗色于三十分之中取一，免其输税。其就市舶司买者，止于卖处征税，而不再抽。③

4. 严惩走私的法律规定

官员和商人为了逃避抽解，常常会隐匿舶货或在中途转移和出售。元政府为了加强管理，严惩走私行为，对使臣、民商、外商出入境都作出了相应的法律规定。④ 与前朝相同，元朝也规定了一些违禁物品，比如金银、武器、人口等严禁作为进出口商品出入国境。⑤ 延祐元年修改后，又补充了丝棉、缎匹、销金、绫罗、米粮、军器等物为违禁品，并具体规定了违反法律规定的后果为船商、船主、纲首、事头、火长各决杖一百七下。

（三）执法机构多元化：官方垄断严重

鉴于元朝海上对外贸易区分为官方、官商合营、私人等模式，其管理机构也有着独具一格的设置，呈现出多元化的特点，但其中官方垄断海外贸易的色彩非常浓重。

元朝设立了专门的管理机构对官商——斡脱商人进行管理。中央层面的相关管理机构称为"诸位斡脱总管府"，主要负责向斡脱商人催还本

---

① （明）宋濂等：《元史》卷九十四"食货二·市舶"，中华书局1976年版，第2401页。
② 同上。
③ 同上书，第2402页。
④ 《沈刻元典章》卷二十二"户部八·市舶法则"，中国书店2011年版，第396—397页。
⑤ 同上书，第396页。

利，同时发放官债。地方层面的管理机构是至元九年（1272 年）设立的
"斡脱所"。至元十七年（1280 年），斡脱总管府升级为泉府司，各行省
分设行泉府司，职权范围扩大到整个海上对外贸易，但其主要职责依然是
管理公私斡脱钱。不过到了至元二十年（1283 年），斡脱总管府再次从泉
府司中独立出来，还是负责斡脱钱的管理。

　　元朝的市舶司制度沿袭宋制。作为管理海上对外贸易的专门机构，其
"每岁招集舶商，于番邦博易珠翠香货等物。及次年回帆，依例抽解，然
后听其货卖"①。元朝最多时有七个市舶司，但兴废无常，最终只留存泉
州、庆元、广州三处。市舶司主要负责抽解等海上对外贸易的管理工作：
"抽分市舶关防节目，若有该载不尽合行事理，行省、行泉府司就便斟酌
事宜，从长施行。"② 各处市舶司抽解所得的舶货中，贵重货物需要上交
中央，运至元大都，供朝廷享用；粗货则可在各港口出售。"如有进呈希
罕贵细之物，亦仰经由市舶司见数泉府司具呈行省，行省开坐移咨中书省
闻奏。"③ 各市舶司每年征收和置办到的舶货，除了贵重细色部分需要上
交中央外，其余的必须在每年年底前押解至杭州行泉府司仓库集中，以便
估价拍卖：

　　　　各处市舶司，每年办到舶货，除合起解贵细之物外，据其余物色
　　必须变卖者，附近杭州各司舶货，每年不过当年十二月终起解，赴杭
　　州行泉府司官库交割。舶司画时开数具呈，行省令有司随即估体时
　　价。比至次年正月终，须要估体完备，行省预为选收。④

　　市舶官员的首要职责便是检查进出商舶。每年船舶回航期间，市舶司
必须预先派遣官员到抽解处，等待船舶到来后封堵检查，以防官民作弊逃
避抽解。"行省行泉府司、市舶司官，每岁若至舶船回帆时月，预期前去
抽解处所，以待舶船到来，依例封堵挨次先后随时抽收，不得因而走透作
弊。"⑤ 船舶起航当天，市舶司还要派一名官员上船核实船只大小、检查

---

① （明）宋濂等：《元史》卷九十四"食货二·市舶"，中华书局 1976 年版，第 2401 页。
② 《沈刻元典章》卷二十二"户部八·市舶法则"，中国书店 2011 年版，第 394 页。
③ 同上。
④ 同上书，第 395 页。
⑤ 同上。

有无携带违禁物品，如无问题则可办理"结罪文状"手续后开航。"舶商下海开船之际，合令市舶司轮差正官一员。于舶船开岸之日，亲行检视各大小船内，有无违禁之物。如无夹带，即时开洋，仍取检视官结罪文状。"①

（四）元朝海上外贸管理法制的特点

元朝的海上外贸管理法律制度是唐、宋旧制的继承和发展，海外贸易管理法律制度系统且规范。其中，《市舶则法》的施行更是保证了元朝海外贸易法制的有效运行，推动了中国古代海上对外贸易走向巅峰。具体来说，它在实施过程中有以下几个特点。

第一，元朝海上外贸管理法律实施过程始终贯彻经济性原则。元朝统治者将市舶称为"大得济的勾当"②，不仅因为它能带来丰厚的财政收入，更是因为它可以充实国内市场。值得注意的是，大量进口的舶货中，纯粹奢侈品的比例明显下降，普通用品的比重大大增加，极大地满足了人们生产、生活的各种需求。这一原则在市舶课税制度上体现得更为明显。元朝政府放弃了唐、宋以来的榷货制度，而是采用了抽分、舶税等一系列完整的市舶课税体系，更接近近代海关税收体系，体现了经济杠杆的作用。重视经济利益而相对轻视政治利益，这一功利性的海外贸易管理中心思想也是前朝所没有的。

第二，政府在元朝海外贸易管理法律实施中的作用更加明显，中央集权性质凸显。元朝统治者自建国之初就加强了对海上对外贸易的控制和管理，投入巨大的人、财、物力去推行大规模的官营海外贸易。这在一定程度上的确推动了海外贸易的发展，但毋庸置疑也束缚了海外贸易的发展。对海上对外贸易过分强权地垄断，使元朝的海外贸易的经营呈现了错综复杂的状况。同时，政府的主导作用在管理机构设置的问题上尤显突出，元朝市舶司、斡脱所等管理机构时兴时废，表现出极大的不稳定性。管理机构阶段性的设置，使元朝海上对外贸易管理法律的实施极易出现矛盾和漏洞。高度垄断下的海外贸易弊端丛生，市舶官员恣意妄为、盘剥商民的事件时有发生，甚至有官员指使人"诬首海商一百十有六人为盗而掠其

---

① 《沈刻元典章》卷二十二"户部八·市舶法则"，中国书店 2011 年版，第 395 页。
② 同上书，第 393 页。

赀"① 的情况发生。

第三，积极主动的海外贸易管理法律制度最终带来了繁荣的中外交流。海外贸易开辟的航线，成为中外使节和百姓的友好往来之路，是连接元朝与全世界的纽带。海外贸易的商船，不仅运输国际贸易的货物，还承载着各国使臣、商人、学者、传教士、旅行家等，促成了中外的文化交流。其中，阿拉伯人带来了天文和数学，波斯商人带来了回回医药和航海技术。同时，中国的天文、数学与中医等知识也随之传播到外国。许多来华游历的旅行家写下了中外闻名的游记，为世界了解中国作出了突出的贡献，例如《马可·波罗游记》。元政府开放的贸易管理思想，还吸引了大批外侨定居中国，东南沿海城市随处可见"蕃坊"。

作为中国海上对外贸易发展的巅峰时期，元朝的海外贸易管理法制已经较为系统和完善。工业文明与海洋文明密切联系，预示着中国古代海上对外贸易的新时期的到来，产生了"中国海洋发展史上的第一次机遇"②，而这一态势并不逊色于 16 世纪前期欧洲人的海外扩张。发达和繁荣的海上对外贸易，促进了中外政治、经济和文化的友好交流，也给元朝社会带来了生机和活力，推动了世界文明的进步。

第二节　明朝海上外贸管理法制的转变

与前朝的海上外贸管理法制相比，明朝有了很大的变化，许多学者都已经注意到了这个问题。正如李剑农先生在《宋元明经济史稿》一书中评价的："明初海上之商业关系，已呈变态。"③ 所谓"变态"，是相比于明之前各朝海外贸易法律制度的"常态"而言的。这种海外贸易关系的"变态"，恰恰体现了明朝海上外贸管理法制不同以往的特点。

一　明朝海上外贸管理法制的特点

（一）立法目的：政治与经济合二为一

在明朝，海上对外贸易从未与政治相分离，明朝的海外贸易管理法制

---

① （明）宋濂等：《元史》卷一百三十六"阿沙不花传"，中华书局 1976 年版，第 3300 页。

② 庄国土：《论中国海洋史上的两次发展机遇与丧失的原因》，《南洋问题研究》2006 年第 1 期。

③ 李剑农：《宋元明经济史稿》，三联书店 1957 年版，第 160 页。

更是被赋予了浓重的政治使命。明前期，统治者外交理念和政治取向的变化，引导了完全不同于宋元时期的海上外贸管理立法目标，制定了不同寻常的法律制度，带给了明朝海外贸易特殊的发展轨迹。

1. 海外贸易主体资格的限定

自汉朝开始，朝贡体系便被当成了政治外交在经济领域的延伸。各朝统治者也都强调，将海外贸易作为建立以中华为中心的国际关系新秩序的经济手段。但问题是，唐、宋、元三朝在经营海外贸易时，不仅带有政治功利性，更重视经济利益。作为国家财政尤其中央财政的重要来源，市舶之利的地位非常重要，尤其是在宋朝。

而在明朝的大部分时间里，明政府精心设计的官方朝贡贸易是唯一合法的海外贸易形式，传统的皇权专制主义在此发挥得淋漓尽致。自朱元璋建国开始，明政府便将海外朝贡贸易纳入重建以明为中心、海外诸国为藩属的外交体系中，成为"怀柔远人"的政治手段。从此，明朝的海外贸易便出现了市舶依附于贡舶的模式，法律规定没有朝贡便不许贸易，贡舶贸易获得了无与伦比的优先地位，甚至可以免税。海外朝贡贸易法律中，严格限制各国来华朝贡贸易的时间、路线和人数，预先发给勘合以备查验贸易资格。于是，宋元时期发给舶商的公凭和公据，到明朝变成了发给贡使的勘合。

在这个法律体系中，海外贸易唯一合法的主体被限定在明政府和其他愿意朝贡的海外诸国政府的范围内。至此，贸易与外交完美地融合，法律规定里的政治功能完全战胜了经济功能，出现了李剑农先生所说的制度性的"变态"。当然，明政府也并非不在意海外贸易的经济利益，他们同样希望海外贸易能坐拥珍宝、帮补政府开支。但将朝贡贸易的政治功能发挥到压倒性优势的，则是前所未见。"经济利益问题主要不是通过经济方式来解决，而主要是通过政治方式或强力方式来解决。"①

我们判断一个国家某个时期的法律制度是否真正有利于社会发展、符合立法目标，首先当然要看它制定的法律规则是否完善（包括正式和非正式的法律渊源），除此之外，完善的实施机制也至关重要。② 明前期设立

---

① 刘泽华：《中国的王权主义》，上海人民出版社 2000 年版，引言第 2 页。

② 此观点来自 20 世纪 60 年代以诺斯为代表的"新制度经济学"理论，强调完善的制度对社会经济发展的作用，认为良好的制度能为经济提供高效率的空间。

的海外朝贡贸易法律框架，被赋予了过多的政治功能，以至于几乎沦为政治工具。贸易规则被朝贡规则入侵，经济功能因此受到制约或剥离。明政府制定海上外贸管理法律制度时，从未将经济效益置于首位。更何况，海外朝贡贸易作为一种政府垄断式的模式，几乎不可能取得经济学上的真正盈利。如此的经贸法制由于缺乏经济效率性，在明中后期经济形势发展的情况下，被更讲求经济效率的商舶贸易取代便是自然而然的了。

2. 海禁法令随政治形势而反复

海禁法令，它并非明朝的发明创造，早在宋元时期政府就曾经颁布、实施过。如前文所述，元朝就曾经实施过总计四次、时长约12年的海禁法令。然而，将这12年放在整个元朝统治时期来看，时间并不长。最关键的是，元政府每次颁布的海禁法令都是基于战争等因素的短期临时性措施。而到了明朝，明政府因噎废食，因为东南沿海倭寇海盗问题，长期严禁百姓下海经商。海禁法令几乎贯穿整个明朝的统治时期，即便是在中后期有所开禁，也仅仅是局部小范围、有条件限制地开放。

这种现象究其本质还是源于明朝统治集团对商业的抑制和忽视。自唐中期以后，虽然农业一直是国民经济的重要来源，但商业贸易的地位开始日渐上升。逐渐增加的海外贸易利润，在国家财政收入中的作用日益明显。因而宋元时期的统治者都非常重视商业发展，大力扩展海外贸易市场，对外贸易也给他们带来了丰厚的回报。海外贸易的中心城市广州，在宋被称为"天子南库"，在元朝则有"天子外府"的美誉。海上对外贸易在国民经济中的重要性，可见一斑。事情到了明朝发生了转折，明初的统治者以"重农抑商"思想为指导，制定了一系列控制商业、限制商人的措施。比如市由官设，商人须占市籍才能合法居住与经商，外出经商必须向官府申请"路引"，等等。按照《大明律》的规定，百姓如果没有路引出百里之外，便会被以私度关津论处。① 在这种思想的引导下，商业贸易是不可能被明政府放到一个重要的位置去予以考虑的。即便是永乐时期郑和下西洋的壮举，更多的也是政治功能的体现，而非商业利益的考虑。于是，当海防安全出现问题的时候，民间海上对外贸易便成了第一个被牺牲的对象。

另外，明朝统治阶层普遍缺乏对海洋的权力意识。明初朱元璋为了建

---

① 怀效锋点校：《大明律》，法律出版社1999年版，第118页。

设海防，强制海岛居民迁居陆地，导致近洋小岛大多失去控制，在明中后期成了海寇的窝巢。明中叶之后，倭寇、海盗和西方殖民者集合在一起威胁中国东南沿海，明政府无心也无力继续经营海外贸易，无奈选择了严守国门、消极应对的方针和手段。虽然明廷内部一些有识之士已经认识到了问题所在，明朝海外贸易管理法制针对客观形势的发展也有了一定程度的改变，但时而海禁、时而开禁的海外贸易立法，严重阻碍了海上对外贸易的正常发展。明政府对海权意识的缺乏，导致了南海贸易的主导权拱手相让，唐宋元三朝积累的海洋优势流入西方国家手中。

明朝统治阶层在政治理念上的回缩与倒退，使直接受其影响的海上对外贸易也随之停滞。当海禁法令随着政治理念来回摆动的同时，即便是成祖时期郑和下西洋所带来的朝贡贸易的辉煌，也沦为昙花一现。明朝在国际上的影响力因此也得不到最大的发挥，远不及汉唐宋元时期的盛世场景。

3. 开禁程度源自政策性偏爱

当我们研究一个国家或地区的法律史时，应该注意每个时间和空间在历史长河中的独特性，将自然、经济、社会、心理等各方面的因素都纳入研究视野中。① 研究明朝海上外贸管理法律制度亦是如此，法制的内部结构与外部各原因要素间的互动和联系，是我们总体把握法制变迁的关键。浙江、福建、广东是明朝海上对外贸易的重要地区，明政府也在这三地设立了市舶提举司，专门负责管理海外贸易。然而，同样的海上外贸管理法律制度，在浙、闽、粤三省的运作过程中，却因为不一样的客观条件而呈现出迥然不同的实施效果。所以，在把握明朝海上外贸管理法制的立法目的时，只有用综合与发展的眼光去看待和分析问题，重视整体与局部之间相互观照，才能领会法律制度设置时深层次的意蕴。

浙江虽然是最早设立市舶提举司的省份之一，但最初的职责设置就给浙江海外贸易带来了先天性的致命弱点。由于宁波等地的地理位置，明政府赋予了浙江市舶提举司专门负责中日海外贸易的职能。正是这一贸易对象的限定，导致浙江市舶司在中日外交关系不稳定、倭患不断的情况下，极易受海禁法令的影响，废置无常。明中后期，明朝的海上外贸管理法律

---

① 此观点来自20世纪20年代产生的法国年鉴学派，于20世纪60年代以后被广大学者接受，该学派讲求以长时间维度来研究一个国家或民族的总体发展趋势。

制度在浙江运作得相当不连贯。

隆庆改元之后，福建月港准贩东西二洋，允许中国商人出海贸易。同时期，广州开始举办每年例行的交易会，允许外国商人从澳门到广州进行交易。由此，在明后期，粤闽两省基本包揽了中国的海上对外贸易。然而，两省的开禁程度并不相同，海外贸易管理法律制度的规定也存在重大差别。从法律规定上看，隆庆开海只允许中国海商出海，并不准许外国商人入境贸易。因此，福建海禁的开放仅仅是为了给漳泉一带百姓出海经商提供法律依据，月港并不是海外贸易的市场，福建对外贸易的交易地点在境外。但广东不仅允许外国商人前来贸易，而且自万历六年以后也准许中国商人出海，开放程度远超福建。更何况，广州交易会和澳门模式是完全不同于传统朝贡贸易体系的制度设计，直接与全球海洋贸易挂钩，在一定程度上更加适应历史发展的时代要求，具有法制典范作用。

中国古代社会的皇权高度发达，行政权力一直占据主导地位，这一因素极大地影响了海上对外贸易的发展。例如唐朝、明朝和清朝的政府贸易政策比较倾向于广州，而元政府的贸易政策则比较倾向于泉州。所以，广州在中国古代海外贸易的中心地位一直长盛不衰，除了地理位置、历史传统等因素之外，政府的"偏爱"常常是一个重要因素。广州创立的许多海上对外贸易管理法律制度，也往往带有全国性的重要意义，比如唐朝创立的市舶使、宋朝的元丰市舶条例，等等。

当然，政策性的偏好并非一定会给区域经济带来好处，也不是没有政策性偏好地区的区域经济就不会发展了。比如，明前期海外朝贡贸易的设置就明显倾向于广州，它拥有了几乎所有南洋国家来华朝贡贸易的管理执法权，而福建就只有琉球一国，而广东经济却并没有因此带来巨大的发展。到了明中期，福建月港开海的政策限制也远多于同时期的"广州—澳门"模式，但福建商民却紧紧抓住了这次政策机遇，在明中后期的海外贸易中领先于其他沿海各地，在南海贸易中占据了显要位置。因此，对于政策性偏好的效果，我们应该客观理性地去看待。

（二）立法内容：消极应对东西方接触

明中期之后，东西方的海洋中出现了贸易大潮，各国通过海外贸易开始了经济、文化交流的历史性进程。与前朝不同，明政府在与世界接轨过程中的态度大多是消极的，它被动地接受世界近代化的检验和洗礼，不由自主地被推进世界体系。但消极和被动的过程中并非毫无进展，明中后期在海外贸易管理律文内容中的变化和调适，凸显了中国在世界视野中的进入近代化的众多先兆。

1. 商舶贸易艰难合法化

明前期，民间私人的海上对外贸易，即商舶贸易属于非法行为。明中叶开始，非法的商舶贸易日渐兴旺，而合法的朝贡贸易则每况愈下，客观形势迫使明朝地方政府开始小幅度地进行法制改革。广东和澳门、福建都不同程度地开放了私人海外贸易，制定了"广中事例""月港体制"等全新的海外贸易法律规定。这些海外贸易管理法律条文的变化，都得到了中央政府的默许和认可，形成了体制内的演变。

这些海外贸易管理法制改革，虽然同时在中央和地方两个层面展开，但地方政府是其中的主要力量。由于地方政府承担了大部分维持海外朝贡贸易的成本，而又从中获利极少。朝贡贸易中投入与产出的过大差异，对比商舶贸易的巨额利润诱惑，让地方政府转投民间海外贸易的怀抱。嘉靖倭患之后，浙闽一带海防加强，广东地方政府在这期间率先进行法制改革，对商舶进行抽分，间接认可了民间海外贸易的合法地位，是为"广中事例"。隆庆元年，中央政府将福建海澄月港设为合法的商舶贸易港口，允许福建商人出海经商，商舶贸易的合法地位进一步扩大。

因而，明中后期出现的海上对外贸易管理法律内容的改变，并不是由中央政府来推动的，大多是由地方政府自作主张形成后，再由中央政府予以承认。如此自下而上的改革路径，阻碍了中国开拓海外市场的进程，减弱了中国近代化进程的推动力量。对比同时期西方重商主义引导下的自由贸易体制，缺少了引导社会结构变迁、促进资本主义因素生长的主导因素。

2. 税收缓慢回归经济效益

随着政治方面外交政策的回缩，永乐之后的朝贡贸易开始走下坡路。同时，国家防务的紧张局面导致国库空虚，经济上的捉襟见肘迫使明政府不得不考虑朝贡贸易的经济效益问题。于是，中央政府层面的海外贸易管理法制改革便主要体现在了海外朝贡贸易的税收落实措施上，制定了"弘治新例"。这次改革主要是为了改善洪武和永乐年间忽视经济效益的海上朝贡贸易方式，根据海外贸易商品的种类和品质进行了区分，增加了贡物估价与抽分的力度，制定了详细的海外贸易税收则例。

之后，广东地方政府制定的"广中事例"，仿照宋元时期的法律规定制定了全新的海外贸易税收体系，对参与海外贸易的贡舶和商舶进行抽分和丈量。这一法律创新，由于其在经济利益上巨大收获，最终获得了中央政府的认可，成为明中后期极具代表性的海外贸易管理立法典范。隆庆开海之后，月港征收水陆二饷和加增饷，明政府的海外贸易税收立法终于回归经济效益。

3. 葡萄牙人居澳饱受争议

无论明中后期的中国是否愿意将自己放入世界体系之内，中国东南沿海已然感受到了西方殖民者东来后南海局势的震动。16 世纪以后，葡萄牙、西班牙、英国等国相继叩门求市。在这股外来势力的裹挟下，明政府被动地作出回应，有限地开放了广东的广州和澳门、福建的月港，作为官方认可的合法海外贸易地点。于是乎，南中国海成了东亚海外贸易的中心，形成了覆盖中国、日本、安南、占城、暹罗等国和地区的东亚海洋贸易圈，在世界海洋贸易体系中占据了非常重要的位置。

广东地方政府允许葡萄牙人有条件地居留澳门，澳门由此成为中国东南沿海重要的海外贸易港口。"广州—澳门"的海外贸易管理法律规定，使广州政府"无须允许外国人来访广州，也无须让中国人离开本国，便可坐享对外贸易的利益"①。这一改革，既没有违反中央政府之前的海上外贸管理法律规定，又符合了中外各方进行海外贸易的需求，可以说是在明朝海外贸易管理法律体系内的又一大创新。

葡萄牙人成功居留澳门，不仅影响海上对外贸易管理法律制度，还带来了侨民管理的法律问题。明后期，随着澳门在东西方海上贸易中地位的日渐上升，葡萄牙人在澳的势力也日益壮大，侨民管理日趋重要。广东地方政府通过一段时间的争议和摸索，终于设计了一套集制定禁例、设置关闸、派遣驻军的管理制度。这些法律规定，不仅保证了中国在澳门行政、司法、税收方面的主权，还给予了在澳葡萄牙人有限的自治权。

基于澳门在明中后期海上对外贸易中的桥梁作用，这些法制的改革和创造都值得我们给予足够的重视。

（三）执法机构：政府间经济权力的博弈

作为朝贡贸易的专门管理执法机构，明政府对市舶司的功能设计完全不同于宋元时期，它的主要功能仅限于负责招待外国贡使和转运贡物。而

---

① ［荷］张天泽：《中葡早期通商史》，姚楠等译，香港中华书局 1988 年版，第 111 页。

区分贡舶贸易与商舶贸易执法机构的制度设置，使政府机构间对于海上对外贸易的执法权产生了诸多争夺。

1. 市舶宦官的争权夺利

永乐之后，中央政府派遣市舶宦官提督三地市舶司，海外贸易管理的执法机构形成了由中央直属领导的提督市舶衙门和地方政府下属的市舶提举司两套人马并存的局面。它们都是正规的朝贡贸易管理执法机构，在海外贸易管理执法中的作用因时而异，但总体来说以提督市舶衙门为主导。提督市舶衙门的设立体现了中央政府对海外贸易的强烈欲望，这种针对"贡舶之利"的权力争夺，最终导致了明朝市舶司在海外贸易管理中有名无实、形同虚设的独特"变态"景观。

中央政府派遣市舶宦官旨在加强对朝贡贸易的控制，随着正统之后的贡舶贸易日渐萧条，市舶太监变得无所事事。与之相反，当时广东的商舶贸易却蒸蒸日上，利润之大足以引起市舶太监的垂涎。于是，市舶宦官与广东地方政府之间关于海上对外贸易执法权的争夺便随之展开。正德四年（1509 年）三月乙未，市舶太监熊宣上奏要求兼理西洋诸国商舶的抽分，被礼部弹劾"妄揽事权"，之后被勒令回南京。① 第二年，新任太监毕真再次提出相同的要求，认为商舶抽分不应该由巡镇三司兼管，应由市舶太监负责。礼部则认为，律法明确划分了贡舶和商舶的执法，贡舶归由中央政府，而商舶则属地方政府。由于当时刘瑾掌权，武宗最终还是批准了毕真的请求，市舶太监夺利成功。② 嘉靖撤销市舶宦官之后，宦官势力一度消沉。直到万历年间，中央税使下派闽广，再度掀起了中央政府与地方政府之间关于市舶之利的争夺。

无论明朝哪个时期的市舶宦官派遣，都造成了海外贸易管理执法的混乱场面。可以说，市舶宦官的争权夺利，正是明朝海上外贸管理执法机构设置中最大的弊端。

2. 市舶官员的良莠不齐

海上对外贸易所带来的丰厚利润，常常使执法人员为之所诱，贪赃枉

① 《明武宗实录》卷四十八，正德四年三月乙未，（台北）"中研院"历史语言研究所 1962 年版，第 1082 页。

② 《明武宗实录》卷六十五，正德五年七月壬午，（台北）"中研院"历史语言研究所 1962 年版，第 1430—1431 页。

法。虽然这种现象前朝也都有，但在明朝，市舶宦官的恶劣表现使市舶官员之间的品德差异异常明显。

（1）市舶太监为非作歹

自永乐年间派遣市舶宦官开始，市舶宦官作为中央垂直管理的市舶官员，在沿海各地方权势滔天、为非作歹，其中最为臭名昭著的是牛荣、韦眷等人。牛荣于武德年间出任广东市舶宦官。自正德四年（1509年）广东商舶贸易松口之后，牛荣趁机中饱私囊。他肆无忌惮的行为，遭到了多名中央政府官员和广东地方政府官员的弹劾。虽然因此受到了皇帝多次警告性的敕谕，牛荣丝毫未见收敛。直到嘉靖元年（1522年），暹罗、占城的商船抵达广东，牛荣案发。①

韦眷是成弘年间为祸最烈的市舶太监，操控广东海外贸易20多年。成化十一年（1475年），韦眷被任命为广东市舶太监，兼管采买进奉品，又任珠池太监。成化二十三年（1487年），他又插手盐政。② 同时，从成化二十二年（1486年）到弘治二年（1489年），韦眷以内官监太监身份兼任两广镇守太监，身兼数职的他自然成了两广地区的头号实权人物。利令智昏的韦眷在职期间知法犯法、违禁通番、敲诈番商、贪污贿赂、强征暴敛、诬陷忠良。他常常派遣党羽私自与海外诸番进行贸易，"纵贾人通诸番，聚珍宝甚富"③。成化二十三年（1487年），天方国回回阿力想去云南访问其兄纳的，携带了珍宝，在满剌加搭船到广州，准备入贡。韦眷不仅克扣其宝物，还污蔑阿力为间谍，致使宪宗因而下令将其驱逐出境，成为一个冤案。④ 韦眷在位期间，此类案件数不胜数。

市舶宦官的存在，归根到底是中央政府为了维护自己在朝贡贸易法制中的地位而设置的。虽然宦官涉足海外贸易自汉朝便已有之，却从未有像明朝市舶宦官这样依恃皇权极力敛财、为非作歹的情况。而明中后期海外朝贡贸易衰退的一个重要原因，正是韦眷之流市舶宦官的违法勾当。事实

---

① （清）张廷玉等撰：《明史》卷三二四"暹罗传"，中华书局1974年版，第8400页。

② 《明宪宗实录》卷一九八，成化十五年十二月辛未，（台北）"中研院"历史语言研究所1962年版，第3482—3483页。

③ 《明宪宗实录》卷二八八，成化二十三年三月癸亥，（台北）"中研院"历史语言研究所1962年版，第4873页。

④ （清）张廷玉等撰：《明史》卷三三二"西域四"，中华书局1974年版，第8622页。

上，也只有这些市舶中官才有这么大的权力，去毁坏原本维护皇权的海外贸易管理法律制度。不过换个角度来说，如果没有市舶宦官的危害，朝贡贸易可能会维持更长的时间，而商舶贸易的繁盛也将推迟到来。所以，一定程度上，市舶宦官的为非作歹反倒"促进"了明朝海上对外贸易的发展。

（2）地方官员参差不齐

面对市舶宦官倒行逆施、令人发指的违法行为，明朝政府从维护自身权益的角度出发，在执法上作出了一些补救，也有不少不法宦官在刚正不阿的地方官员面前受到应有的法律制裁。例如正德六年（1511年），宁波知府张津就将违法的市舶太监绳之于法。①

同时，相比市舶宦官的为非作歹，不少执法海外贸易管理的地方官员却有所作为。比如嘉靖十七年（1538年），暹罗人来贡时抵达东莞澳口，番禺知县李恺奉命前往征税，分毫不染。夷人事后非常感激，立却金亭和却金碑，以报其恩德。② 再比如漳州府清军同知杜献璠、海防同知沈有严、督捕通判吕继梗、清军同知邵圭、督粮通判王启宗、漳州推官林栋隆等人在督饷馆轮署时，不仅洁身自好、不取分毫，还设身处地为海商着想，多从宽政以减轻赋税，深受百姓爱戴。③

不过，明后期，重掌大权的广东市舶提举司恢复了"肥差"的本色，执法权力迅速膨胀。由于缺乏监督与制约机制，市舶司官员大多贪污腐化。其他官员觊觎市舶司官的职务之便，也费尽心机和财力，试图谋求市舶司职位。更有市舶司下属的衙役揽棍，在广州作威作福、横行霸道：

> 借拿接济之名，一日而破数百人之家，致激控部院，冤惨彻天。夫非接济而指为接济，则其以接济为生涯者，不得不依为城社。而诸揽为之线索，衙役为之爪牙，在该司踞为垄断，在群奸视为窟窟，纵

---

① （清）徐兆昺著，桂心怡等点注：《四明谈助》卷十"北城诸迹二下·明贤牧"，宁波出版社2000年版，第286页。

② 却金坊碑立于嘉靖二十年（1541年），碑高1.57米、宽0.74米，青色大理石质地，碑貌完整，现存于广东省东莞市博物馆。却金亭碑立于嘉靖二十一年（1542年），碑高1.84米、宽1.02米，青色大理石质地，碑貌完整，现位于广东省东莞市光明路与教场路交界处。

③ （明）张燮：《东西洋考》卷七《饷税考》，中华书局1981年版，第147—152页。

横狼藉，人人侧目，非窝家而何？①

在颜俊彦看来，这些五品以下的小官拥有实权，执法过程中贪赃枉法，应该予以分权和制衡。他提出恢复以海道副使为主导的执法体系，市舶司和香山县分权执法、相互监督。但他的提议并没有得到中央政府的回应，不了了之。执法者的作法侵利、自毁成规，导致了身不正、令不行，给海上外贸执法带来了极其负面的影响。

二　明朝海上外贸管理法制的作用

明朝海上外贸管理法制的实施，总体上还是跟上了中国社会经济发展的趋势。虽然在前期朝贡贸易法律体制的约束下，海外贸易的发展整体比较缓慢，但还是出现了类似郑和下西洋的繁盛场景。明中叶之后，海上外贸管理法制的变革和调适中，出现了华商海外贸易的新机制。通过中外商人的直接贸易交流，带动沿海地区外向型手工业和农业的发展，形成了以出口为导向的经济模式，值得我们加以关注。

（一）加速了区域人口与物资的流动

正德后，商品经济开始渗透到中国的各个社会经济领域，市场使各经济部门的关系更为紧密。东南沿海涌现了大批工商业的市镇，众多商业城镇中活跃着许多地域性的商业集团，国内市场通过海外贸易通道延伸至全球贸易市场。明中后期的海上对外贸易逐渐成为拉动市场、增长经济的有利因素。

在民间海外贸易地位逐渐合法化的过程中，东南沿海城乡的人们远走异域、出海行商蔚然成风，传统的重农抑商观念有了明显的转变。内地商人纷纷南下粤闽，长途贩运商品至广州和福建市场，然后又运回洋货至内地市场。其中，徽商、宁波商人、洞庭商人、龙游商人、上海商人等地域性商业团队在国内很是出名。更有国内商人下海通番、运货北上，连接国内外贸易市场，收获巨额利润，以闽商和粤商最为出名。闽商在广州经营贸易，充当揽头，势力强大。

国家海上对外贸易管理法制的支持，使福建和广州的经济在明中后期

---

① （明）颜俊彦：《盟水斋存牍》一刻"公移"一卷，中国政法大学出版社2002年版，第319页。

迅速发展，成为国内经济发达地区。明中叶，广东、福建率先进行海上外贸管理法制改革后，大量人口、物资和财富汇聚其中。当时的广州市场商品琳琅满目，城市里城墙坚固、街道宽阔，国内外商人聚集，成为当时世界上著名的海外贸易港口。而佛山则出现了外向型的冶铁业和陶瓷业，吸引了越来越多的外省客商在此安家落户。福建泉州则因此进入了又一个繁荣发展的经济周期。除此之外，闽粤各地还兴起了一大批区域性市镇，在海外贸易市场中发挥着商品集散功能。

（二）形成了货币体系的重大变革

海上对外贸易的发展带来了大量的白银流入，明朝通过葡萄牙人、西班牙人、荷兰人带进中国的白银数量惊人。白银的广泛使用，始终伴随着明朝海上对外贸易的繁盛。白银的大量流入，不仅有力支撑着地方财政，还深刻影响了中国东南沿海的经济模式，带来了货币经济和赋税制度的革新。

通过海外贸易流入国内的白银主要来自两个国家，其中一个是日本。日本作为白银的产地，白银是当时的主要硬通货，用来交换中国的出口商品。除了中国海商通过走私贸易从日本运回白银外，更有葡萄牙商人通过海外贸易带回大量日本白银。另一个白银来源地便是吕宋。虽然吕宋不产白银，但通过西班牙人的海外贸易，大量南美洲的白银运到吕宋，再经由吕宋的对华贸易流入中国。根据全汉昇先生统计，16世纪下半叶到17世纪初，每年从菲律宾输入中国的美洲白银从数十万西元增加至200万西元以上。[①]

在广州海外贸易的进出口商品结构上，由于黄金和白银的比例与在欧洲和日本的价格存在很大差距，黄金、白银的交易甚至成为大宗买卖。随着白银收入量的增加，在市场上的流通也逐渐加大，慢慢取代了铜钱的货币地位，成为流通领域合法的交换和支付手段。不仅人们在日常生活中大量使用白银，东南沿海的地租形态都已经采用白银交纳；而且官方也认可了白银的合法货币地位。例如成化元年（1465年）七月十四日刑部的广东道监察御史李志刚题件中，就清晰地表明了白银在成化之前就已拥有合法地位，同时还说明了当时"重银轻

---

① 全汉昇：《明清间美洲白银的输入中国》，载《中国经济史论丛》，（台湾）稻禾出版社1996年版，第444页。

钞"已经成为趋势。①

（三）促进了农业和手工业的转型

嘉靖之后，海上对外贸易所带来的白银源源不断地流入中国市场，由此而带来的赋役折银现象开始侵蚀传统的自然经济体系。赋役的货币化，使农民在缴完赋役之后可以离开土地，进行自由的商业生产和活动。同时，国际市场的商品需求，又促使东南沿海地区出现了以种植经济作物为核心的农业商业化和专业化现象。当时，江浙、福建和广州地区的农业商品化生产程度已经相当高，这些地区的农业种植大多受到国际贸易市场的刺激和推动。例如江南的蚕桑栽育和木棉种植相当普遍，珠江三角洲的甘蔗种植和果木种植同样高度发达，这些都与当时海上对外贸易的发展密不可分。通过市场规律引发的地域资源的分工协作，形成区域间优势互补的经济互动机制。

不过，由此带来的经济互动也并不一定是理性的。经济作物的大面积种植挤压了水稻等粮食作物的种植面积，在造成土地使用方式和劳动力就业结构改变的同时，也一定程度地破坏了沿海区域的生态环境：

> 到 1600 年，这种贸易造成每年大约有 20 万公斤的白银流入从宁波到广州的华南和东南沿海地区。对丝绸的旺盛需求引发了土地使用方式的重大变化……到 1700 年，大约一半的森林植被遭到破坏（低处种植桑树、棉花、甘蔗和水稻，高处种植玉米和红薯）。②

随着民间海外贸易的合法化，明朝的海外市场进一步开拓。为了满足市场需求的扩大，东南沿海的手工业生产部门无论在生产能力还是生产技术上，都有了相应的大发展。其中，一些生产部门为了配合国际市场需求，还出现了专门的外销型产业，大批品质优良的商品畅销海外，最具代表性的就是丝织业和陶瓷业。例如，广州丝织业根据国际市场要求主动调整产品结构，生产了专供出口的"粤缎"和"粤纱"。在土耳

---

① 杨一凡主编：《皇明条法事类纂》，载《中国珍稀法律典籍集成》（乙编第 4 册），卷一"五刑类"，科学出版社 1994 年版，第 1 页。

② ［德］贡德·弗兰克（Gunder Frank）：《白银资本——重视经济全球化中的东方》，刘北成译，中央编译出版社 2008 年版，第 224—225 页。

其伊斯坦布尔的皇宫中，至今还收录了一件阿拉伯商人专门定制的中国出口瓷器。①

三　明中后期海上外贸管理法制调适的局限性

明朝中后期，伴随中国经济社会的进一步发展，海上外贸管理法律制度中曾经被剥离或被忽略的经济功能开始被动回归，并且有了逐步加强的趋势。跟随朝贡贸易向商舶贸易转变的脚步，明朝海上外贸管理法制也作出了相应的调适。福建和广东在海外贸易管理立法和执法领域的制度创新，开始发挥创造财富、富国裕民的功能。同时，这套制度性的调适，还为清朝初期的海关制度及关税体系的诞生奠定了基础。不过，我们也应该理性地看待明朝海外外贸管理法制改革的局限性，不要过分高估其对社会经济发展的积极作用。这种调适具有的进步意义带来了一定的经济学价值，但我们也不应该忽视调适本身的先天性历史局限。

（一）法制改革路线的自下而上

明政府开放海上对外贸易的过程消极而被动，立法目的主要集中在疏通沿海商民通商需求、缓解走私、弥补财政赤字上。一切的变革依然以政治目的为落脚点，而非经济目的。这点贯穿明朝始终、从未改变，明朝统治者的海外贸易立法理念远没有后世想象得那么进步。如此一来，法制改革的主要路线便不会是自上而下，而是自下而上的。因为只有饱受朝贡贸易"祸害"的地方政府，才会有动力去推动和发展海外贸易管理法制的变化。虽然后来中央政府承认了这种改变，将其上升为国家的法律制度，但其对海外贸易的推动力量因此受到很大的制约，无法成为中国发展海洋经济的主导因素。

在崇祯初年颜俊彦的《盟水斋存牍》中，多宗福建海商违例进入广州贸易案件的最终处理结果非常耐人寻味。福建人郭进兴未得官方同意，擅自驾驶载货海舶进入广州。当时的海禁法令非常严格："粤东边海而郡严海禁之出入，以防叵测……其飘风等船，假借各色，非奉两院详允，片帆不许出入，海禁甚严。"② 而地方政府在海外贸易利益和海防安全中权

---

① 香港博物馆主编：《南海海上交通贸易二千年》，香港市政局 1996 年版，第 163—164 页。

② （明）颜俊彦：《盟水斋存牍》一刻"谳略"一卷、二刻"谳略"三卷，中国政法大学出版社 2002 年版，第 77、572—573 页。

衡再三，最终还是决定加重处罚，但却破例放行。① 郭进兴案不久，又有闽商郭玉兴、高廷芳、陈仰崑、包徐良等人驾驶大船四艘突入广州，船上满载番货、布列刀铳、聚集千人，举国关注。广州推官颜俊彦负责审理此案，同时兵巡道、海道、两广总督、布政司、按察司乃至都察院，都有批示。最终的处理结果，无异于郭案。

案件处理过程中，广东地方政府表现出了明暗两个方面：在明面上，他们一再强调海防问题绝对重要过海外贸易，所谓"封疆事大，必不为锥刀之税"；而暗地里，他们却默默地找各种理由用罚饷取代服刑的法律责任，"推广宪恩，以宽远人"。所以，明末闽商案件的判文，对于证明明朝海外贸易法制改革的路线有着重要的价值。郭进兴等案的最终处理结果恰恰说明，在明末的广东虽有中央政府制定的海禁法令保护海防安全，但海上对外贸易已经处于一个非常重要的地位，不容撼动。饷船可以经由香山抽盘、市舶投单后进入广州，因飘风而来的海船也只要经过官方核准后便能纳饷贸易。这一状态显示了，即便中央不允许，广东地方政府也会在暗中默许和推动海上外贸管理法制的发展。

（二）法制改革范围的区域性限制

如前所述，明政府政策性的偏爱极其容易影响沿海各省的具体海外贸易管理执法。例如月港体制，它作为明后期海外贸易转型时期政府法制改革的尝试，是明政府根据福建特定的社会形势制定的局部立法模式，带有极强的地域性与偶然性。其最大特点就是对海外贸易主体和地点的限制，所以它不同于前朝传统的市舶贸易法制体系，征税对象仅为漳泉本地商人，而非全体中外商人；它又不同于之前"广中事例"的允许外商居留贸易，只准许本地商人出海贸易、不准外国商人入境贸易。明人张鸣冈就曾高度概括了当时浙江、福建、广东三省的海外贸易特点："粤与闽、浙同一防倭也，而浙未尝与夷市，闽市有往无来……乃粤则与诸夷互市。"②

因此，明中后期的海上外贸管理法制改革是局部的，不是全国性的。最早是在广东，然后是在福建漳泉地区，其他省份则长期处于被禁止出海

---

① （明）颜俊彦：《盟水斋存牍》一刻"谳略"一卷，中国政法大学出版社 2002 年版，第 77—78 页。

② 《明神宗实录》卷五〇九，万历四十一年六月庚戌，（台北）"中研院"历史语言研究所 1962 年版，第 9646 页。

贸易的状态。所以，明政府对海上对外贸易始终采用严密监管和垄断经营的方式。这个理念即便是在官方朝贡贸易中，都能鲜明地体现出来。据《敬止录》载，宁波市舶司在宋元时期共有 28 间库房，而明永乐年间竟扩展到 61 间。① 由此可见，奢侈品在明朝内府消耗之外，仍有大量剩余。那问题就出来了，为何明政府要在已经满足内府需求的情况下，继续对海外贸易商品进行严格的控制呢？较为合理的解释便是，明政府迫切需要通过官方统一收购与分配这一方式，严格控制海外物品在国内的流通，以垄断海外朝贡贸易。

局部的改变没有冲破自然经济的格局，明政府海外贸易管理法律制度整体上一直保持垄断和控制的特点。因此，无论是在东南沿海还是在其他各地，都缺乏类似欧洲近代资本主义发展的经济基础和社会基础，从而丧失了经济自由发展的可能性。

（三）法制改革的深层力量欠缺②

海上对外贸易的发展虽然在一定程度上改变了沿海人们的价值取向，但这种变化也是有限度的，社会深层道德观念并没有因此而发生根本性的改变。无论是统治者和朝廷官员，还是商人和老百姓，思考的角度总也摆脱不了传统文化与历史环境的限制。就是那些主张开海的有识之士，大多数仍停留在增加政府财政收入、缓解民生、巩固海防等方面，鲜有认为海外贸易是经济发展的必要环节而为其正名的。即便是在明末兴起的郑芝龙海商集团中，海洋意识的层次也相当有限。"利用经济实力获取官位，归附专制政权以获取更大的经济利益，一直是各代大海商的宿命。"③

---

① 万明：《明初"贡市"新证——以〈敬止录〉引〈皇明永乐志〉佚文外国物品清单为中心》，载中国社会科学院历史研究所明史研究室编《明史研究论丛》第七辑，紫禁城出版社 2007 年版。

② 如前所述，利玛窦曾经对此作出推断，认为明人对海洋的恐惧心理是其一直避免海运的原因。黄仁宇先生对此持相似意见，认为中国人不愿意向海洋进取。但学者樊铧提出了不同的看法，认为恐惧心理的提法过于片面，明朝的海运情况是其时代政治文化的特殊结果。参见樊铧《政治决策与明代海运》，社会科学文献出版社 2009 年版，第 364—370 页。

③ 庄国土：《当中国海洋意识遭遇大陆文化——以闽南人的海洋发展夭折为例》，载林立群主编《跨越海洋——"海商丝绸之路与世界文明进程"国际学术论坛文选》，浙江大学出版社 2012 年版。

　　与同时期的欧洲相比，不得不承认明人的思想里实在缺乏西方人的海洋探险意识和海洋主权欲望。古罗马帝国强烈的海洋意识被地中海沿海的新兴商人阶层所继承，冒险和进取精神一直推动着欧洲各国开辟海外市场的脚步。随着市场和贸易的扩大，经济领域需要反对特权和垄断，商人阶层随着重商主义意识渐渐强大。因此，享有政治参与权的市民逐步成为城市的统治者，维护商人财产和经济地位的法律制度也成为主流。可以说，近代欧洲的海洋价值观中不仅仅包含了对海洋利益的攫取，更孕育着开放、自由、平等等法治理念。

　　所以，明朝海上外贸管理法制改革缺乏深层次的推动力量，效果自然不尽如人意。比如，广东地方政府曾针对揽头非法活动猖獗的情况，制定了相应的法律措施予以压制：

　　　　为严逐棍揽以禁接济戢按四方事。照得粤省密迩澳地，闽揽实逼处此，拨置夷人往来构斗，大不利吾粤。已经本厅审详数四，钉解者钉解，驱逐者驱逐，复条陈上台，勒碑永禁。乃尚有借名充饷，依城凭社，潜踞地方，私行接济，如吴寰宇等，真可发指。况年岁荒歉，薪桂米珠，通国之民嗷嗷旦夕，即疏罗定之关，不知费几许唇舌，宁堪复以饱奸人之腹？除详报院台，行海道转行市舶司、香山县严逐外，合行示谕：今后如有前项棍揽，敢扞宪纲，复行接济种种不法，许军民人等，当即擒解本厅，转解院台，尽法究治，绝不轻贷。①

　　然而，包含了刑法、解逐等法律责任的严格执法措施，却在广东市舶司的包庇纵容之下收效甚微。探究明后期奸揽纵行的根本原因，并不在于政府的打击不力，而在于海上外贸管理法制的落后。消极被动的态度，使明政府的立法思维和执法手段，远远落后于市场经济发展的速度，根本无法满足贸易形式转变的要求。在海外贸易市场转型、主体组织形式增加的情况下，明政府还是采用惯常的行政干预方式去规范商业秩序，缺乏经济学上的相关考虑，造成了广东海外贸易无序发展的混乱局面。

---

①　（明）颜俊彦：《盟水斋存牍》，中国政法大学出版社2002年版，第344—345页。

第三节　明朝海上外贸管理法制对后世的影响

明中后期海外贸易管理法制的调适，最具实质性的意义便是立法目的中经济功能的回归。这不仅促进了中国经济社会对世界贸易市场呼唤的回应，更为后世清朝的海上外贸管理法制奠定了制度性的基础。当我们强调明清两朝在海上外贸管理法律制度的传承关系时，也必须看到随着时代的进步，清政府在其中增加了诸多不同的法律规定，这是对明朝海外贸易管理法制的进一步发展。

一　清朝海上外贸管理立法不断细化

相比明朝海上对外贸易管理法律规定零散的状况，清朝海外贸易管理立法更为系统化和完善化，其相关成文法的体系完备、内容丰富。虽然没有以海外贸易法命名的专门法，但以《大清律例》《大清会典》和皇帝敕谕诏令等构成的成文法体系，完整地规范了清朝海上外贸管理法律关系。这些成文法中，有中央立法，也有地方立法；有稳定性强的律文，也有灵活性强的皇帝敕谕诏令。它们有机地构成了一个整体，相互支撑、互相补充。

（一）综合性法典中的海外贸易管理法律规定

1. 《大清律例》中的海外贸易立法

顺治三年（1646 年），《大清律集解附例》颁布；康熙二十八年（1689 年）开始修订；雍正五年（1727 年），颁行《大清律集解》；乾隆五年（1740 年）最终颁行《大清律例》。在根本法《大清律例》中，"船舶匿货""诈冒给路引""关津留难""盘诘奸细""私出外境及违禁下海"等法条，延续明律的相关规定，对海上对外贸易作出了明确的法律规定。例如，"私出外境及违禁下海"条虽是从明律中继承而来，但比明律具体得多。除律文本身规定了严禁出口的商品和相关的法律后果，还在律条之后附有共计 47 个 "例"。立法手段的严谨和立法内容的丰富，是史无前例的。

2. 《大清会典》中的海外贸易立法

自康熙二十三年（1684 年）开始修纂的《大清会典》，历康熙、雍正、乾隆、嘉庆、光绪五朝，其事例卷帙浩繁。其中的户部、礼部和兵部中的法律规定中，更加详细地制定了海外贸易各方面的法律规定。首先，户部规定了各海关的税收标准、税率、征税依据，以及海关官员的设置、派遣和考核等。各海关的关税征收办法并不相同，就船税而言，虽然都依据梁头尺寸征收，但来源不同的船会征收不同的船料税。这些法律规定非常细致且具体，操作性强。其次，礼部主要规定了官方朝贡贸易需要注意的各种事项，包含贡期、贡道、使团规模、交易流程等。最后，兵部规定了各时期的海禁法令，制定了例如私越冒渡关津、私出外境及违禁下海等罪的具体刑罚。

（二）其他立法中的海外贸易管理法律规定

1. 朝臣奏议及地方立法

与明朝时一样，清朝的中央和地方官员就海上对外贸易管理提出的解决办法，经中央政府核准采纳后，会成为具有法律约束力的法律渊源。例如康熙三十三年（1694年），浙江巡抚张鹏翮有关对商船进行烙印和刊发照票而进行管理的奏议，经过九卿会议的通过，成为常例。乾隆九年（1744年）的澳门同知印光任订立的《管理澳夷章程》、乾隆十四年（1749年）的澳门同知张汝霖制定的《防范外夷章程》等，无一不是清政府对澳门海外贸易进行管理的有效法律依据。

乾隆二十四年（1759年），因为"洪任辉事件"，两广总督李侍尧提呈关于广州海外贸易的奏对，经过中央政府批准成为清朝著名的海上对外贸易管理立法之一，即《防范夷商规条》，又称《防夷五事》。在这一奏请中，详细规定了外商在广州的贸易要求：一、外商不得在广州居住；二、行商负责管束在广州的外商；三、严禁中国商人向外商借贷；四、严禁行商、通事等相关人等为外夷传递书信；五、派遣官员稽查外国商船停泊之处。该规定在嘉庆十四年（1809年）又进一步增补了六条更为细化的外商管理规定。①

2. 敕谕诏令与中外条约

中国古代社会中，皇帝的敕谕诏令具有最高的法律效力，常常作为解决海外贸易方面特殊问题的特殊法律渊源，例如乾隆年间的英国商人赴浙贸易问题。清政府不愿意外商经常性地赴浙贸易，就试图通过关税壁垒阻

---

① 参见王巨新《清朝前期涉外法律研究——以广东地区来华外国人管理为中心》，人民出版社2012年版，第60—61页。

止英商，但收效甚微。乾隆皇帝亲自命令广东官员杨应琚前往浙江勘察情况、酌定则例，并且强调一定要"奏闻办理"。[①]

除此之外，清前期政府与北方邻国俄罗斯签订的《尼布楚条约》《恰克图条约》中，都有明确两国在海外贸易方面的内容，是清朝海外贸易立法的重要组成部分。

二　清前期海上朝贡贸易法律地位的变化

（一）官方海外朝贡合法地位的维持

朝贡对于明政府来说，重要的是体现其天朝的地位和万国来朝的繁荣景象；对朝贡国来讲，重要的是开展海外贸易的资格和现实利益。二者各取所需的情况下，朝贡贸易才得以继续。换句话说，作为一个利益共同体，两者需要双赢。不过从社会现实来讲，仅仅政府间的双赢是肯定不行的，因而朝贡贸易自明中叶便逐渐衰退了。不过，其官方贸易的正统地位始终存在。

明朝灭亡后，清军与南明、明郑政权在中国东南沿海地区展开了激烈的斗争。基于海外朝贡贸易"卓越"的政治效果，清朝统治者为了彰显新政权的正统与权威，重新扶持和鼓励海外诸国前来朝贡贸易。清军入关之后，对与明朝有朝贡贸易关系的国家进行了招徕政策。顺治四年（1647年）二月癸未，清中央政府诏谕浙江、福建等地方政府，一旦发现琉球、安南、日本、暹罗等国家派遣使臣前来朝贡，必须从速上报。[②] 同年，清政府在占领广州后又下旨确立海外朝贡贸易的官方合法地位：

> 南海诸国暹罗、安南附近广地，明初皆遣使朝贡，各国有能倾心向化、称臣入贡者，朝廷一矢不加，与朝鲜一体优待，贡使往来，悉从正道，直达京师，以示怀柔。[③]

---

① 《清高宗实录（一一）》卷五四四，乾隆二十二年八月丁卯，（台湾）新文丰出版公司1978年版，第7934页。

② 《清世祖实录（一）》卷三十，顺治四年二月癸未，（台湾）新文丰出版公司1978年版，第353页。

③ 《清世祖实录（一）》卷三十三，顺治四年七月甲子，（台湾）新文丰出版公司1978年版，第391页。

不过，清初的朝贡贸易十分有限，仅有琉球、暹罗、安南、荷兰等国曾派使臣前来。清政府通过《大清会典》① 和《钦定礼部则例》，对朝贡国的主体法律地位作出了相应的规定。根据清朝康熙、雍正、乾隆和嘉庆四朝的《大清会典》，有资格与中国朝贡的国家多则九个、少则七个，包含了朝鲜、琉球、安南、暹罗、西洋等国。这些国家基本就是之前与明朝进行朝贡的国家。其中，朝鲜是最早与清朝建立朝贡关系的国家，而"西洋"指的是葡萄牙。

（二）海上朝贡贸易的相关法律制度

为了继续维持"万邦来朝"的天朝盛景，清政府在明朝官方海外朝贡贸易法律规定的基础上，也制定了一系列相关的法律规定，用来调整官方海外朝贡贸易法律关系。而朝贡贸易的法律体系也一如明制，鉴于当时市舶司已经被罢，便由盐课提举司兼理相关事务。

1. 朝贡主体资格的确认

对于朝贡使团的法律资格，顺治朝便参照明朝法律规定明确，只有持有"表文"的能入境朝贡。"外国朝贡，以表文、方物为凭，该督抚查照的实，方准具题入贡。"② 之后，在《钦定礼部则例》中则进行了更为详细的规定：

> 凡外夷属国遣陪臣恭赍表文、方物按期修贡，既达境，所在督抚查明具题，由部覆准，行该督抚填给勘合，于该省文物员弁中，拣派二三员伴送入京，以资沿途弹压。（或非例贡年分，另行谢恩、进贡等事，由各该督抚奏准，抄录原奏咨部。）③

---

① 参见（康熙）《大清会典》卷七二《礼部·主客清吏司》、（雍正）《大清会典》卷一〇四《礼部·主客清吏司》、（乾隆）《大清会典》卷五六《礼部·主客清吏司》、（嘉庆）《大清会典》卷三一《礼部·主客清吏司》，载沈云龙主编《近代中国史料丛刊》，（台湾）文海出版社1966年版。

② （雍正）《大清会典》卷一〇四《礼部·主客清吏司》，载沈云龙主编《近代中国史料丛刊》三编第77辑，（台湾）文海出版社1966年版，第6950页。

③ （清）萨迎阿：《钦定礼部则例》卷一七一"主客清吏司·朝贡通例"，转引自王巨新《清朝前期涉外法律研究——以广东地区来华外国人管理为中心》，人民出版社2012年版，第89页。

2. 朝贡事务的严格法律限制

与明朝一样，清政府对各朝贡国的贡期、贡道、使团规模、贡物与回赐等问题都作出了相关规定。关系较近的国家贡期也相对较短，比如朝鲜是一年，琉球是二年。贡期长的有三年、五年、八年、十年，其中缅甸时间最长。当然，各国在实践中并不能完全按照清朝的法定贡期前来朝贡，比如苏禄。各国的使团来华朝贡，也必须遵守清政府关于贡道和使团规模的规定。例如琉球，与明朝时相同，依然从福建入境；而葡萄牙也依然从澳门入境。

针对违反朝贡贸易法律规定的行为，清政府也规定了相应的法律后果：

> 凡外国船只，非系进贡之年无故私来贸易者，该督抚即行阻遂。……凡外国进贡，除定例船只外，其接贡、探贡等船，一概阻回，不许放入。……凡正贡船未到，护贡及探贡等船不许交易。[①]

和《大明律》的规定一样，清朝法律在海外朝贡贸易方面的重点也是严格限制朝贡相关人员违禁买卖的行为：

> 会同馆内外四邻军民人等，代替外国人收买违禁货物者，问罪，枷号一个月，发边卫充军。凡外国人朝贡到京，会同馆开市五日。各铺行人等，将不系应禁之物入馆，两平交易。……凡外国差使臣人等赴京朝贡，官员与军民人等交易，止许光素纻丝、绢布、衣服等件，不许将一应兵器并违禁铜铁等物私易，违者，处以极刑。[②]

其中的法律规定，之后的《大清律例》都予以沿袭和细化。

（三）朝贡制度中经济属性的剥离

虽然清朝海外朝贡制度是明制的沿袭，但不可否认其有着自己非常独

---

① （康熙）《大清会典》卷一〇四《礼部·主客清吏司》，载沈云龙主编《近代中国史料丛刊》三编第 77 辑，（台湾）文海出版社 1966 年版，第 3704 页。

② （清）沈之奇著，怀效锋、李俊点校：《大清律辑注》卷一〇 "户律·市廛·把持行市"，法律出版社 2000 年版，第 377 页。

特的变化。对清政府而言，他们更重视朝贡所带来的政治依附关系，将朝贡中的经济问题逐步剥离。于是，明政府千方百计将政治与经济融合在一起的官方海外朝贡贸易法律制度，到了清朝开始了新的蜕变，朝贡制度转向政治外交特性。

清政府在与海外诸国建立朝贡关系的过程中，除了朝鲜之外，并没有采取主动出使的方式。如前所述，与清政府建立正式朝贡关系的国家最多只有七个，其中保持长期稳定朝贡关系的只有朝鲜、安南和琉球等国。同时期所记录的欧洲海外国家的"入贡"，本质上只是请求"互市"的外交关系，而非贸易关系。在清政府设立了专门负责海外贸易的海关后，西洋诸国的"互市"请求得以满足。海上对外贸易不再专属于官方，也再无必要通过朝贡关系来实现海外贸易往来。选择朝贡进行海外贸易，已然不是海外诸国想与清朝进行海上对外贸易的唯一选择。因此，清朝的海上朝贡体系中的主导因素是政治，而不再是经济。

三　清前期海禁法令的死灰复燃

针对民间海外贸易，清初的清政府延续明后期的做法，允许部分地区的沿海商民出海贸易。如同两广总督佟养甲在题奏《请准许濠镜澳人通商贸易以阜财用》中所描述的一样，顺治年间的广州商人可以出洋往来，而且澳门葡萄牙人也能来广州贸易。[①] 不过由于郑成功占据台湾反清，清政府曾五次发布禁海法令，三次颁行迁海法令。[②] 随着海禁与迁界的实施，沿海地区的民间海上对外贸易又受到了极大的限制，海上的交通与贸易被阻断。其间虽然也有澳门的海外贸易，但规模相对不大。直到康熙二十三年（1684 年）之前，清朝海上对外贸易的主体依然是朝贡贸易。

康熙二十三年（1684 年），清政府收复台湾后，开放广州、厦门、宁

---

①　中国第一历史档案馆等编：《明清时期澳门问题档案文献汇编》（一），人民出版社 1999 年版，第 23 页。

②　学者对清朝海禁法令的时间存在争议。《明清时期澳门问题档案文献汇编》的序言中认为海禁法令为顺治十二年、顺治十三年、康熙元年、康熙四年、康熙十七年，迁海法令为顺治十七年、康熙元年、康熙十七年。而万明则认为海禁法令为顺治十二年、顺治十三年、康熙四年、康熙十一年、康熙十四年，迁海法令为顺治十八年、康熙十一年、康熙十七年。此问题有待进一步考证。参见万明《中国融入世界的步履——明与清前期海外政策比较研究》，社会科学文献出版社 2000 年版，第 352—353 页。

波、松江四个港口作为民间海外贸易的通商口岸。其中广州基本被葡萄牙人垄断，其他国家的商人一般前往厦门和宁波进行海外贸易。然而，康熙五十六年（1717年），海禁法令重申，南洋贸易被禁。雍正六年（1728年），在沿海官民的一致意见下，清政府取消海禁法令。乾隆二十二年（1757年），由于英国人频繁前往宁波贸易，清政府认为难以管理，遂规定外国商船只能在广州口岸交易，而不许前往浙江沿海。至此，当时中国的海外贸易实际上只有广州一个口岸。[①]

可见，清朝的海禁大约维持了40年的时间，大大短于明朝。它还同时设立江、浙、闽、粤四个海关，全面允许中国商品出海贸易。就此看来，相比明后期仅限于粤、闽地区的不公平开海方式，清政府开放海上对外贸易的力度也更大些。因此，清政府海外贸易管理的立法精神，较之明朝要开明和务实得多。

清前期对于中国商船出海的法律规定主要包含以下几个方面：第一，商船出海必须取得地方政府的许可，并取得担保；第二，出海商船的规格和式样必须符合国家的法律规定；第三，设定了军火、金银铜铁、粮食、蚕丝等禁止出口商品的范围；第四，商船出海的返航必须遵守法律规定，不得违规居留国外。这些规定与宋、元、明时期的法律规定，并无太多差异。

四　澳门体制的延续

一句欧洲格言可以比较准确地描述16世纪以后中国东南沿海所面临的情况："战争、商业、海盗，他们是一丘之貉，而并非互不关联。"[②] 伴随着15世纪的地理大发现，欧洲人开始了在世界范围内的海上探险和殖民扩张，合法贸易的同时伴随着海盗掳掠的行为。正德之后，葡萄牙人、西班牙人、荷兰人相继东来，他们不仅拥有先进武器装备起来的舰队，还拥有本国政府坚定开拓海外市场的信念所带来的政治与经济后盾。他们的目标是逐一垄断区域海外贸易权，最终掌握殖民地的军事和政治权力。在西方诸国建立了各

---

① 广州一口通商也存在例外：第一，琉球和苏禄的朝贡贸易仍按法律规定的贡道入境，分别在福建闽安与厦门；第二，葡萄牙商船只能在澳门贸易，澳门也不许其他国家商船进入；第三，西班牙和吕宋的商船仍可至厦门贸易，但西班牙商船实际上更愿意去广东贸易。

② ［英］E. E. 里奇（E. E. Rich）、C. H. 威尔逊（C. H. Wilson）主编：《剑桥欧洲经济史》第5卷《近代早期的欧洲经济组织》，高德步等译，经济科学出版社2002年版，第250页。

自东亚海域的殖民基地之后，亚洲的传统贸易格局被打破了。

由此所带来的一个问题是，16 世纪之后的东南亚地区如何解决大规模的异族人口迁徙和管理。明政府给出的答案是澳门体制。澳门体制的出现，是传统蕃坊制度在近代东西方首次碰撞后的产物，也是明政府应对西方挑战时理性和变通的选择。近代以后，虽然粤澳之间的海外贸易关系在性质上与前代不可同日而语，但法律制度上依稀可见明朝海外贸易管理法制的遗风。

清初，清政府对待"广州—澳门"的海外贸易依然沿用明朝旧例。清朝顺治四年（1647 年）五月初三，两广总督佟养甲的一个题奏中曾云：

> 通商阜财，势所必需。然仍准澳人入市广省，则又通商之源也。往例设海道兼督，市舶提举专理。惟此之故，臣思天地生财有数，内地民力计亩征收，血力几何？通商固以裕国，而通番国之商，尤所以裕广省之饷，益中国之赋，合应仍复古例，每岁许濠镜澳人上省，商人出洋往来。①

其中的"往例"和"古例"指的是嘉靖时期的"广中事例"，还是万历之后的新例？因为"广中事例"仅准许澳人居澳贸易，而不准其前去广州贸易，这里显然应该指的是万历年间之后形成的新例。

在清初颁布施行的禁海和迁海法令中，澳门抑或不在实施范围内，抑或施行时间很短。所以，清政府一直对澳门贸易制定了与众不同的法律制度：（1）确定贸易额度。澳门海外贸易的额定数量为 25 只船，不得添加。如果遇见当年有空缺的名额，可以由马尼拉、果阿或者葡萄牙的商船替补。（2）限定贸易对象。澳门的商船只能与香山县牙行互市，不得随意寻找贸易对象。（3）优惠海外贸易税收。与明朝的法律制度一样，清政府对澳门海外贸易也实行税收优惠政策，只收船钞、不征货税。计算下来，澳门商船的海外贸易税收大约仅仅为其他国家商船的四分之一。

五　清朝海关的设置

明末海上外贸管理执法机构的调适，例如督饷馆的设立和市舶司职能

---

① 中国第一历史档案馆等编：《明清时期澳门问题档案文献汇编》（一），人民出版社 1999 年版，第 23 页。

的重构，都对清朝市舶司向海关制度演进具有制度性的示范作用。不过福建月港的督饷馆作为一个明后期新创立的海外贸易税收征管机构，还是不同于市舶司执法体系的：首先，督饷馆隶属于漳州府，而非福建布政司；其次，督饷馆官主要由漳州府佐兼职轮署，而非由吏部铨选任命；再次，它的主要职能是征税，而不包含朝贡、海防等；最后，督饷馆征税所得留本地以充军饷，而非上交内府中央财政。还有一个最关键的区别，督饷馆不像常设的市舶提举司，它仅仅是一个临时性机构，相关法律设置都具有不稳定性和不规范性。

　　清政府上台初，市舶司被撤罢。平定三藩之乱之后，康熙十九年（1680年），清政府罢撤平南王、恢复市舶提举司，同时任命伊尔格图为市舶使，他之后也成了第一任粤海关监督。康熙二十二年（1683年），清军收复台湾后，户部给事中孙蕙请求就海洋贸易设立专官收税。次年，九卿会议准行海洋贸易设官之议。之后，由于粤闽督抚一直拖延解除海禁法令，康熙对此非常不满：

　　　　边疆大臣当以国计民生为念，今虽禁海，其私自贸易者何尝断绝？今议海上贸易不行者，皆由总督、巡抚自图便利故也。[①]

　　随后，伊尔格图等人便奉命前往广东、福建两省筹划设关。康熙二十四年（1685年），依照粤闽事例，清政府在浙江和江苏设立海关，同时颁行了伊尔格图所拟的《开海征税则例》。清朝的海关制度与明朝的市舶司建构存在诸多不同：首先，海关主管由户部派遣，监督为"内务府包衣缺"，主体地位远高于明朝布政司下属五品衙门的市舶提举司。其次，海关设有完备的机构安排，包括下属机构、行政体系、税收奏销、关税收支、行商体系等，是明朝市舶提举司所不能比拟的。

　　（一）清海关的职权

　　作为户部的下属部门，海关对清朝海上对外贸易管理的执法职责主要包含以下几个方面。第一，征收关税。顺治十三年（1656年），清政府规定商民自行填簿输税："各关应征货税，均令当堂设柜，听本商亲自填簿

---

　　① 中国第一历史档案馆编：《内阁关于康熙帝谕令酌定海洋贸易收税则例的记注》，《清宫广州十三行档案精选》，广州经济出版社2002年版，第39页。

输银投柜，验明放行。其有不令商亲填者，将该管官严加议处。"① 但是，由于语言障碍，此规定明显不适宜外商纳税。所以，外商的关税一般由行商扣缴。海关所征关税按例报解户部，同时对海外贸易的各项数据进行编制统计。第二，稽查走私。清政府曾在不同时期对人口、军火、金银铜铁等实施禁运或者限运，因此对商船装载的海外贸易商品进行检查便是海关的工作重点。当然，稽查走私并非海关的专有职权，当时的地方政府都负有责任。鉴于海关人力有限，一般都会将精力投入检查偷漏课税方面。第三，管理海外贸易。清朝海关还有对外国商船和外国商民进行管理的职权。外国商船进出中国港口，都必须在海关进行登记，领取印照。

（二）关税的法律规定

康熙二十三年（1684 年），康熙皇帝在准许就海外贸易设立专门机构之后，还要求就海外贸易税收问题制定专门的法律规定：

> 海洋贸易实有益于生民，但创收税课若不定例，恐为商贾累。当照官差例差部院贤能司官前往，酌定则例。②

康熙二十四年（1685 年）颁行的《开海征税则例》，作为中国历史上第一个海关法例，颁行于沿海各关，各海关可以根据实际情况酌量增减定例。清初海关的税收项目共有三种，货税、船料和渔课。其中，货税的征税对象是进出口货物，船料的征税对象是海外贸易商船，渔课的征税对象则是采捕鱼虾的渔船。货税和船料的征收法律规定，皆源于明中期的"广中事例"。

康熙二十八年（1689 年）到三十七年（1698 年），清政府又对江浙粤闽四省海关的征税税则作出了具体规定，分别著为例、则例和令：

> 采捕鱼虾船只，及民间日用之物，并糊口贸易，俱免其收税。……
>
> 减免闽海关税额六千四百九十四两有奇。……

---

① （清）梁廷枏：《粤海关志》卷一七"禁令一"，广东人民出版社 2014 年版，第 342 页。

② 中国第一历史档案馆编：《内阁关于康熙帝谕令酌定海洋贸易收税则例的记注》，《清宫广州十三行档案精选》，广州经济出版社 2002 年版，第 38 页。

减粤海关税额三万二百八十五万两。[1]

不过清初的关税制度因为明制的影响，体现了同一法律体制下的区域差异。1654 年（顺治十一年），荷兰东印度公司派使团前往广东，因为之前一直在福建贸易，所以对广州税制不是很适应：

> 所有到广州贸易的海船和其他运输船只，均需经过丈量，根据船只大小缴纳船税。快船"布鲁因韦斯"号据估计需纳税 550 两纹银。据税官讲，这尚属处理得比较公平合理的，不然关税要缴纳 1600 两银。上述船税、关税之高令人难以忍受。[2]

与之相对应的，英国东印度公司的"忠诚冒险"号在 1685 年（康熙二十四年）到达厦门的时候，也感慨福建海关没有使用广州的课征船税的办法，觉得很不习惯。[3]

---

[1] （清）高宗敕撰：《清朝文献通考》卷二十六"征榷考"，（台北）新兴书局 1965 年版，第 526 页。

[2] 程绍刚译注：《荷兰人在福尔摩沙（1624—1662）》，（台湾）联经事业出版公司 2000 年版，第 376 页。

[3] ［美］马士：《东印度公司对华贸易编年史》第 1、2 合卷，区宗华译，中山大学出版社 1991 年版，第 61 页。

结　　语

　　明朝，中国的农业、手工业和城乡商业都有了巨大的变化，冲击着传统的自然经济向商品交换的方向发展。同时代的欧洲开始向资本主义转变并对外扩张，早期欧洲殖民主义势力侵入东南亚，中国的历史发展进程与世界历史发展相互交融。在明朝丰富多变的时代风貌中，政府对海上对外贸易管理的法律制度的演变过程显得尤为引人注目。它一方面继承发展了宋元两代的海上外贸管理法律制度，另一方面又大不同于前朝，有着单属于自己的独特法律特征。

　　第一，从立法目标来看，经济立法被过度地赋予政治目的，是明朝海上外贸管理法律制度的显著特点。正是因为这一特点，明朝海外贸易有了完全不同于唐宋元时期的历史轨迹，形成了学者们所说的"变态"。于是，海上对外贸易的合法地位几乎局限于官方朝贡贸易，商舶贸易由于被列入非法贸易行为而举步维艰；海禁法令因为政治因素而摇摆不定，市舶司的设置因而反复无常；政策性的偏爱造成了巨大的区域立法差异，全国仅仅福建、广东等地可以进行民间海外贸易等。这些现象都与明朝海上外贸管理法制中将政治目标置于首位密不可分。

　　第二，从律文内容来看，海禁法令和海外朝贡贸易法律规定是明前期海上外贸管理法制的核心内容，而明后期的重心则转移到海外贸易税收与沿海外贸港口管理的相关法律规定上。不过，终明一世，海禁法令的地位一直不曾动摇，贯穿始终。基于此，官方朝贡贸易是明前期唯一合法的海外贸易形式，而商舶贸易的合法地位直到隆庆时期才得到局部的确认。明政府不仅对朝贡贸易的贸易主体资格、贡道、贡期、使团规模、贸易方式等作出了细致的规定，还始终严格控制着商舶贸易的主体资格、贸易地点和方式、税率等。因此，明朝海上外贸管理法律规定的核心价值，一直在于如何帮助明政府垄断和控制海外贸易，而并非真心实意地发展海外贸易。

第三，从法律体系来看，明朝海上外贸管理法律规定并没有形成独立的体系，而是散见于中央和地方的多种法律规定中。中央立法的法律形式主要有律、令、会典、条例、诏令和榜文等，地方立法的法律形式主要有题奏、文告、禁约和外贸协定等。相比《大明律》之类的"常经之律"，明政府似乎更热衷于制定诏令、敕令、榜文律令等"一时权宜之法"。虽然，这些"权益之法"中的重要内容后来都被收入《问刑条例》和《大明会典》中，但明中后期例过多的局面依然造成了"以例破律"的局面。过于繁复的立法局面，使朝海外贸易管理执法相对比较混乱。同时，地方立法中关于"广州—澳门"贸易模式的确立，是明中后期海外贸易管理立法的一大突破。

第四，从实施效果来看，明朝海上外贸管理法制对中国古代海外贸易的发展起到了一定的推动作用。虽然明朝立法者本身并没有太多的经济意识和积极态度去发展海外贸易，但在其消极应对历史潮流过程中所作出的一系列法制改革还是具有进步作用的。海外朝贡贸易这种披着"政治外衣"的经济贸易模式，由于过于忽略经济价值而逐渐衰退和淡化；而商舶贸易即便是在海禁法令严厉执行的时间里，依然顽强而广泛地兴起。面对这种不愿意看见的场景，明政府在明中后期在福建和广东进行了局部的法制改革，商舶贸易因为其卓越的经济价值，把握时机、迅速崛起，一举击败朝贡贸易，成为海上对外贸易的主流模式。

第五，从执法机构来看，明朝海上对外贸易的管理机构一直比较繁杂。官方海外朝贡贸易的执法机构，从礼部、兵部等中央机构，到市舶提举司为主的地方机构，牵扯众多。而中后期的民间海外贸易，更是涉及了市舶提举司、海道副使、地方府县等众多机构。其中，中央下派的市舶宦官作为中央直属的监督机构，一直严重阻碍了海外贸易的发展。而福建月港督饷馆的临时性存在，是明后期地方执法机构的又一特色。而海外贸易管理执法机构的代表——市舶提举司，在经历了前期的反复和中期的清闲后，于后期进行了职能的重构，从朝贡贸易执法向商舶贸易执法转变。市舶司制度的终结和近代海关制度的渊源都在这一时期交织展开。而后的清朝政府则在明制的基础上，完成了从市舶司体制走向近代海关制度的转变。

分析明朝海上对外贸易管理法制变迁过程中的经验和教训，对于我们今天的对外贸易法制建设有着重要的参考价值和借鉴意义：

首先，经济立法就应以市场规律和经济价值为基本立法目的，而非政治原因。明朝律典中海外贸易管理法制的内容表面上看起来虽然关乎经济，但经济并不是其最终追求的目标。虽然政治目标的确是经济立法应该考虑的重要因素，但绝不应该是最优先的因素。明朝统治阶层在政治上的考虑要远远多于经济上的，导致了立法者怠于制定积极的法制，甚至不惜牺牲经济目标来维护政治考虑。这种错位的立法主导思想，严重阻碍了社会市场和经济的正常、有序发展，是我们今天所应该摒弃和杜绝的。

其次，国防安全与经济发展并不是相悖的，而是可以相辅相成的。从朱元璋开始，明政府就秉承着"首重海防"的思维逻辑，认为单纯依靠严格限制海外贸易，就可以保证海防安全。但之后的历史无数次地证明了这种想法的幼稚和荒谬。随着生产力的发展，开展海上对外贸易成为经济社会一种不可逆的需求。违背经济规律地限制人们海外贸易的欲望，其结果必然导致海盗等走私集团的大规模出现，从而陷入"越禁越乱"的怪圈。从现代国防军事理念来看，海防与海外贸易的关系并不是那么非此即彼的，它们完全可以达成相互促进的良性循环。在国际贸易高度发达的今天，稳定的海防和不断发展的国际贸易是相辅相成的。

最后，应该建立完善、统一、独立的海外贸易法律体系。明朝过于杂乱的海上外贸立法形式，也是造成其海外贸易管理混乱的一个主要原因。过分依赖例、诏令、题准等临时性的法律规定，虽然解决了立法滞后性所带来的问题，但也导致了明政府的海外贸易立法常常前后不一，从而引起了执法的混乱。作为一个成文法国家，中国目前的海外贸易管理立法应该向着统一化、独立化的角度进行完善。

从新制度经济学的角度来看，制度本身所存在的强化机制，使人们一旦选择了某种制度，便进入了它的路径，并对这种路径产生依赖，形成惯性。换句话说，人们对于制度曾经的选择，将决定其现在和今后可能的选择。纵观明朝整个海外贸易管理法律制度的变迁历史，我们不难发现，政治因素一直牢牢掌控着前进的步伐。即便是在明清易代之后，中央政府关于海上对外贸易管理的主导思想依然一直未变。在西方国家新一轮的冲击下，中国逐渐丧失了海洋贸易中的传统优势。面对滔滔而来的世界进步大潮，中国社会最终在技术、经济、文化等方面落后于西方。为何历史会辜负人们热切的期望，没有按照当初的美好设想前进，是我们现在应该深刻反思和时刻警醒的。

参 考 文 献

一 古籍史料

（汉）班固：《汉书》，中华书局 1975 年版。

（唐）魏征等：《隋书》，中华书局 1973 年版。

（唐）李肇：《唐国史补》，上海古籍出版社 1979 年版。

（唐）长孙无忌等撰，刘俊文点校：《唐律疏议》，中华书局 1983 年版。

（唐）李林甫：《唐六典》，中华书局 1992 年版。

（后晋）刘昫等：《旧唐书》，中华书局 1975 年版。

（宋）欧阳修、宋祁：《新唐书》，中华书局 1975 年版。

（宋）窦仪等撰，吴翊如点校：《宋刑统》，中华书局 1984 年版。

（宋）苏轼：《苏轼文集》，中华书局 1986 年版。

（宋）司马光：《资治通鉴》，上海古籍出版社 1987 年版。

（宋）李寿：《续资治通鉴长编》，中华书局 1995 年版。

（宋）王溥：《唐会要》，上海古籍出版社 2006 年版。

（宋）朱彧：《萍洲可谈》，上海古籍出版社 2012 年版。

（元）脱脱等：《宋史》，中华书局 1977 年版。

（元）汪大渊：《岛夷志略》，中华书局 1981 年版。

（元）马端临：《文献通考》，中华出版社 1986 年版。

《沈刻元典章》，中国书店 2011 年版。

（明）高岐：《福建市舶提举司志》，民国二十八年铅印本。

（明）谢杰：《虔台倭纂》，国立中央图书馆民国三十六年版。

（明）陈子龙等：《明经世文编》，中华书局 1962 年版。

《明实录》，（台北）"中研院"历史语言研究所 1962 年版。

（明）宋濂等：《元史》，中华书局 1976 年版。

（明）张燮：《东西洋考》，中华书局 1981 年版。

（明）余继登撰，顾思点校：《典故纪闻》，中华书局 1981 年版。

（明）张时彻等：《宁波府志》，（台北）成文出版社 1983 年版。

（明）丘濬：《大学衍义补》，台湾商务印书馆 1984 年版。

（明）张瀚：《松窗梦语》，上海古籍出版社 1986 年版。

（明）王临亨：《粤剑篇》，中华书局 1987 年版。

（明）李东阳等撰，申时行等重修：《大明会典》，（台湾）新文丰出版公司 1989 年版。

（明）严从简：《殊域周咨录》，中华书局 1993 年版。

（明）王圻：《续文献通考》，齐鲁书社 1995 年版。

（明）周玄暐：《泾林续记》，上海古籍出版社 1995 年版。

（明）郭棐：《广东通志》，齐鲁书社 1996 年版。

（明）戴璟：《广东通志初稿》，齐鲁书社 1996 年版。

（明）黄仲昭：《八闽通志》，齐鲁书社 1996 年版。

（明）陈仁锡：《皇明世法录》，北京出版社 1997 年版。

怀效锋点校：《大明律》，法律出版社 1999 年版。

（明）雷梦麟撰，怀效锋点校：《读律琐言》，法律出版社 2000 年版。

（明）黄省曾著，谢方校注：《西洋朝贡典录校注》，中华书局 2000 年版。

（明）谢肇淛：《五杂俎》，上海书店 2001 年版。

（明）颜俊彦：《盟水斋存牍》，中国政法大学出版社 2002 年版。

（明）马欢著，万明校注：《明钞本〈瀛涯胜览〉校注》，海洋出版社 2005 年版。

（明）郑晓：《吾学编》，北京出版社 2005 年版。

（明）谈迁：《枣林杂俎》，中华书局 2006 年版。

（明）李东阳等撰，申时行等重修：《明会典·万历朝重修本》，中华书局 2007 年版。

（明）郑若曾：《筹海图编》，中华书局 2007 年版。

（明）徐光启：《农政全书》，上海古籍出版社 2011 年版。

（明）沈德符：《万历野获编》，上海古籍出版社 2012 年版。

（明）宋应星：《天宫开物》，浙江人民美术出版社 2013 年版。

（明）郭棐撰，黄国声等点校：《粤大记》，广东人民出版社 2014 年版。

（清）高宗敕撰：《清朝文献通考》，（台北）新兴书局 1965 年版。

（清）张廷玉等：《明史》，中华书局 1974 年版。

《清实录》，（台湾）新文丰出版公司 1978 年版。

（清）董诰等：《全唐文》，中华书局 1983 年版。

（清）屈大均：《广东新语》，中华书局 1985 年版。

（清）章树福：《黄渡镇志》，上海书店 1992 年版。

（清）梁廷枏：《海国四说》，中华书局 1993 年版。

（清）顾炎武：《天下郡国利病书》，上海古籍出版社 1996 年版。

（清）徐兆昺著，桂心仪等点注：《四明谈助》，宁波出版社 2000 年版。

（清）沈之奇著，怀效锋、李俊点校：《大清律辑注》，法律出版社 2000 年版。

（清）黄以周等辑注：《续资治通鉴长编拾补》，中华书局 2004 年版。

（清）印光任、张汝霖：《澳门记略》，国家图书馆出版社 2010 年版。

（清）徐松：《宋会要辑稿》，中华书局 2014 年版。

（清）梁廷枏：《粤海关志》，广东人民出版社 2014 年版。

沈云龙主编：《近代中国史料丛刊》，（台湾）文海出版社 1966 年版。

汪向荣、夏应元编：《中日关系史资料汇编》，中华书局 1984 年版。

傅衣凌主编，杨国帧、陈支平著：《明史新编》，人民出版社 1993 年版。

杨一凡主编：《皇明条法事类纂》，《中国珍稀法律典籍集成》（乙编第 4 册），科学出版社 1994 年版。

广州博物馆编：《广州历史文化图册》，广东人民出版社 1996 年版。

中国第一历史档案馆等编：《明清时期澳门问题档案文献汇编》，人民出版社 1999 年版。

中国第一历史档案馆编：《清宫广州十三行档案精选》，广州经济出版社 2002 年版。

杨一凡、田涛主编：《中国珍稀法律典籍续编》第一册、第二册，黑龙江人民出版社 2002 年版。

澳门《文化杂志》编：《十六和十七世纪伊比利亚文学视野里的中国景况》，大象出版社 2003 年版。

谢国桢主编：《明代社会经济史料选编》，福建人民出版社 2004

年版。

金国平编译：《西方澳门史料选粹（15—16世纪）》，广东人民出版社2005年版。

（民国）"中研院"历史语言研究所编：《明清史料》，乙编第七本、第八本，北京图书馆出版社2008年版。

二　中文著作

张维华：《明代海外贸易简论》，上海人民出版社1956年版。

李剑农：《宋元明经济史稿》，三联书店1957年版。

梁方仲：《中国历代户口、田地、田赋统计》，上海人民出版社1980年版。

张维华：《明史欧洲四国传注释》，上海古籍出版社1980年版。

戴裔煊：《明代隆庆间的倭寇海盗与中国资本主义的萌芽》，中国社会科学出版社1982年版。

梁方仲：《梁方仲经济史论文集补续》，中州古籍出版社1984年版。

郑樑生：《明日关系史研究》，（台北）文史哲出版社1985年版。

韩大成：《明代社会经济初探》，人民出版社1986年版。

萧治致、杨卫东：《鸦片战争前中西关系纪事，1517—1840》，湖北人民出版社1986年版。

刘石吉：《明清时代江南市镇研究》，中国社会科学出版社1987年版。

林仁川：《明末清初私人海上贸易》，华东师范大学出版社1987年版。

李金明：《明代海外贸易史》，中国社会科学出版社1990年版。

马伯煌主编：《中国经济政策思想史》，云南人民出版社1993年版。

黄枝连：《天朝礼治体系研究》，中国人民大学出版社1995年版。

何芳川：《澳门与葡萄牙大商帆：葡萄牙与近代早期太平洋贸易网的形成》，北京大学出版社1996年版。

香港博物馆主编：《南海海上交通贸易二千年》，香港市政局1996年版。

陈尚胜：《怀夷与抑商——明代海洋力量兴衰研究》，山东人民出版社1997年版。

梁嘉彬：《广东十三行考》，广东人民出版社 1999 年版。

黄启臣：《澳门通史》，广东教育出版社 1999 年版。

邓开颂、吴志良、陆晓敏主编：《粤澳关系史》，中国书店 1999 年版。

刘泽华：《中国的王权主义》，上海人民出版社 2000 年版。

万明：《中国融入世界的步履——明与清前期海外政策比较研究》，社会科学文献出版社 2000 年版。

陈喜霖：《唐代过所研究》，中华书局 2000 年版。

王川：《市舶太监与南海贸易——明代广东市舶太监研究》，（香港）天马图书 2001 年版。

金国平、吴志良：《东西望洋》，澳门成人教育学会 2002 年版。

杨一凡主编：《历代法制考·明代法制考》，《中国法制史考证》甲编第六卷，中国社会科学出版社 2003 年版。

李云泉：《朝贡制度史论——中国古代对外关系体制研究》，新华出版社 2004 年版。

郑有国：《中国市舶制度研究》，福建教育出版社 2004 年版。

程树德：《九朝律考》，中华书局 2006 年版。

王日根：《明清海疆政策与中国社会发展》，福建人民出版社 2006 年版。

李龙潜：《明清广东社会经济研究》，上海古籍出版社 2006 年版。

王毓铨主编：《中国经济通史·明代经济卷》，经济日报出版社 2007 年版。

李庆新：《明代海外贸易制度》，社会科学文献出版社 2007 年版。

高明士：《天下秩序与文化圈的探索：以东亚古代的政治和教育为中心》，上海古籍出版社 2008 年版。

付百臣：《中朝历代朝贡制度研究》，吉林人民出版社 2008 年版。

张显清：《明代后期社会转型研究》，中国社会科学出版社 2008 年版。

樊铧：《政治决策与明代海运》，社会科学文献出版社 2009 年版。

杨一凡主编：《中国古代法律形式研究》，社会科学文献出版社 2011 年版。

郑俊彬：《明代广东沿海经济发展之研究》，（台湾）花木兰文化出版社 2012 年版。

王巨新：《清朝前期涉外法律研究——以广东地区来华外国人管理为中心》，人民出版社 2012 年版。

三 译著

［日］藤田丰八：《中国南海古代交通史考》，何建民译，商务印书馆 1936 年版。

［荷］莫里斯·布罗尔：《荷兰史》，郑克鲁等译，商务印书馆 1974 年版。

［日］木宫泰彦：《日中文化交流史》，胡锡年译，商务印书馆 1980 年版。

［意］利玛窦：《利玛窦中国札记》，何高济等译，中华书局 1983 年版。

［荷］张天译：《中葡早期通商史》，姚楠等译，中华书局 1988 年版。

［美］马士（Hosea Ballou Morse）：《东印度公司对华贸易编年史》第 1、2 合卷，区宗华译，中山大学出版社 1991 年版。

［葡］施白蒂（Beatriz A. O. Basto da Silva）：《澳门编年史》，小雨译，澳门基金会 1995 年版。

［法］费赖之（Le P .Louis Pfister）：《在华耶稣会士列传及书目》，冯承钧译，中华书局 1995 年版。

［英］赫德逊（G. F. Hudson）：《欧洲与中国》，王遵仲等译，中华书局 1995 年版。

［荷］包乐史（Leonard Blusse）：《巴达维亚华人与中荷贸易》，庄国土等译，广西人民出版社 1997 年版。

［日］滨下武志：《近代中国的国际契机——朝贡体系与近代亚洲经济圈》，朱荫贵、欧阳菲译，中国社会科学出版社 1999 年版。

［荷］包乐史（Leonard Blusse）：《中荷交往史》，庄国土、程绍刚译，路口店出版社 1999 年版。

［葡］徐萨斯（Montalto de Jesns）：《历史上的澳门》，黄鸿钊、李保平译，澳门基金会 2000 年版。

程绍刚译注：《荷兰人在福尔摩沙（1624—1662）》，（台湾）联经事业出版公司 2000 年版。

［英］E. E. 里奇（E. E. Rich）、C. H. 威尔逊（C. H. Wilson）主编：《剑桥欧洲经济史》第 5 卷《近代早期的欧洲经济组织》，高德步等译，经济科学出版社 2002 年版。

［荷］甘为霖（Rev .William Campbell）：《荷据下的福尔摩莎》，李雄挥译，（台湾）前卫出版社 2003 年版。

［葡］多默·皮列士：《东方志——从红海到中国》，何高济译，江苏教育出版社 2005 年版。

［德］贡德·弗兰克（Gunder Frank）：《白银资本——重视经济全球化中的东方》，刘北成译，中央编译出版社 2008 年版。

［日］桑原隲藏：《蒲寿庚考》，陈裕青译，中华书局 2009 年版。

［美］费正清：《中国的世界秩序：传统中国的对外关系》，杜继东译，中国社会科学出版社 2010 年版。

四　论文

侯厚培：《五口通商以前我国国际贸易之概况》，《清华学报》1927 年第 1 期。

张德昌：《明代广东之海舶贸易》，《清华学报》1932 年第 2 期。

吴晗：《胡惟庸党案考》，《燕京学报》1934 年第 15 期。

吴晗：《明初社会生产力的发展》，《历史研究》1955 年第 3 期。

王冠倬：《元代市舶制度简述》，《中国国家博物馆馆刊》1979 年。

吴仁安：《明代广东三十六行初探》，《学术研究》1980 年第 2 期。

冯尔康：《"郑和下西洋"的再认识——兼论"下西洋"与封建专制政治的关系》，《南开史学》1980 年第 2 期。

彭泽益：《广州十三行续探》，《历史研究》1981 年第 4 期。

李龙潜：《明代广东"三十六行"考释》，《中国史研究》1982 年第 3 期。

林萌：《关于唐、五代市舶机构问题的探讨》，《海交史研究》1982 年第 4 期。

吴承明：《论清代前期我国国内市场》，《历史研究》1983 年第 1 期。

毛佩琦：《明代的通海思潮》，《河北大学学报》1985 年第 2 期。

韩大成：《明代牙行浅析》，《社会科学战线》1986 年第 2 期。

王铁藩：《福州明代福建市舶司衙署考》，《海交史研究》1986 年第

2 期。

王守稼:《明代海外贸易政策研究——兼评海禁与驰禁之争》,《史林》1986 年第 3 期。

孙文学:《元朝市舶制度论》,《内蒙古大学学报》(哲社版) 1987 年第 1 期。

朱江:《唐代扬州市舶司的机构及其职能》,《海交史研究》1988 年第 1 期。

雷雨波:《我国古代边境贸易管理法律制度》,《福建论坛》(文史哲版) 1990 年第 3 期。

陈尚胜:《论明代市舶司制度的演变》,《海交史研究》1986 年第 3 期。

黄启臣:《明代广州的海外贸易》,《中国经济史研究》1990 年第 4 期。

晁中辰:《论明代的私人海外贸易》,《东岳论丛》1991 年第 3 期。

Anders Ljungstedt, *An Historical Sketch of the Portuguese Settlements in China and of the Roman Catholic Church and Mission in China & Description of the City of Canton*, Viking Hong Kong Publications, 1992.

陈尚胜:《论宣德至弘治时期明朝对外政策的收缩》,《山东大学学报》(哲学社会版) 1994 年第 2 期。

杨其民:《买卖中间商"牙人"、"牙行"的历史演变——兼释新发现的〈嘉靖牙帖〉》,《史林》1994 年第 4 期。

陈尚胜:《论明朝月港开放的局限性》,《海交史研究》1996 年第 1 期。

黄启臣:《明清时期中国政府对澳门海关的管理》,《中山大学学报》(社会科学版) 1996 年第 1 期。

宁志新:《唐代市舶使设置地区考辨》,《海交史研究》1996 年第 2 期。

宁志新:《唐代市舶制度若干问题研究》,《中国经济史研究》1997 年第 1 期。

廖大珂:《元代官营航海贸易制度述略》,《中国经济史研究》1998 年第 2 期。

侯欣一:《中国封建社会对外贸易法制初探》,《法商研究》1998 年第 3 期。

黎虎:《唐代的市舶使与市舶管理》,《历史研究》1998 年第 3 期。

廖大珂：《试论宋代市舶司官制的演变》，《历史研究》1998 年第 3 期。

章深：《重评宋代市舶司的主要功能》，《广东社会科学》1998 年第 4 期。

万明：《明代澳门与海上丝绸之路》，《世界历史》1999 年第 6 期。

王日根：《元明清政府海洋政策与东南沿海港市的兴衰嬗变片论》，《中国社会经济史研究》2000 年第 2 期。

魏华仙：《论明代会同馆与对外朝贡贸易》，《四川师范学院学报》（哲学社会科学版）2000 年第 3 期。

[日] 松浦章：《明代末期的海外贸易》，《求是学刊》2001 年第 2 期。

洪佳期：《试论明代海外贸易立法活动及其特点》，《法商研究》2002 年第 5 期。

乐承耀：《论行政权力对明代宁波海外贸易的影响》，《宁波大学学报》（人文科学版）2003 年第 1 期。

廖大珂：《宋代市舶税利的抽收、分割与市舶本钱》，《中国史研究》2003 年第 4 期。

陈尚胜：《明与清前期海外贸易政策比较——从万明〈中国融入世界的步履〉一书谈起》，《历史研究》2003 年第 6 期。

王慕民：《明代宁波在中日经济交往中的地位——兼论官、民贸易方式的转变与嘉靖"大倭乱"的起因》，《宁波大学学报》2004 年第 5 期。

陈明光、靳小龙：《论唐代广州的海外交易、市舶制度与财政》，《中国经济史研究》2005 年第 1 期。

王建锋：《明代会同馆管理人员及其掌述》，《烟台大学学报》（哲学社会科学版）2005 年 4 月第 2 期。

庄国土：《论中国海洋史上的两次发展机遇与丧失的原因》，《南洋问题研究》2006 年第 1 期。

范金民：《明清海洋政策对民间海洋事业的阻碍》，《学术月刊》2006 年第 3 期。

李云泉：《明代中央外事机构论考》，《东岳论丛》2006 年第 9 期。

郑有国、苏文菁：《明代中后期中国东南沿海与世界贸易体系——兼论月港"准贩东西洋"的意义》，《福州大学学报》（哲学社会科学版）2009 年第 1 期。

廖大珂：《朱纨事件与东亚海上贸易体系的形成》，《文史哲》2009 年第 2 期）。

李庆新：《从颜俊彦〈盟水斋存牍〉看明末广州、澳门贸易制度若干变动》，《学术月刊》2011 年第 1 期。

万明：《商品、商人与秩序——晚明海上世界的重新解读》，《古代文明》2011 年第 3 期。

张群：《明清外贸立法的正当性研究——以海上贸易为中心》，《北方法学》2011 年第 5 期。

[日] 藤田丰八：《葡萄牙人占据澳门考》，何健民译《中国南海古代交通史论丛》，商务印书馆 1936 年版。

全汉昇：《明中叶后中国黄金的输出贸易》，（台北）《"中研院"历史语言研究所集刊》1982 年版，第 53 本第 2 册。

陈致宽：《胡惟庸与中日关系》，《中日文化与交流》第 2 辑，中国展望出版社 1985 年版。

[日] 田中健夫：《东亚国际交往关系格局的形成和发展》，中外关系史学会编《中外关系史译丛》第 2 辑，上海译文出版社 1985 年版。

张增信：《十六世纪前期葡萄牙人在中国沿海的贸易据点》，《中国海洋发展史论文集》（二），（台北）"中研院"中山人文社会科学研究所 1985 年版。

梁方仲：《明代国际贸易与银的输出入》，原《中国社会经济史集刊》第 6 卷第 2 期，1939 年版；后收入《梁方仲经济史论文集》，中华书局 1989 年版。

傅衣凌：《福州琉球通商史迹调查记》，《傅衣凌治史五十年文编》，厦门大学出版社 1989 年版。

陈信雄：《唐代中国与非洲的关系：间接而强势的海路贸易》，吴剑雄主编《中国海洋发展史论文集》第 4 辑，（台北）"中研院"三民主义研究所 1991 年版。

王贞平：《唐代的海外贸易管理》，《稽古拓新集——屈守元教授八秩华诞纪念》，成都出版社 1992 年版。

全汉昇：《明清间美洲白银的输入中国》，《中国经济史论丛》，（台湾）稻禾出版社 1996 年版。

[美] 郝延平：《中国三大商业革命和海洋》，张炎宪主编《中国海洋

发展史论文集》第 6 辑，（台北）"中研院"社科所 1997 年版。

[日] 永积洋子：《由荷兰史料看十七世纪的台湾贸易》，《中国海洋发展史论文集》（七），（台北）"中研院"中山人文社会科学研究所 1999 年版。

张亨道：《明代后期督饷馆税制》，林凤萍、赵毅编《第七届明史国际学术讨论会文集》，东北师范大学出版社 1999 年版。

万明：《15 世纪中国与东亚贸易关系的建构》，中国明史学会主编《明史研究》第八辑，黄山书社 2003 年版。

万明：《明初"贡市"新证——以〈敬止录〉引〈皇明永乐志〉佚文外国物品清单为中心》，中国社会科学院历史研究所明史研究室编《明史研究论丛》第七辑，紫禁城出版社 2007 年版。

樊铧：《论明人对海运的思考与认识——以海运图为主要线索的考察》，中国社会科学院历史研究所学刊编委会编《中国社会科学院历史研究所学刊》第六集，商务印书馆 2010 年版。

[日] 伍跃：《日本明史研究情况概述》，中国社会科学院历史研究所明史研究室编《明史研究论丛》（第八辑），紫禁城出版社 2010 年版。

庄国土：《当中国海洋意识遭遇大陆文化——以闽南人的海洋发展夭折为例》，林立群主编《跨越海洋——"海商丝绸之路与世界文明进程"国际学术论坛文选》，浙江大学出版社 2012 年版。

张廷茂：《16—18 世纪中期澳门海上贸易研究》，硕士学位论文，暨南大学，1997 年。

张立娜：《明朝海禁法令初探》，硕士学位论文，中国社会科学院研究生院，2002 年。

郭婕：《明代商事法研究》，博士学位论文，中国政法大学，2002 年。

凌文峰：《明前期外贸经营管理法的变迁》，硕士学位论文，南昌大学，2006 年。

刘巧莉：《明清时期牙人牙行的积极影响》，硕士学位论文，吉林大学，2006 年。

王丹：《明代对外贸易管理机构的变迁及影响》，硕士学位论文，南昌大学，2008 年。

李运通：《明朝涉外法律研究》，硕士学位论文，山东师范大学，2010 年。

后　记

　　本书是在本人博士论文的基础上修改完成的。2012 年秋，我有幸考取了华东政法大学中国法律史专业博士生，师从王立民教授。从此，步入了法律史的殿堂，圆梦苏州河畔。时光荏苒，岁月如梭，三年的博士学习生活转瞬即逝。战战兢兢间，书稿终于完成，搁笔之际，感慨万千。

　　感谢恩师王立民教授的教诲。先生思想睿智，治学严谨，平易近人，待人诚恳。三年来，先生时刻关心着我的成长，在学习和生活中给了我极大的帮助和支持。本书从选题到完成写作及最后定稿的过程中，王老师的指导、督促和关心是我前进道路上的明灯。感谢授业老师何勤华教授、李秀清教授、丁凌华教授、徐永康教授、龚汝富教授、苏彦新教授，引领我在法律史的道路上不断前行。感谢我的硕导郭为禄教授，多年来给予我学习、工作和生活上诸多的关心、支持和帮助。恩师之情，没齿难忘。

　　感谢我的父母，在我求学的道路上给予了最无私的支持与关怀，花甲之年依然帮助我分担日常起居、教育子女的家庭重担，只为让我能够心无旁骛地做学问。感谢我的爱人季成先生，是你义无反顾的理解和支持，让我能够有勇气在毕业多年后继续走上求学的道路，也谢谢你对我写作瓶颈期烦躁心情的忍让。感谢我的女儿煦阳，谢谢你能够容忍妈妈待在图书馆的时间远远多过陪伴你的时间，对此我一直心存歉疚。也感谢我的公公婆婆在我们最需要帮助的时候所给予的帮助。家人永远是我的力量之源和温馨港湾，也是我学海前行的不竭动力。

　　感谢与我共同求学的同学们，课上的交流和课余的讨论，使我受益匪浅。学习的心得和困扰、生活的快乐和烦恼，拉近了我们彼此的距离，快乐的时光终生难忘。本书撰写过程中，陈婴虹、宫雪、赵杨等好友的意见和建议，时常让我迸发出灵感的火花，鞭策和激励着我不断去修改和完善。而立之年收获的纯真情谊，倍感珍惜。感谢中国社会科学出版社的编辑宫京蕾女士，是您的认真和负责、细致和耐心，让本书能够顺利出版。

　　写作过程当然艰辛，但也可以苦中作乐。查阅《明实录》的时候，一直觉得很有意思。在没有现代技术的明朝，这些实录到底是如何记录下来的？执笔之人如何能在如此紧张的氛围中留下传神之笔？这些传神的文笔不仅留下了浩瀚琐碎的记录，也为我们再现了当时的场景。在这些历史场景中，皇帝也并非可以随意呼风唤雨，他也和臣子、百姓一样各有各的无奈。当时的历史选择，有着专属于那个时代的社会背景。正如钱穆先生所言，在制度创设的今天，不要空谈理论，而要注重中国自己的历史。历史可以叫人不武断，利弊得失历久始见，能让我们知道如何酌采经验教训。

　　由于自己学识浅陋，文中不妥之处，恳请各位专家和老师不吝赐教。

2016 年 5 月于浙江杭州